**모두의 사업
1인 기업에서
100인 기업까지**

모두의 사업

김영진(모두의 사수) 지음

1인 기업에서
100인 기업까지

유노
북스

누구나 사업을 생각한다

대한민국의 직장인이라면 누구나 사업에 대해 생각합니다. 특히 요즘 세태가 직장 생활을 평가 절하하고 사업을 부추기는 면이 지나쳐 더 그런 감도 없지 않습니다. 평균 수명이 점점 늘어나고 있고, 직장에서 퇴직 후에도 경제 활동을 지속해야 한다는 시류에 편승해 사업이나 부업 강의로 이득을 취하는 사람들이 있기 때문입니다. 모든 강사가 그런 건 아니지만 강의를 통해 수익을 얻는 강사들이 신규 고객 유치를 위해 사용하는 광고 문구는 충분히 문제라고 생각합니다. 직장 생활을 하는 동안 부업이나 N잡을 하지 않으면 그 사람이 게으르거나 능력이 부족하다는 식으로 프레임을 씌우고 불안감을 조성합니다. 일종의 공포 마케팅이죠. 너도나도 이런 광고들을 쏟아내고 있다 보니 N잡이 대세처럼 보이는 것도 무리는 아닙니다.

이 책은 직장인이 직장 생활과 사업을 동일 선상에서 바라볼 수 있도록 썼습니다. 부업이나 N잡을 하지 않아도 직장에서 쌓은 전문성을 바탕으로 얼마든지 자기 사업을 준비할 수 있습니다. 오히려 직장 생활을 하는 동안 충분히 숙련된 경험을 갖추지 못한 사람들이 문제라면 문제죠.

저 역시 10년 차 직장인입니다. 제 첫 번째 직장은 세계 최초의 소셜 커머스 회사입니다. 이곳에서 저는 잘 팔리는 상세 페이지의 구조를 설계하고 디자인하고 업체 사장님을 설득하고 직접 판매하는 일을 했습니다. 1년 반 동안 1,200개가 넘는 상세 페이지를 만들었습니다.

두 번째 직장은 국내 최고의 퍼포먼스 마케팅 에이전시입니다. 이 책에서 설명 드릴 생산성 관리와 리더십은 제가 이 회사에서 3년 반 동안 팀장 역할을 수행하며 고안해 낸 교육 프로그램입니다. 실제 이 회사에서는 직원들의 생산성 관리와 부서 간 업무를 조율하고 성과를 내는 리더십에 대해 많이 배울 수 있었습니다. 이 기간 150여 개 브랜드의 마케팅을 직간접적으로 경험했는데요. 80%가 대기업, 20%가 스타트업이었습니다.

세 번째 직장은 국내 최초의 소셜 커머스 회사입니다. 여기서 저는 형평성에 맞지 않는 성과 평가 시스템을 개선했습니다. 기존 사업을 분사 독립시키는 프로젝트를 이끌어 달라는 요청으로 들어간 회사지만, 회사의 상황이 바뀌면서 직원들의 생산성을 극대화하는 일을 맡았습니다.

네 번째 직장은 최고 품질의 농산품을 판매하는 회사입니다. 1년 매출액이 300억 원을 넘는 회사였고, 자사 상품을 활용해 프랜차이즈 사업을 준비하고 있었습니다. 이곳에서 국내외 프랜차이즈 가이드라인을 만들었습니다.

다섯 번째 직장은 국내 최고의 바이럴 마케팅 에이전시입니다. 직원들의 야근을 없애 달라는 요청을 받고 합류했습니다. 이곳에서 저는 직원들의 야근을 없애기 위해 생산성 관리 프로그램을 도입하고, 부서 간 협업 프로세스와 회사의 운영 프로세스를 개선했습니다.

여섯 번째 직장은 청각 장애인을 위한 발음 교정 서비스 회사입니다. 이곳에서 저는 COO(최고 운영 책임자)와 CMO(마케팅 총괄 경영자)를 겸하며 회사의 전반적인 운영과 마케팅을 책임졌습니다.

일곱 번째 직장은 국내 1등 비건 푸드테크 스타트업입니다. 코로나19 때문에 위기에 빠진 회사를 되살려 달라는 요청을 받고 합류했습니다. 이곳에서도 저는 COO와 CMO를 겸했습니다.

여덟 번째 직장은 '모두의 사수'입니다. 오랜 직장 생활 동안 제가 하고 싶은 일이 무엇인지 끊임없이 묻고 답했습니다. 그 결과가 모두의 사수입니다.

대부분 창업가는 팀 빌딩에 실패해서 망한다

저는 자동화 수익, 부업, 시스템 창업 등등을 좋지 않게 봅니다. 돈을 버는 방법에만 집중돼 있고 그 이후에 대한 이야기는 하지 않기 때문입니다.

여기서 조금만 생각해 보면 쉽게 알 수 있는 사실이 있습니다. 여러분이 사업을 하기로 결심했다면 가장 먼저 목표로 해야 하는 건 '돈을 버는 것'입니다. 돈을 벌지 못하면 사업 자체가 성립하지 않기 때문이죠. 달리 말하면 수익을 내는 단계는 사업의 시작점이지 종착점이 아닙니다. 진짜 어려움은 돈이 벌리고 난 다음부터 시작됩니다. 혼자 한 달에 1,000만 원을 버는 것보다 중요한 건 그 수익을 유지하고 불려 나가는 일입니다.

이 때문에 수익을 내고 필연적으로 찾아오는 단계가 팀 빌딩입니다. 사업을 유지하고 지속하기 위해 시스템을 만들어야 하죠. 중요한 건 시스템이 필요한 이유입니다. 직원들이 나 대신 일하게 하기 위함이 아니라 내가 만든 사업체 안에서 자신을 포함한 직원들이 오랫동안 경제력을 유지하고, 생존하기 위해 시스템이 필요한 것입니다.

자신이 더 이상 일하지 않기 위해 직원을 채용해서 자동화 시스템을 만들면 그 직원들을 어떤 논리로 일하게 만들 생각인지 참 궁금합니다. 여러분은 대표 이사가 직원들 덕분에 일을 안 해도 된다고, 그 방법을 알려 주겠다고 마케팅하는 회사에 입사하고 싶은가요? 그 회사 직원들이 그 메시지로 광고를 게재할 때 어떤 심정일지 생각해 보면 암담합니다.

이런 후킹 메시지로 강의를 하거나 이런 후킹 메시지에 낚여 부업 강의를 들은 분들이 모두의 사수 초창기 고객이었는데요. 왜 저를 찾아오냐면 수익 창출 다음 팀 빌딩에 실패하기 때문입니다. 직원을 뽑아서 자동화하고 놀 궁리만 하는데 채용이 성공할 리 없죠. 게다가 자신의 노하우를 공유하면 배워서 똑같은 사업을 할까 봐 걱정돼서 일도 제대로 가르쳐 주지 못하더라고요.

사장은 직원들과 함께 열심히 일해야 합니다. 이때 자신이 직장인일 때 일을 바라보는 관점과 사장일 때 일을 바라보는 관점이 다른 사람들이 대부분 사업을 오래 유지하지 못하고 망합니다. 직장인일 때는 시급을 계산하면서 직장에 불만을 갖고 있던 사람이 사장이 되면 직원에게 월급을 한 푼이라도 덜 주려고 하거나 새로운 일을 주지 못합니다. 식원들이 자기에게 더 큰돈을 요구할까 봐 식원들에게 휘둘리게 되는 것이죠.

제대로 된 회사는 대표 이사부터 말단 직원에 이르기까지 자신의 역할에 책임감을 갖고 일합니다. 그래야 생존할 수 있기 때문입니다. 직원한테 모든 일을 떠넘기고 11시 넘어 어슬렁 출근하는 회사 대표와 개인 시간 없이 현자들을 찾아다니며 배움에 힘쓰고 영업망을 확보하기 위해 종일 미팅을 다니느라 가장 빠른 출근 시간이 11시인 대표 이사를 어떻게 같이 놓고 비교할 수 있나요?

회사는 함께 생존하기 위해 조직된 집단입니다. 그 집단은 당연히 지역 사회에 기여합니다. 그리고 기여하는 것을 목표로 해야 합니다. 사장 자신도 지역 사회의 일부이고 사장이 채용하는 사람도 마찬가지입니다. 이 때문에 모든 사업은 크고 작게 지역 사회 서비스의 질을 올리고 고용을 창출합니다. 사장이 채용한 직원은 사장의 잠재적 고객이며 사장 자신도 다른 사업의 잠재적 고객입니다. 나 혼자 잘 먹고 잘 살겠다는 마음가짐으로는 사업을 절대 지속할 수 없습니다. 생각이 태도를 만들고 태도가 결과를 만듭니다.

이면에 품고 있는 이기적인 생각은 직원과 고객에게 금방 태도로 보입니다. 나 빼고 모든 사람을 등 돌리게 만드는데 어떻게 사업을 유지할 수 있을까요? 자신이 하는 일이 어떤 영향력을 갖고 있는지 깊이 통찰해 보지 않고 오로지 돈 때문에 사업을 선택하는 분들은 정말 뼈아픈 실패를 경험하게 될 겁니다.

성장에는 물리적 시간이 필요합니다. 여러분이 목표로 삼고 있는 롤 모델의 나이는 몇 살인가요? 40살에 이룬 성취는 40년의 시간이 필요했다는 뜻입니다. 그들처럼 되고 싶다면 그들의 현재 모습이 아니라 그들이 나와 같은 나이 대에 어떤 노력을 했는지 조사해 보세요. 성공한 사람들의 겉모습을 따라 하지 마시고 생각을 배우세요. 언제나 생각이 태도를 만들고 태도가 결과를 만듭니다. 인과 관계를 파악하고 결과가 아닌 원인에 집중하셔야 합니다.

직업 특성상 많은 브랜드의 성장을 직간접적으로 도왔습니다. 그 과정에서 어떤 난관에 부딪혀도 흔들리지 않는 자기 확신을 가진 리더가 결국 사업을 오래 지속하고 성장시킨다는 것을 직접 보고 배웠습니다.

자기 확신은 사업을 시작할 때부터 생기지 않습니다. 지금 회사를 다니고 계시다면 회사라는 안전망 안에서 최대한 많이 시행착오를 경험해 보세요. 자기 확신은 자신의 선택이 성공할 것이라는 믿음이 아닙니다. 자기 확신은 자신의 선택이 성공하든 실패하든 상관없이 자신을 믿는 믿음입니다. 시행착오가 없다면 자기 확신은 생기지 않습니다.

이 책은 지금까지 제가 직장 생활을 하고 사업을 운영하면서 겪은 과정과 결과물에 대한 일종의 회고록입니다. 막 독립을 결심했을 때 가장 어려웠던 건 지금 당장 무엇을 해야 하는지 결정하는 것이었습니다. 이 책에서 1장 '마음가짐 편'이 가장 중요한 이유이기도 합니다. 불안한 마음을 다잡기 위해 제가 했던 실질적인 노력과 과정에서 배운 경험을 기록했습니다. 그다음 실행을 위해 제가 했던 시행착오를 마케팅, 리더십, 채용, 생산성, 케이스 스터디 파트로 나눠 기록했습니다. 사업을 결심했지만 무엇부터 시작해야 할지 막막한 분, 사업을 시작했지만 이익이 나는 일이 아니라 불안한 마음을 채우기 위한 일을 하고 계신 분들께 이 책이 직접적인 도움이 될 것이라 믿습니다.

저는 긴 직장 생활을 사수 없이 꿋꿋하게 해냈습니다. 문제 앞에서 포기하지 않았습니다. 그렇기 때문에 저는 사업가 마인드나 회사원 마인드가 따로 있다고 생각하지 않습니다. 사업가나 직장인이나 시행착오를 두려워하면 성공할 수 없습니다. 그런 점에서 이 책은 직장인일 때 저의 관점과 사업가일 때 저의 관점이 그 어떤 이해 충돌 없이 잘 반영됐다고 생각합니다. 저에게 창업은 새로운 회사로 이직하는 것처럼 자연스럽게 이뤄졌습니다. 이 책에 그 과정을 자세하게 담았습니다.

40대에 독립을 준비할 때의 막막함을 저도 알고 있습니다. 그래서 이 책이 독립을 준비하는 40대에게 많이 읽히길 희망합니다. 또한

40대의 삶은 30대를 어떻게 보내느냐에 결정됩니다. 그래서 이 책이 이제 갓 30살이 된 직장인들에게도 널리 읽히길 희망합니다.

차례 ────────────────────────────

3장

리더십은 이끄는 기술이 아니다

★ 사업의 지속 - 리더십

4장

성장의 주체는 회사가 아니다

★ 사업의 성공 - 채용

5장

생산성 관리는 시간 관리가 아니다

★ 사업의 기반 - 생산성

6장

성공은 운으로 얻는 것이 아니다

★ 사업의 본보기 - 케이스 스터디

1장

사업은 결과를 베끼는 것이 아니다

사업의 본질 - 마음가짐

도를 도라고
말할 수 있으면
이미 영원한 도가 아니다.

《노자》

이 내용이 이해된다면
사업에 도전하세요

저는 동그라미를 못 그리는 미대생이었습니다.

이게 무슨 소리냐고요? 사업을 하기로 결심한 분들에게 가장 중요한 내용이니 잠시만 집중해서 읽어 주세요.

저는 공대에 입학했습니다. 앞서 미대를 다녔다고 소개했지만, 그건 전과 시험을 치른 2학년 때부터입니다. 공대 교수님들이 보기에도 저는 공대 생활과 맞지 않았나 봅니다. 전공 교수님이 먼저 저에게 미대로 전과하는 것을 권했으니까요.

이 때문에 서점에서 얼씬도 하지 않았던 미술 분야를 둘러봤습니다. 당시 미술 학원에서 전과 시험을 준비하기엔 비용이 너무 비쌌거든요. 서점에 진열된 그림 교본들을 보다가 마음에 드는 책을 집었습니다. 막눈인 제가 보기엔 책들이 모두 비슷비슷해 보였습니다. 여러 책을 살펴봤더니 무엇을 그리든 동그라미 같은 덩어리로 시작하더라고요. 그래서 제 눈엔 모든 그림의 출발점이 동그라미인 것 같았습니다. 저는 동그라미만 잘 그려 낼 수 있으면 책에 나온 예시를 비슷하게 따라 그릴 수 있을 것이라 생각했습니다. 동그라미부터 시작해 사람을 그리는 일련의 과정은 '1+1=2'처럼 그대로 따라 하기만 하면 결과물이 나오는 완벽한 공식 같았으니까요.

　그리고 저는 이내 깊은 절망을 맛보게 됩니다. 저는 동그라미조차 그리지 못하는 사람이었거든요. 그때부터 저는 원 그리기에 미친 사람이 됐습니다. 제 연습장에는 무수히 많은 원이 빼곡하게 채워졌으니, 내막을 모르는 다른 사람이 봤을 때 미친 사람처럼 보일 수밖에요. 무수히 많은 원을 그리면서 문득 궁금해졌습니다.

'도대체 어디서부터 어디까지를 원이라고 정의할 수 있지?'

　지금 생각하면 참 바보 같습니다. 원이라는 형태의 기준을 정하지도 않았으니 연습이 될 리가 없죠. 이때 정말 큰 깨달음을 얻었습니다. 동그라미가 그림 그리기의 첫 단계가 아닐 수도 있다는 깨달음입니다. 원이 그려지지 않으면 네모부터 시작하면 될 일이었습니다. 이 깨달음을 얻고부터 저는 직선으로 모든 사물을 그리는 연습을 시작했습니다.

　제가 여러분에게 지난날 부끄러운 경험을 공유한 이유는 많은 초보 사장님이 제가 그림을 시작할 때 했던 실수를 동일하게 한다는 점을 지적하고 싶었기 때문입니다. 세상엔 과정과 결과, 즉 인과 관계가 명확하게 보이는 이론들이 많은 것 같아도 실제 실행해 보면 첫 단계부터 막히는 일들을 심심찮게 경험합니다. 사실 우리가 첫 단계로 생각했던 과정도 어떤 일의 결과인 탓입니다. 우리는 언제나 인과 관계 중 결과가 아닌 원인에 집중해야 합니다.

1등의 결과가 아니라 그 앞의 과정을 보라

많은 사장님이 잘 팔리는 브랜드의 상세 페이지를 모방합니다. 마케팅 전략도 모방하고 심지어 롤 모델인 사장 개인의 하루 루틴을 따라 하기도 합니다. 그리곤 비가 올 때까지 기우제를 지내는 인디언처럼 좋은 결과가 나타날 때까지 기다립니다. 이 과정을 노력이라고 부르면서요.

이 모든 행동은 결과에 매몰된 사고방식 때문에 발생합니다. 업계 1등의 상세 페이지는 과연 처음부터 현재의 모습이었을까요? 아니면 여러 시행착오가 켜켜이 쌓여 지금의 상세 페이지로 변모한 것일까요?

어쩌면 당신이 베끼고 싶은 브랜드의 사장님은 처음엔 상세 페이지 제작에 투입할 인력과 돈이 부족해 직접 자신이 상세 페이지를 만들었을지도 모릅니다. 그 후 상세 페이지로 고객들을 불러들이기 위해 다른 사람이 사용하는 마케팅 수단들을 모두 시도해 봤을지도 모릅니다. 페이스북, 인스타그램, 검색 광고 등등 창업을 준비하는 분들은 상식처럼 알고 있는 마케팅 도구들을 말이죠. 하지만 도구는 도구일 뿐입니다. 어떤 집을 지을지 생각하지 않고 무턱대고 망치부터 손에 쥔 사람은 절대 건축을 할 수 없는 법입니다.

마케팅 비용으로 많은 돈을 잃어 보고 나서야 이 사장님은 자신의 제품에 반응할 확률이 높은 고객에게 직접 대화를 시도해야 한다고 생각했을지 모릅니다. 인스타그램 DM을 보냈을 수도 있고, 이메일을 보냈을 수도 있고, 전화를 했을지도 모릅니다. 그 절박함에 이끌려 1명, 2명씩 고객이 생겼을 수도 있습니다. 그렇게 모이는 고객들 덕분에 설득의 근거가 되는 사용 후기가 많아졌을 수도 있습니다.

사장님은 이때부터 벌어들인 돈을 마케팅에 재투자했을 수도 있습니다. 기존 고객들이 지인들에게 브랜드를 소개할 때 부끄럽지 않게 상세 페이지를 새로 단장하고 택배 포장에 신경을 썼을 수도 있고요. 결과적으로 지금 눈에 보이는 멋진 상세 페이지와 제품의 포장 디자인은 과거 이런 역사를 거쳐 탄생했을지도 모릅니다.

1등을 똑같이 모방했지만, 아무런 성과도 내지 못하셨다면 당신이 모방해야 할 건 성공한 브랜드의 겉모습이 아니라 시작점입니다. 절실한 마음, 성실함, 끈기를 갖고 고객을 찾아갔던 그 행동을 모방해야 합니다. 고객의 후기가 구매 전환에 중요한 역할을 한다는 정보를 얻었으면 응당 고객을 감동시켜 좋은 평가를 받기 위해 노력해야 합니다.

하지만 시행착오가 두려운 초보 사장님들은 이때 잘못된 길을 선택합니다. 가짜로 후기를 작성해 소비자를 기망하는 행위를 하는 것이죠. 다른 사람의 성공을 빨리 따라잡으려는 마음 때문에 자신과 고객을 속이는 일에 대해 죄의식이 사라진 탓입니다.

그 사업이 오래 지속될 리는 만무합니다. 모든 사업가는 서비스의 품질에 사력을 다해야 합니다. 서비스의 품질은 소비자 가격에도 영향을 미치고 노동의 강도에도 영향을 미칩니다. 우리 서비스의 품질이 높은지 낮은지 판단할 수 있는 기준이 고객의 후기인데 고객의 후기를 가짜로 작성해 두면 무슨 일이 생길까요? 사업에서 가장 중요한 품질에 대한 논의가 조직에서 사라지게 됩니다.

'고객이 만족해서 진심 어린 후기를 남기게 하려면 어떤 구매 경험을 제공해야 할까?'

회사의 사장과 직원은 이 질문에 대해 끊임없이 연구하고 대안을 제시해야 합니다. 그래야 지속 가능한 사업을 만들 수 있습니다.

이는 사업에만 국한된 문제가 아닙니다. 롤 모델처럼 되기 위해 배울 때에도 우리는 쉽게 결과에 매몰됩니다. 저는 요즘 직장인들을 대상으로 성실함과 끈기를 주제로 강연을 많이 하고 있습니다. 그때마다 현장에서 빠지지 않고 나오는 질문이 1가지 있는데요. '영진 님은 하루를 어떤 루틴으로 사세요?'가 바로 그것입니다. 지금 제가 하는 루틴을 그대로 따라 하면 성장에 도움이 되리란 기대 때문에 이런 질문을 하는 것이죠. 여러분은 어떻게 생각하시나요? 여기 저의 하루 루틴을 공유해드리겠습니다.

5:30 기상	5:30~6:00 멍 때리기
6:00~7:00 독서	7:00~8:00 독서 노트 작성
8:00~9:00 운동	9:00~10:00 출근
10:00~18:00 일	18:00~19:00 퇴근
19:00~22:30 자유 시간	22:30~5:30 잠

어떤가요? 이 활농늘을 똑같이 모방하면 좋은 결과로 이어질 것 같으신가요? 다음 이야기가 여러분에게 실망을 안겨 드릴지도 모릅니다. 이 루틴에는 함정이 있거든요. 저는 이 루틴대로 산 지 불과 5년 정도밖에 되지 않았습니다. 잠시 제 이야기를 들려드릴게요.

나의 현재는 롤 모델의 과거다

제 첫 직장은 외국계 대기업이었습니다. 전체 인원이 2,000여 명이고 제가 소속된 팀의 인원만 300명이 넘는 제법 큰 회사였죠. 저는 디자이너로 사회생활을 시작했습니다. 초봉은 1,800만 원이었습니다.

당시 저는 다른 사람들의 연봉보다는 온전히 성과를 독점하는 것에 관심이 많았습니다. 그래서 기획도, 디자인도, 클라이언트를 설득하는 일도 모두 직접 했습니다. 그렇게 1년 반 동안 1,200여 개의 제품 상세 페이지를 만들었습니다. 하루에 가장 많이 만든 상세 페이지 개수는 12개였습니다. 대충 작업 개수만 채운 게 아닙니다. 12개 중 5개는 업로드한 지 2시간도 안 돼서 완판됐고 나머지 7개도 완판될 때까지 수정했습니다. 이날 제가 퇴근한 시간은 아침 8시입니다. 저는 주말을 제외한 365일 내내 지하철 막차를 타고 퇴근했습니다. 가끔 주말에도 출근하고 가끔 철야 작업도 했습니다. 누가 시켜서 이렇게 일한 것이 아닙니다.

열심히 일하니 연봉이 2,700만 원으로 올랐습니다. 누군가 말했습니다. 저는 1,800만 원으로 시작했지만, 어떤 사람들은 2,700만 원부터 시작했다고요. 저는 크게 개의치 않았습니다. 저에게는 연봉이 50% 인상된 사실이 중요했거든요. 그때부터 저는 저의 가치가 50%씩 오르는 것을 목표로 직장 생활을 했습니다.

첫 번째 회사에서 1년 반 동안 근무하고 스카우트되어 이직했습니다. 그때 제가 제안받은 연봉은 4,500만 원이었습니다.

두 번째 직장은 퍼포먼스 마케팅 대행사였습니다. 어렴풋이 제가 판매를 위해 했던 방법이 온라인 마케팅이라고는 생각했지만, 전문적으로 배운 것은 아니었습니다. 그래서 누가 시키지 않았지만, 저를 타깃으로 보이는 온라인 광고 배너와 그 배너를 클릭해서 나오는 랜딩 페이지를 하루에 12개씩 분석했습니다.

분석 방법은 광고의 목적으로 광고를 분류하고 광고에 나온 모든 텍스트를 따로 옮겨 적는 것이었습니다. 그리고 왜 이 콘셉트로 광고가 만들어졌는지 유추하고 최종적으로 제 생각을 적었습니다. 광고 1개당 A4 용지 1장에서 2장 분량을 작성했고 이것을 매일 12개씩 반복했습니다. 이 경험이 쌓이니 6개월 뒤에는 저를 타깃으로 보이는 광고 중 더는 새로운 광고가 없었습니다. 신선한 광고가 없었다는 뜻이 아니라 문자 그대로 당시 저를 타깃으로 노출된 모든 광고를 다 봤다는 의미입니다.

이 회사에서 3년 반을 팀장으로 근무했으며 인센티브를 포함해 퇴사 직전 받은 월급은 1,000만 원이 넘었습니다. 저는 대부분 오전 9시에 출근해 자정을 넘겨 퇴근했고 수말 출근도 자수 했습니다. 야근 택시비를 첫 번째 회사 월급보다 2배 정도 더 받았던 것이 인상 깊습니다.

지금 저의 삶은 위에서 설명한 5년간의 경험 덕분입니다. 저는 아침 일찍 일어날 여유가 없었습니다. 책을 읽을 틈도 없었죠. 그럼 어떻게 아침에 일찍 일어나게 됐는지, 왜 책을 읽게 됐는지 그 계기를 설명하겠습니다.

5년을 고생하니 그 후 직장 생활은 점점 편해졌습니다. 경영자들은 저에게 직접 실무를 하기보다는 머리로, 입으로 일하기를 요구하더군요. 노동의 강도가 약해지니 아침 일찍 일어나게 됐습니다.

그럼 책은 왜 읽기 시작했냐고요? 머리로, 입으로 일한다는 건 순간순간 의사 결정의 책임이 모두 저에게 있다는 의미인데요. 제 판단이 회사를 빠르게 앞으로 나가게 만들거나 경쟁사들보다 훨씬 뒤처지게 만드는 것을 보면서 책임감 때문에 뭐라도 하지 않으면 안 되겠다는 위기의식이 생겼습니다. 그래서 책을 가까이하게 됐습니다. 독서 노트를 쓰게 된 계기도 단순합니다. 수험생처럼 가방에 책을 한 보따리 들고 출퇴근하기가 너무 힘들어서 다이어리에 내용을 요약하기 시작했습니다. 그렇게 하면 다이어리 1권만 들고 다니면 되니까요.

저에게 성장의 비법을 기대한 분들에겐 죄송할 따름입니다. 지금 이 루틴이 제 삶에 어떤 결과로 이어질지 저도 잘 모르겠습니다. 이렇게 산 지 5년밖에 되지 않았으니까요. 아마 50대에 이르러 그 결실을 볼 수 있지 않을까 기대하고 있습니다.

성공은 눈에 띄지만 과정은 보이지 않는다

눈에 보이는 결과에 매몰되는 것이 얼마나 위험한지 아시겠죠? 부자가 되길 원하는 사람이 부자들은 모두 비싼 차, 비싼 시계, 비싼 옷을 입고 다니니까 똑같이 겉모습만 흉내 내는 것처럼 비현실적이고 터무니없습니다. 성공한 회사들의 복지 시스템, 직원들 급여 수준, 인센티브 지급 방법을 베끼는 것도 이와 마찬가지입니다. 성공한 회사, 성공한 개인은 다른 회사가 일군 결과를 모방해서 성공한 것이 아닙니다. 성공한 회사의 시작점을 연구하고 자신만의 과정을 재창조했기 때문에 결과적으로 성공한 것입니다.

우리는 결과가 아니라 원인에 집중해야 합니다. 이 책을 읽는 여러분도 모두 이 사실을 알고 있습니다. 하지만 현실에 적용하는 것은 어려운 일이죠. 머리로는 이해하지만, 실제 행동은 내 맘처럼 되지 않습니다. 이렇게 되는 근본적인 이유는 타인과의 비교 때문입니다. 사람은 누구나 본능적으로 타인과 비교하며 상대적으로 자신의 위치를 파악합니다. 이 탓에 동년배 창업자, 비슷한 시기에 창업한 사장의 성과와 자신을 비교하기 시작하며 속도 경쟁에 빠집니다. '더 빠르게 성공해야 한다'는 생각은 사람을 결과에 매몰되게 만듭니다.

여기 30살에 창업을 결심한 A가 있다고 가정하겠습니다. 이 사람은 35살에 일가를 이룬 B를 목표로 창업을 결정했습니다. 여기부터 A는 심각한 오류에 빠지게 됩니다. 자신에게 주어진 시간이 5년밖에 없다고 생각하는 것이죠. 5년 안에 사업적 성과를 내야 B를 따라 잡을 수 있다고 생각하는 것입니다.

대단한 착각이 아닐 수 없습니다. 왜냐하면 B는 5년 만에 사업을 성장시킨 것이 아니기 때문입니다. 실제 그렇게 되기까지 35년의 세월이 필요했던 것이죠. B의 20대는 A의 20대와 같지 않았을 것입니다. A가 정말 B처럼 되고 싶으면 B의 생애를 연구해야 합니다.

사업도 이와 같습니다. 본받고 싶은 브랜드가 있다면 그 브랜드의 현재 모습을 모방하지 마세요. 그 브랜드의 전체 역사를 연구하고 현재 자신의 위치를 점검해야 합니다. 그리고 자신의 길을 재창조해야 합니다. 길을 재창조하는 방법은 다른 사람을 모방하는 것이 아닙니다. 지난 날 자신의 의사 결정과 비교하면서 다음 의사 결정을 선택할 때 비로소 자신의 길을 만들 수 있습니다.

의사 결정의 중심이 언제나 '나'여야 함을 명심하세요. 선택지를 만날 때마다 다른 사람이 어떤 결정을 했는지 참고해야 나아갈 수 있다면 해답지 없이 스스로 문제를 해결할 수 있는 능력을 상실하게 됩니다. 이 책에서 1장 마음가짐 편이 가장 중요한 까닭입니다. 다른 사람의 결정이 아니라 자신의 결정으로 역사를 만들어야 합니다. 사업가는 결과가 아니라 원인에 집중해야 비로소 자신이 원하는 결과를 만들어 낼 수 있음을 꼭 기억하세요.

사업이 막막해지는 근본적인 이유

'그럼 지금부터 무엇을 하면 되지?'

사업을 처음 시작하는 사람은 이런 막막함을 경험합니다. 그래서 더욱 다른 사업의 결과에 매몰되기 쉽습니다. 저 또한 그랬습니다. 직장 생활을 오래 한 사람일수록 이 막막함이 커집니다. 우리가 회사에서 수행하는 일이란 다른 사람의 문제를 해결하는 것을 뜻합니다. 우리는 문제를 가진 사람의 문제를 해결하면서 그 대가로 돈을 받습니다. 그래서 하루 중 잠자는 시간을 제외한 대부분을 우린 타인을 생각하면서 보냅니다. 자기 자신에 대해 생각할 틈이 없습니다.

사업을 처음 시작하는 사람들이 막막해 하는 원인은 바로 여기에 있습니다. 자신이 무엇을 하고 싶은지 구체적으로 특정할 수 없는 이유는 자신에 대해 생각해 본 일이 없기 때문입니다. 많은 사장님이 돈 따라가는 의사 결정을 하는 이유도 여기에 있습니다. 매출이라는 결과에 매몰돼서 매출을 만들어 내는 원인에 집중하지 못하는 것이죠.

이 책을 읽는 여러분은 지금부터 생각을 바꾸셔야 합니다. 모든 의사 결정은 나로부터 시작됩니다. 나보다 훌륭한 능력자를 채용하더라도 이 사실은 변함이 없습니다. 가령 똑같은 할인 행사를 홍보하더라도 각기 다른 문장으로 고객을 모을 수 있습니다.

・A안
신제품 출시 기념 50% 할인 행사
한정 수량 100개

・B안
오랫동안 공들여 준비한 제품을 드디어 출시했습니다.
제품의 품질에 자신 있기에 일정 기간 50% 가격 할인을 진행합니다.
저희 브랜드를 처음 접하시는 분들은 원래 가격이 비싼 가격처럼 느껴질 수 있으니까요.
이후 할인 행사는 점점 줄여 나갈 계획입니다.

여러분은 어떤 글에 더 끌리나요? 아마 각자의 가치관과 철학에 따라 선택지가 달라지겠죠. 여러분이 채용한 직원들은 언제나 여러분에게 이런 선택지를 제안할 것입니다. 직원이 없더라도 스스로 이런 선택지를 만들어 내겠죠. 어떤 사장님은 클릭을 많이 받을 수 있는 문구를 기준으로 선택하고, 어떤 사장님은 자신의 성향을 드러내는 문구를 기준으로 선택할 것입니다. 전자는 고객에게 일관성 있는 경험을 만들어 내긴 어렵지만 즉시 매출을 만들기 쉬울 테고 후자는 처음 반응은 미미하겠지만 일관적인 경험을 제공하여 팬덤을 만들 수 있다는 점에서 가치가 있는 결정입니다.

이런 선택지를 만날 때마다 여러분은 선택해야 합니다. 그럴 때마다 타인에게 의견을 물으실 건가요? 나라면 어떻게 할지 생각해 보실 건가요?

사업의 결과는 시작할 때 결정된다

다음은 조금 더 어려운 질문을 드리겠습니다. 여러분이 지금까지 열심히 판매에 매진한 덕에 누적 판매 수가 1만 개를 돌파할 것 같습니다. 현시점 판매 수량은 9,870개입니다. 여러분은 사람들에게 누적 판매 수량 1만 개를 돌파했다고 홍보하실 건가요, 지금까지 9,870개를 팔았다고 홍보하실 건가요?

어떤 분은 이제 곧 1만 개를 돌파할 것 같으니 '1만 개 돌파' 홍보 문구를 선택하실 것이고, 어떤 분은 1만 개와 비교하면 아직 130개나 부족하니 '지금까지 9,870개를 판매했다'는 홍보 문구를 선택하실 것입니다. 이 선택도 결국 의사 결정권을 가진 사장이 최종적으로 선택할 문제입니다. 이 경우 사장 개인의 도덕률에 따라 회사의 운명이 결정되겠죠.

이 때문에 사장님의 가치관, 철학, 도덕률은 매우 중요합니다. 어떤 사람은 '1만 개나 9,870개나 거기서 거기지'라는 생각에 아무런 죄의식 없이 1만 개를 돌파했다고 거짓말을 합니다. 이 1건의 결정으로 사업에 위기가 찾아오진 않습니다. 하지만 이런 사고방식이 지속된다면 반드시 큰 역풍을 맞게 되실 겁니다.

　가장 대표적인 사례가 고객의 후기입니다. 고객이 쓴 구매 후기가 도움이 된다는 정보를 얻었을 때 여러분은 어떤 의사 결정을 하실 건가요? 어떤 사장님은 가짜로 구매 후기를 작성해 두고 영업을 시작합니다. 반면 어떤 사장님은 어떤 구매 경험을 기획해야 고객들을 감동하게 하고 후기까지 작성하게 만들 수 있을지를 고민합니다.

　전자의 경우 일시적으로 매출이 상승할 수 있겠지만 오래가는 사업을 만들 수 없습니다. 고객 후기와 전혀 다른 품질의 제품을 받은 고객들은 별점 1개짜리 리뷰로 자신의 억울함을 해소하려 할 것입니다. 환불 요청, 교환 요청, 게시판 컴플레인이 증가할 것이며 이 모든 상황에 대응하기 위해 사용하는 시간 또한 비용입니다. 이 매몰 비용을 감당하기 위해 CS 담당자부터 채용하는 사장님을 많이 봤습니다. 브랜드의 평판이 점점 나빠져 매출이 발생하지 않아서 줄어든 CS 문의량에 할 일이 사라진 CS 담당자를 해고하거나 폐업을 결정하는 사장님도 많이 봤습니다.

　어떤 사장님은 이렇게 반문하실 수도 있겠습니다.

"그건 제품의 품질이 좋지 않아서 그런 거 아니에요? 제품의 품질이 좋았다면 가짜로 고객의 후기를 작성해 둬도 고객들의 불만이 그렇게까지 많지는 않았을 것 같은데요?"

결과에 매몰된 사고방식은 이처럼 중요한 결정의 순간에서도 사장님의 눈과 귀를 교란합니다. 이 상황에서 진정한 문제는 가짜로 리뷰를 작성하느냐 마느냐의 문제가 아닙니다. 진짜 문제는 일하는 방식에 있습니다. 모든 사업에서 서비스의 품질은 그 무엇보다 중요합니다. 서비스의 품질이 가격을 결정하기 때문입니다. 고객의 진정성 있는 사용 후기는 우리 서비스의 품질을 가늠하는 중요한 지표 중 하나입니다. 좋은 후기를 많이 받기 위해 무엇을 어떻게 해야 할지 고민하는 건 회사에서 언제나 논의돼야 할 중요한 안건입니다. 하지만 가짜 후기를 작성하는 것으로 사업을 시작하면 이 중요한 안건이 사라집니다. 사업을 지속할 내적 동력이 사라지고 마는 것이죠. 이런 조직은 결코 오래 생존할 수 없습니다.

결국 창업자의 가치관, 철학, 도덕률이 사업의 방향을 결정합니다. 그 생각이 일관성을 만들며 그 일관성은 회사의 조직 문화로 자리 잡게 됩니다. '나'를 기준으로 바로 서야 비로소 '고객' 중심 사고가 제대로 효과를 발휘할 수 있습니다. '나' 없는 고객 중심 사고는 무가치합니다.

창업 전 점검해야 하는 필수 체크 리스트

사업을 시작하기 전에 반드시 점검해야 할 체크 리스트를 알려드리겠습니다. 사업을 할지 말지 고민이 되신다면 다음 항목을 점검해 보세요.

Q1. 다른 사람의 권유로 사업을 결심하셨나요?
Q2. 지금 다니는 직장을 그만두고 싶어서 사업을 결심하셨나요?

먼저 이 두 질문에 하나라노 '예스'가 있다면 절대로 사업을 시작해선 안 됩니다. 지금의 결정이 오롯이 자신의 선택인지, 자신이 설득돼 있는지 점검해 보세요. 이 과정이 빠지면 사업과 부업을 지속할 수 없습니다.

어제 매출이 50만 원이고 오늘 매출이 0원이면 원점으로 돌아온 건가요? 아니면 50만 원만큼 손해를 본 건가요?
매출이 0원인 상태가 지속되면 사업이 망한 건가요? 아니면 문제가 있다는 신호일까요?

자신이 이 일을 왜 해야 하는지 깊이 생각하지 않고 다른 사람의 권유나 압력에 의해 시작하면 하강 국면을 만날 때마다 그 일을 포기하기 쉽습니다. 사업을 해야 하는 이유가 확실하게 자기 자신에게 있어야 합니다. 그리고 사업을 하면 최소 얼마를 벌어야 지금 수준의 생계를 유지할 수 있는지 계산해 보세요. '많이 벌수록 좋다'는 식의 대답이 아니라 자신이 생계를 유지하기 위해 벌어야 할 최소한의 매출이 얼마인지 계산해 보고 그 매출을 계속 유지할 수 있을지, 유지하려면 어떻게 해야 할지를 구체적으로 적어 보셔야 합니다. 대부분 이런 고민 없이 사업을 우발적으로, 감정적으로 시작한 사람들은 다음 패턴으로 일을 크게 그르치고 맙니다.

충분하게 고민하지 않고 부업을 시작한다.

→ 부업에서 나오는 매출이 월급보다 커질 때 회사를 그만둔다.

→ 직장 생활보다 훨씬 적게 일해도 더 많은 돈을 벌 수 있어서 서서히 규칙적인 생활이 망가진다.

→ 영원히 지속될 것 같았던 성장이 어느 순간 정체된다.

→ 연속적인 하강 국면에 다른 사업 아이템을 고민한다.

→ 지금까지 벌어들인 수익으로 다른 사업에 도전한다.

→ 사업에 필요한 전문 지식은 직원을 채용하는 것으로 충분한 학습 없이 대충 때운다.

→ 의사 결정의 기준이 내가 아니라 외부에 있으므로 언제나 주변 환경에 영향을 받아 결정을 번복한다.

→ 과정에서 팀원들의 신뢰를 잃어버린다.

→ 과정에서 기존 고객들의 신뢰를 잃어버린다. 줄어드는 매출을 감당하기 위해 언제나 신규 고객 창출에만 집중하게 되니 마케팅 비용은 줄지 않고 유입된 고객들은 관리되지 않아 결국 떠난다.

→ 사업가의 정신은 피폐해지고 수익이 나고 있어도 일을 지속할 의지를 상실한다. 그렇게 망한다.

이 이야기가 과장 같나요? 그렇지 않습니다. 다음 질문에 대해 아무런 생각도 하지 않았다면 누구라도 이 같은 상황에 빠질 수 있습니다. 다음 질문에 진지하게 답변을 채워 보세요.

Q1. 나는 최소 얼마를 벌어야 안정적인 생활이 가능한가?

낮은 소비 수준은 직장인일 때도, 사업을 할 때도 가장 큰 힘이 됩니다. 돈 때문에 속 썩을 일도 없고 충분히 아끼면서도 다른 사람들처럼 기분 낼 거 다 내며 살 수 있습니다. 쓰는 돈이 일정하면 가능합니다. 소득이 커지는데 쓰는 돈은 그대로라면 벌어서 남는 돈을 모두 사업이나 자산에 재투자할 수 있습니다. 반대로 버는 돈이 많을수록 쓰는 돈도 많아지면 그 사람의 형편은 나아지지 않습니다. 늘 돈에 쪼들리고 쫓기게 됩니다. 1억 원을 벌어도 1억 100만 원의 소비 수준을 갖고 있으면 그 사람은 가난한 것입니다.

Q2. 나는 실패하거나 내 뜻대로 되지 않는 일에 어떻게 행동하는가?

직장에서는 몇 번 실패해도 자신의 인생이 망가지지 않습니다. 실패를 통해 배울 수 있다면 회사는 시행착오를 장려하기도 합니다. 사업은 작게 자주 실패해야 성공 가능성이 커지니까요. 회사에선 이 경험을 안전하게 배울 수 있지만 사업은 스스로 책임져야 합니다. 만약 상황이 내 마음대로 되지 않을 때 자신이 어떻게 행동하는지 제대로 파악하지 못한다면 뜻대로 되지 않는 상황에서 사업을 포기할 가능성이 높습니다. '겨우 몇 푼 더 벌자고 이런 고생을 감수하냐'

는 생각이 들기 때문이죠. 그러나 이런 마음가짐으로는 사업을 지속할 수 없습니다. 차라리 회사에서 더 많은 시행착오를 겪어 보세요.

모든 사업의 시작은 0원부터입니다. 회사에서 직원에게 월급을 주지만 모든 신입 사원의 성과는 0부터 시작합니다. 회사는 여러분의 성과가 0이라도 교육하고 동기 부여해 주고 성공할 수 있도록 지원하지만 사업은 모두 자신이 책임져야 합니다. 여러분이 채용한 직원의 성과가 0이라도 직원을 믿고 교육할 수 있어야 합니다. 스스로 일의 의미를 찾고 일할 동기를 자신 안에서 찾지 못한다면 사업은 지속할 수 없습니다.

Q3. 나는 다른 의견, 지적, 불평불만에 대한 수용력이 어느 정도인가?

인간관계에서 조금의 불편함도 견디지 못하는 사람들이 있습니다. 자기 생각에 반하는 생각을 수용하지 못하고 다른 사람의 지적을 불편하게 여기거나 불평불만을 잠자코 듣기 어려운 사람들은 사업을 해도 마찬가지입니다. 직장 생활을 하며 피드백 수용도를 높이셔야 합니다. 똑같은 지적이라도 사람마다 어조가 다르고 사용하는 단어가 다릅니다. 다양한 사람을 경험하고 다양한 피드백을 수용할 수 있는 사람이 돼야 합니다. 고객은 피드백하지 않고 평가만 합니다. 내가 열심히 쓴 글을 제대로 읽지도 않고 원색적인 비난을 하는 사람도 있고 구매한 상품이 만족스럽지 않았을 때 평점 1점짜리 리뷰를 쓰기도 합니다. 이 모든 건 누군가에겐 불쾌한 경험이지만 누군가에겐 개선해야 할 문제가 됩니다.

Q4. 나는 원색적인 비난을 어디까지 견딜 수 있는가?

온라인상에서 사람은 때때로 개인이 아니라 군중으로 반응합니다. 한번 만들어진 여론은 한 사람의 생을 좌우할 만큼 파괴력이 큽니다. 세상엔 합리적이고 지혜로운 사람만 존재하지 않습니다. 이런 부조리를 안전하게 경험할 수 있는 곳 또한 회사입니다. 이런 부조리에 내성이 있는 사람이 없는 사람보다 사업을 지속하는 힘이 뛰어날 수밖에 없습니다.

Q5. 도피성 창업은 아닌가?

사업과 부업은 현재 직장 생활의 구원이 될 수 없습니다. 소비자들은 바보가 아닙니다. 소비자를 직장을 대체할 돈벌이 수단이라고 생각하는 순간 소비자도 이면에 깔린 의도를 바로 읽습니다. 소비자는 자신의 문제를 책임감 있게 해결해 주는 판매자에게 돈을 지불하지, 가벼운 마음으로 대충 시작한 사람들에게 돈을 지불하지 않습니다. 입장을 바꿔 놓고 생각해도 아마 같을 것입니다. 사업을 성급하게 결심하기 전에 자신이 하고 싶은 사업이 무엇인지 더 깊게 고민해 보고 사업의 방향을 잡으셔야 합니다. 대게 이 과정이 생략되면 사람을 현혹하는 온갖 마케팅 기술을 사업의 기술로 착각하게 됩니다. 사람을 현혹하기만 하면 그것은 소비자를 기망하는 것입니다. 매출을 내는 게 단일 목표인 사업은 오래갈 수 없습니다.

사업을 시작할 때 자기 자신을 기준으로 잡지 못한 사업가의 말로는 대부분 비슷합니다. 그러니까 결국 나로부터 시작해야 합니다. 지금부터 그 방법을 자세하게 알려드리겠습니다.

사장의 제1 역량, 성실함과 끈기

사업을 시작하기에 앞서 가장 먼저 자신의 역량을 점검하셔야 합니다. 특히 성실함과 끈기가 중요합니다. 진부하지만 사실입니다. 많은 사장님이 사업의 첫 관문인 '수익화'에서 좌절합니다. 사업에 필요한 성실함과 끈기가 어느 정도인지 가늠해 보지 못한 탓입니다.

여러분이 사업을 준비할 때 상상하는 성실함과 끈기의 수준이 실제 사업을 시작했을 때 다를 가능성이 높습니다. 환경과 조건이 갖춰져야 유지되는 성실함과 끈기는 진짜가 아닙니다. 환경과 조건을 만들어 가야 하는 사업가로선 이 관점은 현실과 부합하지 않습니다. 사업가의 성실함과 끈기는 환경과 조건이 열악할수록 강해져야 합니다. 이게 여러분이 추구하셔야 할 진짜 성실함과 끈기입니다. 사업에 요행과 꼼수는 없습니다. 지름길도 없습니다. 여러분은 어디까지 성실하고 어디까지 끈기를 유지할 수 있으신가요?

저는 직장 생활을 시작하고부터 5년간 워라밸(워크 앤 라이프 밸런스)을 추구한 적이 없습니다. 저는 직장 생활 10년간 7곳이 넘는 회사를 경험했습니다. 동일한 직무로 이직한 경우는 단 한 번도 없습니다. 제가 경험한 직업은 단순 나열만 해 봐도 다음과 같습니다.

상세 페이지 디자이너, 상세 페이지 기획자, 프로덕트 매니저, 퍼포먼스 마케팅 디자이너, 퍼포먼스 마케팅 마케터, UX/UI 기획자, UX/UI 디자이너, 바이럴 마케팅 마케터

무엇 하나 대충 하지 않았습니다. 확실하게 알 때까지 실무 경험을 쌓았습니다. 모두의 사수는 저의 3번째 창업입니다. 모두의 사수는 첫 달 매출이 75만 원이었는데요. 이 매출을 만들어 내기 위해 아무 성과도 없는 인스타그램 채널을 저는 1년 동안 운영했습니다. 게다가 1개월에 1,000만 원 이상을 손쉽게 벌던 B2B 서비스가 사업의 전체 방향과 어긋나기 시작하자 하루아침에 정리하고 매출 0원부터 다시 시작하는 결정을 하기도 했습니다.

사업을 시작하는 사람들이 모두 저와 같은 경로를 밟아야 한다고 주장하는 것이 아닙니다. 이 생각이야말로 결과에 매몰된 사고방식이죠. 제가 여러분에게 알려드리고 싶은 내용은 다음과 같습니다.

첫 번째, 문제를 만났을 때 대충 넘어가지 마세요.

확실하게 알 때까지 시행착오를 반복해야 합니다. 완벽주의와 실수를 두려워하는 마음은 완전히 다른 마음가짐입니다. 완벽해지기 위해 시행착오를 반복하세요. 실수를 두려워하는 마음은 실수하지 않기 위해 문제집의 해답 편으로 사람을 바로 이끕니다. 다른 사람

들의 의사 결정을 그대로 따라가게 됩니다. 문제를 정의하고 해결하는 능력을 기르지 못하면 사업을 지속할 수 없습니다.

두 번째, 시작한 일은 반드시 끝까지 마무리하세요.

저는 '이 길이 아닌 것 같다'는 생각이 들 때는 그 증거가 눈앞에 나타날 때까지 포기하지 않았습니다. 이렇게 포기하지 않고 끝까지 문제를 파고들다 보면 '이 길이 아닌 것 같다'는 생각 자체가 문제일 때가 많습니다. '이 길이 아닌 것 같다'는 생각과 싸우며 끝까지 포기하지 않으면 대부분 문제는 끝에 가서 결국 해결됩니다.

세 번째, 출퇴근 시간 구분을 없애야 합니다.

사업을 시작하면 퇴근해도 어차피 일 생각밖에 나지 않습니다. 어느 정도냐면 잠들기 직전까지 했던 사업에 대한 고민이 눈 뜨자마자 바로 이어지는 수준입니다. 회사에 나가든 안 나가든 의식이 깨어 있는 순간엔 사업 생각만 하시고 생각들을 정리해서 반드시 실행으로 옮기세요.

반드시 이 3가지를 점검해 보세요. 자신의 삶을 다시 돌아보셔야 합니다.

Q1. 인생에서 문제를 만났을 때 그 문제를 어떻게 대했나요?

Q2. 시작한 일을 끝까지 지속한 경험은 얼마나 되시나요? 또 어떤

경험들이었나요?

Q3. 당신은 당신의 사업에 얼마큼의 시간을 투자할 수 있으신가요?

평범한 직장인의 인생을
통째로 바꾼 6가지 문답

어느 날 아침 7시, 오래 알고 지낸 친구에게 전화가 왔습니다. 평소 아침 일찍 걸려 오는 전화는 받지 않는 편이지만 무슨 일이 있나 싶어 전화를 받았습니다. 오랜만에 안부를 묻는 친구의 목소리는 지쳐 있었습니다. 친구가 대뜸 말문을 열었습니다.

"난 요즘 네가 가장 부럽다."

신세 한탄의 원인은 다음과 같았습니다. 그 친구는 잘나가는 대기업의 중간 관리자로 한창 승승장구했습니다. 이른 나이에 승진도 해서 자리도 빨리 잡은 편이죠. 그러나 나이 마흔을 코앞에 두고 평탄한 삶에 갑작스러운 변화가 찾아왔습니다. 기업의 희망퇴직 제도 때문이었습니다. 자발적으로 퇴사를 신청하면 제2의 인생을 준비할 수 있게 퇴직금을 조금 더 챙겨 주는 나름의 지원 프로그램인데요. 친구가 회사에 계속 다니려니 아래에서 치고 올라오는 후배들과 위로부터 내려오는 성과에 대한 압력이 나날이 강해져서 스트레스가 이만저만이 아니었나 보더라고요. 그래서 희망퇴직을 신청해 제2의 삶을 준비하려고 했더랍니다. 대기업에서 오래 근무했으니 퇴직 후 스타트업이나 중소기업의 임원 정도는 할 수 있으리라 생각해서 면접을 보러 다녔는데요. 대기업처럼 시스템을 갖추지 못한 스타트업이나 중소기업에서는 시스템을 만들어 줄 사람이 필요하지, 시스템 안에서 일하는 사람이 필요한 게 아니라는 사실을 깨닫고 사업으로 눈길을 돌렸다고 합니다.

여기까지 이야기한 친구는 깊은 한숨과 함께 이렇게 말했습니다.

"도대체 뭘 해야 할지 모르겠다. 나도 성실함과 끈기라면 누구에게도 지지 않을 자신이 있는데 어떤 일을 선택해서 도전해야 할지 도저히 감이 안 잡힌다. 네가 사업으로 많은 돈을 벌고 있어서가 아니라 마흔이 되기 전에 뭘 할지 결정한 것이 정말 부럽다. 차라리 누가 이거 하라고 정해 주면 좋겠어."

친구의 말은 과장이 아닙니다. 대부분 30대 중후반에서 40대로 접어드는 직장인은 누구나 한 번씩 미래에 대한 걱정과 불안이 파도처럼 밀려올 때가 있습니다. 저의 경우 그 파도가 조금 빨리 찾아왔습니다. 30살이 되던 해, 제 인생의 변곡점을 만났거든요.

여느 때와 다름없이 '집, 회사, 집'을 반복하는 삶이었습니다. 업무의 강도는 약해지지 않고 새벽에 퇴근하는 일이 점점 많아져서 몸도 마음도 지친 상태였는데요. 갑자기 이런 불안이 엄습했습니다.

'이렇게 열심히 일하는데 지금까지 모은 돈으로 과연 결혼도 하고, 집도 사고, 가정을 이룰 수 있을까?'

이 걱정은 일상에 지장이 있을 정도로 커졌습니다. 평상시면 지하철 막차를 타고 집에 갈 수 있는 수준의 업무량인데 새벽 1시, 2시까지 잡고 있어도 마무리가 되지 않더라고요.

'이 일이 지금 내 인생에서 가장 중요한 일일까?'
'지금이라도 다른 선택지를 찾아봐야 하는 거 아닌가?'

업무 시간 내내 이런 생각이 떠오르니 일의 효율이 떨어질 수밖에요. 이 상태가 팀에도 악영향을 미치고 타 부서 동료들까지 저의 마음을 눈치챌 정도로 방황하는 날들이 길어졌습니다. 저는 직장 생활을 하는 동안 '직속 사수'로 부를 수 있는 인연을 만나지 못했는데요. 그런 제가 평사원으로 고작 1년 반을 근무하고 갑작스럽게 팀장 자리에 덜컥 올라가게 되니 이렇게 불안이 심화된 것입니다. 팀장이 되니 팀원들을 챙겨야 하는데 누구한테 챙김을 받아 본 적 없는 저로서는 그 일이 어렵다기보다 억울한 감정이 더 크더라고요.

'이 정도는 알아서 해야 하는 거 아니야?'
'나는 알려 주는 사람 없이 내가 그냥 했는데.'

게다가 제가 팀원일 때는 저를 보살펴 주지 않았던 임원진이 저한 테는 팀원들을 보살피라고 지시할 때마다 마음속에 울분은 더 쌓여 갔습니다.

'왜 자신들은 안 하면서 나한테는 하라고 하는 거지?'

이런 생각을 갖고 회사에 다니니 분명 태도로 드러났을 것이 분명합니다. 팀원들의 사기도 나날이 떨어지고 있었거든요. 이러다가는 내가 스트레스 때문에 죽겠다는 생각이 들어서 그때부터 미친 짓을 하기 시작했습니다.

'진정 나를 위해 주는 직속 사수가 있다면 지금의 나에게 어떤 화두를 던져 줄까?'

이 고민 끝에 6가지 질문을 추려 냈습니다. 저는 이 6가지 질문을 월급받는 날마다 미친 사람처럼 스스로에게 묻고 스스로 대답했는데요. 이 자문자답의 효과는 대단했습니다.

저는 서른 중반까지 이루고 싶은 목표가 2가지 있었습니다. 첫 번째 목표는 '서른 중반에 이름만 대면 아는 큰 회사의 임원으로 자리를 잡는 것'이었습니다. 서른 중반까지 이 목표를 달성하지 못하면 마흔 살부터 삶의 난도가 올라갈 것이 분명했으니까요. 그래서 두 번째 목표는 자연스럽게 '서른 중반까지 임원이 되지 못하면 내 사업을 하는 것'이 됐습니다.

결과적으로 저는 35살에 이 2가지 목표를 모두 달성했습니다. 저의 직장 생활 최종 경력은 이름만 대면 아는, 서울시에서 선정한 강소 기업의 COO입니다. 위로 올라갈수록 창업주의 가치관과 대립하는 일이 많아져 제 사업을 하기로 결심하고 회사를 나온 것 역시 35살이었습니다.

제가 이렇게 목표를 달성할 수 있었던 이유가 제가 했던 자문자답에 있다고 확신합니다. 그 질문들과 그 질문에 담긴 함의를 자세하게 설명해드리겠습니다. 지금부터 한 달에 한 번은 꼭 자신을 위해 1시간만 시간을 내 보세요. 다음 질문을 적어 두고 달마다 기록하고 기록을 모으면 되는 일입니다.

Q1. 내가 매일 회사에 출근하는 원동력은 무엇인가?

Q2. 회사에서 내가 이루고 싶은 목표는 무엇인가?

Q3. 인생에서 내가 이루고 싶은 목표는 무엇인가?

Q4. 더 나은 사람이 되기 위해 새롭게 배우고 싶은 것이 무엇인가?

Q5. 나는 일할 때 언제 만족하고 행복한 사람인가?

Q6. 나는 일할 때 언제 힘들고 불행한 사람인가?

Q1. 내가 매일 회사에 출근하는 원동력은 무엇인가?

여러분은 왜 매일 직장에 출근하시나요? 잠자는 시간을 제외하고 하루 대부분의 시간을 직장에서 보내실 텐데요. 왜 그 직업을 선택했고, 왜 그 회사를 선택했고, 왜 그 생활을 선택했는지 모른다면 매일 회사에 출근하는 일상은 금세 지옥으로 바뀝니다. 아무리 돈을 번다고 해도 매일 출퇴근하는 삶은 개인에게 대단한 노력과 끈기를 요구합니다. 자신이 매일 출근하는 원동력을 상실하는 순간부터 회사 생활이 지옥으로 변하게 되니 꼭 달마다 점검해 보시길 바랍니다. 자신의 솔직한 생각을 적으시면 됩니다.

'저는 돈 때문에 회사 다니는데요?'

네, 자신이 진짜 돈 때문에 회사에 다닌다면 그렇게 솔직하게 적으셔야 합니다. 사실 모든 직장인이 회사에 다니는 첫 번째 이유는 자신의 생존을 위해서입니다. 돈 때문에 회사를 다니는 건 문제도 아니고, 또 그런 생각을 가진 사람이 속물도 아닙니다. 그러니 솔직하게 적으세요. 적다 보면 생각이 더 구체적으로 적힙니다. 단순히 돈을 벌기 위해서가 아니라 번 돈으로 사고 싶은 물건, 사고 싶은 경험을 적거나 '월급 올라가는 것을 나의 성장 지표로 삼는다'처럼 자연스럽게 구체화됩니다. 이 생각들이 쌓이면 사업을 시작할 때 이 질문에도 즉시 답할 수 있습니다.

'왜 사업을 하시려고요?'

가장 중요하고 기본적인 질문이지만 역설적으로 많은 분이 답변하기 가장 어려운 질문이기도 합니다. 자신에 대해 돌아보는 시간을 갖지 못한 탓입니다. 그러니 달마다 꼭 점검해 보시길 바랍니다.

Q2. 회사에서 내가 이루고 싶은 목표는 무엇인가?

여기에서 목표가 의미하는 건 성과일 수도 있지만, 성과가 아니어도 상관없습니다. 이 질문이 중요한 이유는 자신이 정한 목표를 달성하기 위함도 있습니다만 그것이 전부는 아닙니다. 자신이 진짜 원하는 목표가 무엇인지 생각하다 보면 이 질문이 묻는 것이 회사 생활의 목표가 아니라 회사 생활의 목적이라는 사실을 깨닫게 되실 겁니다. 이 때문에 이 질문은 사업을 준비하는 직장인들에게 매우 중요합니다.

사업은 목적을 나침반 삼아 떠나는 여정입니다. 하루 대부분을 회사에서 보내는데 회사 생활할 때 자신의 주관이 반영되지 않는다면 그 생활을 지속하기 어렵습니다. 게다가 삶에선 목표보다 방식과 태도가 더 중요합니다.

여행에 비유해 보죠. 여러분은 서울에서 부산까지 가는 여행을 계획했습니다. 이때 부산의 날씨가 좋지 않다는 정보를 듣고 목적지를 수정할지도 모릅니다. 부산에 도착했어도 곧 다음 목표를 설정해야겠죠. 이처럼 살면서 목표는 계속 변화합니다.

목표보다 중요한 건 방향성(목적)입니다. 목표를 달성했거나 중간에 목표를 수정해도 인생 전체에서 자신이 추구하는 방향성(목적)에서 벗어나면 안 됩니다. 여행을 떠난 목적이 휴식인데 폭우가 쏟아지는 부산에 계획대로 도착하는 건 의미가 없습니다. 목표를 수정하는 것이 현명하죠. 부산에 도착했어도 휴식을 위해 무엇을 할지 또 다른 목표를 설정해야 합니다. 이때 갑자기 여행의 목적이 휴식이 아니라 일로 바뀐다면 어떨까요? 휴가지에서 일 때문에 온 연락으로 휴가를 망친 경험 누구나 있을 겁니다. 우리가 휴식하기 위해 여행을 수단으로 선택했다면 가는 동안 휴식하기 위해 여행의 방식과 나의 태도가 결정됩니다. 휴게소에 들러 경치를 즐길 수도 있고 악천후를 피해 도착지를 수정할 수도 있죠. 이 전체 과정이 휴식이 됩니다.

이처럼 우리 삶에선 목표보다 방향성(목적)이 중요할 때가 더 많습니다. 진짜 자신이 원하는 목표를 설정하려고 하면 자연스럽게 우리를 '왜?'라는 질문으로 이끕니다.

'왜 그 목표를 달성해야 하지? 그 목표를 달성하면 그다음은?'

이런 사유가 목표로부터 목적을 끌어내고 그 목적이 회사 생활의 방식과 태도가 됩니다. 당연히 사업가에게도 중요한 화두입니다. 사업은 목적대로 길을 만드는 과정입니다. 중간에 만나는 목표들이 징검다리가 되어 지나온 길을 보여 줄 테니 이 질문에 대한 답을 꾸준하게 기록해 보세요. 이 대답이 쌓이면 중요한 의사 결정을 앞에 두고 다른 사람의 의사 결정을 베끼는 것이 아니라 지금까지 자신이 만들어 온 징검다리를 보고 결정할 수 있게 됩니다.

Q3. 인생에서 내가 이루고 싶은 목표는 무엇인가?

정말 어려운 질문입니다. 지난날 저의 기록을 들춰 보니 3개월 연속으로 '잘 모르겠음'이라고 적혀 있더군요. 그럼에도 이 질문은 언제나 가슴속에 품고 사셔야 합니다. 이 질문에 답할 수 있는 어떤 계기가 반드시 여러분에게 찾아올 테니까요. 저의 경우 이 계기가 회사 전체 회식 때 찾아왔습니다. 당시 저는 가장 어린 팀장이어서 동료들이 저에게 비교적 편하게 말하는 편이었는데요. 어떤 팀장님이 저에게 물었습니다.

"영진 님, 왜 그렇게 아등바등 열심히 사세요. 그래 봤자 받는 돈도 비슷하고 인생 다 비슷하게 흘러가는데…."

그분은 저를 염려해서 한 말이었겠지만 그날 저는 밤새 잠을 설쳤습니다. 가슴 깊숙이 울컥 올라오는 감정이 있었거든요. 말로 잘 설명하지 못하겠지만 '나는 당신과 달라'라고 생각했습니다. 내가 열심히 아등바등 사는 이유는 돈 이상의 꿈이 있기 때문이라고 생각했습니다. 남들과 다른 삶의 방식을 추구한다고 생각했습니다.

이 계기 덕분에 4개월째 되는 날 인생의 목표를 그 전과 다르게 적기 시작했습니다. '다른 사람을 돕고 싶다. 나는 다른 사람을 돕고 도움을 받은 사람에게 감사 인사를 받을 때 존재 가치를 체감하기 때문이다'라고요. 그리고 이것이 지금은 '직장인들이 직장 생활을 통해 진정한 자립을 할 수 있도록 자아실현을 돕는다'로 발전했습니다. 현재 모두의 사수 사명이기도 하죠.

39살이 돼서야 미래의 불확실성을 만난 제 친구는 인생에 이 과정이 없었기 때문에 불확실성 앞에서 절망한 것입니다. 1살이라도 어릴 때 하루라도 빨리 이 질문에 대한 대답을 1달에 한 번씩 생각해 보세요. 사업은 닥쳐서 시작하는 것이 아니라 이 고민이 켜켜이 쌓여 오랜 시간 숙성된 생각이 행동으로 옮겨지는 것입니다.

"아닌데요. 제가 아는 누구는 별다른 고민 없이 바로 시작해서 성과를 내던데요?"

이렇게 반문하는 분들에게 다시 한번 강조해서 말씀드립니다. 결과에 매몰된 사고방식입니다. 타인의 성공을 지나치게 쉽게 보고 있는 건 아닌지요?

Q4. 더 나은 사람이 되기 위해 새롭게 배우고 싶은 것이 무엇인가?

사람은 본능적으로 자신의 부족한 면을 채우려고 합니다. 그런데 그거 아시나요? 지금 자신을 기준으로 부족한 것을 채우려는 마음과 더 나은 내가 되기 위해 배우려는 마음은 서로 전혀 다른 결과를 만들어 냅니다.

부족함을 채우는 마음가짐은 지금 자신의 생각을 유지하고 견고하게 만듭니다. 이는 새로운 문제를 만났을 때 유연한 사고를 방해합니다. 해 왔던 방식으로만 문제를 해결하도록 사고방식을 유도하기 때문에 자신도 모르는 사이 우물 안 개구리가 될 수도 있습니다.

반면 더 나은 내가 되기 위해 새로운 것을 배우려는 마음은 전혀 다른 결과를 만듭니다. 비슷한 질문처럼 보여도 같은 사람에게 이 2가지 질문을 순서대로 해 보면 전혀 다른 대답이 나옵니다. 가령 기획자에게 지금 자신에게 부족한 게 무엇인지 물어보면 '기획 역량'이라고 대답할 확률이 높은데요. 질문을 바꿔서 지금 가장 배우고 싶은 게 무엇인지 묻는다면 유튜브나 스마트 스토어라고 대답할지도 모릅니다. 질문 자체가 답변하는 사람의 시야를 넓혀 준 것이죠. 언제나 스스로에게도 좁은 관점이 아닌 넓은 관점으로 자신을 볼 수 있도록 이렇게 열린 질문을 하셔야 합니다.

더 나은 자신이 되기 위해 어떤 새로운 도전을 할지 적어도 1달에 한 번은 고민해 보세요. 그리고 시간을 내서 실제 그 일을 하셔야 합니다. 지금까지 자신을 만든 활동으로는 현상 유지밖에 할 수 없습니다. 언제나 새로운 활동을 계획하고 새로운 도전을 하셔야 합니다. 그래야 내가 되고 싶은 무언가를 향해 조금씩 나아갈 수 있습니다.

이는 그 누구보다 사업가에게 필요한 덕목입니다. 어떤 사업가는 지금까지 자신이 배운 것을 써먹는 걸 사업이라 정의하고, 어떤 사업가는 배우면서 하는 게 사업이라고 정의합니다. 둘 중 어떤 사람이 오래갈까요? 당연히 후자입니다. 스스로 이미 완성됐다고 생각하는 마음속 교만함은 주변 사람들의 아이디어를 받아들이기 어렵게 만듭니다. 여러 생각이 실현되는 것을 막는 골키퍼 역할을 하는 사장님을 많이 봤습니다. 이런 사장 밑에서 일하는 직원들의 사기가 떨어지는 건 당연합니다.

Q5. 나는 일할 때 언제 만족하고 행복한 사람인가?

질문의 디테일에 주목해 주세요. 살면서 언제 행복한지 묻는 말이 아닙니다. 일에 한정해서 언제 만족하고 언제 행복한지 알고 계셔야 합니다. 일을 통해 만족스럽고 행복한 경험의 수가 늘어 가는 형태로 사업을 운영해야 오랫동안 지속할 수 있기 때문입니다. 대부분 이 질문을 일로 좁혀서 하면 이런 유형의 대답이 많이 나옵니다.

"나의 기획대로 일을 진행했을 때 실제 성과도 내고 동료들에게 인정받을 때 행복해요."

1달 동안 이런 경험의 양이 늘어난다면 회사도 개인도 성장할 수밖에 없습니다. 당연히 정량적으로 추적해야겠죠. 가령 이번 달에 자신의 기획이 실제 성과로 연결되고 동료들에게 인정받은 일이 몇 건 정도 있었는지 기록하는 것입니다. 이 질문은 직원들과 1:1 면담 때도 반드시 챙겨 주세요. 직원들이 일을 통해 만족하는 건수가 늘어 갈수록 회사 또한 성장하니까요.

Q6. 나는 일할 때 언제 힘들고 불행한 사람인가?

일할 때 언제 행복한지 묻는 말이 성과를 관리하기 위한 질문이라면 일할 때 언제 불행한지 묻는 말은 일터에서의 행복을 위해 필요한 질문입니다. 사람은 행복을 추구하며 행복한 일만 경험하려고 할 때보다 불행한 일을 덜 경험하는 데서 더 행복을 느낍니다. 우리는 행복을 추구하는 행위 자체가 스트레스의 원인이 되는 경우를 빈번하게 관찰할 수 있습니다. 반면 불행한 일을 줄이거나 제거하면 큰 만족은 아니지만 큰 불만 없이 삶을 살아갈 수 있습니다. 사람은 불행한 와중에도 소소한 행복을 찾는 동물입니다. 불행한 일이 줄어들면 일상에서 소소한 행복을 너 사주 많이 발견할 수 있습니다.

이런 차원에서 나와 직원들의 행복을 위해 회사의 불행을 관리하는 건 사업가의 숙명이라고 생각합니다. 방법은 단순합니다. '일'이라는 조건이 붙으면 불행한 일은 크게 둘로 나뉘거든요. 첫 번째는 자기 자신의 무능함 때문에 생기는 불행이고, 두 번째는 체계가 없어서 생기는 불행입니다. 첫 번째의 경우 자신이 역량을 개발하는 것으로 해결할 수 있고, 두 번째의 경우 문제를 구조화하여 체계를 만드는 것으로 해결할 수 있습니다.

가령 어떤 사람이 업무 요청을 받았을 때 반복적으로 동일한 실수를 한다면 그건 개인의 문제가 아니라 구조적인 문제일 가능성이 더 큽니다. 사람 탓을 하지 말고 업무 요청 프로세스를 점검해 보세요. 오며 가며 구두로 업무 요청을 하거나 갑자기 불쑥 자리로 찾아와서 업무를 요청하고 자리로 돌아가는 것을 시스템으로 생각한다면 대단한 착각입니다. 업무 요청 게시판을 만들어서 전체 업무를 확인할 수 있게 하고 진행 중인 업무와 완료된 업무는 댓글로 구분할 수 있게 만들면 업무 요청 때문에 생기는 실수를 바로 제거할 수 있습니다.

저는 30살부터 지금까지 이 6가지 질문을 스스로 하고 답변을 채우고 있습니다. 방향성을 확인하는 것만으로도 1달 사이의 변화를 체감할 수 있었고 확실하게 성장 중이라는 체감이 들자 마음을 어지럽히는 불안함이 사라졌습니다.

다시 한번 강조하겠습니다. 사업은 나를 기준으로 시작하셔야 합니다. 도대체 어떻게 사업을 시작할지, 시작한 사업을 어떻게 지속할지 막막한 사장님은 오늘부터라도 이 6가지 질문에 대한 답변을 쌓아 가 보세요. 특히 리더십 때문에 고민이 큰 사장님들은 이 질문을 직원에게 하고 그들 인생의 방향성을 함께 고민해 주는 사람이 돼 보세요. 리더십은 리더가 팀원을 통솔하기 위해 필요한 기술이 아닙니다. 리더십은 공동체의 생존을 위한 구성원들 간 상호 작용이며 리더십만큼 중요한 건 구성원들의 팔로워십입니다. 이끌려는 사람의 의지만큼이나 리더를 믿고 지지하는 사람들의 의지가 중요합니다. 6가지 질문으로 구성원들을 이끌어 보세요. 이 면담으로 한번 생긴 믿음은 몇 번의 실수 때문에 무너지지 않습니다. 정말 강력한 팔로워십을 만들 수 있으니 반드시 해 보시길 권합니다.

사업의 꼴을 결정짓는 10가지 문답

여기까지 자기 자신에 대해 생각을 충분하게 이어 가셨다면 마지막으로 다음 질문들에 답변을 채워 보세요. 이 책에서 제시한 순서대로 질문에 답변하셨다면 이 장에 질문들을 채우는 데 큰 어려움은 없으실 겁니다.

이 질문들이 중요한 이유는 본격적으로 사업을 시작할 때 자신만의 스토리가 필요해지기 때문인데요. 홈페이지를 만들 때도 자신의 스토리가 필요하고 제품 상세 페이지를 만들 때도 자신의 스토리가 필요합니다. 여러분이 사업을 할 때 사람들과 최초 접점을 만들기 위해 필요한 여러 가지 제작물은 다음 질문들에 대해 작성한 답변에서 찾아 활용하시면 됩니다.

각각의 질문은 바로 직전 질문의 영향을 받으니 먼저 지금까지 책에서 다룬 질문 전체를 읽어 보고 순서대로 하나씩 답변해 보시길 권합니다. 먼저 자신에 대해 성찰하지 않으면 후속 질문들에 대한 대답은 절대 하지 못할 테니까요. 지금까지 질문들을 순서대로 채우지 않고 사업을 시작하면 상세 페이지가 필요할 때 상세 페이지의 성공 공식을 찾아 헤매고 홈페이지가 필요할 때 홈페이지의 성공 공식을 찾아 헤매게 됩니다.

우린 이제 모두 알고 있습니다. '성공하는 사업의 공식은 없다'는 사실을 말이죠. 홈페이지, 상세 페이지, 마케팅에 사용할 문구 등 필요한 제작물은 그때그때 새롭게 배워서 만드는 것이 아니라 초반에 작성해 둔 이 스토리에서 뽑아 활용하는 것입니다. 명심하세요. 성공한 사업가의 결과에 매몰되어 겉모습만 모방하는 실수에서 이제는 벗어나서야 합니다. 자신의 스토리로 자신만의 길을 만들어 나가세요.

경험상 다음 질문에 대한 답변이 A4 용지 기준으로 글자 크기 11pt, 9페이지 미만으로 작성되면 사업에 대해 좀 더 고민해 보시길 바랍니다. 확실한 건 작성한 분량이 적을수록 사업의 난도가 올라갑니다. 적어도 9페이지 이상 생각이 정리되면 필요할 때마다 즉시 꺼내 쓸 수 있는 강력한 무기 창고가 됩니다. 실제로 9페이지 이상 적으신 사장님들은 대체로 1달 안에 사업적으로 성과를 내셨습니다. 문제 상황에 처할 때마다 타인에게 의존하지 말고 자신에게 의지하시려면 작성한 내용을 수시로 읽어 보면서 추가할 내용들을 추가하셔야 합니다. 이 데이터들이 차곡차곡 쌓여 내가 만들 사업체의 초석이 될 테니 반드시 시작해 보세요.

Q1. 나는 어떤 성향인가?

Q2. 나는 언제 힘들어지는가?

Q3. 나는 언제 강해지는가?

Q4. 이 사업을 왜 해야 하는가?

Q5. 왜 나여야만 하는가?

Q6. 나는 어떤 일에 전문성이 있는가?

Q7. 전문성이 있다고 생각하는 분야에서 나만의 관점이나 이론이 있는가?

Q8. 생각을 지금 바로 시작할 수 있는 구체적인 실행 계획으로 단순화할 수 있는가?

Q9. 들인 시간 대비 이익을 추적할 수 있는 구조인가?

Q10. 단순한 행동의 반복으로 이익이 커지는 구조인가?

결과적으로 사업 초기에는 인풋(시간)의 양이 늘어나면 아웃풋(수익)이 늘어나는 구조를 만들어야 합니다. 이렇게 나를 기준으로 의사 결정할 수 있는 토대를 갖춘 후 다음 글을 읽어 보세요.

사장의 기준이 바로 서야
고객을 제대로 볼 수 있다

다음 마음가짐은 지금까지 제가 말한 내용과 모순되게 들리실 수 있습니다. 하지만 그렇지 않습니다. 먼저 나를 기준으로 바로 서고 그다음 고객 관점으로 생각해야 합니다. '나'라는 기준 없이 '고객 관점'으로만 생각하면 고객에게 배워야 할 것과 가르쳐야 할 것을 구분하지 못하게 됩니다.

고객은 왕이 아니다

가령 여기 국내 최고의 김치찌개 전문점을 목표로 장사를 시작한 A 사장님이 있습니다. 맛도 일품이고 접객 능력도 뛰어나 금방 입소문이 났습니다. 그러던 어느 날 손님이 A 사장님에게 말했습니다.

"여기 다 좋은데 김치찌개만 파니까 된장찌개 먹고 싶은 날은 다른 음식점에 가요. 근데 거기가 여기 김치찌개보다 맛이 못한데 혹시 된장찌개 메뉴를 개발할 생각은 없으세요?"

여러분은 이와 같은 상황에서 어떻게 대응하실 건가요? 김치찌개에서 된장찌개까지 메뉴를 확장하면 그 가게의 정체성은 국내 최고의 김치찌개 집에서 찌개 전문점으로 브랜드의 이미지가 희석됩니다. 그것이 자신의 의도한 결과라면 상관없지만 '무조건 손님이 왕'이라는 생각에 그런 결정을 한다면 어느 날 자신이 예상하지 못한 역풍을 맞게 됩니다. '이것도 저것도 아닌 브랜드'라는 평판과 그 소리를 들었을 때 스스로 생기는 의심이 바로 그 역풍입니다. 자기 확신이 없는 사장님은 이 역풍을 맞았을 때 지난날의 결정을 후회하며 꽤 긴 시간 방황합니다. 심한 경우 폐업하기도 합니다.

외부 환경에 휘둘리지 않는 의연한 마음은 굳건한 자기 믿음이 있어야 생깁니다. 그런 의미에서 '손님은 왕이다'라는 말은 반은 맞고 반은 틀린 소리입니다. 손님은 스승이자 제자입니다. 자신이 손님으로부터 배워야 할 것도 있지만 가르쳐야 할 것도 있습니다. 된장찌개를 주문하는 고객에겐 우리 회사의 꿈이 국내 최고의 김치찌개 전문점이라는 사실을 교육해 줘야 합니다. 반면 매장에 들어왔을 때 동선이 꼬여 투덜대는 소리, 간판이 없어 찾아오기 힘들다는 소리 등등의 의견은 경청하고 언제나 배워야 합니다.

당신이 사업가라면 먼저 고객에게 가르쳐야 할 사업의 원형과 고객에게 배워야 할 사업의 외형이 무엇인지 구분하세요. 사업의 외형은 고객의 편의성 증가를 위해 제공해야 할 서비스를 의미합니다.

오프라인에서 사업을 한다면 간판의 디자인이 고객에게 우리 가게를 잘 식별할 수 있게 구별되는 정보를 제공하는지, 대기 손님이 생겼을 때 어떻게 케어할지, 고객이 매장에 들어왔을 때 가장 처음 하는 행동은 무엇이고, 매장에 나갈 때 마지막으로 하는 행동은 무엇인지, 그리고 그 사이에 직원이 어떤 행동으로 고객을 접객하는시, 고객이 매장에 찾아오는 방법 등등이 사업의 외형에 해당하는 것들입니다.

온라인이라면 홈페이지 디자인, 배송이 지연될 때 안내, 홈페이지에 처음 유입됐을 때부터 이탈할 때까지 고객에게 제공할 정보와 고객의 동선 설계, 홈페이지로 유입되는 경로 설계 등등이 고객으로부터 배워야 할 내용이겠죠.

사업의 원형은 외형을 빼고 남는 것입니다. 본질, 상품성 뭐라고 표현해도 상관없습니다. 사업의 외형을 제거하면 남는 건 단순해집니다. '고객에게 우리는 무엇을 제공하는가'에 대한 대답이 사업의 원형입니다. 이 차원에서 사업을 바라보면 모든 카페가 '맛있는 커피'를 사업의 원형으로 정의하고 있지 않다는 사실을 알게 되실 겁니다. 모든 온라인 커머스가 사업의 원형을 '잘 팔리는 제품을 진열하는 것'으로 정의하고 있지 않다는 사실도 알게 되실 겁니다.

사업의 원형은 출근하고 퇴근할 때까지 내가 집중해야 할 일이 무엇인지 정의하는 것과 같습니다. 맛, 분위기, 편의성, 디자인, 실용성

이 각각 사업의 원형이 될 수도 있고 1가지 이상의 조합이 원형이 될 수도 있습니다. (예: 맛+분위기)

가장 먼저 원형과 외형을 구분하세요. 그리고 원형에 집중하는 시간과 외형을 배우는 시간을 정하고 매일 규칙적으로 시간을 쓰면 사업은 성장할 수밖에 없습니다.

돈을 벌어야 명예도 있다

일단 내가 잘 살아야 합니다. 고객에게 다 퍼 주느라 자신에게 남는 것 없이 가난한 생활을 이어 가지 마세요. 많은 사장님이 자신이 경험한 사회의 부조리를 해결하기 위해 사업을 시작합니다. 그런 마음가짐도 중요하지만 그런 좋은 마음을 가진 사업가, 사업체가 생존해야 소비자도 그 혜택을 받을 수 있습니다.

그리고 명심하세요. 모든 사업가는 사회 공헌자입니다. 특별한 서비스가 아니라도 크고 작게 지역 사회의 일자리 창출에 기여합니다. 서비스 공급자가 많아지면 소비자는 더욱 양질의 서비스를 합리적인 가격으로 이용할 가능성도 커집니다. 꼭 특별한 서비스를 만들지 않아도 이런 측면에서 이미 사회 공헌에 힘을 보태고 있다는 점을 꼭 아셨으면 좋겠습니다. 그러니 사회에 공헌하겠다는 이타심보다는 우선 내가 잘돼야 내 직원들, 내 고객들이 잘될 수 있다는 책임감을 가지셔야 합니다.

좋은 의도를 갖고 사업을 시작한 사업가들은 자신의 의도를 알리기 위해 노력합니다. 그 사업으로 인해 현실 문제를 해결할 고객들에게 실질적인 서비스를 제공하기도 전에 망해 버리면 기대감을 갖고 있던 고객들은 어떻게 될까요? 수익을 내지 못하는 사업, 사업가가 지속할 수 없는 사업은 본인만 망하고 끝나지 않습니다. 함께 일하는 직원들도 일자리가 사라집니다. 역설적이게도 자신이 이바지하고자 했던 지역 사회에 가장 큰 손해를 끼칩니다. 자신이 적극적으로 했던 마케팅 활동이 희망 고문과 다를 바 없게 되니까요.

그러니까 사업을 하겠다고 결심한 분들은 반드시 명심하세요. 자신이 사업에 시간을 투자한다면 100원이라도 순이익이 나야 합니다. 자신이 제공하는 서비스에 누구도 돈을 내지 않는다면 사업의 원형을 점검해 보세요. 원형 없이 외형에만 매몰돼 있다면 그건 고객 중심주의가 아니라 고객 책임 전가 주의입니다. '당신이 해 달라는 대로 다 해드릴게요'는 얼핏 들으면 달콤한 말 같지만 자신은 책임질 일을 하지 않겠다는 선언과도 같습니다. 당신이 해 달라는 대로 했는데 성과가 나오지 않았으니 책임은 당신에게 있다는 책임 전가의 마음이 이면에 있는 것이죠.

의도치 않게 사업의 원형 없이 외형만 갖고 서비스를 제공하면 자신의 운명을 모두 외부에 맡기는 것과 같습니다. 자신의 철학, 가치관, 도덕률을 기준으로 고객과 관계를 만들어야 합니다. 자신이 제공하는 서비스 영역에서는 고객에게 끌려가는 것이 아니라 고객을 이끌어야 합니다. 고객의 말이 바뀌면 그때마다 해결책이 바뀌는 것이 아니라 올바른 문제 정의로 고객의 관점을 바꿀 수 있어야 합니다.

내가 틀릴 수도 있다

사업의 원형은 반드시 들어맞는 절대적 진리가 아닙니다. 사업의 원형이 있어야 고객과 상호 작용할 수 있기 때문에 사업의 원형을 만드는 것이 사업의 시작점이 될 수는 있지만 사업의 원형을 만들었다고 사업이 완성됐다고 착각하는 것은 위험합니다.

사업의 원형을 만들고 고객과 상호작용 할 때 사장 자신이 처음 한 생각이 잘못됐다는 의심이 든다면 잠시 사업을 멈추고 사업의 원형을 다시 점검해 보세요. 자신은 맛으로 승부한다고 생각했는데 고객은 분위기에 이끌려 왔을 수도 있고 자신은 실용성을 중심으로 온라인 커머스를 운영했는데 고객은 디자인 때문에 구매했을지도 모릅니다.

많은 사장님이 사업을 준비하는 과정에 이미 녹초가 돼서 중간에 원형을 점검하지 않는 실수를 합니다. 하지만 아쉽게도 사업가가 고심 끝에 론칭한 브랜드는 다 자란 성인이 아니라 갓난아기입니다. 아이를 돌보듯 자신의 사업을 돌보셔야 합니다. 자신이 처음에 한 생각이 틀렸다면 바로 자기 생각을 바꾸는 유연함이 필요합니다.

이런 불일치가 발생하는 주원인은 사업을 준비할 때 지나치게 형식에 매몰되기 때문입니다. 시장 조사, 경쟁사 분석을 왜 하는지 목적을 고민하지 않고 다른 사람이 어떤 방식으로 조사했는지 구색을 똑같이 모방하는 것이죠. 이 역시 결과에 매몰된 사고방식입니다. 다른 사람이 한 사업 준비를 구색만 갖춰 모방하면 조사한 정보는 자신의 현실에 전혀 반영되지 못하고 결국 '감'에 의존한 창업을 하게 됩니다. 이런 방식으로 창업하고 사람들이 언젠가는 알아주리라는 기대와 희망을 가지시면 안 됩니다. 이건 성실함도 아니고 끈기도 아닙니다. 현실 도피와 합리화일 뿐 입니다.

가령 100명이 사는 동네 상권에서 1만 원짜리 점심 장사로 매출 목표를 1억 원으로 잡는 것은 비현실적입니다. 다른 지역에서 우리 동네로 찾아와 먹을 정도로 서비스의 품질이 탁월하지 않으면 절대로 불가능한 매출이죠. 그렇지만 현실에선 이런 간난한 시상 소사와 분석도 하지 않고 '우선 해 보고 결과를 보자'는 식으로 사업을 시작하는 사람이 많습니다.

4P, SWOT 분석 같은 형식에 매몰되지 마세요. 자신에게 필요한 시장의 데이터가 무엇인지 고민하는 과정이 반드시 있어야 합니다. 이 과정을 거쳐 조사와 분석만 제대로 이뤄지면 사업은 될 때까지 성실하게 끈기를 갖고 시간을 인풋 하는 게임으로 바뀝니다. 방향성만 명확하면 결국 인풋의 양이 큰 사람이 경쟁에서 이깁니다. 현실에서 사업은 가늘고 짧게 가거나 길고 굵게 가거나 둘 중 하나입니다. 얇고 길게 가는 사업은 없습니다. 굵게 가야 길게 갑니다.

진짜 일과 가짜 일, 매출의 메커니즘

많은 사장님이 처음 사업을 시작하고 가장 힘들어하는 것이 출퇴근 시간 동안 할 업무를 구성하는 것입니다. '이것만 하면 된다'가 아니라 '오늘은 무엇을 해야 하지'로 하루를 시작하는 것이죠. 이런 불안한 마음은 수익과 연결되는 일을 기획하는 것이 아니라 '하루를 보람 있게 살았다'는 만족감을 위한 일로 시간을 채우게 만듭니다.

가령 디자이너 출신 사장님이 하루 종일 바쁘게 디자인 작업을 하고 뿌듯함을 느끼는 것이죠. 1시간을 일하더라도 이익이 나는 데 시간을 쏟아야 하는데 자신이 원래 해 왔던 일에 시간을 쓰고 불안함을 상쇄하는 것입니다. 이렇게 시간을 보내면 절대 매출이 발생할 수 없습니다. 제품 상세 페이지를 많이 만드는 것이 목표가 아니라 상세 페이지 1개당 매출이 생기는 것이 목표인데도 자신이 안 해 본 온라인 마케팅, 오프라인 영업을 언제나 우선순위 뒤로 미룹니다. 자신이 가장 잘하는 것에 집중해야 한다는 합리화와 함께요. 이 모든 상황은 '일'이 무엇인지 시간을 들여 고민하지 못한 탓에 발생합니다. 시간을 보내는 모든 활동이 일이 아닌데도 시간을 알차게 사용한 것을 일이라 생각하고 만족하는 것이죠.

그렇다면 '일'이란 과연 무엇일까요? 제가 정의하는 '일'에는 3가지 요소가 반드시 포함돼야 합니다.

- 문제를 가진 사람
- 문제를 해결할 수 있는 사람
- 돈

문제를 가진 사람은 고객입니다.

문제를 해결할 수 있는 사람은 사장과 직원입니다.

일이란 고객 스스로 해결하지 못하는 문제를 사장과 직원이 해결하고 결과적으로 돈을 받는 활동입니다.

가령 시간이 부족해 어떤 문제를 직접 해결하지 못하고 있는 고객을 사장이 자신의 시간을 사용해 문제를 대신 해결할 수 있겠죠. 이과정에서 반드시 돈이 교환돼야 합니다. 사장 자신의 시간을 사용했으니까요.

그렇다면 '돈'은 과연 어떻게 해야 많이 벌 수 있을까요? 벌리는 돈의 양은 단위 시간 동안 문제 해결의 건수와 문제 해결의 품질이 결정합니다. 같은 시간 동안 같은 종류의 문제를 더 많이 해결할 수 있는 사장은 그렇지 못한 사장보다 더 많은 순이익을 얻을 수 있습니다. 그래서 사업가는 사업의 생산성을 향상하기 위해 노력해야 합니다. 생산성이 향상되지 않는 사업은 매출이 커져도 순이익이 커지지 않기 때문입니다.

신뢰의 크기가 커져야 돈의 크기가 커진다

문제 해결의 품질은 가격에 영향을 미칩니다. 품질이 높을수록 고객이 지불할 가격이 올라가고 품질이 낮을수록 고객은 판매자가 정한 가격에 구매하지 않습니다. 돈이 무엇인지 이해하면 당연한 일입니다. 여러분, 돈 자체는 아무런 가치가 없습니다. 돈은 문제를 해결하는 사람의 신뢰도를 측정하는 수단일 뿐입니다.

잠시 과거 물물교환이 유일한 거래의 수단일 때로 돌아가서 생각해 보면 이해가 쉽습니다. 과거에는 농사를 짓는 농부와 물고기를 잡는 어부가 각자의 결과물을 교환하는 것으로 의식주 중 '식'을 해결했을 것입니다. 각자의 이해관계가 성립했기 때문에 쌀과 물고기의 가치를 저울질하는 것은 어렵지 않았을 것입니다.

하지만 서로 다른 가치가 교환될 때는 어떨까요? 가령 어부가 쉴 때 농부의 농사를 거들었습니다. 이 노동의 가치는 얼마큼의 쌀과 같을까요? 만약 지금까지 화폐가 발명되지 않았다면 여러분은 이 책을 무엇과 교환하실 건가요?

이처럼 화폐는 자와 저울처럼 교환 가치를 일정하게 재기 위해서 발명된 수단입니다. 그래서 사업에서 돈은 목표가 될 수 없습니다. 돈이 재는 것이 신뢰의 크기라면 신뢰의 크기를 키우는 것이 사업가의 목표가 돼야 합니다. 그렇게 해야 가격이 올라가고 결과적으로 순이익을 더 많이 얻을 수 있습니다. 그러나 많은 사업가가 눈앞의 돈 때문에 신뢰를 저버리는 의사 결정을 많이 합니다. 명심하세요. 신뢰가 커지면 돈의 크기도 커지지만, 돈으로 신뢰를 살 수는 없습니다.

이 때문에 모든 사업가는 단위 시간 동안 해결할 수 있는 문제의 양과 문제 해결의 품질 향상에 자신의 운명을 걸어야 합니다. 특히 문제 해결의 품질 향상이 더 중요합니다. '문제 해결의 품질=돈의 크기=신뢰의 크기'라면 우리는 문제 해결의 품질이 올라갈 때와 떨어질 때 사업에 어떤 영향을 미치는지 살펴봐야 합니다.

먼저 문제 해결의 품질을 올리기 위해선 같은 문제를 반복적으로 많이 해결해 봐야 합니다. 문제 해결 능력은 책이나 이야기 같은 간접 경험으로 대신할 수 없기 때문입니다. 수영을 글로 배울 수 없는 것과 같은 이치입니다. 그러므로 단위 시간 동안 문제 해결의 양을 먼저 늘려야 합니다. 양이 증가해야 품질이 올라갑니다.

여기에 이르기까지 사장과 직원은 높은 업무 강도를 견뎌 내야 합니다. 하지만 품질이 향상되기 시작하면서 같은 시간을 일해도 이익이 커지는 변곡점이 생기기 때문에 업무의 강도는 점점 낮아집니다. 다시 한번 강조합니다. 단위 시간 동안 업무의 양이 많아져야 결국 서비스의 품질을 향상됩니다. 이것을 이해하는 동료들이 많을수록 고생이 짧아지고 이익이 커지는 시점이 빨리 찾아옵니다.

사람은 힘들게 일하다가 점점 편해지는 상황은 편하게 받아들이지만 편하게 일하다가 힘들어지는 상황은 쉽게 받아들이지 못합니다. 이 때문에 서비스의 품질이 떨어지면 사업이 망할 가능성이 매우 커집니다. 서비스의 품질이 떨어지기 시작하면 원래 가격에 구매하던 고객들은 더 이상 그 가격에 서비스를 구매하지 않습니다.

이때 많은 사업가가 눈앞의 이익 때문에 지금까지 어렵게 쌓은 신뢰와 돈을 교환하는 결정을 하기 시작합니다. 서비스의 가격을 할인해서 제값 주고 산 기존 고객들의 공분을 사는 것이죠. 그럼 한 달에 1명의 고객에게 1,000만 원의 서비스를 제공하던 브랜드가 한 달에 2명, 5명, 10명의 고객에게 같은 서비스를 제공해야 1,000만 원을 벌

수 있게 됩니다. 이때 일하는 사람의 노동 강도는 점점 올라가며 열심히 일해도 이익이 그대로거나 심한 경우 이익이 떨어지는 상황도 생깁니다.

이때 평소보다 열심히 일한 대가를 요구하는 직원들에게 아무런 보상을 하지 못한다면 사람들을 통솔하기 어려워집니다. 그로 인해 직원들이 퇴사하면 다른 직원의 업무량 증가로 이어지고 이는 다시 서비스의 품질 저하로 직결됩니다. 더 좋은 서비스를 제공하기 위해 업무의 양을 늘리겠다는 마음가짐과 다른 사람의 일을 떠안게 됐다는 마음가짐이 절대 같을 수 없죠. 과정에서 직원들과의 갈등을 조율하지 못해 결국 폐업을 결정하는 사장님이 많습니다. 이익이 나도 의지가 꺾여 버린 탓입니다.

여러분에게 제가 감명 깊게 읽은 책의 구절을 소개하고 싶습니다. 유시민 작가의 《청춘의 독서》 49쪽에 나오는 구절입니다.

"리영희 선생은 말한다. 진실, 진리, 끝없는 성찰, 그리고 인식과 삶을 일치시키려는 신념과 지조, 진리를 위해 고난을 감수하는 용기, 지식인은 이런 것들과 더불어 산다."

이 문장은 저에게 큰 울림을 줬습니다. 이 문장을 읽고 제가 생각한 '사업가가 사는 이유'를 설명하고 이 장을 마치겠습니다.

사장은 무엇으로
살아야 하는가?

첫째, 진실

고객들이 우리 제품/서비스를 이용하는 진짜 이유(2차 가치)를 찾아야 합니다. 가령 온라인에서 제품을 판매하는 사업의 1차 가치는 잘 팔리는 제품을 찾아내 진열하는 것이지만, 시간이 지나도 변함없이 고객과 관계를 이어 가려면 2차 가치가 필요합니다. 어쩌면 고객이 사업가가 진열한 제품을 지속해서 재구매하고, 사업가가 진열한 또 다른 제품을 구매하는 이유는 사업가의 높은 안목을 믿기 때문일지도 모릅니다. 서비스의 재구매가 안목과 믿음 때문이라면 제품을 고를 때 더욱 신중해질 수밖에 없습니다.

이처럼 1차 가치는 고객과 최초 접점을 만들어 주고, 2차 가치는 지속적인 고객과의 관계를 만들기 위해 필요합니다. 다시 말해 1차 가치로 고객과 안면을 트고 나면 2차 가치로 고객과 인연을 만들어 가야 하는 것입니다. 사업가는 진실, 다시 말해서 2차 가치를 좇는 사람입니다.

둘째, 진리와 끝없는 성찰

사업에 통하는 단 하나의 진리는 없습니다. 하지만 자신만의 진리를 찾기 위해 끝없이 성찰하는 사업가만이 살아남을 수 있습니다. 상향평준화된 지식 경쟁 사회에서는 누구나 사람들이 가장 많이 사용하고 가장 많이 성과가 나는 도구를 활용해 사업을 시작합니다. 1인 사업가 중 페이스북, 인스타그램, 블로그, 검색 광고, 유튜브 등등의 도구를 한 번도 공부하지 않은 경우를 본 적 없습니다. 모두 같은 방법으로 같은 도구를 사용하기 때문에 경쟁이 매우 치열합니다.

하지만 역설적으로 모두 별다른 고민 없이 다른 사람의 성공 방식을 그대로 베끼고 있기 때문에 생기는 빈틈도 있습니다. 예컨대 모두 블로그 마케팅을 도구로 판매를 시작할 때 오프라인에서 소비자와 직접 만나 대화를 나누며 비교적 훨씬 수월하게 수요 조사와 판로를 개척할 수도 있습니다.

사업에서 중요한 건 언제나 방향성입니다. 무슨 집을 지을지 정하지도 않고 망치와 톱 같은 도구 사용에 매몰된 건 아닌지 잠시 멈춰 생각해 보세요. 자신이 짓고 싶은 집에 맞게 사용할 도구들을 결정하셔야 합니다. 다른 사람의 길이 아니라 스스로 길을 만드는 사람, 사업가는 진리를 향해 끝없이 성찰하는 사람입니다.

셋째, 인식과 삶을 일치시키려는 신념과 지조

사업가는 자신이 안다고 확신하는 지식일수록 자신을 의심해야 합니다. 실제 눈으로 관찰한, 체험한 사실만 믿으려는 태도를 가져야 합니다. 예를 들어 마케팅에 사용할 디자인 작업은 아름다운 시각적인 효과보다 전달하려는 메시지가 중요합니다. 그러므로 디자인할 때 화면에 반드시 포함돼야 할 구성 요소를 정하는 것이 먼저 중요하고, 그다음 구성 요소 간의 크기로 차이를 두어 강약 조절을 하는 것이 중요합니다.

실제 사람들은 화면에서 가장 크게 배치된 것을 가장 중요하게 인식하기 때문에 다른 어떤 디자인 요소보다 크기의 상대적 차이로 소비자에게 전하려는 메시지를 확실하게 전달하는 것이 마케팅 디자인의 목표가 돼야 합니다. 아무리 멋진 이미지라도 전달할 메시지가 무엇인지 구체적이지 못하면 추상적인 것입니다.

메시지가 추상적이면 고객늘은 기억하지 못합니다. 그러니까 사업가는 자신이 하고 싶은 것과 고객이 알고 싶은 것을 구분하고 자신이 고객에게 가르쳐야 할 것이 무엇이고 고객으로부터 배워야 할 것이 무엇인지 알아야 합니다. 모두가 디자인은 무조건 예뻐야 한다고 주장할 때 그 주장이 사실인지 실제 실험을 통해 검증하려는 자세와 결과를 보고 생각을 정립하려는 태도를 갖춰야 합니다. 인식과 삶을 일치시키려는 신념과 지조를 가져야 합니다.

넷째, 진리를 위해 고난을 감수하는 용기

자신이 관찰한 사실이 다수의 의견과 다를 때는 다수를 설득해야 합니다. 이 행동엔 용기가 필요합니다. 그렇게 했음에도 다수를 설득하지 못했을 때는 결과로 증명하는 실행력이 필요합니다. 이 행동에도 용기가 필요합니다. 지금까지 믿었던 사실이 현실과 부합하지 않을 때 스스로 믿었던 사실을 버리고 다시 진리를 찾기 위해 성찰하는 태도가 중요합니다. 이처럼 가던 길을 멈추는 데도 용기가 필요합니다. 사업가는 때로는 모두의 반대를 무릅쓰고 나아가야 하고 때로는 지금까지 해 왔던 모든 일을 중단해야 합니다. 진리를 위해 기꺼이 고난을 감수하려는 용기가 필요합니다.

서비스의 품질을 높이거나 일의 양을 늘리거나

가격은 중요합니다. 고객은 제품의 품질을 제품을 사용하면서 느끼기도 하지만 가격 자체에서 느끼기도 합니다. 예컨대 경쟁사 대비 3배 비싼 원재료를 사용해서 계란 프라이를 만들어 파는데 가격은 경쟁사와 비슷하게 형성한다면 고객은 3배 비싼 맛을 싼 가격에 구매한 것에 감사함을 느끼기보다는 원재료 값이 3배 더 비싸다는 사실에 의아해 할 가능성이 높습니다.

이런 이유로 모든 제품은 높은 가격 시장과 낮은 가격 시장으로 나뉘고 어떤 고객들은 자신의 기준보다 높은 가격은 절대 구매하지 않지만 어떤 고객들은 자신의 기준보다 낮은 가격은 절대 구매하지 않습니다.

낮은 가격은 같은 매출이라도 더 많은 판매량과 운영 리소스가 필요하기 때문에 조직의 규모가 커질 수밖에 없지만 초기 고객 유치가 비교적 쉬워 보인다는 착시 때문에 많은 사업가가 초기 사업에서 저가 가격 정책으로 고객을 유치합니다. 하지만 비슷한 서비스를 상대적으로 싼 맛에 구매한 고객은 본연의 가치가 높더라도 그것을 모를 가능성이 높고 버는 돈보다 관리해야 할 고객 수가 많아진 사업자는 직원과 자신을 갈아 넣다가 지치거나 아주 적은 이익을 내면서 유지만 하는 형국에 처합니다.

이 상황을 타개할 전략은 현재 고객들에게 더 높은 품질의 서비스/제품을 제공하면서 가격을 올리거나 재구매를 유도하는 것입니다. 가격을 올렸을 때 구매하지 않을 고객, 잃게 될 기존 고객의 수를 보수적으로 집아서 올릴 가격 대비 손실액을 최소화하는 의사 결정을 지속해서 하면 순익이 오르거나 유지됩니다. 같은 일을 하더라도 직원들이 단위 시간 동안 일에 투입하는 시간과 비용이 줄어들기 때문에 그 시간과 비용을 다시 품질 상승에 재투자할 수 있게 됩니다. 과정에서 재구매한 고객들이 높은 가격의 이유를 설명해 주는 산 증인이 돼 주기 때문에 이후 영업 활동의 난도가 낮아져 구매력 높은 소비층을 끌고 오기가 더욱더 쉬워집니다.

정리하면 가격이 저렴하면 순익은 적고 일하는 시간은 많아집니다. 가격이 비싸면 순익은 유지되거나 많아지고 일하는 시간은 줄어듭니다. 이런 돈과 시간의 관계를 이해하는 사업가는 가격을 유연하게 통제하여 언제나 일정량의 순익을 얻거나 늘 더 많은 순익을 얻습니다. 서비스의 품질 향상이 사업에서 가장 중요한 이유입니다. 서비스의 품질이 올라가면 이익이 커지고 남는 시간이 생깁니다. 남는 시간, 남는 비용을 다시 서비스의 품질 개선에 투자하는 선순환을 만드는 것이 사업의 핵심입니다.

내가 힘들면 고객이 편하지만
고객이 힘들면 사업이 망한다

일의 양과 일의 품질이 벌어들이는 돈에 어떻게 영향을 끼치는지 이해했다면 다음 공식도 쉽게 이해할 수 있습니다.

$$\frac{\text{나의 행동} \times \text{나의 시간}}{\text{고객의 행동} \times \text{고객의 시간}} = \text{사업의 이익}$$

사업은 생각보다 단순한 이치로 성공과 실패를 가릅니다.

'인풋이 있으면 아웃풋이 있다.'

이게 바로 제가 생각하는 단순한 이치입니다. 매출을 올리기 위해 인풋하는 노력의 양이 커지면 아웃풋인 매출이 커질 수밖에 없습니다. 이 공식에 대입해 보면 사업가가 문제를 해결해 신뢰를 쌓는 행동과 시간이 많아질수록 사업의 이익은 커집니다. 과정에서 고객이 문제 해결에 참여하고 쏟는 시간이 많아질수록 고객은 서비스의 품질에 의구심이 들겠죠. 당연히 사업의 이익은 줄어들게 됩니다.

"열심히 노력했는데 아웃풋이 기대만큼 나오지 않아요."

이 문제 때문에 모두의 사수를 찾아오는 분들이 많습니다. 하지만 이 경우 인풋 대비 과한 아웃풋을 기대했거나 목표인 아웃풋과 무관한 인풋을 넣고 있는 상황이 문제의 본질일 때가 많았습니다. 이익을 내고 싶으면 아웃풋에 이익을 놓고 어떤 인풋을 넣어야 아웃풋이 커지는지 고민해 보세요. 즉 어떤 활동이 이익으로 연결되는지 반드시 알아내셔야 합니다.

$$\frac{\text{나의 인풋}}{\text{고객의 인풋}} = \text{사업의 이익}$$

이익이 커지기 위해 어떤 일을 얼마큼 시간을 들여야 할지 생각해 보셔야 합니다. 과정에서 고객의 인풋 양이 줄어들어야 사업의 이익이 커지겠죠.

저 역시 모두의 사수를 창업했을 때 위 공식에 대입하여 사업의 이익을 키우기 위해 모든 면에서 직접 테스트해 봤습니다. 페이스북, 인스타그램 광고도 돌려봤고 홈페이지 UX/UI를 계속 수정해 보기도 했습니다. 물론 상세 페이지의 체류 시간을 올리기 위한 노력도 게을리하지 않았고요. 처음 도전하는 일이지만 인스타그램 콘텐츠도 매일 꾸준히 발행했습니다. 그리고 각각 활동이 이익에 어떻게 기여하는지를 꼼꼼하게 추적하고 매일 성과를 기록했습니다.

그리고 알게 된 사실은 저의 전문 영역이라고 생각했던 퍼포먼스 마케팅과 바이럴 마케팅, 디자인은 이익에 거의 기여하지 못했고 생전 처음 했던 인스타그램 콘텐츠 발행이 이익의 90% 이상 기여하고 있었습니다. 고객들은 상세 페이지를 읽고 구매한 것이 아니라 인스타그램 콘텐츠를 읽고 DM으로 어떤 서비스를 이용하면 되는지 문의하더군요. 이후 제 설명을 듣고 자신에게 맞는 서비스를 구매했습니다. 이 사실을 알고 나서 제가 지금까지 하던 모든 활동을 버리고 인스타그램 채널 운영에 모든 에너지를 집중했습니다.

저는 새벽 5시 30분부터 잠드는 10시 30분까지 일했습니다. 첫 달은 어떤 인풋이 아웃풋에 영향을 주는지 알아보기 위한 시간이었고 결과적으로 75만 원의 매출을 만들었습니다. 이후 모든 인풋의 양을 인스타그램 콘텐츠 발행과 상담, 강의의 품질 개선에만 집중했고 8개월 만에 매출이 4,500%가 상승했습니다. 제가 한 활동은 단순했습니다. 이익에 가장 큰 영향을 미치는 인풋 활동이 무엇인지 알게 되자 나머지 인풋 활동을 모두 정리했고 그렇게 생긴 신규 고객이 재구매할 때까지 강의에 최선을 다했습니다.

제 서비스는 1인당 5만 원의 독서 모임으로 시작해서 1인당 70만 원의 강의와 코칭 서비스로 발전했습니다. 이 과정에서 기업 고객을 위한 서비스가 만들었고 이렇게 사업을 다각화하기 위해 노력했던 방법도 위에서 설명한 방법과 동일하게 진행했습니다.

여러분에게 꼭 알려드리고 싶은 법칙이 하나 있습니다. '20대80의 법칙'인데요. '조직의 상위 20% 사람들의 생산량이 조직의 80% 사람들의 생산량보다 크다'는 파레토의 법칙으로 더 유명하죠. 이 파레토의 법칙을 개인 차원에 적용할 때 놀라운 일이 벌어집니다. 저는 새로운 도전을 할 때 언제나 업무의 비중을 늘 해 왔던 일을 80%, 새로운 일을 20%로 편성합니다. 이유는 해 왔던 일로만 문제를 해결하려고 고집을 부렸을 때 언제나 크게 실패하고 후회했기 때문입니다.

저는 언제나 20%의 새로운 일에서 사업의 활로를 찾은 것입니다. 모두의 사수에서는 처음 도전해 본 인스타그램 채널 운영에서 사업의 활로를 찾았고 바로 전에 했던 사업에선 한 번도 해 본 적 없는 오프라인 영업 활동을 통해 사업의 활로를 찾았습니다. 처음엔 사소했던 20%의 작은 도전이 제 사업의 전체 생산량보다 높은 이익을 창출했습니다.

그러니 여러분도 자신이 해 왔던 일로만 문제를 고집스럽게 해결하려고 하지 마시고 해결이 되지 않는 문제를 만났을 때는 새로운 것을 배우고 익혀서 새로운 방법으로 문제를 해결하려고 노력해 보세요. 생각보다 진실은 멀리 있지 않습니다. 자신의 노력으로 문제를 해결하지 못한다면 그 노력은 문제 해결에 영향을 미치지 못하고 있다는 뜻입니다.

생각이 태도가 되고
태도가 결과가 된다

고객을 돈벌이 대상으로 생각하면 그 생각이 태도가 되어 결국 좋지 못한 결과로 이어집니다. 고객은 바보가 아닙니다. 사업가가 하는 이면의 생각을 고객은 결국 읽어 냅니다. 사업가는 사업을 하는 동시에 소비자이기도 합니다. 우리가 소비자일 때 어떤 사업가에게 지갑을 여는지 생각해 본다면 이 말의 무게가 달리 느껴지실 겁니다.

이 책에서 마음가짐 편이 가장 중요한 이유입니다. 1장에서 자기 자신을 파악하는 질문들을 실제 꼼꼼하게 작성하시길 권합니다. 2장부터 시작되는 구체적인 실행 방법을 읽고 지속적인 성과를 내기 위해 반드시 필요한 과정입니다. 이 책의 마음가짐 편을 건너뛰고 바로 마케팅 편부터 읽는다면 매출이 연속적으로 하강 국면일 때 자신을 믿지 못해서 사업을 지속하기 어려워지실 겁니다.

제가 2장을 시작하기 전에 마음가짐 편을 강조하는 이유가 있습니다. 저는 운이 좋게도 사업을 바닥부터 시작해 손익 분기를 넘기는 경험을 또래보다 많이 했습니다. 제가 확신을 갖고 말씀드릴 수 있는 사실은 사업을 시작할 때, 사업을 성장시킬 때, 사업을 안정화시킬 때마다 필요한 기술이 각기 다르다는 점입니다. 성공한 사업의 결과를 보면 마케팅과 생산성 관리와 리더십 모든 면이 다 조화를 이루는 것처럼 보이겠지만 사업을 시작할 때부터 이 모든 것을 추구하면 아무것도 이룰 수 없습니다.

사업을 시작할 때는 당연히 팔리는 제품과 서비스를 기획하는 것이 중요했기에 마케팅 기술이 중요했고 그렇게 매출이 커지면서 손이 부족해지자 사람을 채용하고 함께 일하는 리더십 기술이 필요했습니다. 동료들 덕분에 사업이 성장함에 따라 사람을 어디까지 채용해야 하는지, 이익은 어떻게 나눠야 하는지 기준이 필요했습니다. 그래서 생산성을 관리하고 향상시키는 것이 중요해졌습니다.

이 전체 과정은 절대 순조롭지 않습니다. 먼저 제품과 서비스를 판매하기 위해 브랜드의 정체성이 될 언어 양식을 정해야 하는데요. 어떤 말투로 어떤 단어를 사용해서 고객과 소통할지 정해야 한다는 의미입니다. 이때 창업자의 주관이 개입될 수밖에 없고 명확한 기준이 없으면 이때부터 사업은 산으로 가기 시작합니다. 성과가 있다는 모든 카피라이팅 기교, 행동 경제학 기반의 넛지들에 관심을 기울이지만 무슨 집을 지을지 생각하지도 않고 망치질과 톱질을 배우는 격입니다. 마케팅에 사용하는 비용은 줄어들지 않고 계속 늘어나기만 합니다. 성과가 지속될 리 없습니다.

어디 그뿐인가요? 손이 부족해 채용을 시작하면 철학과 철학, 가치관과 가치관, 도덕률과 도덕률이 충돌하고 그것을 조율하는 일들의 연속입니다. 이 역시 자신을 기준점으로 삼지 못하면 이리저리 휘둘리고 과정에서 고객들은 일관성 없는 경험을 하게 됩니다. 성과는 또 어떤가요? 스스로 성과가 무엇인지 정의하지 못하면 이런 일이 생길 수도 있습니다. 소비자를 기망하여 유입을 만들고 '한번 팔면 장땡'이라고 생각하는 담당자와 지난한 연봉 협상, 인센티브 지급률을 협상해야 할지도 모릅니다.

매출이 오르면 모두 다 성과인가요? 목적이 없는 목표는 공허할 뿐입니다. 결과보다 방법이 중요합니다. 자신이 돈을 왜 버는지 목적을 잊은 채 맹목적으로 전월 대비 높은 매출액만을 목표로 한다면 처음에 느꼈던 성취감을 나중엔 공허함과 허탈함이 대신 채우게 됩니다.

'이 짓을 언제까지 해야 될까?'

많이 들어 본 소리죠? 회사원도, 사업가도 목적이 없으면 결국 이 질문이 한숨을 대신하게 됩니다. 그러니까 이 책의 마음가짐 편을 반드시 읽고 반드시 실행해 보세요.

원인에 집중하라
'인과 관계 중 원인에 집중해야 합니다.'

귀에서 피가 날 정도로 반복해서 설명했습니다. 결과에 매몰되면 결과를 만드는 원인이 아니라 결과적으로 보이는 겉모습만 모방하게 됩니다. 여러분이 본받고 싶은 브랜드나 사람은 이미 선구자들의 영향을 받았습니다. 지금 그들의 모습은 과정이 생략된 결과입니다. 그들의 결과를 흉내 내는 것보다 훨씬 중요한 건 그들이 과연 어떤 원형에서 지금 자기 모습을 끌어냈는지입니다. 마케팅, 리더십, 생산성 관리의 원형이 무엇인지 가장 먼저 정의하는 이유도 이 때문입니다.

여러분은 마케팅의 원형을 뭐라고 정의하시나요? 어떤 이는 '가치를 전달하는 일', 어떤 이는 '제품을 판매하는 일', 어떤 이는 '브랜딩'이라고 합니다. 모두 틀린 말은 아닙니다. 하지만 정의한 마케팅의 원형에 맞게 시장 조사, 경쟁사 분석 같은 마케팅의 세부 활동들이 재정의되지 않는다면 이 모든 논의는 탁상공론입니다. 현실에 반영되지 못하는 형식적인 시장 조사와 경쟁사 분석은 무가치합니다.

가령 마케팅을 '좋은 가치를 전달하는 것'이라고 생각하는 마케터는 실제 행동과 생각의 갭 차이 때문에 딜레마에 빠지게 됩니다. 좋은 가치를 전달하여 타사와 공존을 꿈꾸지만 실제로 하는 건 경쟁이기 때문이죠. 고객들은 좋은 의도와 좋은 가치에 지갑을 열지 않습니다. 지금보다 더 나은 경험에 지갑을 열죠. 경쟁사 대신 우리 제품과 서비스를 이용하게 만드는 것이 마케팅입니다. 어떤 미사여구로 마케팅을 포장해도 원형은 변하지 않습니다.

마케팅의 원형은 전쟁입니다. 전쟁이 문명화된 것이 마케팅입니다. 마케팅을 잘하기 위해 여러분은 전쟁에서 승리하는 기술을 배우셔야 합니다. 이 기준으로 마케팅을 할 때 사전에 하는 시장 조사와 경쟁사 분석의 의미를 재정의해 보세요. 시장 조사와 경쟁사 분석은 시장을 공부하고 이해하기 위해서 하는 것이 아니라 바로 우리 앞에 뛰고 있는 경쟁자와 우리 뒤를 쫓고 있는 추격자가 누구인지 알기 위해 경쟁 지도를 그리는 일입니다.

리더십의 원형은 건국에서 찾을 수 있습니다. 창업의 원래 뜻이 '나라나 왕조를 세우는 것'이라는 점 알고 계셨나요? 한 나라의 건국 과정과 회사의 창업 과정은 놀라울 만큼 비슷합니다. 생존을 위해 모인 부족을 상상해 보세요. 다양한 사람들이 모일수록 공동체의 생존율이 올라갑니다. 어떤 사람은 사냥을, 어떤 사람은 요리를, 어떤 사람은 무역을 할 수 있으니까요. 생존 수단이 농사밖에 없는 부족은 단 한 번의 가뭄이나 홍수로 궤멸할 위험이 크겠죠? 구성원들이 모인 이유는 각자의 영역에서 전문성을 발휘했을 때 생존 확률이 월등히 높아지기 때문입니다.

그러므로 리더십은 이끄는 기술이 아니라 공동체의 생존을 도모하기 위한 의사소통과 협상의 기술입니다. 구성원들이 각자의 자리에서 가장 잘하는 일로 성과를 낼 수 있게 도와줘야 합니다. 무엇보다 리더도 그 자리에 걸맞은 사람인 점을 구성원들에게 인정받아야 하겠죠. 과정에서 이견을 조율하고 협상을 통해 합의점을 도출하는 것이 리더십의 본질입니다. 리더 혼자의 힘으로 공동체가 생존할 수 있을 리 없습니다. 이 때문에 리더십만큼 중요한 것이 구성원들의 팔로워십입니다. 팔로워십 없는 리더는 조직을 이끌 수 없습니다. 리더십의 원형을 이끄는 힘이라고 정의하면 대부분 리더가 권위만 앞세워 강압적으로 사람을 통제하려 하고 그 기술을 리더십이라고 생각합니다. 하지만 이런 행동을 반복할수록 사람들은 이끌려 오지 않습니다. 오히려 강하게 반발할 뿐이죠.

생산성의 원형은 무역에서 발견할 수 있습니다. 전쟁은 상대방을 궤멸까지 몰고 가기 때문에 승자노 얻을 수 있는 전리품이 적어집니다. 최악의 상황엔 처들어가기 전보다 더 안 좋은 상황으로 국력이 낭비되기까지 하죠. 경쟁국의 시설을 파괴하고 사람을 죽여서 영토를 확장하면 더 적은 사람, 후퇴한 기술로 더 넓은 영지를 경작하고 몇 배를 더 일해야 합니다.

현명한 리더들은 전쟁의 이유가 국력을 과시하는 것이 아니라 경제적 효용 때문임을 잘 알고 있습니다. 양국이 원하는 자원을 교환하거나 돈을 받고 파는 것이 전쟁보다 훨씬 더 생존에 유리한 일이라는 사실을 깨달은 것이죠. 그래서 국가의 경쟁력은 전투력이 아니라 생산력으로 옮겨 갔습니다. 단위 시간 동안 국내 핵심 자원을 많이 생산해야 자국민들이 먹고살고 남은 생산물을 다른 나라와 교환하거나 돈을 받고 팔 수 있을 테니까요. 회사도 이와 마찬가지입니다. 회사의 생산성 관리와 향상은 매일 해야 하는 일상 업무지만 마케팅은 시기와 전쟁터를 면밀히 분석하고 필요할 때만 하는 것입니다.

이 책에 마케팅, 리더십, 생산성의 원형으로부터 자기 자신만의 전략을 도출하는 과정을 담았습니다. 다른 사람들이 만든 결과를 모방하는 것이 아니라 원형으로부터 자신의 길을 창조할 수 있게 돕는 것이 앞으로의 목표입니다.

2장

마케팅은
돈 벌려고
하는 것이 아니다

사업의 성장 - 마케팅

승리를 쟁취하기 위해서는
상대의 모든 힘과 움직임이 집중되는 중심,
즉 적의 중심에 우리의 역량을 집중해야 한다.

카를 폰 클라우제비츠

전략 없는 전술은
성공할 수 없다

전략과 전술 모두 전쟁에서 파생된 용어라면 놀라실 수도 있습니다. 제가 마케팅을 전쟁이라고 표현한 건 비유나 은유가 아니라 실제 그렇기 때문입니다. 전략은 '패배하지 않기 위해 나를 분석하고 적을 분석하는 방법론'입니다. '전략을 짜는 과정에서 도출되는 실행 계획'이 전술입니다. 가령 현재 자신이 어떤 방법으로 수익을 내는지 사업의 구조를 분명히 하고 지금 공격적인 마케팅을 해야 할 시기인지, 자금을 아끼고 방어적인 마케팅을 해야 할 시기인지를 분석하고, 지금 경쟁 중인 시장이 자신에게 유리한 시장인지, 불리한 시장인지를 분석하면 그 과정에서 자연스럽게 어떤 실행을 해야 할지 실행안이 도출됩니다.

자신이 핫 팩을 팔아서 이익을 내고 있다면 겨울에는 공격적으로 마케팅을 해야 하고 여름엔 최대한 돈을 아껴야겠죠? 내가 판매하고 있는 핫 팩이 가장 눈에 띄는 공간에 제품을 진열해야 합니다. 그러기 위해 드러그스토어나 온라인 쇼핑몰에 입점하거나 여러 광고 상품에 돈을 지불하는 등의 활동이 전술입니다. 여러분이 익히 들어 알고 계시는 블로그, 검색 광고, 구글애즈, 메타, 인스타그램, 유튜브 등등 비용을 내고 집행하는 광고 상품은 모두 전술 도구들입니다.

어떤 집을 지을지 정하는 것이 전략이라면 어떤 도구와 재료를 사용할지 정하는 것이 전술입니다. 많은 초보 사업가가 마케팅을 지속하지 못하고 마케팅을 통해 성과를 내지 못하는 이유는 전략 없이 전술만 실행하기 때문입니다. 요즘 유행하는 마케팅 도구 중 성과가 나오는 도구를 발견할 때까지 도박 같은 실행을 계속하는 것이죠. 야금야금 발생하는 비용이 어렵게 모은 사업 자금을 압도하는 건 생각보다 오랜 시간이 걸리지 않습니다.

꼭 돈을 사용하는 활동만 마케팅이 아닙니다. 시기와 장소를 잘 선택하면, 다시 말해 전략을 잘 짜면 제품을 노출하는 것만으로 이익이 나는 판매 경로를 발견할 수 있습니다. 이 과정에 발품을 팔고 시간을 들여야겠지만 무턱대고 돈부터 사용하는 것보다는 훨씬 현명한 방법입니다.

마케팅은 안 팔리는 제품을 팔리게 만드는 기술이 아닙니다. 사람들이 외면하는 제품을 팔리게 만드는 마법 같은 기술은 더더욱 아닙니다. 목표 시장에 제품을 선보였을 때 고객들의 반응이 냉담하다면 그건 마케팅 기술이 부족한 것이 아니라 상품성이 떨어진다는 신호입니다. 이때 많은 사장님이 안 팔리는 제품을 팔기 위해 부정직한 방법을 사용하기 시작하는데요. 이런 방법으로 구매를 만들면 매출과 함께 컴플레인, 낮은 평점 후기, 환불과 교환 요청 등등 매몰 비용이 증가합니다. 명심하세요! 마케팅은 돈을 벌기 위해 하는 것이 아니라 번 돈으로 하는 것입니다.

지피지기 백전불태, 1티어 마케터 되는 법

"손자 왈, 전쟁이란 나라의 중대한 일이다. 죽음과 삶의 문제이며, 존립과 패망의 길이니 살피지 않을 수 없다."

《손자병법》의 첫 문장입니다. 고대 중국 최고의 병법서인 《손자병법》은 최고의 마케팅 방법론입니다. 손자는 《손자병법》에서 전쟁에서 잘 싸우는 장군을 3티어로 구분합니다.

"지피지기 백전불태(知彼知己 百戰不殆), 적을 알고 나를 알면 100번 싸워도 위태롭지 않을 것이다. 적을 알지 못하고 나만 알면 한 번은 이기고 한 번은 지게 될 것이며, 적을 알지 못하고 나도 알지 못하면 싸울 때마다 반드시 위태로울 것이다."

1티어: 싸우기 전에 신중하되 싸우면 항상 이긴다. (지피지기 백전불태)

2티어: 적을 알지 못하고 나를 알면 한 번은 이기고 한 번은 지게
될 것이다.

3티어: 적을 알지 못하고 나도 알지 못하면 싸울 때마다 반드시 위
태로울 것이다.

장군을 마케터로 바꿔도 의미가 바뀌지 않는다는 점이 정말 놀랍
습니다.

1티어 마케터는 우리 회사와 경쟁사의 사정을 잘 아는 사람입니다.

2티어 마케터는 우리 회사의 사정은 잘 알지만 어디와 경쟁하는지
는 잘 모르는 사람입니다.

3티어 마케터는 우리 회사의 사정도 잘 모르고 어디와 경쟁하는지
도 잘 모르는 사람입니다.

처음부터 1티어 마케터의 능력을 갖추고 사업을 시작하면 좋겠지
만 그게 마음처럼 쉽지 않습니다. 이유는 결과에 매몰된 마음가짐
때문입니다. 현실에서 대부분 사업가의 경쟁사 분석은 우리와 직접
경쟁하는 회사가 어딘지 찾는 것이 목표가 아니라 우리가 경쟁하고
싶은 회사에 매몰돼 버립니다. 우리가 목표로 한 회사가 어떻게 사
업을 운영하고 있는지 분석하는 데 그치고 마는 것이죠. 이 때문에
시장에서 전혀 관심을 끌지 못하고 망하거나 전혀 예상하지 못했던
경쟁사의 고객이 유입되는 경우가 많습니다. 적을 알지 못하고 나도
알지 못하는 상황이죠.

가령 자신이 나이키를 벤치마킹해 새로운 신발 브랜드를 출시했다고 나이키와 직접 경쟁하는 것은 아닙니다. 이렇게 예시를 들면 쉽게 고개를 끄덕이는 사람들도 본인이 직접 사업을 시작할 때는 결과에 매몰되어 이런 실수를 저지르게 되죠. 이런 상황은 마케팅의 원형을 잘못 정의해도 반복됩니다. 시장 조사나 경쟁사 분석은 직접 경쟁하게 될 회사를 발견하는 데 있지 자신이 경쟁하고 싶은 회사를 조사하는 것이 아님을 다시 한번 강조 드립니다.

모든 초기 사업가는 2티어 마케터를 목표로 삼으세요. 먼저 나를 아는 것부터 시작하셔야 한다는 뜻입니다. 2티어 마케팅을 한마디로 정의하면 '가설 검증'입니다. 열심히 준비한 제품과 서비스를 실제 목표 시장에 선보이고 고객의 반응을 관찰할 때 비로소 가설은 사실이 됩니다. 이때 시장의 반응이 없다면 자신의 가설이 틀렸다는 뜻이겠죠. 그래서 첫 번째 출시에 너무 많은 시간과 비용을 들이면 리스크가 커져 사업을 유지하기 어려워집니다. 명심하세요. 여러 번 리스크가 적은 실패를 통해 사업은 성장합니다. 성공하기 위해 지나치게 많은 시간과 비용을 쓰면 단 한 번의 도전으로 모든 것을 잃게 될 수도 있습니다.

가설이 검증되는 과정에서 우리는 고객의 진짜 목소리를 들을 수 있습니다. 더 정확하게 말하면 고객의 진짜 목소리를 듣기 위해 최선의 노력을 다해야 합니다. 첫 구매가 발생했다고 좋아만 하면 안 됩니다. 첫 구매 고객에게 반드시 물어야 할 사항이 있으니까요. 그러니까 이미 매출이 나고 있다고 안심하지 마시고 아래 질문을 지금부터라도 고객에게 묻고 데이터를 모으시는 것이 좋습니다.

Q1. 우리 제품과 서비스를 어떻게 알게 됐는가?
Q2. 결제하기 직전까지 어떤 브랜드와 비교했는가?
Q3. 구매하면서 기대하는 경험은 무엇인가?

이 질문들을 자세하게 묻고 데이터를 모아야 합니다. 이 데이터들이 쌓여야 비로소 우리는 1티어 마케터가 될 수 있습니다.

Q1. 우리 제품과 서비스를 어떻게 알게 됐는가?

첫 번째 질문은 우리 제품과 서비스를 어떻게 최초 인지했는지를 묻는 질문입니다. 이 질문의 답이 모이면 우리 제품과 서비스를 어디에 노출할지 알게 됩니다.

반려 동물 용품을 판매하는 브랜드라면 반려 동물을 키우는 사람들이 모여 있는 곳에 제품과 서비스를 노출해야 합니다. 하지만 대부분의 초보 사장님은 반려 동물인들이 모여 있는 곳에 직접 찾아가는 대신 온라인 광고 상품을 이용합니다.

온라인 광고 상품은 반려 동물을 키우는 사람과 반려 동물을 좋아하는 사람을 구분하지 못합니다. 그래서 정교한 카피라이팅 기술이 필요한데요. 제품을 판매해서 매출이 생기기 전부터 광고 상품 이용료와 마케팅 글쓰기에 비용을 쓰는 것보다는 고객이 모여 있는 곳에 직접 찾아가는 것이 훨씬 현명한 방법입니다. 직접 찾아가서 고객들이 어떤 경로로 우리 브랜드를 알게 됐는지 물어보면 우리 예상과는 전혀 다른 판매 루트를 발견할 수도 있고 가설이 잘못 설계됐다면 그 사실을 빠르게 인지할 수 있습니다. 고객과 소통하는 과정에서 팬덤이 형성되는 것 역시 아주 중요한 경험입니다.

Q2. 결제하기 직전까지 어떤 브랜드와 비교했는가?

실제 우리가 파악한 경쟁 브랜드와 고객이 지갑을 열기 바로 직전까지 고민한 브랜드가 얼마나 다른지 확인하면 정말로 겸허해집니다. 지금 자신이 어디와 직접 경쟁하는지 모른다면 마케팅으로 좋은 성과를 내기 어렵습니다. 나이키와 아디다스 중 어떤 신발을 구매할지 고민하는 사람이 있는가 하면 신발 살 돈으로 자기 계발 강의를 들을지 고민하는 사람도 있습니다. 우리 제품과 서비스를 이용하는 고객들이 바로 직전까지 저울질하는 경험이 무엇인지 알게 된다면 마케팅할 때도 경제적으로 훨씬 좋은 성과를 낼 수 있습니다. 그러니 숫자 같은 데이터만 데이터라고 생각하지 말고 반드시 정성적인 설문 조사나 인터뷰도 꼭 시도하셔야 합니다.

Q3. 구매하면서 기대하는 경험은 무엇인가?

우리 제품의 핵심은 '맛'이라고 생각했는데 실제 고객들은 맛이 아니라 '조리가 간단해서' 구매한다면 어떠신가요? 우리 제품의 핵심은 '가성비'라고 생각했는데 실제 고객들은 '디자인이 예뻐서' 구매한다면 어떠신가요? 이렇게 사업가들이 고객에게 주고 싶은 경험과 고객이 원하는 경험의 차이가 클수록 마케팅의 성과가 떨어집니다. 고객이 왜 우리 서비스를 이용하는지 면밀하게 조사하셔야 합니다. 고객이 원하는 경험이 바로 우리가 집중해야 할 '품질'이니까요. 다시 강조합니다. 사업의 지속력은 서비스의 품질이 좌우합니다. 초기 사업에서는 사업가가 제공하고 싶은 경험만큼 고객이 기대하는 경험도 중요하기 때문에 사업의 원형이 정립될 때까지 고객이 어떤 경험을 원하는지 끊임없이 조사하세요.

이 과정이 끝나면 비로소 우린 나를 알 준비를 마친 것입니다. 이제 2티어의 마케터가 되기 위해서 아래 질문에 대답할 차례입니다.

- **먼저 나를 아는 방법**
Q1. **구성원들의 생각은 일치하는가?**
　　Q1-1. **우리 회사의 고객은 누구인가?**
　　Q1-2. **우리 회사의 고객은 왜 우리 서비스에 돈을 반복해서 지불하는가?**
　　Q1-3. **우리 팀의 고객은 누구인가?**
　　Q1-4. **우리 팀의 고객은 왜 우리 팀을 반복해서 이용하는가?**
　　Q1-5. **우리는 일할 때 언제 만족하는가?**
　　Q1-6. **우리는 일할 때 언제 불만족하는가?**
Q2. **지금 마케팅할 시기인가?**
Q3. **지금 싸우는 곳은 나에게 유리한가?**

Q4. 나는 평정심 관리가 되는가?

Q5. 나는 어떤 시스템에서 일하는가?

나부터 알아야
길이 보인다

여러분은 지금 현재 어떤 환경에서 일하고 계신가요? 1인 창업으로 시작해 모든 일을 혼자 하고 계실 수도 있고 처음부터 가족이나 친구와 함께 사업을 시작해서 업무를 나눠서 하고 계실 수도 있습니다. 아니면 다니는 회사에서 새로운 사업 팀을 이끌게 되셨을 수도 있습니다. 여러분이 어떤 상황에 놓여 있어도 마케팅을 하실 때 가장 먼저 하셔야 하는 일은 전략을 짜는 것입니다. 이 책의 질문들에 답변을 적다 보면 자연스럽게 어떤 행동을 취해야 할지 방향성이 생깁니다. 방향성은 전략이고 행동들은 전술입니다.

전략이 없이 전술만 생각하면 성과를 지속할 수 없습니다. 결과에 매몰되기 쉽기 때문입니다. 요즘 핫한 마케팅 도구들에 관심이 집중돼 1가지 활동을 지속하지 못하고 유행하는 도구들을 배우는 데 초점이 맞춰집니다. 이 과정이 심화되면 실행하지 않고 배우는 것만으로 자신의 노력을 합리화하기 시작합니다. 자신이 지금까지 사업을 잘하기 위해 여러 전술을 배우는 데 수백, 수천만 원을 썼는데도 점점 실행 횟수는 줄고 외부 강의나 멘토들의 의존도는 한없이 높아지는 상황이라면 머릿속에 전략이 없어서일 가능성이 높습니다. 그렇다면 다음 질문에 답해 보세요.

Q1. 함께 일하는 동료들의 생각이 일치하는가?
Q2. 지금 공격할 시기인가, 방어할 시기인가?
Q3. 지금 경쟁하는 시장은 나에게 유리한가, 불리한가?
Q4. 지금 환경에서 나의 평정심 관리가 되는가, 되지 않는가?
Q5. 지금 나는 어떤 절차대로 일하고 있는가?

Q1. 함께 일하는 동료들의 생각이 일치하는가?

이 질문들은 매우 중요합니다. 구성원들이 회사에 이익을 내는 방법에 의견이 일치하지 않아 각자의 방법대로 마케팅을 하고 있다면 시간과 비용이 낭비됩니다. 어떤 마케터는 메타 광고를, 어떤 마케터는 유튜브를, 어떤 마케터는 제휴 영업을 하고 있다고 생각해 보세요. 혼자 일해도 같은 상황이 발생합니다. 어제는 인스타그램을, 오늘은 유튜브를, 내일은 블로그를 시도해 보는 것과 같습니다. 자신의 사업 방향에 적합한 도구를 골라 꾸준하게 일정량의 시간을 투입해야 하는데 전략적인 관점이 없으니 귀가 얇아져 효과적이라는 마케팅 도구에 모두 관심을 갖게 되는 것입니다.

이 빈틈을 노려 많은 강사가 공포 마케팅을 하는 것도 문제입니다. 이 도구를 모르면 사업이 성공할 수 없다는 불안감을 조성하죠. 언제나 전략이 없어서 갈팡질팡하는 사람들이 이들의 주요 타깃입니다. 사업 초반에는 한정된 자원을 한곳에 집중해도 성공을 점치기 어려운 상황에서 이렇게 여러 방향으로 마케팅을 전개하는 건 어리석은 행동입니다. 그러니 어떤 도구를 사용할지 정하기 전에 다음 질문들을 통해 전략을 먼저 세우세요.

Q1-1. 우리 회사의 고객은 누구인가?

Q1-2. 우리 회사의 고객은 왜 우리 서비스에 돈을 지불하는가?

Q1-3. 우리 팀의 고객은 누구인가?

Q1-4. 우리 팀의 고객은 왜 우리 팀에 업무를 요청하는가?

Q1-5. 우리는 일할 때 언제 만족하는가?

Q1-6. 우리는 일할 때 언제 불만족하는가?

Q1-1. 우리 회사의 고객은 누구인가?

우리 회사의 고객이 누구인지 아는 것은 매우 중요합니다. 앞서 우리는 먼저 2티어 마케터를 목표로 해야 한다고 했습니다. 사업 초기에 제품과 서비스를 구체적으로 정하지 못했을 때 이 질문에 대한 대답은 여러분이 실험을 통해 검증해야 할 가설입니다. '어떤 사람이 우리의 고객이 될 것인가'라는 질문은 '우리 제품과 서비스의 품질을 무엇으로 정의해야 하는가' 묻는 질문과 의미가 같습니다. 그리고 고객을 정해야 제품과 서비스를 만들 수 있습니다. 때문에 아직 판매할 제품과 서비스를 정의하지 못하셨다면 이 질문에 대한 대답으로 시제품을 정의하게 되실 겁니다. 여기까지가 이 질문의 전략적인 관점입니다. 그리고 우리가 정의한 고객들이 실제로 반응하는지 시장에 출시해 검증하는 절차가 필요하겠죠. 검증하기 위해 여러 실행안을 계획하고 실제 실행하는 것이 전술입니다.

가령 출간 예정인 종이책의 일부를 전자책으로 만들어 무료 공개하는 것, 여러 책 표지 디자인을 인스타그램에 올려 좋아요 수, 댓글 수, 저장하기 수, 공유하기 수를 비교해 보는 것, 판매할 제품을 대량 생산하기 전에 시제품만 만들어 사람들의 반응을 관찰하는 것 등이 전술입니다. 이 책의 6장에서 소개할 태병석 님의 사례가 대표적입니다. 그는 빗자루를 대량 생산하기 전에 1자루의 시제품으로 300명이 넘는 예약 대기자를 만들었습니다.

Q1-2. 우리 회사의 고객은 왜 우리 서비스에 돈을 지불하는가?

우리 제품이 경쟁사 대비 무엇이 뛰어난지 묻는 질문입니다. 우리가 집중해서 관리하고 발전시켜야 할 '품질'이 무엇인지 묻는 질문이기도 합니다. 이때 주의하세요. 이 질문에 대한 대답을 반드시 고객에게 직접 들어야 합니다. 가설을 검증하기 위해서는 반드시 거쳐 가야 하는 과정입니다. 판매 이후에 사람들의 반응을 조사하는 것이 판매 기술만큼이나 중요합니다. 이 과정에서 우리가 생각하는 품질과 고객이 원하는 품질에 차이가 클 경우 그 간극을 어떻게 좁혀 나갈지 의사 결정하셔야 합니다. 이때 자신에 대한 확신이 부족할수록 여러 고객들의 만족을 위해 애쓰다 이것도 저것도 아닌 사업이 되기 쉬우니 조심하세요.

이 질문에 대한 대답이 명확하고 구성원들 모두 이해하고 있어야 회사의 이익이 커집니다. 당연한 일이죠. 회사에 출근하고 퇴근할 때까지 어떤 일에 집중해야 하는지 분명해질 테니까요. 이익과 연결되는 일을 매일 반복하는 것으로 매출은 상승합니다.

Q1-3. 우리 팀의 고객은 누구인가?

회사의 매출이 커지면 관리와 운영을 위해 더 많은 사람이 필요합니다. 어떤 부서는 매출에 직접 기여하고 어떤 부서는 매출에 기여하는 팀을 지원합니다. 가령 회사의 고객이 좋은 디자인의 제품을 찾는 사람이고, 고객이 돈을 지불하는 이유가 우리 제품의 디자인 때문이라면 이 회사에서 이익을 내는 일은 제품 개발과 판매입니다. 사내 교육, 영업 지원, 고객 관리는 이익을 더 잘 내기 위해 이들을 지원하는 업무입니다. 50인 미만의 조직에서는 교육, 영업 지원, 고객 관리 업무를 구분하지 않아도 회사가 운영되지만 조직이 50인 이상이 되면 효율이 떨어지기 시작합니다.

이 시기부터 공격 팀과 수성(방어) 팀이 나뉘는데요. 공격 팀이 이익에 직접 기여하는 팀이고 수성(방어) 팀은 이들을 지원하고 이들이 낸 이익을 지키는 데 집중하는 팀입니다. 공격 팀, 수성 팀 모두 회사에서 우열을 가릴 수 없습니다. 공격수들이 최전방에서 영업 활동을 할 때 필요한 자원은 무한정 있는 것이 아니기 때문에 자원의 관리와 배분은 매우 중요합니다. 한고조 유방이 천하를 통일하고 신하들의 공을 평가할 때 전쟁을 끝까지 수행할 수 있도록 병력과 식량을 지속적으로 보급한 소하를 전쟁을 승리로 이끈 장군들보다 앞서 일등 공신으로 책정한 건 다 그만한 이유가 있습니다.

Q1-4. 우리 팀의 고객은 왜 우리 팀에 업무를 요청하는가?

사업과 마케팅은 단발성 활동이 아니라 지속적인 활동입니다. 이 지속력은 공격 전략이 아니라 자원을 관리하고 유지하는 수성 전략이 판가름합니다. 수성 팀이 내부의 공격 팀을 어떻게 시원하는지가 마케팅의 성패를 좌우하기 때문에 수성 팀의 사람들이 무엇을 목적으로 회사에 출근하는지 늘 상기시키는 일은 매우 중요합니다.

예를 들어 맛있는 빵을 만들어서 빵을 주식으로 하는 고객에게 팔아 이익을 내는 회사의 CS 담당자는 단순히 게시판의 댓글 관리나 전화 응대를 하는 사람이 아닙니다. 고객의 불만 사항에서 제품 개선의 힌트를 발견해 제품 개발 팀에 전하는 일이 더 중요한 일이고 교환이나 환불을 요청하는 고객에게 이유를 묻고 다른 서비스를 추천하는 일이 더 중요합니다. 우리 회사의 고객이 누구이고, 왜 우리 서비스에 반복해서 돈을 지불하는지 이해하지 못하면 이 같은 행동은 불가능하겠죠.

Q1-5. 우리는 일할 때 언제 만족하는가?

직원들이 일을 통해 만족하는 경험이 늘어날수록 회사가 성장하는 건 당연합니다. 직원들이 일에서 만족을 느낄 수 있게 이 숫자를 기록하고 관리하셔야 합니다. 가령 자신이 한 기획을 통해 실제 성과도 내고 동료들에게 인정받을 때 만족한다고 대답한 직원들은 이 사례가 많아질수록 회사에 대한 만족이 커지겠죠? 한 달에 몇 번이나 이런 경험을 했는지, 구체적으로 어떤 경험인지 기록하고 관리해 주세요.

Q1-6. 우리는 일할 때 언제 불만족하는가?

일할 때 불만족스러운 경험은 서서히 줄여 나가는 것이 아니라 원인을 규명해서 즉시 없애야 합니다. 대체로 일할 때 불만족스러운 경험은 회사의 구조적 문제로 발생하기 때문인데요. 예를 들어 공격 팀과 수성 팀은 서로 일하는 환경과 방식이 다릅니다. 공격 팀이 야근할 때 수성 팀은 일찍 퇴근할 수도 있고 반대로 수성 팀이 야근할 때 공격 팀은 일찍 퇴근할 수도 있습니다. 구성원들이 우리 회사의 고객이 누구이고, 왜 우리 서비스에 반복해서 돈을 지불하는지 부서 공통의 이해가 없다면 다툼이 일어날 수 있습니다. '우리는 바쁜데 저들은 정시에 퇴근한다'는 식이죠.

야근을 하면 전체가 똑같이 해야 한다는 논리는 구성원들을 정신적으로, 체력적으로 지치게 합니다. 쉴 때는 쉬고 일할 때는 일해야 365일 내내 집중력을 유지할 수 있습니다. 서로 협력해도 모자랄 판에 회사가 둘로 쪼개지면 성공 가능성이 높은 사업도 망할 수밖에 없습니다. 이런 구조적 문제는 즉시 해결해야 합니다. 개개인의 불평불만 차원에서 해석하고 가볍게 넘기시면 절대로 안 됩니다.

Q2. 지금 공격할 시기인가, 방어할 시기인가?

공격에는 타이밍이 중요합니다. 단적인 예로 자신이 핫 팩을 판다면 한겨울에 모든 자원을 집중해야 합니다. 핫 팩은 겨울이 성수기이기 때문이죠. 핫 팩이 여름에 안 팔린다고 여름에 마케팅을 하는 어리석은 사람은 없습니다.

마케팅 전략은 성수기와 비수기에 달라져야 합니다. 핫 팩과 아이스 팩처럼 계절성이 강한 제품이 아니더라도 세상의 모든 제품은 성수기와 비수기가 있습니다. 우리가 앉아 있는 책상과 의자같이 늘 필요한 제품들도 연초에 가장 많이 팔립니다. 그때 수요가 급증하기 때문입니다. 심지어 장례 서비스에서도 사람이 많이 사망하는 계절과 사람이 적게 사망하는 계절이 있습니다.

이처럼 수요가 급증하는 시기에 우리는 공격해야 하고 수요가 급락하는 시기엔 수성해야 합니다. 특히 비수기 때 수성 전략이 성수기 때 공격 전략의 성패를 결정합니다. 가령 온라인에서 상위 노출되는 것만으로 경쟁에서 우위를 점할 수 있는 저가의 소비재 시장은 사용할 수 있는 마케팅 예산의 크기가 중요한데요. 비수기 때 경쟁사보다 단순히 많은 마케팅 예산을 확보하는 것만으로도 승부가 결정될 수 있기 때문입니다. 그러므로 시기를 아는 것은 매우 중요합니다.

Q3. 지금 경쟁하는 시장은 나에게 유리한가, 불리한가?

지금 당신의 서비스와 제품은 어디에 노출되고 있나요? 그 공간에서 당신은 경쟁력이 있나요? 마케팅의 시기만큼 중요한 건 '전쟁터'

입니다. 많은 사업가가 시장에서 유일무이한 존재가 되는 것을 목표로 제품이나 서비스를 개발합니다. 경쟁에서 단번에 우위를 점하고 시장을 독점하기 위해 이런 전략을 세우는데요. 하지만 현실은 생각대로 흘러가지 않습니다. 곧 경쟁자들이 단점을 보완한 신제품을 출시해 시장을 교란하기 때문입니다. 교란한다고 표현한 이유가 있습니다. 시장에 이런 경쟁자가 늘어나면 소비자들도 좋은 제품을 고르기 어려워집니다. 판매자들이 제품의 작은 차이를 크게 부풀리기 때문에 그렇습니다.

현명한 마케터는 추격자들과 경쟁하지 않습니다. 서비스의 품질을 탁월하게 개선해 나가면서 전쟁터를 바꿉니다. 사치품에 관심이 많는 사람을 대상으로 고급 러그를 판매하던 회사를 예로 들어 보겠습니다. 이 회사는 매출이 지속적으로 떨어지자 똑같은 제품을 반려견을 키우는 사람으로 대상을 바꿔 판매했습니다. 아파트 거실에서 반려견이 미끄러져 슬개골이 탈구되는 일이 많이 발생하는데 그것을 방지할 수 있는 마땅한 해결책이 없는 상황이었기 때문입니다. 이 회사의 러그는 반려견이 뛰어다녀도 미끄러지지 않게 잡아 주는 힘이 강했기 때문에 시장에서 뜨거운 반응을 보이며 효과적인 해결책으로 급부상했습니다.

고객이 사업가가 창조해 낸 세계로 찾아오는 것은 모든 사업가가 꿈꾸는 일이지만, 고객이 찾아오길 바라는 마음을 바탕으로 고객이 찾아오게 만들 현실적인 방법을 고민하고 실행하는 사업가는 드뭅니다. '좋은 제품과 서비스라면 알아주겠지'라는 합리화로 감나무 밑에서 감이 떨어질 때까지 가만히 앉아 기다리는 일이 점점 더 길어집니다. 초기 사업가는 고객의 세계로 나아가서야 합니다. 자신의 제품과 서비스를 기다리는 고객들을 찾아 떠나세요. 돈이 아니라 시간을 쓰셔야 합니다. 나중엔 번 돈으로 시간을 살 수 있습니다. 마케팅은 돈을 벌기 위해 하는 것이 아니라 번 돈으로 하는 것입니다.

Q4. 지금 환경에서 나의 평정심 관리가 되는가, 되지 않는가?

전략적인 관점이 없으면 사업가는 일희일비하게 됩니다. 어제는 매출이 1,000만 원이었는데 오늘 매출이 500만 원이면 어떤 사업가는 어제와 오늘이 다른 이유를 전략에서 찾고 어떤 사업가는 500만 원이 떨어진 사실에 매몰됩니다. 이는 도박꾼의 마음과 비슷합니다. 어제는 0원에서 1,000만 원을 번 것이고 오늘은 0원에서 500만 원을 번 것인데 매출이 떨어진 것에 대해 '오늘도 1,000만 원을 벌어야 했는데 500만 원밖에 못 벌었다'고 생각하는 것입니다. 어제의 1,000만 원과 비교해서 500만 원을 잃었다고 생각하는 마음이 도박꾼과 뭐가 다른가요? 결국 이 마음이 태도가 되어 여러 마케팅 도구에 광범위하게 베팅하기 시작합니다. 돈이 안 벌리는 이유가 마케팅에 적은 돈을 썼기 때문이라고 생각하는 것이죠.

문제가 생겼을 때 문제 정의와 해결책 도출까지 흔들리지 않는 평정심을 갖고 싶다면 이 장의 1번, 2번, 3번 질문을 순서대로 점검해보면 됩니다. 예상 밖의 문제를 만나면 하던 일을 즉시 중단하고 질문의 각 단계에서 누락된 활동은 없는지, 통제할 수 있는 문제인지 확인해 보세요. 일을 순서대로 처리하지 못할 때 평정심은 무너지게 됩니다. 이 때문에 언제나 전술보다 전략이 중요한 것입니다.

전략은 '사업의 목적'이고 전술은 '사업의 목표'입니다. 목표보다 목적이 중요합니다. 이 사업을 '왜' 하는지 명확하게 알고 있어야 합니다. 사업의 목적이 사업의 큰 방향성을 만든다면 사업의 목표는 그 방향성에 놓이는 징검다리와 같습니다. 비뚤비뚤 놓여도 한 방향으로 놓으면 길이 되지만 쌓이기만 하면 장애물이 됩니다. 실제로 우리가 달성하지 못하는 무수히 많은 사업 목표는 쌓이고 쌓여 결국 우리 앞을 가로막는 장애물이 됩니다. 이렇게 쌓인 목표가 평정심을 어지럽히는 주원인입니다. 그러니까 나로부터 시작해서 차근차근 내가 원하는 방향대로 징검다리를 만들어 가세요.

Q5. 지금 나는 어떤 절차대로 일하고 있는가?

마지막으로 점검해야 하는 건 일하는 방식입니다. 제가 혼자서 모두의 사수를 시작했을 때 하루 동안 3가지 직업을 돌아가면서 살았습니다. 오전에는 기획자로, 점심 먹고 나서는 마케터로, 저녁에는 디자이너로…. 정말 열심히 일했다고 생각했습니다. 그런데 성과가 너무 미진하더라고요. 기획도 마케팅도 디자인도 눈에 띄는 진척 없이 아주 조금씩 나아졌습니다.

이 상황을 개선하기 위해 일하는 방식을 바꿨습니다. 일주일 중 월요일은 하루 종일 기획만 했고 화, 수, 목은 실행만 했습니다. 금요일은 미팅만 했고요. 하루에 3가지 직업을 돌아가면서 살다가 하루에

1가지 직업으로만 살게 되니 효율이 개선되기 시작했습니다.

팀으로 일할 때도 마찬가지입니다. 어떤 회사는 직업별로 조직도가 나뉘어 있고 어떤 회사는 사업별로 조직도가 나뉘어 있습니다. 전자의 회사는 '기획 팀, 디자인 팀, 개발 팀' 식이고 후자의 회사는 '생활 용품, 전자 제품, 패션' 식입니다. 이때 어떤 조직 구성이 더 효과적인지 비교하는 것은 의미가 없습니다. 어차피 회사의 성장 시기별로 이 2가지 조직 구성을 모두 거쳐 가게 되니까요. 초기 사업에선 기획자가 디자인도 하고 디자이너가 기획도 합니다. 리더가 그것을 원하기도 하지만 이런 인재들이 더 경쟁력 있는 시대이기도 합니다. 결국 기획과 디자인을 모두 알아야 기획 팀과 디자인 팀을 관리해 성과를 내는 관리자가 될 수 있으니까요.

스타트업에서 밑바닥부터 일을 배운 사람이 대기업 시스템에서 부분적으로만 일한 사람보다 생존 능력이 뛰어난 건 당연한 사실입니다. 채용한 직원들에게 무리한 요구를 하는 것이 아니니 걱정하지 않으셔도 됩니다. 언제나 일을 밑바닥부터 배우려는 사람들이 있기 마련이고, 시스템에 오래 머무르려는 사람이 있기 마련입니다.

사업 초반엔 배우려는 사람들이 모이고 사업에 안정성이 생기는 중기부터 시스템에 오래 머무는 사람들이 늘어납니다. 사업 초반부터 합류해 성장한 사람들은 업무의 경계가 없어 중간 관리자로 성장하기 좋습니다. 사업의 중기에는 1사람이 여러 역할을 하는 것보다 직업별로 전문성을 갖춘 사람이 1가지 일에 집중하는 것이 효율이 좋습니다. 직업별로 팀이 꾸려지는 시기입니다. 어떤 방식으로 일하는 게 효과적일지 늘 고민하셔야 합니다.

제가 다녔던 직장 중에 잦은 조직도 변경과 부서 이동 때문에 사람들이 엄청나게 불만을 가졌던 회사가 있습니다. 적응하려 하면 부서가 재배치되고 적응하려 하면 조직도가 바뀌어서 자리 이동도 잦았습니다. 매주 금요일마다 자리를 이동하는 사람이 늘 있었으니까 회사 분위기가 어수선하고 소란스러웠습니다. 그런데 그 회사는 지금 상장했고 업계의 신화가 됐습니다. 이 회사의 사례를 일반화할 순 없겠지만 고민해 봐야 할 화두인 건 분명합니다.

왜 마케팅은 반드시 번 돈으로 해야 하는 투자인가

'우리의 경쟁사는 어디인가?'

이 질문은 '나'를 알아야 비로소 대답할 수 있습니다. 나의 어떤 조건과 상대방을 비교할지 정해야 어떤 브랜드와 직접 경쟁하는지 좁힐 수 있기 때문입니다. 가령 매출과 순익을 비교해서 순위를 매겨 볼 수도 있고 SNS 채널을 운영한다면 좋아요 수, 댓글 수, 저장하기 수, 공유 수를 비교해 순위를 정할 수도 있습니다. 전자는 매출액을 기준으로 경쟁사 순위를 조사한 것이고 후자는 브랜드의 인지도를 기준으로 경쟁사 순위를 조사한 것입니다. 이때 조사한 업계 1등은 우리의 목표가 될 수 있지만 우리가 직접 경쟁하는 브랜드는 아닐 확률이 높습니다.

명심하세요. 우리가 경쟁하는 브랜드는 우리가 경쟁하고 '싶은' 브랜드가 아닙니다. 이렇게 모은 데이터로 순위를 매겼을 때 우리 바로 앞에 달리고 있는 브랜드, 우리 바로 뒤를 추격하는 브랜드가 실제 경쟁 상대입니다. 많은 사장님이 시장 분석을 할 때 우리가 되고 싶은 브랜드를 조사하고 그 브랜드를 모방하는 전략을 세우는데요. 대부분 실패로 끝나는 이유도 여기에 있습니다. 실제 경쟁하는 브랜드가 어딘지 조사한 게 아니라 결과에 매몰되어 경쟁하고 싶은 브랜드를 조사한 것이죠.

단순히 제품 상세 페이지만 놓고 봐도 1등 브랜드의 상세 페이지는 그 상세 페이지 때문에 업계 1등이 된 것이 아니라 그전부터 이미 1등인 경우가 많습니다. 상세 페이지는 번 돈으로 한 번에 리뉴얼하는 경우가 더 많은데 이런 상황 때문에 우린 언제나 멋지게 포장된 결과물만 보게 됩니다. 그러니까 경쟁사의 시작점을 연구하세요. 최근에 달린 사용 후기가 아니라 가장 처음에 달린 후기부터 순서대로 읽어 보는 것도 방법이 될 수 있습니다. 운영진이 어떤 방식으로 고객을 응대했는지, 고객들의 불만이 점점 어떻게 개선됐는지, 처음엔 어떤 장점을 내세워 판매했는지 등등을 파악하는 것이 현재 모습보다 더 중요합니다.

우리 뒤를 바짝 추격하고 있는 경쟁사는 상세 페이지에서 우리의 어떤 점을 공략하고 있는지 살펴보는 것도 매우 중요합니다. 직접 나의 브랜드를 저격하지 않더라도 분명 차이점을 소구하고 있을 테니까요. 경쟁사에 회원 가입해서 마케팅 수신 동의에 모두 체크한 후 어떤 방식으로 마케팅하는지 관찰하는 것도 좋은 방법입니다. 어느 시점에 마케팅 메시지를 보내는지, 그 내용은 무엇인지, 얼마나 자주 리워드를 미끼로 구매를 유도하는지, 리워드의 가격은 얼마인지 등등을 분석해 보면 그 회사의 판매 가격 이면에 마진율과 원가율도 짐작할 수 있습니다. 손해를 보면서 판매하려는 사업가는 아무도 없을 테니까요.

지금까지 내용의 맥락을 이해하면 온라인에만 적용되는 원칙이 아니라는 점을 금방 깨달으실 수 있습니다. 고객들이 우리 가게 문앞까지 왔다가 발길을 돌려 다른 가게에 들어간다면 그 가게가 어디인지 알아야 합니다. 경쟁하고 있는 가게가 어딘지 알게 됐다면 그 가게의 겉으로 보이는 영업 활동을 대충 보고 판단하지 말고 실제 돈을 지불하고 서비스를 경험해 보세요. 본래 품질은 눈에 잘 드러나지 않습니다. 줄 선 고객을 응대하는 방식, 자리로 안내하고 메뉴를 추천하는 방식, 계산하고 나갈 때의 경험, 이 모든 것이 원인이 되어 고객이 줄을 서는 것입니다. 반드시 경쟁사의 겉으로 드러나지 않는 품질을 직접 경험해 보세요.

이 때문에 마케팅은 '돈을 벌기 위해서 하는 것'이 아니라 '번 돈으로 하는 투자'의 개념으로 접근해야 합니다. 현재 내가 가진 서비스나 제품의 경쟁력이 부족한데, 유행하는 마케팅 도구들을 활용해서 매출을 억지로 늘리려고 하면 사고방식이 보이는 결과에 매몰되기 무척이나 쉽습니다. 게다가 다음 3가지의 심각한 문제에 빠지게 됩니다.

첫 번째, 사람을 현혹하는 온갖 잡기술에 매몰됩니다.

두 번째, 회사에서 반드시 논의돼야 할 논점들이 사라집니다.

세 번째, 힘들게 모은 고객을 결국 업계 1등에게 뺏깁니다.

잡기술에 매몰되면 판단력을 잃는다

하나씩 살펴볼게요. 제가 사람을 현혹하는 온갖 잡기술에 매몰된다고 좀 과격하게 표현하긴 했지만요, 제 얘기를 들어 보면 아마 이해가 되실 겁니다.

사람들이 첫 번째로 많이 손대는 게 할인 행사거든요. 우리 모두다 알고 있잖아요. 의미 없는 정가와 의미 없는 할인율이라는 사실을요. 경쟁사가 할인 행사를 한다고 해서 무조건 할인 행사를 진행하는 것은 정말 어리석은 의사 결정입니다.

단적인 예로 제가 임원으로 있었던 한 회사에서는요, 경쟁사 대비 3배 좋은 원재료를 사용하고 있으면서도 가격을 시장의 평균가로 설정한 것이 사업을 유지하는 데 걸림돌이 됐습니다. 그래서 소비자 가격을 올려야 하는 문제가 있었는데요. 소비자 가격을 올리기 위해 제품을 구매하고 계신 기존 고객을 분류해 봤더니, 신규 고객의 비중이 90%, 재구매 고객의 비중이 10% 정도였습니다.

이 데이터는 처음 몰에 방문하는 대부분의 고객은 제품의 원래 가격이 얼마인지 인지하지 못하고 있고, 충성 고객 10%만 제품 가격을 확실하게 인지하고 있다는 점을 시사합니다. 이 사실을 보다 확실하게 이해하기 위해서 10%의 충성 고객에게 직접 전화를 걸어 여러 가지를 물어봤는데요. 그 결과 아주 중요한 사실을 알게 됐습니다.

10%의 충성 고객들은 일주일 중 월요일에 3-4만 원어치씩 제품을 구매하는 패턴을 보였는데요. 그 이유가 식구들의 일주일 치 식량이기 때문이라고 하더라고요. 이 사실이 왜 중요하냐면 저희가 1만 원짜리 제품을 1개 팔았을 때 남는 이익이 5,000원이라면 1개의 제품을 팔기 위해 마케팅에 사용할 수 있는 돈도 5,000원을 넘길 수 없습니다. 하지만 한 번 살 때마다 4만 원어치씩 구매한다면 1개의 제품을 팔기 위해 마케팅에 2만 원까지 사용할 수 있게 됩니다. 그래서 저희는 전체 제품의 소비자 가격을 과감하게 30% 이상 올렸습니다. 그리고 10%의 충성 고객들을 위해 제품을 많이 구매할수록 할인율이 중복 적용돼서 결과적으로는 가격 상승 전 원래 제품 가격으로 서비스를 이용할 수 있게 가격의 구조를 다시 설계했습니다.

이 상황을 겉으로 볼 때는 어떤가요? 90%의 신규 고객은 저희 제품이 원래 얼마인지를 모르고 몰에 들어오겠죠. 그리고 제품을 많이 구매하면 할수록 할인율이 적용되는 것을 보고 브랜드가 할인 행사를 상시 진행 중이라고 생각할 수 있습니다. 만약 경쟁사가 겉으로 드러난 이 모습만 베낀다면 과연 시장에서 생존할 수 있을까요?

여러분 정말 중요한 건데요. 경쟁사가 모두 할인 행사를 하고 있더라도 눈에 보이는 현상은 어떤 일의 결과지 절대 원인이 아닙니다. 이 회사가 어떻게 할인 행사를 하게 됐는지, 가격 구조는 어떤지 이런 본질적인 부분을 생각해 보고 할인 행사 여부를 결정할 수 있어야 합니다.

무료 배송 이벤트도 마찬가지입니다. 경쟁사가 4만 원부터 무료 배송 혜택을 제공하는 것을 보고 별생각 없이 자신도 4만 원 이상 구매 시 무료 배송 혜택을 제공하는 사장님들을 많이 봤습니다. 이렇게 무료 배송 정책을 바꾸면 고객들이 4만 원 이상 구매해 줄 거라 기대한 것이죠. 하지만 경쟁사의 겉모습을 수박 겉핥기식으로 베낀다고 같은 성과를 낼 수 있는 것이 절대 아닙니다.

이와 비슷하게 많은 분이 옵션으로 장난을 많이 칩니다. 필요한 제품을 인터넷에 검색했을 때 최저가인 줄 알고 클릭했지만 실제 원하는 부가 사양을 추가하면 가격이 상승해 더 이상 시장 최저가가 아니게 된 경험을 누구나 한 번 정도는 해 보셨을 겁니다. 소비자 자신이 직접 선택한 옵션을 뒤로하고 번거롭게 다른 경쟁사 제품과 비교하는 수고로움을 감수하는 것이 쉽지 않다는 것을 이용하는 것이죠.

이를 마치 넛지나 행동 경제학으로 포장해서 기망에 가까운 행위를 죄책감 없이 합니다. 하지만 잘 생각해 보세요. 이 행동에 낚이는 소비자는 딱 한 번 이 제품이나 서비스를 이용할 수 있지만요, 두 번째는 없습니다. 소비자를 이런 방식으로 기망하면 안 좋은 후기가 좋은 후기보다 훨씬 더 빠른 속도로 달리게 됩니다. 그리고 언제나 안 좋은 소문은 좋은 소문보다 빨리 확산되죠.

심지어 후기가 상품 판매에 긍정적인 영향을 미친다고 온라인 쇼핑몰을 열자마자 후기를 가짜로 작성해 두고 시작하는 것을 마케팅 기술로 알고 계신 사장님들도 많습니다. 그렇지만 여러분 명심하세요. 자신이 상세 페이지에서 설명한 내용이 사실과 다를 경우 사업의 매몰 비용 또한 급격히 증가합니다. 교환, 반품, 환불 접수가 많아지게 되고, 평점 1개짜리 부정 댓글도 많아질 것입니다. 여기서 발생하는 플러스알파의 시간과 자원이 모두 매몰 비용인데요. 이 비용은 하루하루 데이터로 봤을 땐 비용이 크지 않아 괜찮다고 느껴질 수 있지만, 쌓이고 나면 절대 무시할 수 없습니다.

사업의 규모가 커질수록 내실을 다지기 위해 다양한 직업군의 사람들을 채용하게 되는데요. 매몰 비용이 쌓이면 이때 좋지 않은 의사 결정을 하게 됩니다. 어떤 회사는 더 좋은 품질의 제품을 상점에 진열하기 위해 좋은 안목을 가진 MD를 채용하는 데 비해 어떤 회사는 부정적인 댓글이나 문의 사항을 직접 응대하는 것이 감정적으로 힘드니 CS 직원을 먼저 채용하는 의사 결정을 합니다.

그러나 성난 고객을 상대하는 일도 그나마 구매하는 고객이 있기 때문에 생기는 것입니다. 브랜드의 평판이 계속 망가져 더 이상 아무도 제품을 구매하지 않는다면 채용한 CS 직원은 갑자기 할 일이 사라집니다. 이렇게 무책임하게 사람을 채용해 직원의 커리어를 망치거나 불어난 인건비를 감당하지 못해 사업이 폐업하는 사장님을 많이 봤습니다.

다시 한번 강조합니다. 마케팅은 자기가 번 돈을 재투자하는 것이지, 안 팔리는 제품을 억지로 팔게 만드는 기술이 아닙니다. 사업 초기에는 빠르게 성과를 내야 한다는 압박을 누구라도 받게 되는데요.

이 절박한 상황을 이용해 사실을 은폐하거나 왜곡하는 행동을 아무런 죄책감 없이 기술이나 노하우로 포장해 강의하는 강사들이 많습니다. 자신을 중심으로 바로 서지 못하면 언제나 이런 강사들의 먹잇감이 됩니다. 이들이 가르치는 판매 기술로는 장기간 지속하는 브랜드를 절대 만들 수 없습니다.

이보다 더 큰 문제는 과정에서 논의돼야 할 진짜 중요한 질문들이 누락되기 시작한다는 것입니다. 가령 경쟁사가 할인 행사를 진행 중이라면 아무런 고민 없이 그 행동을 베끼는 것이 아니라, 우리 서비스의 가격 구조, 즉 원가율과 마진율을 따져 보고 할인 행사를 할 수 있는 가격 구조인지 따져 보고, 우리가 마케팅에 편성할 수 있는 예산이 시장에서 경쟁력이 있는지를 먼저 점검해야 합니다. 하지만 나를 중심으로 사업을 시작한 것이 아니라 시행착오를 줄이기 위해 남의 사업을 베끼는 것으로 사업을 시작한 사장님들은 과정에서 마땅히 겪어야 할 시행착오를 단 한 번도 겪지 못했기 때문에 지금 상황이 문제인 것을 인지조차 하지 못합니다. 회사에서 생존하기 위해 늘 고민해야 할 중요한 논점들이 통째로 사라지는 것이죠.

여러분이 보는 경쟁사의 할인 행사는 그 시기에 폭발적인 매출을 내기 위해 기획된 것이 아니라 계속 재방문해서 재구매해 주는 충성 고객에게 어떤 방식으로 그 감사함을 표현할지 고민한 결과일 수도 있습니다. 경쟁사의 다양한 구매 옵션도 가격을 최대한 싸게 보이기 위해 고안한 것이 아니라 어떻게 하면 소비자의 다양한 기호를 반영할 수 있을지 고심한 끝에 직접 선택할 수 있는 선택지를 점차 늘려

간 결과일 수도 있습니다. 사용 후기가 구매에 긍정적인 영향을 준다면 '우리 제품이나 서비스를 이용한 첫 번째 고객이 얼마큼 감동해야 진심이 담긴 후기를 작성해 줄까'를 동료들과 논의하셔야 합니다. 혹여 우리 제품을 구매했는데 기대보다 못한 품질에 고객이 실망했다면 이 전체 과정에서 서비스의 품질을 개선하고 성난 고객을 어떻게 대응할지 고민하는 것도 없어져선 안 되는 중요한 논점입니다. 이 모든 시행착오 끝에 반영된 서비스의 품질을 고객이 브랜드로 인식하게 되면 지인들에게 추천하거나 재구매로 이어지는 것입니다.

사업의 방향을 잃으면 고객을 잃는다

고객들은 무조건 가격이 가장 싼 제품을 원하는 것이 아닙니다. 오히려 자신의 예산 안에서 최대한 좋은 제품을 구매하려고 합니다. 제품 구매를 실패하고 다른 제품을 알아보는 수고로움보다 한 번에 가장 좋은 제품을 선택하는 것이 제일 편하니까요.

자신의 고객이 어떤 성향인지 분석하지 않고 경쟁사의 판매 방식만 모방하면 결과적으로 고생은 내가 하고 결실은 경쟁사가 얻는 상황을 보게 되실 수도 있습니다. 우리 브랜드의 구매 경험을 실패로 규정하고 반품한 뒤 돈을 더 보태 업계 1등의 제품을 구매할 가능성이 높으니까요. 얼마나 많은 브랜드가 중고 사이트에서 거래되고 있는지 살펴보세요. 대부분 애매한 포지션의 브랜드들이 매물로 많이 올라옵니다. 중고 거래의 이유도 더 상위의 브랜드로 갈아타려는 목적이 대부분입니다. 이처럼 서비스의 품질에 집중하지 않고 판매 기술에만 집중하면 결국 업계 1등 브랜드의 마케팅을 자신이 대신해 주는 꼴입니다.

여러분! 현실이 이와 같습니다. 그러니 마케팅과 사업을 따로 구분하지 마세요. 마케팅을 해야 하는 특정 시점은 없습니다. 사업을 준비하는 그 시점부터 마케팅은 시작되는 것입니다. 시장에 출시했을 때 반응이 없다면 반응이 생길 때까지 돈보다 여러분의 시간을 사용해서 테스트를 지속해 보세요. 이 활동을 통해 1명씩 고객이 생기다 보면 그렇게 번 돈으로 시간을 살 수 있습니다. 여러분이 그토록 성과를 내기 위해 배우는 마케팅 도구들에 돈을 써서 시간을 살 수 있다는 의미입니다. 이 과정을 건너뛰려고 하지 말고 하나씩 하나씩 알아 가는 것을 목표로 사업을 운영하시면 유행에 따라 휘청휘청하는 약한 기반의 사업이 아니라 탄탄한 충성 고객을 기반으로 오래 가는 사업을 할 수 있습니다.

사장이라면 반드시 풀어야 할 4가지 오해

'나를 알고 적을 알았는데도 성과가 잘 나지 않아요….'

이렇게 말씀하신 분들 중에 정말 자신을 잘 파악하고 적도 잘 파악하신 분은 없었습니다. 실상은 머릿속으로 안다고 생각하고 실제 현실에서 사실 관계를 조사하고 실험하는 일을 소홀히 하신 것이죠. 많은 초보 사장님이 USP, 보랏빛 소, 브랜딩, J커브 등 전문 용어와 이론에 빠삭하지만 실제 자신의 사업에는 잘 적용하지 못합니다.

이유는 자명합니다. 이 이론들은 성공한 사업의 결과를 분석해 만들어졌습니다. 잘 팔리는 브랜드를 보니 차별점이 있었고 매출이 J커브를 그렸다는 공통점이 발견됐다는 식입니다. 실제 실행을 통해 용어에 담긴 함의를 자신의 사업에 맞게 재구성하지 못한다면 이 이론들은 사업에 가장 큰 장애물이 됩니다. 자연스럽게 사고방식을 결과에 매몰되도록 유도하니까요. 지금부터 많은 사장님이 사업을 시작할 때 가장 먼저 배우게 되는 고정 관념들을 깨드리겠습니다.

USP 전략에 대한 오해

USP(Unique Selling Point)는 흔히 '나에게만 있는 장점'으로 해석되고 마케팅 전략을 짤 때 흔하게 사용되는 용어입니다. 많은 초기 사업가가 USP의 뜻을 '특장점'으로 해석합니다. 이 때문에 시장에서 유일한 장점을 가진 제품과 서비스를 개발하는 데 지나치게 많은 시간과 비용을 사용합니다. 어떤 사업가는 자신의 제품과 서비스가 잘 팔리지 않는 원인을 '뚜렷하게 구별되는 장점이 없어서'라고 분석하기도 합니다. 하지만 과연 그게 맞을까요? 결론부터 말씀드리면 아닙니다.

시장에서 탁월해지기 위해 나에게만 있는 장점을 계속해서 개발하는 것은 비현실적입니다. 시장에서의 탁월성은 대부분 제품과 서비스의 품질을 뜻합니다. 제품과 서비스의 본질인 맛, 디자인, 편리함, 효율성 같은 품질은 차이점으로 구별되지 않습니다. 오히려 모든 경쟁사가 추구하는 공통점이며 이 중에서 뛰어난 브랜드가 소비자의 선택을 받습니다. 제품과 서비스의 핵심인 품질은 뒷전이고 품질 외적인 부분에서 차이점을 만들어 내는 것은 경쟁에 도움이 되지 않습니다. 품질이 아니라 플러스알파의 차이점으로 시장에서 유일한 존재가 된다 한들 그 차이점은 곧 다른 경쟁사가 단점을 보완하거나 새로운 차이를 강조하며 추격할 것이 뻔합니다. 결과에 매몰되지 않고 원인을 탐구하는 마케터는 USP 전략을 이렇게 재정의합니다.

'내가 가장 빛날 수 있는 영역 찾기.'

전체 시장은 수많은 세부 시장의 총합입니다. 전체 시장에 1등, 2등, 3등과 각각 세부 시장의 1등, 2등, 3등은 다를 수 있습니다. 전체 시장의 1등을 목표로 마케팅을 한다면 당연히 세부 시장의 공략을 단계적 목표로 계획하셔야 원하는 목표를 달성할 수 있습니다. 그렇지 않고 처음부터 전체 시장의 1등을 목표로 하는 건 내가 가진 병력 100명을 전국에 동시에 1명씩 보내 천하 통일을 하려는 것과 같습니다. 현명한 사람은 자신보다 약한 인접 국가를 확실하게 비교 분석하여 공략 준비를 합니다. 조금씩 경계를 확장하다 보면 내가 경쟁하고 싶은 브랜드가 나를 견제하는 상황이 반드시 옵니다. 그러니 조급함을 내려 두고 하나씩 달성하세요. 처음부터 여러 마리의 토끼를 잡으려고 노력하지 않아도 됩니다. 나중에 결과적으로 수중에 잡힌 토끼의 수를 세어 보세요. 일단은 1마리부터 시작입니다.

과정에서 품질을 개선하려는 노력이 가장 중요합니다. 개선점은 시장에서 고객과의 소통을 통해 알 수 있습니다. 책상에 앉아 숫자만 본다고 품질 개선의 힌트를 발견할 수 있는 것이 아닙니다. 사무실에 있지 말고 밖으로 나가세요. 특별한 차이점을 개발하는 데 매몰되지 말고 고객의 욕구에 맞게 집중해야 할 품질을 정의하고 개선하셔야 합니다. 고객이 원하는 품질이 시장의 모든 경쟁자가 추구하는 가치라면 다른 차별점을 찾아야 한다는 뜻이 아니라 여기에 모든 것을 집중해야 한다는 의미입니다. 음식의 맛을 포기한 음식점이 생존하는 것을 본 적이 없습니다. 서비스의 품질을 포기한 브랜드가 생존할 리 없습니다. 특별한 것을 개발하는 데 매몰되지 마세요. 지금까지 생존한 회사는 특별해서 생존할 수 있었던 것이 아니라 생존해서 특별해진 것입니다.

보랏빛 소에 대한 오해

《보랏빛 소가 온다》는 마케팅에 관심을 두면 아마 세 손가락 안으로 추천받는 책일 것입니다. 상향 평준화된 경쟁 시장에서는 그냥 소가 아니라 보랏빛 소처럼 눈에 띄는 특별함이 있어야 생존에 유리하다는 의미인데요. 이 때문에 이 책은 많은 오해를 만들기도 했습니다. 보라색 소가 황색 소보다 눈에 띄는 것처럼 보이는 형식에서 다른 브랜드와 구별되는 색다름을 갖춰야 한다는 의미로 이해한 분들이 많았거든요. 하지만 중요한 건 색깔이 아닙니다. 소가 보라색인 것이 중요한 게 아니라 맛있는 소가 보라색인 것이 중요합니다.

색에 초점을 맞춘 많은 마케터가 '보랏빛'을 개발하기 위해 노력했습니다. 그리고 대부분 실패했습니다. 이 보랏빛은 할인 혜택, 선택 설계, 한정 수량, 선착순 등으로 포장돼 일시적인 매출 증가에 기여했지만 지속 가능하지 않습니다. 핵심인 '소'가 경쟁력이 없었기 때문입니다. 보라색인 게 유일한 상섬인 소는 시상에서 외면받을 수밖에 없습니다. 소의 상품성은 색깔이 아니라 다른 것이기 때문입니다.

먼저 제품의 품질이 검증돼야 합니다. 이미 설명드렸지만 제품의 품질은 고객들이 원하는 욕구가 반영돼야 합니다. 그러므로 품질은 차이점이 아니라 공통점으로 수렴합니다. 우선 이것에 집중해서 사람들이 만족하는 수준까지 도달해야 눈에 띄게 만드는 형식에 의미가 생깁니다.

이 같은 생각은 자기 브랜드가 시장을 선점하기 전인데 추격자가 생길까 봐 걱정하는 마음에서 생깁니다. 경쟁자가 생기는 것을 두려워하지 마세요. 경쟁자 없이 혼자 영업을 하고 있다는 사실이 그 시장을 현재 독점 중이라는 것을 의미하진 않습니다. 오히려 경쟁자가 많아진다는 건 시장이 커지고 있다는 신호입니다. 경쟁자가 많아져서 함께 마케팅을 하면 혼자 제품과 서비스를 홍보할 때보다 시간과 비용이 줄어듭니다.

특히 세상에 잘 안 알려진 낯선 제품이나 서비스를 홍보할 때는 경쟁자들의 참여가 얼마나 고마운 일인지 겪어 본 분들은 아실 겁니다.

지금은 동네마다 헬스장이 있지만 헬스장이 처음 생겼을 때 사람들은 운동을 왜 굳이 거기서 해야 하는지 이해하지 못했습니다. 아놀드 슈왈제네거 같은 보디빌더들이 문화 저변에 영향력을 행사하며 모범 사례가 돼 줬기 때문에 보디빌딩 붐이 일어난 것이죠. 이처럼 생소한 제품이나 서비스는 알리는 데 많은 시간과 비용이 발생합니다. 함께 경쟁하며 문화적 기반을 갖춰 가야 지속할 수 있습니다.

그리고 언제나 중요한 건 품질입니다. 고객은 언제나 업계 1등을 찾습니다. 품질을 등한시하고 색깔에 매몰되면 결국 업계 1등의 마케팅을 자신이 대신하는 것과 마찬가지라는 점을 꼭 명심하세요.

시기에 대한 오해

마케팅은 제품과 서비스가 출시되고 나서가 아니라 제품과 서비스를 만드는 단계부터 시작됩니다. 자신이 사업을 준비하면서 어떤 사람들의 문제를 해결할지, 지금 그 사람들이 모여 있는 공간이 어디인지, 지금 마케팅을 공격적으로 해야 하는지, 방어적으로 해야 하는지를 사전에 계산하지 않는다면 이건 마케팅이 아니라 베팅입니다. 이렇게 베팅하는 사람들이 공통적으로 하는 실수가 있습니다. 브랜드를 론칭하자마자 고객들과 이렇게 소통하는 것이죠.

'당신을 위해 만들었습니다. 구매해 주세요.'

그것도 오프라인에서 직접 얼굴을 맞대고 진정성 있게 말하는 것이 아니라 온라인 마케팅 채널에 전단지 같은 배너를 만들어 유료 광고를 합니다. 이 방법은 다음 문제 때문에 실제 성과를 내기가 어렵습니다.

첫째, 온라인 마케팅이 정교해지려면 생각보다 많은 돈을 사용해야 합니다.

반려 동물 용품을 판매하는 광고는 반려 동물을 기우는 사람들에게 노출돼야 하지만 반려 동물을 좋아하는 사람들에게도 광고는 노출됩니다. 이처럼 고객에 대해 정교한 프로파일을 만들지 못한 상태에서 광고 알고리즘에 모든 것을 맡기게 되면 사업 초기에 소중한 자금을 의미 없이 잃게 될 가능성이 높습니다. 여러분이 사용하는 유료 광고 상품들은 절대 단기간에 고효율을 내도록 설계돼 있지 않습니다. 여러분이 최대한 많은 광고비를 사용하도록 유인하는 것이 판매자 입장에서 어찌 보면 당연한 일입니다. 그러니까 마케팅에 충분한 예산을 편성할 수 있을 때 유료 광고 상품을 이용하는 것이 현명합니다.

둘째, 고객은 중간 단계가 생략된 의사소통은 소음으로 생각하고 무시합니다.

고객들이 광고를 싫어하는 건 맥락 없이 구매를 유도하기 때문입니다. 제품과 서비스를 개발 중일 때부터 사람들을 모으고 소통했으면 제품의 출시 정보는 사람들이 원하는 정보로 인식되겠지만 이 과정이 통째로 생략되면 듣기 싫은 소음이 될 뿐입니다. 고객들의 문제를 해결해서 돈을 벌고 싶다면 출시 전 준비 단계부터 고객과 소통할 수 있는 방법을 고민하셔야 합니다. 이런 기능들의 제품은 어떻게 느끼는지, 가격대는 적절하다고 생각하는지, 주변 사람에게 추천할 만한지 등등의 질문은 전문가가 아니라 고객에게 해야 할 질문입니다.

브랜딩에 대한 오해

브랜딩에 대해 다음 항목에 1가지라도 동의한다면 단언컨대 여러분은 브랜딩이 무엇인지 잘 모르고 있는 것입니다.

'브랜딩이 필요한 시점이 있다.'
'브랜딩은 전문가에게 맡겨야 한다.'
'고객에게 지금까지와는 다른 멋진 메시지를 정해야 한다.'

첫째, 브랜딩이 필요한 시기가 있다고 생각하시나요?

아닙니다. 브랜딩은 처음 고객과 상호작용하는 순간(사업을 하기로 결심한 순간)부터 시작됩니다. 고객이 처음 접하는 이 경험들을 지속적으로, 일관적으로 제공할 때 만들어지는 정체성이 바로 브랜드입니다. 이 전체 과정이 브랜딩이고요. 때문에 '내가 보여 주고 싶은 것이 아니라 내가 보여 줄 수 있는 것에 집중해야 합니다'. 이 문장을 곱씹어서 읽어 보시면 좋겠습니다. '보여 주고 싶은 것'과 '보여 줄 수 있는 것'에는 큰 차이가 있으니까요.

현재 내가 되지 못했지만 되고 싶은 이상에 매몰되면 일관적인 경험을 지속적으로 제공할 수 없습니다. 현시점의 나는 나의 이상을 실현한 상태가 아니기 때문입니다. 자신이 하고 싶은 것이 아니라 할 수 있는 것에 집중하면 그 활동은 지속 가능하고 일관성을 띱니다. 시작할 때부터 브랜드의 정체성을 완성시켜야 한다는 조바심에서 벗어나세요. 브랜드가 성장하면서 고객의 경험 또한 성장하는 것입니다.

둘째, 브랜딩은 전문가에게 맡겨야 한다고 생각하시나요?

아닙니다. 브랜딩은 창업가의 가치관과 철학이 토대가 되기 때문입니다. 이 때문에 우리는 사업을 시작하기 전에 먼저 나에게서 시작해야 합니다. 초기 고객에게 어떤 말투로, 어떤 행동으로 상호작용하는지는 모두 창업자인 여러분이 결정합니다. 여러분의 사고방식, 여러분의 철학, 여러분의 가치관이 개입될 수밖에 없습니다. 여러분이 만든 브랜드의 전문가는 바로 여러분입니다. 다른 브랜드의 마케팅 전술을 따라 할 수 있지만 전략을 따라 하기 어려운 이유가 여기에 있습니다. 그 브랜드의 정체성이 '친절함'이라면 그 정체성이 바로 경쟁자가 쉽게 따라 할 수 없는 진입 장벽이 됩니다.

이 책에서 소개할 환경미화원 태병석 님은 자신만의 친절함으로 고객과 소통했습니다. 병석 님이 태어나서 처음 만든 인스타그램 릴스는 지금까지 262만 회 이상 시청됐고 4만 명 이상이 좋아요를 눌렀으며 293개가 넘는 댓글(대댓글 포함 개수)이 달렸습니다. 그리고 모든 댓글에는 병석 님의 대댓글이 1개도 빠짐없이 모두 달려 있는데요. 대댓글의 길이가 5줄이 넘어가는 경우가 대부분입니다.

이걸 과연 경쟁자가 베낄 수 있을까요? 병석 님은 '나의 친절함'이 어떤 의미인지 고민하고 고객에게 독자적인 친절함을 제공했습니다. 과정에서 자연스럽게 팬이 늘어났고 병석 님은 브랜드가 됐습니다. 병석 님이 이 과정을 다른 사람에게 맡겼다면 어땠을까요? 사업 초기에 다른 사람에게 브랜딩을 맡기면 고객에게 혼란만 줄 뿐입니다. 왜 많은 회사가 결국 내부에서 브랜딩 전문가를 양성할까요? 사업 초기 브랜딩은 사장 주도하에 진행될 수밖에 없습니다. 사장인 여러분이 브랜드입니다. 다른 브랜드의 겉모습만 모방하는 결과 지향적 사고방식은 과정에서 배워야 하는 이런 중요한 논점들을 놓치게 만듭니다.

여기까지 읽고도 고객에게 지금까지와는 다른 멋진 메시지를 만들어야 한다고 생각한다면 다시 처음부터 글을 곱씹어 읽길 바랍니다. 절대로 아니니까요.

있어 보이는 멋진 메시지가 아니라 지금까지 우리가 제공한 경험을 고객들이 어떤 방식으로 이야기하는지 귀 기울여야 합니다. 처음 우리 제품과 서비스를 경험한 고객들이 어떤 메시지에 반응했는지, 어떤 경험을 이야기하는지 규칙을 찾아야 합니다. 브랜드를 이용할 때 어떤 감정 상태였는지, 기능적으로 고객의 어떤 문제를 해결했는지 등등을 조사하고 분석해야 합니다. 과정에서 자연스럽게 고객과 소통하는 방법이 정해집니다. 처음부터 소통의 방식을 정하지 말고 과정에서 자연스럽게 고객이 원하는 방식에 맞추세요. 처음엔 SNS 채널로 알게 됐지만 소통은 문자 메시지로 지속될 수 있습니다. 자신의 방식을 고집하기보다는 고객이 편한 방법에 맞추는 것이 핵심입니다.

지속적으로 고객과의 관계를 쌓기 위해 반드시 주의하셔야 하는 점이 있습니다. 브랜드를 만들 때 새로운 시도나 도전은 어디까지나 전술직인 차원에서 고려돼야 한다는 짐인데요. 전술직 차원에서 여러 시도는 고객에게 신선함으로 전해질 수 있지만 전략적 차원에서 여러 시도는 길을 잃은 것처럼 보이기 때문입니다. 전략적인 관점이 사라진 브랜드를 고객이 난해하다고 생각하는 이유는 다음과 같습니다.

브랜드가 지금 할 수 있는 것이 아니라 되고 싶은 것에 매몰되면 일관성을 상실한다고 말씀드렸죠? 자신이 기준이 되지 못하고 되고 싶은 브랜드의 겉모습을 쫓다 보면 상대적으로 더 좋아 보이는 다른 브랜드를 발견했을 때 또다시 영향을 받기 쉽습니다. 이 과정에서 고객은 이 브랜드가 도대체 무엇을 말하고 싶은지 알 수 없게 됩니다. 고객이 이 상황을 불편하게 받아들이는 것은 당연합니다. 브랜드의 정체성이 흔들리고 혼란스러워지면 이미 그 브랜드를 이용한 고객들도 혼란스러워집니다. 이 때문에 갑작스러운 환불 요청이 연이어 발생한다면 그때마다 고객을 어떻게 대응해야 할까요? 전략이 자주 바뀌면 이렇게 돌발 상황이 생겼을 때 대응 방법을 매뉴얼로 만들기도 어려워집니다. 그때그때 대응 방법이 달라지기 때문이죠. 이 모든 경험은 고객에게 부정적인 영향을 미칩니다.

반면 브랜드가 지금 할 수 있는 일에 최선을 다하고 고객과 일관적으로 소통하고 관계를 만들어 가면 결국 사업의 이익이 극대화됩니다. 고객이 제품과 서비스를 이용할 때 결과를 쉽게 예상할 수 있기 때문에 브랜드의 평판이 몇 번의 실수로 쉽게 떨어지지 않습니다. 이렇게 쌓인 평판이 고객들을 재구매하게 만들고요. 다시 말해 사업의 이익에 기여하지 못하는 활동은 브랜딩이 아닙니다. 혹여 순이익에 기여하지 못하는데 겉모습만 화려한 활동이 있다면 그런 활동을 찾아내 없애고 낭비를 줄이세요. 그래야 생존할 수 있습니다.

J커브에 대한 오해

회사의 성장 그래프가 J 형태를 그리는 것을 J커브 성장 모형이라고 합니다. 흔히 '매출이 J커브를 그린다'는 표현으로 사용합니다.

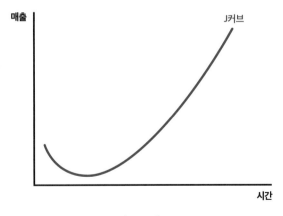

J커브 그래프

누구나 그리는 이상적인 상황인 것처럼 보이지만 현실에서 매출이 J커브를 그리면 곧 곤란한 상황을 겪게 될 가능성이 높습니다. 매출이 급격하게 상승한다는 것은 사업의 쇠퇴기도 그만큼 빨리 다가온다는 것을 의미하기 때문입니다. 특히 일반적인 소비재를 거래하는 온라인 커머스에서 매출을 올리기 위해 자주 활용하는 할인 프로모션은 할인하지 않아도 언젠가 필요하면 구매할 의향이 있는 미래 특성 시점의 고객층에게 미리 구매하는 것이 이득이라는 신호를 주기 때문에 가까운 미래에 이유 없이 매출이 떨어지는 절벽 구간을 만듭니다. 살 사람들이 모두 샀기 때문에 발생한 문제인데 원인을 모르면 그전에 했던 행동을 반복하는 것으로 문제를 해결하려고 하게 됩니다. 더 많은 할인과 더 많은 혜택을 제공하는 것이죠. 하지만 문제는 해결되지 않습니다. 할인 행사를 한다고 인구수가 늘어나는 것이 아니니까요. 서비스의 품질을 개선하지 않으면 본질적으로 이 문제는 해결되지 않습니다. 여기서 서비스의 품질 개선이란 신제품 개발, 연관 제품 개발 등 고객들이 계속 방문할 이유를 뜻합니다.

명심하세요. 전체 시장에 인구수가 100명인데 마케팅 때문에 갑자기 200명이 구매하는 것은 불가능합니다. 사실 할인 행사는 미래 고객을 대출받는 것과 똑같습니다. 언젠가 모두 갚아야 할 빚입니다. 게다가 구매할 사람이 다 구매하기 전에 다음 사업을 준비할 시간 여유가 없어지면 그 사업은 결국 쇠퇴기에 적절한 준비를 하지 못해 망할 수도 있습니다.

반면 매출이 아니라 이용자 수, 방문자 수 같은 모이는 사람의 수가 중요한 서비스에서는 사람의 수가 J커브를 그리는 것이 중요합니다. 사람이 모여야 이익을 창출할 수 있기 때문입니다. 반면 일반적인 상거래에서 매출이 J커브를 그리면 그건 기뻐할 일이 아니라 다가올 미래를 빠르게 대비하라는 신호입니다.

가격 할인에 대한 오해

고객은 시점을 기준으로 3가지 유형으로 구분할 수 있습니다.

- 잠재 고객: 지금 내 제품/서비스에 관심이 없고 오히려 적대적이기까지 한 고객.
- 현재 고객: 지금 내 제품/서비스를 본 것만으로도 반응을 보이는 고객.
- 미래 고객: 지금 내 제품/서비스가 필요하지 않지만 그 필요성을 알고 있어 언젠가 필요하면 구매할 의사가 있는 고객.

그렇다면 할인 행사는 이 중 어떤 고객을 대상으로 하는 것일까요? 정답은 미래 고객입니다. 잠재 고객은 여러분이 무엇을 하든 관심이 없습니다. 여러분의 제품을 무료로 나눠준다고 알려도 잠재 고객층의 관심을 끌 수 없습니다. 현재 고객은 할인 행사를 보면 원래 값으로 구매한 것을 후회하게 될 것입니다. 그리고 다음 할인 행사 때까지 제품의 재구매를 보류하겠죠. 미래 고객은 할인할 때 사는 것이 이득이니까 바로 구매할 가능성이 높습니다. 이 때문에 미래 특정 시점의 소비자층에 공백이 생깁니다.

할인 행사로 인해 판매가 가속화되기 시작하면 사업의 하락세가 시작될 수도 있습니다. 이때 판매를 위해 여러 마케팅 도구들을 사용하고 있다면 원인을 파악하기가 좀처럼 쉽지 않습니다. 검색 광고, 배너 광고, 영상 광고, 바이럴 마케팅을 하고 있는데 갑자기 전체적인 광고 성과가 나빠지면서 매출이 떨어진다고 가정해 보죠. 무엇이 원인인지 찾기 위해 하나씩 광고를 중단해 보고 결과를 비교해 보는 사장님과 매출이 더 떨어질까 두려워 전체 마케팅 예산을 늘리는 사장님, 둘 중 어떤 사람이 많을까요? 공포에 사로잡혀 마케팅 예산을 증액하는 사람이 압도적으로 많습니다. 만약 이미 살 사람이다 샀기 때문에 하락세가 시작됐다면 마케팅 예산의 증가는 불난 집에 부채질을 하는 꼴입니다. 그렇다면 할인 행사로 대출 받은 미래 고객을 어떻게 다시 상환할 수 있을까요?

첫째, 재방문, 재구매를 만들어야 합니다.

더 정확하게 표현하면 재방문, 재구매를 하고 싶게 서비스의 품질을 향상시켜야 합니다. 가령 제품의 수명 주기가 긴 로봇 청소기 같은 경우 1회 구매 후 더 이상 재구매가 없다고 생각할 수 있지만 다른 가전제품을 추가 개발하거나 기존 로봇 청소기의 단점을 보완한 신제품을 출시할 수도 있습니다. 제품의 수명 주기가 짧은 소비재도 맥락은 같습니다. 모든 서비스는 신규 고객 증가가 아니라 기존 고객의 이탈을 막는 것이 훨씬 더 중요합니다.

둘째, 소비자 가격을 지속적으로 인상하고, 또한 인상하는 계기를 만들어야 합니다.

모든 사업가는 서비스의 품질 향상에 사력을 다해야 합니다. 서비스의 품질이 떨어지면 제시한 가격에 구매하는 구매자가 점점 줄어들고 결국 할인하지 않으면 구매하지 않는 브랜드가 됩니다. 할인가와 정상가의 의미가 동일해지고 동료들은 몇 배를 더 일해도 이익을 내지 못합니다. 평소보다 훨씬 더 많이 일해도 월급을 올려 줄 수 있을 정도로 이익이 충분하게 남지 않기 때문에 직원들은 퇴사하기 시작합니다.

서비스의 품질이 지속적으로 하락하면 이렇게 사업은 망하게 됩니다. 그러니까 짧게 보고 눈앞에 이익에 매몰되지 마시길 바랍니다. 자신이 제공하는 서비스의 원가율과 마진율을 정확하게 계산해 보고 마진율을 올리기 위해 원가에 영향을 미치는 요인들을 통제하기 위해 고민해야 합니다. 가령 원재료의 품질을 타협할 수 없고 원재료의 가격을 낮출 수 없다면 원재료의 가격만큼 소비자가에 반영돼야 합니다. 원재료의 품질을 유지하면서 원재료의 가격을 낮출 수 있다면 경쟁사 대비 더 낮은 소비자가를 고객에게 제안할 수 있게 됩니다. 이 때문에 원가율을 통제할 수 있는 브랜드가 그렇지 못한 브랜드보다 언제나 경쟁에서 유리합니다.

그렇게 가격을 올리면 올린 이유를 소비자들에게 설명하는 것도 중요합니다. 가격만 올라가고 서비스의 품질 개선이 느껴지지 않는다면 단순히 기존 고객의 이탈로 끝나지 않기 때문입니다. 이때 기존 고객들은 브랜드의 안티 팬으로 전향할 가능성이 높습니다. 이 책을 읽고 있는 여러분도 소비자입니다. 분명 여러분도 싫어하는 브랜드가 1~2개쯤은 있을 텐데요. 자신이 왜 그 브랜드의 안티가 됐는지 떠올려 보세요.

셋째, 정직해야 합니다.

정직하고 투명하게 고객과 소통해야 합니다. 돈은 신뢰를 재는 수단일 뿐입니다. 고객으로부터 신뢰를 쌓는 건 매우 어려운 일이지만 잃어버리는 건 한순간입니다. 눈앞에 이익과 어렵게 쌓은 신뢰를 교환하지 마세요. 고객들로부터 신뢰받는 브랜드가 되면 사업의 이익이 커지지만 돈으로 신뢰를 살 수는 없습니다.

이 글을 읽고 있는 여러분도 자신의 구매 경험을 다른 사람과 비교해 본 적이 있었을 것입니다. 결제 후 최저가인지 검색해 본 경험, 결제 후 다른 사람의 사용 후기를 읽어 본 경험, 모두 다 있으시죠? 이 과정에서 얄팍한 꼼수는 반드시 들통나게 돼 있습니다.

할인 행사는 여러분이 생각한 것보다 단순하지 않고 반드시 해야 하는 필수적인 것도 아닙니다. 만일 할인 행사를 통해 어떻게든 최소한의 매출이라도 내 보려는 사장님이 있다면 할인 행사보다 제품/서비스의 품질에 집중해야 한다고 말씀드리고 싶습니다. 경쟁력 있는 상품을 만들어 상점에 진열하면 할인 행사를 하지 않아도 고객들은 기꺼이 자신의 돈을 투자합니다. 여러분이 설정한 가격만큼 가치를 증명하고 신뢰를 쌓을 수 있다면 지속적으로 고객들은 여러분에게 지갑을 열 것입니다. 명심하세요. 고객은 저렴한 제품이 아니라 실패 없는 소비를 원합니다.

돈 벌려고 마케팅 한다 vs 번 돈으로 마케팅 한다

중간중간 자주 언급한 말이 있습니다.

"마케팅은 돈을 벌기 위해서 하는 것이 아니라 번 돈으로 하는 것입니다."

이 내용은 중요한 화두라 따로 이야기하고 싶었습니다. 왜냐하면 사업 초기에 매출을 내기 위해 마케팅에 돈을 쓰는 사장님이 점점 많아지고 있기 때문입니다. 대부분 구체적인 전략 없이 마케팅 도구의 사용법을 속성으로 배우고 마케팅 상품에 돈을 지불하는 식입니다.

이런 방식으로는 이익을 내는 것도 사업을 유지하는 것도 어렵습니다. 제가 번 돈으로 마케팅에 재투자해야 한다는 말의 진의는 번 돈으로 광고 상품에 돈을 쓰라는 1차원적인 조언이 아닙니다. 전략적인 관점을 갖고 영업 사원이나 마케터를 고용하거나 자동화 솔루션에 연간 사용료를 지불하거나 마케팅 대행사를 이용하는 등등의 전술 활동을 전방위적으로 고려해야 한다는 뜻입니다. 사업을 시작한 후로 고객과의 소통을 계속 이어 왔다면 같은 유형의 고객들을 모을 수 있는 전술 활동이 무엇인지 자연스럽게 알게 됩니다. 이 활동에 돈이 필요하면 당연히 돈을 써야죠. 고객과 소통하는 과정을 비효율로 생각하고 생략하려고 해선 안 됩니다. 마케팅에 돈을 쓰고 실패하지 않는 방법은 이처럼 고객과 지속적으로 관계를 맺는 방법밖에 없습니다. 나의 제품과 서비스가 시장에 공개됐는데 반응이 없다면 돈을 써서 어떻게든 반응을 만들어 낼 것이 아니라 고객을 찾아가 직접 묻고 반응이 있을 때까지 제품을 개선해야 합니다. 제가 이렇게 주장하면 언제나 이렇게 반문하는 사람들이 있습니다.

"영진 님, 그거 다 이상적인 얘기 같아요. 다른 사람들이 다 반칙 쓰는데 혼자 페어플레이하면 나만 바보 되는 거 아닌가요?"

참 서글픈 현실입니다. 하지만 결과에 매몰되지 않는 사고방식을 가진 현명한 마케터라면 이 상황을 오히려 기회로 생각하지 않을까요? 대부분 사람들이 미끼 상품, 옵션 장난, 과대광고, 의미 없는 할인으로 소비자를 기망하고 있다면 결국 소비자는 정도를 걷는 소수에 몰릴 수밖에 없습니다. 이런 반칙을 쓰는 사람들조차 자신이 소비자일 때는 자신한테 솔직한 브랜드를 찾기 마련이니까요.

환경미화원의 빗자루 사업 이야기
실제 사례를 소개해드릴게요. 대전에 환경미화원으로 근무 중인 태병석 님이 이야기의 주인공입니다. 그는 다양한 직업을 거쳐 현재 환경미화원을 업으로 열심히 사는 지극히 평범한 대한민국 가장입니다. 이분이 저를 찾아왔을 때 저는 내심 이런 생각을 했습니다.

'환경미화원이 사업을?'

지금 돌이켜보면 참 부끄러운 생각입니다. 이분은 저와 처음 만났을 때부터 어떤 사업을 하고 싶은지 뚜렷한 목표와 확신을 갖고 있었으니까요. 이분이 사업을 시작하기로 결심한 동기는 환경미화원의 처우 개선입니다. 저도 몰랐던 사실인데요. 환경미화원이 사용하는 빗자루가 들고 쓸기에 무게 중심이 잘 맞지 않고 무거워서 많은 분이 어깨와 허리, 무릎 관절에 병을 얻고 퇴직한다고 하더라고요. 이 때문에 빗자루를 직접 개조해 사용하는 분들도 많고요.

태병석 님이 환경미화원이 됐을 때 이렇게 빗자루를 직접 만들어 사용한다는 현실이 너무 놀라웠다고 합니다. 개조한 빗자루를 얻으려고 선배 환경미화원을 찾아다니며 부탁도 해야 했고요. 그래서 빗자루를 경량화해 이 문제를 해결하고 싶다고 말했습니다. 결론부터 말씀드리면 태병석 님의 '마이빗자루'는 시제품 1개와 블로그 게시글 1개, 인스타그램 릴스 2개로 300명이 넘는 사람에게 제품을 구매 예약을 받는 것으로 사업을 시작했습니다.

이 책의 케이스 스터디 편에서 자세하게 설명하겠지만 저는 태병석 님에게 이 책의 목차대로 교육을 진행하고 실행시켰습니다. 태병석 님이 만든 빗자루는 다른 브랜드 빗자루보다 20~30% 높은 가격입니다. 미끼 상품도 없었고 당연히 과대광고도 없었습니다.

이것이 가능했던 이유는 먼저 자신의 역량을 잘 점검하고 지금까지의 스토리를 글로 정리했기 때문입니다. 블로그 글과 상세 페이지는 사전에 정리한 스토리를 그대로 가져와 만들었고요. 나를 알고 적을 알게 되니 사람들에게 보여 줄 수 있는 스토리가 2개로 좁혀졌습니다. 그래서 인스타그램 릴스를 2편 제작한 것이고요. 이렇게 전략을 기준으로 전술 도구를 선택하면 무수히 많은 아이디어 중 성과가 날 수밖에 없는 아이디어들이 추려집니다. 이처럼 하고 싶은 것 중에 할 수 있는 것을 추리기 위해서도 전략이 필수적입니다.

'실외 빗자루가 필요한 사람이 그렇게 많다고?'

이렇게 생각하신 분들이 계실 것 같습니다. 이 사례에서 가장 재밌는 부분은 제품의 스토리와 품질이 좋으면 판매자가 전혀 예상하지 못한 곳까지 제품의 활용도가 확장될 수 있다는 점입니다. 실제 이 제품은 대형 온라인 커머스에 제안을 받아 캠핑 용품으로 사람들에게 소개됐습니다. 캠핑 인구가 증가하면서 캠핑 용품에 대한 관심도도 높아지고 있는데요. 텐트 칠 자리를 청소할 빗자루로 태병석 님의 제품이 딱 맞았던 것이죠. 아주 가볍고 솔과 봉이 분리돼 차에 수납이 용이했기 때문입니다. 태병석 님은 1차 생산한 빗자루를 모두 팔고 지금까지의 데이터로 더 개선된 제품과 서비스를 준비하고 있습니다. 마케팅은 이렇게 번 돈으로 하는 것입니다.

고객의 구매 여정은 기획이 아니라 발견이다

사업가들이 '마케팅 전략' 하면 가장 먼저 떠올리는 것이 고객의 구매 여정입니다. 구매 여정은 '제품이나 서비스를 최초 인지한 시점부터 결제까지 이어지는 일련의 과정'을 뜻합니다. 판매 제품, 서비스의 종류에 따라 재구매까지를 구매 여정으로 기획하기도 합니다. 대략 이런 식입니다.

'내가 인스타그램에 광고를 하면 광고를 본 사람이 브랜드 이름을 기억하고 있다가 네이버에서 검색하거나, 아니면 광고를 클릭해서 홈페이지에 들어오겠지? 그럼 홈페이지의 상세 페이지를 읽고 구매하거나 구매하지 않을 텐데….'

제가 무슨 말을 할지 짐작이 되시죠? 이 구매 여정은 아마도 다른 브랜드의 구매 여정을 참고한 결과에 매몰된 사고방식이 만들어 낸 환상일 가능성이 높아 보입니다. 구매 여정은 설계자가 설계한 순서대로 고객이 행동하는 것을 의미하는 것이 아니라 고객의 행동을 관찰하여 패턴을 찾아내는 것에 가깝습니다.

우리가 계획한 순서대로 고객은 구매하지 않습니다. 고객의 행동을 관찰하고 고객이 편한 방식으로 구매할 수 있도록 구매 여정을 개선하는 일을 멈추지 마세요. 결과에 매몰됐을 때 이런 실수를 하기도 하지만 특히 형식주의에 매몰된 이론가도 이런 실수를 합니다. 편하게 돈 벌고 싶다는 생각이 기저에 있을 때 고객을 관찰하지 않고 고객을 조종하고 싶다는 유혹에 빠집니다.

수많은 초기 사업가가 고객과의 소통보다 자동화 솔루션을 선택합니다. 1명 1명과 소통하는 것은 비효율적이고 100명과 한 번에 소통하는 것을 효율이라고 생각하는 것이죠. 그래서 고객과 신뢰 관계가 형성되지 않았는데도 똑같은 포맷의 대량 문자를 발송하거나 복사 후 붙여 넣기 한 푸시 알림을 보냅니다. 그리고 대부분의 고객들은 그 메시지를 무시하죠. 일정 수준 이상의 브랜드가 이런 자동화 솔루션을 이용하는 것은 1명씩 소통하고 싶어도 그럴 수 없기 때문입니다. 그 정도로 소통해야 할 고객의 수가 많아진 것이죠. 이를 해결하기 위해 도입하는 것이 자동화 솔루션인데 초창기 사업가가 시작부터 쉽고 편하게 고객들과 소통을 하려 한다면 고객들로부터 외면받을 수밖에 없습니다.

명심하세요. 우리가 불편할수록 고객이 편해지고 고객의 만족도가 올라갑니다. 우리가 편해질수록 고객이 불편해지고 고객의 만족도는 떨어집니다. 우리가 일할 때 불편함을 제거하고 편하게 일하는 방법을 찾는 것이 사업의 핵심 가치가 아닙니다. 고객의 불편함을 제거하고 그 과정을 효율화하는 것이 사업의 핵심 가치죠.

이 관점에서 고객의 구매 여정을 다시 관찰해 보시길 바랍니다. 자기가 편한 대로 동선을 설계했는지 고객이 편한 대로 동선을 설계했는지 다시 분석해 보세요. 고객은 최대한 편하고 간결하게 의사 결정하길 원합니다. 그리고 자신의 선택에 후회가 없길 바라죠. 자동화된 마케팅 메시지는 전하는 마케터의 몸은 편할 수 있으나 받는 고객에겐 광고일 뿐입니다.

자동화된 CS 응대도 마찬가지입니다. 옆에서 지켜보면 고객의 수가 많아질수록 고객 응대를 더더욱 개인화하려는 회사가 있고 고객의 수가 적은데도 고객 응대를 자동화하려는 회사가 있습니다. 전자는 어쩔 수 없이 결국 자동화를 선택하지만 그마저도 최대한 고객이 편안함을 느낄 수 있게 단어 선택과 어조를 깊게 고민합니다. 후자는 적은 수의 고객도 제대로 관리하지 못해 언제나 신규 고객이 유입돼야지만 간신히 생존하는 사업체로 전락하고 맙니다.

명심하세요. 고객은 자동화된 형식적인 절차보다 진정성 있게 대응해 주는 판매자를 더 신뢰합니다. 구매 이후 제품의 품질이 기대치를 충족하지 못하더라도 인지한 즉시 해결하려고 노력하는 후속 조치가 있다면 떠나지 않습니다. 이 전체의 과정을 잘 관찰하고 고객의 구매 여정을 재발견해 보세요. 온 신경이 제품 판매에만 쏠려 있는 브랜드는 제품 판매 이후의 경험을 만족시키지 못해 결국 고객들의 신뢰를 잃게 됩니다. 그리고 고객들은 떠나겠죠.

20만 원으로 월 5,000만 원의 매출을 올린 회사 이야기

'제품이 좋지 않으니까 마케팅이라도 잘해야죠.'

이 얼마나 황당한 소리인가요? 이 말은 제품이 좋지 않으니까 잘 팔기라도 해야 된다는 얘기인데요. 소비자 중에 좋지 않은 제품을 구매하고 싶어 하는 사람이 있을까요? 이 사고방식이 태도가 되면 서비스의 하향 평준화를 막을 수가 없습니다. '팔리기만 하면 장땡'이라고 생각하는 사람한텐 이것이 문제라는 인식조차 들지 않을 테니까요. 여러분, 명심하세요. 제품 자체의 매력이 아니라 판매 기술에 집중하면 고객의 만족도는 지속적으로 떨어집니다.

제가 COO로 일했던 A사를 예시로 실명 드릴게요. A사는 식품 회사입니다. 시작할 때부터 시장의 선두 주자였고요. 전 세계적으로 표준이 돼 있는 식문화가 아직 한국만 표준이 아닌 점을 포착하고 한국에서 사업을 시작했으니 성공 가능성이 높았습니다. A사는 고객들의 건강을 위해 다른 해외 브랜드 대비 3배 비싼 원재료를 사용하여 제품을 개발했습니다. 음식의 맛도 자극적이지 않은 건강한 맛이었고요. 하지만 곧 후속 주자들이 A사의 맛보다 자극적인 맛의 제품을 출시했고 A사는 위기의식을 느꼈습니다. 매출이 떨어지지는 않았지만 오르는 일도 없었기 때문입니다.

A사는 문제의 원인을 자사 마케팅의 역량이 부족했기 때문으로 생각했습니다. 그리고 경쟁사의 제품처럼 자극적인 맛의 제품을 개발해야 한다고 생각했습니다. 그래서 마케팅 대행사와 협업을 시작했고 대규모 프로모션을 진행했습니다. 1+1 이벤트, 무료 배송 이벤트, 반값 할인, 타임 세일 등을 진행했죠.

그러나 사실 이 브랜드는 이런 행사를 일절 하지 않았음에도 이미 연 매출이 20억 원인 브랜드였습니다. 문제 정의가 잘못된 것이죠.

'경쟁사는 이런 프로모션을 모두 하고 있는데 우리도 해야 하지 않을까?'라는 결과에 매몰된 사고방식 때문입니다. 이 마음의 허점을 마케팅 대행사가 파고들어 영업을 당한 것이죠. 마케팅의 원형을 잘못 정의하고 사업과 마케팅을 각기 다른 활동이라 생각한 탓입니다. 이후 이 브랜드는 이벤트를 하지 않으면 더는 구매하지 않는 브랜드로 전락했습니다. 어느 정도냐면 무료 배송 이벤트를 중지하면 다음 날 매출이 0원으로 곤두박질할 정도로 심각한 상황이었습니다.

제가 이 회사에 COO로 합류했을 때 상황이 이랬습니다. 우선 저는 문제 정의가 잘못됐음을 파악하고 마케팅 대행사와의 계약부터 파기했습니다. 문제의 본질은 마케팅 전술의 문제가 아니었거든요. 의사 결정의 기준이 되는 마케팅 전략이 없었고 이 때문에 서비스의 품질이 무엇인지 정의하지 못했습니다. 어떤 고객들이 우리 서비스를 이용하는지, 왜 그 고객들이 지속적으로 우리 서비스를 이용하는지 묻는 질문에 사람들의 답변이 모두 다 달랐습니다. 서비스의 품질이 무엇인지 정의하지 못했는데 품질 관리가 될 턱이 있나요? 서비스의 품질 하락이 문제의 본질이었습니다.

실제로 돈 쓰는 모든 마케팅 활동을 중지하자 매출이 곤두박질치기 시작했습니다. 하지만 이익 구조는 오히려 개선됐습니다. 이게 무슨 소리냐고요? 마케팅을 안 하고 안 파는 것이 마케팅을 하고 파는 것보다 순이익이 더 좋았다는 뜻입니다. 그뿐만 아닙니다. 그 전엔 많이 팔고 열심히 일했지만 남는 이익이 없었고 지금은 안 팔고 그 일에 더 이상 시간을 쓰지 않아 직원들에게 여유 시간이 생겼습니다. 저는 이때 먼저 우리 자신을 알고 적이 누구인지 실체를 파악하기 위해 시간을 썼습니다. 고객이 누구인지 알고 경쟁사가 어디인지 알아야 어떤 품질부터 개선할지 정할 수 있었기 때문입니다.

먼저 나를 알기 위해 지금까지 서비스를 이용한 고객 데이터를 전부 조사했습니다. 데이터를 보니 전체 고객 중 90%가 한 번만 구매하고 더 이상 구매하지 않은 신규 고객이었고 10%의 고객은 일주일 단위로 4~5만 원씩 꾸준히 재구매하는 충성 고객이었습니다. 이 말은 90%의 고객은 서비스에 만족하지 못했다는 뜻이죠. 그래서 10%의 재구매 고객에게 직접 전화를 걸어 구매 이유와 서비스를 어떻게 활용하는지 물어봤습니다.

'다른 대안이 없어요.'
'우리 가족 일주일 치 식량입니다.'
'주문하면 소분해서 냉동실에 얼려 놓고 끼니마다 데워 먹어요.'

실제 A사의 제품은 맛으로 경쟁하지 않았습니다. 기저 질환이 있어 아무 음식이나 먹을 수 없는 사람들에겐 A사 말곤 다른 대안이 없었던 것이죠. 경쟁사는 자극적인 맛을 품질로 정의해 마케팅했기 때문에 A사도 맛으로 경쟁한다는 착각에 빠져 있었던 것입니다. 실제 고객의 90%가 한번 방문한 후 다시 방문하지 않았기 때문에 '경쟁사 대비 맛이 없어서 그런가 보다' 하며 막연하게 추측했던 것이죠.

가격 구조에도 문제가 있었습니다. 시장에서 가장 좋은 원재료를 사용해 제품을 생산하는데도 가격은 시장의 평균 가격이었습니다. 너무 비싸면 사람들이 구매하지 않는다는 것이 이유였는데요. 제품의 마진율이 너무 적다 보니 공격적인 마케팅을 할 수 없었습니다.

가령 마진율이 50%인 1만 원짜리 제품은 1개를 팔면 5,000원이 순이익입니다. 이 제품 1개를 팔기 위해 사용할 수 있는 마케팅 비용은 5,000원 미만인데 (넘으면 팔고도 적자니까) 이미 경쟁사들은 마케팅에 5,000원 이상의 비용을 쓰고 있었습니다. 훨씬 저렴한 원재료를 사용해 마진율이 A사보다 좋았기 때문에 가능한 일이었죠. 원재료를 타협하거나 소비자 가격을 올리거나 둘 중 하나로 결정해야 하는 상황이었습니다.

우리는 소비자 가격을 올리는 선택을 했습니다. 원재료를 타협하면 10%의 충성 고객의 신뢰를 잃어버리는 결과로 이어지고 소비자 가격을 올리면 90%의 신규 고객에게 가격 부담을 주는 결과로 이어지니까 당연한 판단이었습니다. 언제나 기존 고객과의 관계가 새로운 고객보다 중요하니까요.

이성적으로 판단해도 이게 더 합리적인 결정입니다. 90%의 신규 고객은 저렴한 가격으로 구매해도 재방문하지 않았습니다. 이 고객들은 우리 제품의 가격이 올리든 내리든 관심이 없는 사람들입니다. 게다가 음식의 맛은 정확하게 측정되지 않습니다. 3배 비싼 가격의 원재료로 음식을 만들었다고 해서 맛이 3배 좋아지는 것이 아닙니다. 맛보단 가격이 직관적입니다. 가격이 시장 평균가보다 비싼 이유를 3배 비싼 원재료를 사용했기 때문이라고 고객 스스로 납득할 수 있게 만들어야 합니다. 평균적인 시장 가격으로 제품을 판매하면서 3배 비싼 품질을 알아주길 바라는 건 비현실적인 생각입니다.

그럼에도 소비자 가격을 올리는 건 쉽지 않았습니다. 고객들의 반발 때문이 아니라 내부의 반발이 심했거든요. 대부분 사람들은 가격을 인상했을 때 사람들이 비싸서 제품을 구매하지 않을 거라 걱정했습니다. 나를 제대로 알지 못하고 적이 누군지 모르는 상황에서는 이저럼 평성심이 유시되시 않습니다.

여기까지 읽으신 여러분은 이제 분명히 아실 겁니다. 우리는 10% 충성 고객이 원래 가격으로 서비스를 이용할 수 있게 고민하면 될 일입니다. 마진율이 50%인데 1만 원짜리 제품이 1개씩 팔리면 남는 5,000원으로 경쟁력 있는 마케팅을 하기 어려웠지만 한 사람이 1만 원짜리 제품을 4~5개씩 구매해서 2~3만 원의 순이익이 남는다면 상황은 많이 달라집니다. 우리는 제품 1개당 소비자 가격을 모두 30% 이상 올렸고 구매 금액이 높아질수록 원래 제품 가격까지 할인되는 가격 시스템을 만들었습니다.

결과적으로 기존 고객은 원래 가격으로 서비스를 이용하고 신규 고객은 인상된 가격인지 모르고 서비스를 이용하게 됐죠. 가격만 올린 것이 아닙니다. 당연히 서비스의 품질을 개선하기 위해 그동안 소홀히 했던 제품 개선과 제품의 품질 정보를 상세 페이지에 최대한 자세하게 설명했습니다. 일단 홈페이지에 방문한 사람이 모두 구매하고 나갈 때까지 제품 상세 페이지를 하루에 다섯 번 넘게 수정한 적도 있습니다. 매일같이 새벽 1시에 퇴근하는 강행군이었지만 결과적으로 한 달에 20만 원의 마케팅비만 사용하고 월 5,000만 원의 매출이 나올 때까지 이 행동을 반복했습니다.

이 회사에 제가 합류하기 전에 마케팅에 사용한 비용은 1,800만 원이 넘었지만 적자를 면치 못했고 브랜드의 평판이 낮아진 반면, 제가 합류하고 나서는 마케팅 비용은 20만 원만 쓰고 소비자 가격은 30% 이상 상승했으며 이벤트를 하지 않아도 구매하는 브랜드로 평판이 올라갔습니다. 만약 이 회사가 다시 번 돈 중 1,800만 원을 마케팅에 재투자한다면 결과가 어떻게 바뀔까요? 뒤는 여러분의 상상에 맡기겠습니다.

속도 경쟁을 하지 말고 고객을 줄 세우라

다른 브랜드와 자신의 브랜드를 비교했을 때 사업의 성장 속도에 차이가 나면 많은 사업가가 속도 경쟁에 매몰되기 시작합니다. 비슷한 나이, 비슷한 아이템으로 사업을 시작했는데 경쟁자가 자신보다 더 큰 매출을 만들고 빠르게 성장하는 것처럼 보이면 비교하고 싶지 않아도 그 생각을 떨쳐 내는 것이 쉽지 않습니다. 이 때문에 조바심이 생기면 사고방식이 결과에 매몰되기 시작합니다. 전략을 바탕으로 현실 가능한 전술을 실행하지 않고 전략 없이 전술과 전술을 비교해 도박 같은 마케팅을 시작하게 되는 것이죠.

예를 들어 보겠습니다. 전략을 바탕으로 현실적인 전술을 검토해 본다는 건 이런 의미입니다. 전략을 짠다는 것은 머릿속에 떠오르는 무수히 많은 생각을 목표를 달성할 가능성이 가장 높은 생각으로 좁히는 과정을 뜻합니다. 반면 전략이 없다면 생각은 좁혀지지 않고 더 많아지고 더 확장됩니다. 어떤 전술을 실행해야 하는지 기준이 없기 때문에 타사가 활용하는 전술 도구를 고민 없이 모조리 다 동시에 사용하게 되는 것이죠. 도구들을 하나씩 테스트해 보면서 어떤 도구가 효과적인지 따져 보지 않았기 때문에 어떤 도구에서 어떤 성과가 나오는지 알기가 어려워져 성과가 없는 활동을 추려 내 중지하는 의사 결정을 못 내리게 됩니다.

겉모습만 베껴도 경쟁사와 성과가 똑같이 나온다면 세상에 망하는 사업이 왜 생겨날까요? 그러니까 경쟁사와 속도로 경쟁하지 마세요. 지금 일시적으로 경쟁사 대비 시장의 점유율이 낮을 수 있지만 지금부터 사업가가 어떤 생각을 갖고 어떤 태도로 결과를 만드느냐에 따라 상황은 얼마든지 역전될 수 있습니다.

먼저 이 생각을 꼭 기억하세요. 한 번 구매하고 땡인 사람은 우리의 고객이 아닙니다. 두 번, 세 번, 네 번 계속해서 방문하는 사람들이 우리의 고객입니다. 매출을 빠르게 키우려고 하지 말고 이런 충성 고객의 수를 확실하게 늘려 가는 것을 목표로 하세요. 신규 고객으로 매출이 빠르게 커진다는 건 사업이 빠르게 성숙기를 지나 쇠퇴하고 있다는 신호입니다.

앞서 고객을 시점별로 잠재 고객, 현재 고객, 미래 고객으로 구분했던 것 기억하시죠? 속도 경쟁에 빠지면 매출을 빨리 올리기 위해서 미래 고객을 우선한 행사들을 경쟁적으로 하게 되는데요. 우리는 언제나 '현재 시점의 고객이 최고로 중요하다'는 사실을 잊으면 안 됩니다. 필요해서 찾아온 고객에게 최고의 서비스를 제공하는 것이 잠재 고객, 미래 고객까지 끌어들이는 유일한 방법입니다.

언제나 자신을 대상으로 돈 벌 궁리만 하는 브랜드에 고객은 마음을 열지 않습니다. 자신이 어장 안에 든 물고기처럼 취급받는다면 좋아할 사람이 누가 있을까요? 게다가 할인율까지 반영해 소비자가를 높게 책정하는 것을 전략으로 착각하는 판매자들이 늘어나면서 소비자는 그 누구도 할인가를 곧이곧대로 보지 않습니다. 소탐대실하는 결과로 이어지기 쉬우니 할인 행사는 정말 신중하게 고려하셔야 합니다. 대기업의 마케팅 전략을 겉모습만 베끼다간 어렵게 쌓은 소비자와의 신뢰를 모조리 잃게 되니 각별히 주의하세요.

언제나 사업가가 가장 신경 써야 하는 건 서비스의 품질 개선입니다. 그 결과 현재 고객의 수가 늘어나는 것입니다. 서비스의 품질이 유지되기 어려울 정도로 고객의 수가 많아지면 고객을 줄 세우고 서비스의 품질을 유지하기 위해 최선을 다해야 합니다. 고객이 줄서기 시작하면 판매 속도를 통제할 수 있게 됩니다. 구매할 사람이 모두 구매해서 사업이 빠르게 쇠퇴하기 시작할 때 다음 전략을 고민하는 건 이미 늦습니다. 사업의 성장 속도를 통제하며 다음 전략을 연구할 시간적 여유를 언제나 갖고 계셔야 오래가는 브랜드를 만들 수 있습니다.

속도 경쟁이 아니라 속도를 통제할 수 있는 품질을 추구하세요. 실제 모두의 사수도 그렇게 성장 중입니다. 저는 모두의 사수를 창업한 이래로 마케팅에 돈을 써 본 적이 한 번도 없습니다. 모두의 사수는 5만 원짜리 독서 모임으로 시작했지만 꾸준하게 품질을 개선해서 개인 고객에겐 인당 70만 원으로 1:1 수업을 진행하고 있는데요. 수강생이 평균 6개월간 강의를 듣고 졸업생이 다음 기수 수강생을 소개하고 나가는 것이 문화로 자리 잡을 정도로 빈자리가 잘 나지 않습니다.

이름만 대면 아는 유명 브랜드와 유튜버들이 제 수업을 들었기 때문에 이 내용으로 마케팅을 하면 너무 많은 신규 고객이 유입될 것이 분명하지만 저는 기존 고객과의 신뢰를 가장 중요하게 생각하기 때문에 그들의 대외적인 평판으로 홍보하는 행위를 전혀 하지 않습니다. 내심 자신의 실명을 거론하며 수업을 홍보할까 봐 걱정하는 분도 많고, 또 그렇게 하지 않아도 새로운 고객들이 언제나 줄서서 기다리기 때문입니다.

성수기 때 일하고 비수기 때 훈련하라

'우리 회사는 365일 내내 직원들이 열심히 일해요.'

365일 내내 바쁘게 일하는 회사가 있습니다. 이건 과연 좋은 일일까요? 많은 사장님에게 자신이 운영하는 사업의 성수기와 비수기를 알고 있는지 물어보면 모두 하나같이 알고 있다고 대답합니다. 1년 중 언제 수요가 많고 언제 수요가 줄어드는지 안다는 의미죠. 그런데 이걸 안다고 대답한 분들 중에 성수기와 비수기에 전략이 다른 분들은 정말 극히 일부였습니다. 그리고 성수기와 비수기 전략이 다른 일부의 사장님이 언제나 시장에서 독점적인 지위를 갖고 있습니다.

다시 말해 사업을 잘하는 분들은 성수기와 비수기 전략이 달랐고 성수기 때 직원들의 하루 일과와 비수기 때 직원들의 하루 일과가 전혀 달랐습니다. 성수기가 다가오면 말단 사원부터 임원까지 모든 사람이 그것을 알고 회사 내 긴장감이 맴돕니다. 비수기 때는 이런 성수기를 준비하기 위해 말단 사원부터 임원까지 돌아가며 휴가를 다녀오고 재충전하는 데 집중합니다. 그리고 다가올 성수기를 대비하기 위해 지난해 마케팅 전략을 점검하고 공부하고 훈련하는 것을 게을리하지 않습니다.

반면 성수기와 비수기 구분 없이 365일 내내 똑같이 일하는 회사 사장님은 그것을 저에게 자랑스럽게 이야기했지만 실상은 이와 많이 달랐습니다. 그 회사의 직원들은 비수기 때 남아도는 시간에 무엇을 해야 할지 전혀 감을 못 잡고 있었습니다. 하지만 무엇이라도 하길 바라는 사장님의 눈치에 못 이겨서 '일을 위한 일'을 하며 시간을 보내고 있었습니다.

'그래도 바쁠 때보단 편하지 않아요?'라고 생각한다면 오산입니다. 업무의 강도는 업무 시간보다 업무에 임할 때 긴장감이 더 큰 변수로 작용합니다. 실제 몸이 편해졌더라도 365일 내내 동일한 긴장감을 갖고 일한다면 누구나 금방 지칩니다. 진짜 바쁠 때는 체력이 없고 쉬어야 할 때는 쉬는 것도 아니고 일하는 것도 아닌 상태로 시간을 보내게 되죠. 이 회사는 성수기와 비수기를 아는 것이 아닙니다. 안다고 착각하고 있는 것이죠.

성수기 때 마케팅 전략의 성패는 비수기 때 성수기를 어떻게 준비하는지에 달려 있습니다. 공격만큼 중요한 것이 수성(방어)입니다. 최대한 비용을 줄이고 체력을 보존해야 성수기 때 많은 비용을 쓸 수 있고 많은 시간을 들일 수 있습니다. 할 일이 없다고 회사의 이익과 무관한 다른 일을 편성하지 말고 성수기 때 주로 하는 일들을 점검해 모의 훈련을 해 보는 것도 좋습니다.

가령 마케팅 대행사는 연말에 경쟁 프레젠테이션을 합니다. 경쟁 프레젠테이션은 기업에서 자신의 현재 문제점을 정의하고 이것을 해결할 전략을 마케팅 대행사에게 제안받는 일종의 경연 대회인데요. 연말에 경쟁 프레젠테이션으로 계약을 얼마나 수주하느냐에 따라 다음 해 마케팅 대행사의 생존이 결정되기 때문에 가장 중요한 영업 활동이고, 마케팅 전략 기획과 경쟁 프레젠테이션 능력은 마케터들이 가장 갖고 싶어 하는 능력이기도 합니다.

이 상황을 뻔히 알면서도 어떤 마케팅 대행사는 경쟁 프레젠테이션을 할 수 있는 사람을 길러 내지 못하고 연말을 맞이합니다. 당연히 승승장구하는 마케팅 대행사는 비수기 때 마케팅 전략을 짜고 발표하는 모의 훈련을 자체적으로 진행해 해마다 경쟁 프레젠테이션에 참여할 수 있는 횟수를 점점 더 늘립니다.

어떤 회사가 더 오래갈지 긴 설명이 필요하지 않습니다. 여러분도 당연히 이렇게 하셔야 합니다. 비수기 때 의미 없이 일을 위한 일을 하지 말고 회사 이익에 직접 기여하는 전문성을 파악하고 반복 연습하세요.

원리를 모르면
문제를 모른다

마케팅은 아주 단순하게 정리할 수 있습니다.

'내가 원하는 시점에 (혹은 고객이 원하는 시점에)

내 제품과 서비스를 보고 반응할 사람들을

내 제품과 서비스가 진열된 공간으로 (혹은 내가 원하는 고객들이

있는 곳으로)

불러들이는 활동 (혹은 찾아가는 활동).'

시점이 중요한 이유는 비수기에 돈을 쓰는 마케팅을 해서는 안 되기 때문이고, 고객 정의가 중요한 이유는 아무나 모으는 게 아니라 구매할 사람을 모으는 것이 중요하기 때문이고, 공간이 중요한 이유는 고객이 모여 있는 곳을 찾아가거나 모이기 편한 공간을 만들어야 하기 때문입니다.

이런 기본 원리를 모르면 경쟁사는 비수기에 마케팅 비용을 아껴 성수기에 화력을 집중할 때 자신은 비수기에 마케팅 예산을 너무 많이 써서 성수기 때 경쟁력을 상실하거나, 불특정 다수를 향해 모객 활동을 해서 유입시키는 비용만 많이 들고 정작 구매하는 사람은 없거나, 구매를 원하는 사람들이 들어와도 이용 방법을 몰라 이탈하는 것을 목격해도 아무런 조치를 하지 못하는 상황이 발생합니다. 이 전체 사용자 경험을 뭉뚱그려 '마케팅을 잘못해서'로 문제를 정의하면 그 어떤 문제도 해결할 수 없습니다.

핫 팩을 여름에 팔려고 한다거나, 사람을 모으기만 하고 이유를 설명하지 않거나, 사고 싶어도 어떻게 사는지 모른다면 각각의 경험이 문제고 각각의 해결책을 하나씩 내야 합니다. 사용자의 구매 경험은 연속적이기 때문에 전체 과정의 문제 같아 보이기 쉽지만 그럴수록 한 단계 씩 문제의 원인을 규명해야 해결할 수 있습니다.

특히 서비스 초창기 때 모든 문제를 동시에 고치려는 병렬적인 사고방식은 문제의 진짜 원인을 파악하기 어렵게 만들며 조직의 성장 속도를 늦추는 주된 원인으로 작용합니다. 그래서 총체적 난국이라며 모두의 사수를 찾아오시는 사장님들에게 권하는 방법이 '지금 하고 있는 모든 일을 일시적으로 중단해 보라'는 것입니다. 모든 일을 중단한 후 단계별로 하나씩 실행해 보고 결과에 어떻게 반영되는지 확인해 보는 것이죠.

이것이 초창기 사업가가 고객과 소통하는 방법입니다. 인터넷이 없을 때 영업을 했던 방식과 인터넷이 생긴 후 디지털 마케팅 방식은 크게 다른 점이 없습니다. 언제나 고객과의 첫 만남이 중요합니다. 온라인으로 고객을 직접 대면하지 않고 마케팅을 한다고 진정성 있는 설득 과정이 누락돼선 안 됩니다. 첫 만남이 1회로 그치지 않으려면 어떻게 해야 할까요? 이제 여러분이 이 질문에 답할 차례입니다.

3장

리더십은 이끄는 기술이 아니다

사업의 지속 - 리더십

군주가 영명한 까닭은 널리 듣기 때문이고,
군주가 어리석은 까닭은
편협하게 어떤 한 부분만을 믿기 때문입니다.

《정관정요》

반드시 알아야 하는
사람 유형 3가지

리더십의 원형은 창업입니다. 공동체의 생존력이 극대화되려면 다양성이 가장 중요합니다. 고대 도시 국가인 스파르타와 아테네를 봐도 그렇습니다. 생존 방법이 전쟁뿐이었던 스파르타에 비해 아테네의 문화유산은 지금까지도 사람들에게 영향을 미치고 있습니다.

모든 사람이 똑같은 기술만 갖고 있다면 시대의 변화에 적응할 수 없습니다. 다양성이 존중받는 사회는 시대의 변화에 따라 1가지 기술이 쇠퇴해도 그 빈 곳을 곧 다른 기술로 메울 수 있습니다. 사람들이 여러 기술을 두루두루 다 섭렵하지 않아도 먹고사는 데 지장이 없는 안정적인 생활도 가능합니다. 다양성이 존중받는 살기 좋은 공동체에서는 다양한 사고방식이 공존하고 또 융합되니 새롭고 다채로운 문화가 꽃피는 건 그리 이상한 일이 아닙니다. 이 다양성의 핵심이 사람들 간 존중과 배려입니다. 존중과 배려는 리더가 구성원에게 일방적으로 베푸는 의무가 아니라 리더와 구성원 간의 상호 작용입니다.

알려진 것과 달리 리더십은 사람들 위에 군림하기 위해 필요한 기술이 아닙니다. 다양한 구성원 사이를 조율하고 협상하고 공동체의 힘이 분산되지 않게 집중시키는 기술입니다. 그렇기 때문에 리더십만큼 중요한 건 구성원의 팔로워십입니다. 리더십이 이끄는 힘이라면 팔로워십은 지지하는 힘입니다. 억지로 끌려가는 것이 아니라 적극적으로 리더의 행동을 지지하고 참여하는 동료들의 힘입니다.

이 장에서는 카리스마 있는 리더, 사람을 통제할 수 있는 기술에 대해서 다루지 않습니다. 리더십과 팔로워십은 하루하루의 일상에서 구성원들 간 대화의 밀도로 쌓여 가는 것입니다. 자신의 의도를 숨긴 채 사람을 자기가 원하는 행동을 하도록 조종하는 기술은 리더십이 아닙니다. 이렇게 사람을 조종하는 기술을 다르게 표현해 '가스라이팅'이라고 하죠? 진짜 의도를 속이고 딱 한 번 상대방을 원하는 대로 조종할 수도 있습니다. 하지만 두 번은 없습니다. 이면에 다른 계획이 있었다는 사실을 알게 되면 사람들은 그 사람이 무슨 말을 해도 두 번은 믿지 않게 됩니다. 이 책의 마음가짐 편에서 사람 간 신뢰 관계가 얼마나 중요한지 설명했습니다. 작은 이익과 자신의 평판을 교환하는 건 정말 어리석은 선택입니다.

지금부터 제가 알려드릴 리더십은 충분한 시간이 필요합니다. 매일매일 구성원들의 팔로워십이 생길 수 있도록 소통에 힘쓰고 사람들의 신뢰를 저버리는 행동을 하지 말아야 하니까요. 자신할 수 있는 건 이렇게 생긴 리더십은 결코 몇 번의 실수로 쉽게 무너지지 않습니다. 리더가 무너지지 않게 동료들이 지탱해 줄 테니까요.

여러분이 팔로워십을 근간으로 한 건강한 리더십을 만들기 위해서는 회사에 존재하는 3가지 유형의 사람을 이해하셔야 합니다. 이 책의 채용 편에서 사람을 채용하는 방법에도 적용되는 지식이니 반드시 숙지해서 자기 것으로 만드시길 바랍니다. 자신이 지금까지 살면서 만난 직장 동료들이 어떤 성향의 사람이었는지 떠올리면서 이 글을 읽으시면 훨씬 더 이해가 쉬우실 겁니다.

회사에는 3종류의 사람이 있습니다. 주는 것이 편한 기버(Giver), 받는 것이 편한 테이커(Taker), 상대방이 얼마큼 주는지 보고 자신이 줄 걸 결정하는 선택적 기버(Matcher)가 바로 그들입니다. 용어는 애덤 그랜트의 저서 《기브 앤 테이크》에서 차용했습니다만, 지금부터 제가 말씀드릴 내용은 그 책과 다릅니다. 그 책을 읽어 보신 분들이라도 집중해서 읽어 주세요.

자신의 쓸모를 보여 주는 기버

먼저 기버에 대해 알아보겠습니다. 여러분은 주는 걸 편하게 여기는 사람이 현실에선 어떻게 비칠 것 같으세요? 자애롭고, 다정하고, 진취적이고, 긍정적이고, 에너지가 넘치는 그런 사람을 떠올리셨나요?

물론 이런 사람도 드물게 있긴 있습니다만, 제가 직접 만나 경험한 기버들은 대체로 감정이 잘 드러나지 않고 기복이 없었습니다. 사람의 일생에 비유하면 이들은 성숙한 어른입니다. 지금 자신이 하기 싫은 일이더라도 다른 사람들이 모두 안 한다고 하면 '하… 어쩔 수 없죠. 제가 할게요'라고 말하고 그 일을 대신 하는 사람입니다.

이들을 관찰해 보면 모성애가 강한 어머니가 떠오릅니다. 다른 사람의 생일은 살갑게 챙기면서 누가 자신의 생일을 챙기면 질색하는 사람들, 다른 사람의 성과는 보이지 않는 자리에서도 꼭 챙겨 주는데 정작 자신의 성과는 누가 챙겨 주지 않으면 그냥 넘어가는 유형의 사람이 기버 성향이 강한 사람입니다. 곁에 떠오르는 사람이 있으신가요? 이들은 다른 사람의 부탁을 잘 거절하지 못합니다. 앞사람이 곤경에 처했는데 그것을 보고도 무시하면 마음속에 엄청난 부채감이 생기기 때문입니다.

기버는 이런 성향 때문에 회사에서 가장 큰 성장 잠재력을 갖고 있습니다. 이들은 자신이 할 수 있는 일만 골라 받거나, 자신에게 도움이 되는 일만 계산적으로 받지 않습니다. 사람들이 골라 가고 남은 업무들이 주로 기버의 업무가 됩니다. 그리고 그렇게 남은 업무는 대체로 어렵고, 힘들고, 귀찮은 일이겠죠. 지금 자기 수준에서 하기 힘든 일들을 거리낌 없이 하다 보면 누구라도 빠르게 성장할 것입니다. 자신이 할 수 있는 일들만 골라서 한 사람들에 비해 기버가 빨리 성장하는 건 당연한 일입니다. 기버는 회사에 다니는 원동력이 개인적 야망이나 개인의 몸값 상승에 있지 않습니다. 설령 있다고 하더라도 대놓고 드러내지 않습니다. 그렇게 하면 자신이 이기적이라고 생각하기 때문입니다. 이들이 보다 중요하게 생각하는 건 '자신이 회사에 쓸모 있는 존재가 되는 것'입니다.

상대방이 얼마큼 주는지 보고 자신이 줄 걸 결정하는 선택적 기버도 이런 방식의 협업으로 큰 성과를 내기 어렵다는 사실을 결국 깨닫게 됩니다. 모든 사람이 먼저 받기만을 원한다면 사람들은 자신이 가진 것 중에서 줘도 상관이 없는 것들만 주고받기 시작할 테니까요. 결국 대가를 바라지 않고 먼저 도와주는 마음이 큰 성과를 만들어 낼 수 있다는 점을 기버와의 협업을 통해 배우게 되면 선택적 기버도 기버로 상승 이동하게 됩니다.

하지만 아무리 기버라도 받는 것 없이 주기만 하는 인간관계가 점점 많아지면 조직에서 버티지 못하게 됩니다. 점점 자신의 능력으로 돕지 못하는 사람들이 생기게 되면 자신이 회사에서 쓸모없다는 생각으로 이어지기 십상이니까요. 실제 이런 경험을 하면 제 아무리 기버 성향이 강한 사람도 한순간에 테이커 성향이 강한 사람으로 바뀌게 됩니다.

이렇게 테이커 성향이 강해진 기버는 이기심이 극에 달한 사람이라기보다는 혼자서는 아무것도 하지 못하는 무능력한 사람에 더 가깝습니다. 사실 테이커는 받는 것을 편하게 여기는 것이 아니라 줄 수 있는 것이 없기 때문에 받기만 하는 상태에 더 가깝습니다. 이들은 기버와 선택적 기버의 도움을 받아 일적으로 작은 성공을 경험하면 다시 선택적 기버로 상승 이동시킬 수 있습니다.

이처럼 회사 내 사람들의 성향은 환경에 따라 달라집니다. 누구라도 기버가 될 수 있으며 누구라도 테이커가 될 수 있습니다. 그러니까 자신이 선택적 기버라면 테이커를 무시하기보다는 이끌어 주시고 자신이 테이커라면 다시 자신의 쓸모를 느낄 수 있게 작은 도전부터 시작해 보세요. 대체로 기버는 이런 식으로 선택적 기버, 테이커의 경험을 모두 해 본 사람들이기 때문에 성숙한 어른처럼 느껴지는 것입니다. 모두와 상성이 좋으니까요.

성공 경험과 자신감이 필요한 테이커

테이커는 한때 기버였던 사람들입니다. 여러분은 받는 것을 편하게 여긴다는 테이커의 정의 때문에 이기적이고, 받기만 하고, 동료들을 견제하는 사람을 떠올리셨을 수도 있습니다. 하지만 현실에서 테이커는 낮은 자존감과 열패감에 사로잡혀 있는 사람입니다. '받는 게 편해요'라는 말의 속뜻은 '주고 싶어도 줄 수 있는 게 없어요'와 같습니다. 사람의 일생에 비유하면 이들은 영유아기 상태와 같습니다. 혼자선 아무 일도 할 수 없는 상태입니다.

테이커가 되는 주원인은 회사에 대한 배신감, 사람에 대한 상처입니다. '나를 이용만 하고 가치가 떨어지니 버렸다'는 생각이 테이커의 머릿속을 지배하는 주된 생각입니다. 내 몸은 내가 지켜야 한다는 생각을 갖게 되는 것도 어찌 보면 당연합니다. 충분히 할 수 있는 일인데도 자신감이 없는 태도를 보이거나 실수를 극도로 두려워하는 모습 등이 테이커에서 흔히 보이는 모습입니다. 그리고 이런 태도는 그들을 더욱 회사에서 고립시키죠.

일은 잘하는 사람에게 몰리기 마련입니다. 하지만 테이커의 이런 성향 때문에 회사의 중요한 일에서 점점 배제되기 시작합니다. 성과를 내면서 자존감을 끌어올려야 하는데 오히려 업무에서 배제되기 시작하니 스스로 헤어 나오지 못하는 악순환에 빠집니다. 사실 이들은 누군가에게 도움을 줄 수 있는 사람이 되고 싶은 열망이 있기 때문에 막상 일에서 멀어지면 더욱더 절망하고, 더욱더 위축되기 시작합니다.

테이커는 도움이 필요한 사람들입니다. 그래서 기버와 상성입니다. 하지만 선택적 기버는 테이커를 싫어합니다. 이들은 무임승차하는 사람, 민폐 끼치는 사람을 견디지 못합니다. 이 때문에 회사에서 성과를 논할 때 생기는 갈등은 대부분 선택적 기버와 테이커 사이에서 발생합니다. 선택적 기버는 테이커가 한 일에 비해 너무 과한 보상을 받는다고 생각하고 테이커는 이들의 공격에 더더욱 위축됩니다. 상황이 반복되면 퇴사를 결심하기도 합니다.

여러분 만약 회사에서 누군가 테이커가 됐다면 같은 이유로 나도 테이커가 될 수 있다고 생각해 보세요. 원인을 찾아서 제거해야지 테이커를 제거하는 건 결과에 매몰된 사고방식입니다. 사람을 잘못 채용했을 가능성도 있지만 사람들의 말과 행동이 사람을 테이커로 만들고 있을 수도 있습니다. 이들은 인내심을 갖고 작은 성과를 낼 수 있게 도와주면 선택적 기버로 상승 이동할 수 있습니다. 이들에게 부족한 건 자신감입니다. 이것만 해결되면 누구나 바뀔 수 있으니 포기하지 마세요.

협업이 필요한 선택적 기버

대부분의 사람이 선택적 기버입니다. 이들은 상대방이 얼마큼 주는지 보고 자신이 줄 것을 결정하는 사람들입니다. 하지만 여기엔 함정이 있습니다. 이들은 은혜는 은혜로 갚지만 원수는 복수로 갚거든요. 사람의 일생에 비유했을 때 이들은 청소년과 같습니다. 이제 막 자아에 눈뜨고 주관이 생길 때 사람은 어떤 행동을 할까요?

우린 이미 모두 경험해 봤습니다. 세상의 중심이 마치 자신인 것처럼 행동하죠. 모든 일에서 가장 중요한 건 자기 자신이 됩니다. 그래서 이들은 행동하기 전에 계산합니다. 자신이 손해 볼까 봐 손해 보기 싫은 마음 때문에 그렇습니다. 이 생각이 고착화되면 결국 우물 안 개구리가 되고 맙니다. 자신이 할 수 있는 일만 하려고 하기 때문이죠. 성장은 자신이 하기 힘든 일에 도전하고 그 일을 간신히 해냈을 때 그 과정에서 하는 건데 그 기회를 자꾸 놓치게 됩니다. 이런 태도 때문에 많은 사람이 선택적 기버와 테이커를 구별하기 어려워합니다. 선택적 기버는 테이커에겐 무례하고 기버에겐 예의를 차리거든요.

이들을 지배하는 사고방식은 '민폐 없는 회사 생활'입니다. 이들은 민폐 없이 자신의 역할을 수행하는 것에 만족합니다. 이 때문에 누군가 민폐를 끼치면 참지 못하죠. 그래서 테이커와 적대적이고 기버와는 상성입니다. 선택적 기버들끼리는 서로 경쟁하거나 동맹을 맺죠. 그들이 경쟁하는 이유는 물론 자신에게 이로운 업무를 선점하기 위해서입니다. 누가 고르기 전에 자신이 먼저 가져가야 하니까요.

이들은 공동의 프로젝트를 수행하며 기버로 상승 이동합니다. 그들이 그토록 싫어하는 테이커의 고충을 이해하고 그들을 돕고 싶은 마음이 생기면서 어른이 되는 것이죠. 테이커가 성과를 낼 수 있게 도제식 교육을 진행하면 과정에서 이해심과 공감 능력을 키울 수 있습니다. 그렇게 기버가 되는 것이죠.

"영진 님은 팀원이 리더를 따라야 한다고 생각하세요, 아니면 리더가 팀원을 따라야 한다고 생각하세요?"

기버와 테이커와 선택적 기버의 차이를 알고 계시다면 위 질문에 대한 답변에 따라 어떤 사람이 기버이고 어떤 사람이 테이커이고 어떤 사람이 선택적 기버인지 구분할 수 있습니다.

위 질문에 자신이 리더면서 팀원을 따라야 한다고 대답한다면 그리더는 기버 성향이 강하다고 볼 수 있습니다. 팀원이 자신을 따라야 한다고 생각하면 테이커 성향이 강한 독불장군 스타일의 리더일 가능성이 있죠. 같은 질문을 팀원들이 답했을 때 자신이 리더를 따라야 한다고 대답하면 기버 성향이 강한 것이고 반대라면 테이커 성향이 강한 사람이겠죠. 선택적 기버는 이 질문에 다음과 같이 반응합니다.

"선택지가 꼭 둘 중 하나여야 해요? 둘 다 노력해야 하는 것 같아서요."

오해하지 마세요. 하나의 질문으로 그 사람의 전체를 알 수 없습니다. 이 답변을 기준점 삼아 그 사람을 그때부터 관찰하셔야 합니다. 그 사람이 어떤 성향의 사람인지 이해하는 것만으로도 그 사람의 행동들이 이해되기 시작합니다.

테이커는 혼자서는 아무것도 할 수 없는 사람이지만 하나씩 작은 성과를 낼 수 있도록 도제식으로 관리해 주시면 서서히 선택적 기버로 상승 이동합니다. 선택적 기버에게는 협업 기회를 많이 만들어 주시거나 테이커를 부사수로 만들어 주시면 과정 중에 기버로 상승 이동합니다. 당연히 회사에는 기버가 많을수록 좋고 테이커가 많을수록 생산성이 떨어집니다. 하지만 회사의 환경에 따라 누구나 기버가 될 수도 있고 누구나 테이커가 될 수 있다면 기버만 채용하려는 생각보다 대다수가 기버로 남을 수 있는 조직 환경을 만드는 것을 목표로 삼으시는 것이 현명한 관점입니다.

지금부터 기버가 다니기 편한 회사 환경을 위해 반드시 알아야 할 채용 과정, 1:1 면담 방법, 일하는 방법에 대해 자세하게 설명드리겠습니다.

사람과 회사의 성장 5단계

'개인이 성장해야 회사가 성장합니다.'

굉장히 진부한 표현이지만 저는 이 말이 사실이란 것을 지난 회사 생활을 통해 뼈저리게 알게 됐습니다. 좋은 회사는 옆자리 동료가 열심히 일하고 그 사람에게 좋은 대우를 해 주는 회사입니다. 문제가 생겼을 때 회피하지 않고 끝까지 문제를 해결하는 데 골몰하는 사람들이 많으면 회사는 망하지 않습니다. 회사라는 단어는 있지만 실체가 없다는 것이 바로 이런 뜻입니다. 일하는 개인들이 회사의 실체입니다.

이 사실을 깨닫고 꽤 긴 시간 회사에 다니는 사람들을 관찰했습니다. 그리고 알게 된 사실이 있는데요. 사람들은 뚜렷한 패턴으로 단계를 거치며 회사에서 성장한다는 사실입니다. 이 사실은 회사에 소속된 사람들의 평균 단계가 곧 회사의 수준이라는 점을 시사합니다. 지금부터의 내용은 책《부족 리더십》을 참고해서 만들어 낸 단계인 점을 밝힙니다.

개인과 회사는 총 5단계에 걸쳐 성장합니다. 각 단계마다 어떤 특징이 있고 다음 단계를 위해 어떤 것을 채워야 하는지 설명하겠습니다. 지금 자신이 몇 단계에 있는지를 가늠해 보시는 것도 중요합니다. 각 단계는 중간을 건너뛰지 않기 때문에 다음 단계를 위해 사장이 직원을 위해 해야 할 일들을 점검해 보세요.

1단계, 사람은 개인적 욕구, 생존 본능 때문에 일을 합니다.

이 단계의 사람들은 월급 때문에 회사에 다닙니다. 우리 모두 회사를 처음 다니거나 이직 하거나 창업할 때 1단계부터 경험합니다. 생존 욕구를 충족하는 것이 가장 중요하기 때문입니다. 하지만 이 욕구는 회사 생활 첫 달에 거의 충족되기 때문에 우린 일을 계속 할 또 다른 이유가 필요해집니다. 우리 모두 똑같은 경험을 해 봤습니다. 신입 사원 첫 달 월급만큼 기분 좋은 감정이 두 번째 달에도 유지되던가요? 그 감정은 금방 휘발됩니다. 당연하게 여기게 되죠. 사업가도 마찬가지입니다. 사업을 시작하고 발생한 첫 달 매출은 정말 기분이 좋은 일이지만 두 번째 달부터는 무감각해집니다. 오히려 불안감이 기쁨을 대신하죠. 그래서 누구나 다음 단계 욕구를 채우려고 하게 됩니다.

2단계, 사람은 집단에 소속돼 안정감을 느껴야 계속해서 일할 수 있습니다.

사람들은 끊임없이 안정감을 원합니다. 돈으로 기본적인 욕구들이 해결되고 나면 그다음에 찾는 안정감이 바로 소속감입니다. 돈이 벌리기 시작하면 그제야 곁에 있는 사람들이 눈에 들어옵니다. 회사 안에서 인정받고 싶은 욕구가 생기고 자신을 인정해 주는 무리에 소속되길 바라게 됩니다. 그렇게 소속감이 생기고 안정감이 생기면 그때부터 자신의 주관이 생깁니다.

3단계, 사람은 자신을 위해서 일하게 됩니다.

돈이 벌리고 소속감이 생기면 사람들은 이때 비로소 일하는 주체로서 나(자아)를 인식합니다. 사람은 누구나 1~2단계를 충족해야 비로소 지금 하는 일에 적응합니다. 사람들이 낯설지 않고 자신이 하는 일이 어떤 일인지 관심을 기울이기 시작합니다. 이 때문에 사람을 채용하자마자 3단계를 요구하면 실패할 가능성이 높습니다. 그리고 정말 중요한 점이 있습니다. 많은 사람이 스스로 3단계에 머무는 것에 만족하는 경향이 강한데요. 3단계에 머무는 시간이 길어질수록 개인주의가 심해져 회사 내 협업을 갈수록 어렵게 만듭니다. 때문에 3단계의 직원을 4단계로 상승 이동시키는 것이 중요한데요. 회사 차원의 의식적인 노력이 있어야 3단계 직원을 4단계로 상승 이동시킬 수 있습니다.

4단계, 사람은 자신뿐만 아니라 우리를 위해서 일하게 됩니다.

이 단계의 사람들은 주어가 '나'에서 '우리'로 바뀝니다. 사람들과 함께해서 성과를 내는 것이 중요해지고 그런 무리에 속해 있는 것이 중요해집니다. 무리에 소속돼 있다는 안정감을 넘어 일체감을 느끼는 단계입니다. 회사에서 진정한 협업이 이뤄지는 단계가 4단계입니다. 그 전까지는 10명이 일하면 10인분을 할 뿐이지만 4단계 직원이 많아지면 10명에서 15인분, 20인분을 하기 시작합니다. 이 때문에 회사는 4단계로 상승 이동하는 것을 목표로 삼아야 합니다. 여기서 끝이 아닙니다. 사장이라면 추구해야 할 마지막 단계가 있습니다.

5단계는 사람은 비로소 그냥 일할 수 있게 됩니다.

여기서 '그냥'의 의미는 포기와 체념의 뜻이 아니라 자아실현 중인 상태를 뜻합니다. 제가 정의하는 자아실현은 지금까지 자신이 했던 삶 전체의 경험을 있는 그대로 온전히 받아들일 수 있는 상태를 뜻하는데요. 성공 경험뿐 아니라 실패 경험까지 모두 자기 자신을 성장시켜 준 재료로 잘 사용됐다는 사실을 깨닫게 되면서 자기 확신이 생깁니다. 이때 생기는 자기 확신이 진짜 자기 확신입니다. 가짜 자기 확신은 자신이 성공할 것을 믿는 것입니다. 진짜 자기 확신은 자신의 선택이 성공으로 이어지든 실패로 이어지든 결과와 상관없이 과정에서 자신을 믿는 믿음입니다. 사장은 반드시 5단계까지 성장해야 합니다. 사업은 불확실성 속에서 자신을 믿고 의사 결정하는 과정의 연속입니다. 자신을 믿지 못하는 사장은 사업을 이끌 수 없습니다.

여기까지 읽고 어떤 기분이 드셨나요? 자신의 지난 삶을 돌아보면서 자신 혹은 타인을 비춰 보면 훨씬 더 공감이 되실 겁니다. 지금 자신이 몇 단계에 있는지, 직원들은 몇 단계에 있는지 확인해 보세요. 지금부터 각 단계마다 어떤 특징이 있는지 보다 자세하게 설명하고 다음 단계로 상승 이동하기 위해 무엇을 배워야 하는지 설명하겠습니다.

1단계: 돈 때문에 다닌다

1단계의 사람은 자신의 개인적 욕구와 생존 때문에 일합니다. 우리 모두 회사를 처음 다니거나 다니던 회사에서 새롭게 이직을 하거나 창업을 할 때 1단계를 경험합니다. 취업, 이직을 할 때 회사가 나의 가치를 얼마로 인정해 줄지 따져 보는 것이 당연한 것처럼 창업을 하는 사장이 사업의 이익을 고려하는 것도 너무나 당연한 일입니다.

그래서 1단계에 있는 사람들은 "우리 회사 뭐 때문에 다녀?"라는 질문에 대부분 "돈 때문에 다녀요"라고 대답합니다. "회사 다닐 때 언제 제일 행복해?"라고 묻는 말에는 "월급날이요", "휴가 쓸 때요"라는 대답들이 쏟아지는데요. 이렇게 답변한 사람들에게 실망하실 필요 없습니다. 조직에 소속감이 없으면 누구나 이런 생각을 하니까요. 오히려 자기 생각을 솔직하게 표현해 준 것을 고맙게 생각하셔야 합니다. 이 질문에 대해 솔직한 대답을 듣지 못하시면 각 사람이 어떤 단계에 있는지 파악하는 것이 불가능하니까요.

그리고 자연스럽게 1단계 사람들은 첫 달 월급을 받고 자신의 생계를 유지할 수 있게 되면 2단계 욕구를 채우려고 하게 됩니다. 첫 달 월급을 받을 때 좋은 기분이 둘째 달 월급을 받을 때까지 지속되지 않기 때문입니다. 사업가도 마찬가지입니다. 사업을 시작하고 발생한 첫 달 매출은 금액과 상관없이 정말 기분이 좋지만 두 번째 달부터는 무감각해집니다. 오히려 새로운 불안감이 기쁨을 대신하기 시작하죠.

우린 잠자는 시간을 제외하고 대부분의 시간을 일터에서 보냅니다. 매일 일하는 동력을 상실하면 일하는 시간이 괴로워지는 건 어쩔 수 없습니다. 돈만 벌 수 있다면 어느 곳이든 상관없다는 듯 이야기하는 사람이 많아 보여도 막상 돈이 충족되면 다른 이유를 찾기 시작하는 이유도 이 때문입니다.

결국 사람들은 소속감을 원하게 됩니다. 번 돈으로 사고 싶은 것을 살 수 있게 되고 생활에 안정감이 생기면 무리에 소속돼 더 큰 안정감을 추구하게 됩니다. 자신은 아니라고요? 혼자 일하는 것이 편하시다고요? 소속감을 달리 표현하면 인정 욕구입니다. 자신이 속한 무리에 받아들여지기 위해 노력하는 건 본능입니다. 때문에 이때 교류하는 사람이 어떤 사람인지에 따라 회사의 분위기가 달라집니다. 만약 입사 동기끼리, 동갑내기 친구끼리만 직원들이 교류하게 되면 회사의 분위기는 곧 대학교 동아리같이 어수선해집니다.

10인 이하 회사에서 많은 사장님이 직원들과 교류를 끊고 스스로 고립되는데, 절대 그러시면 안 됩니다. '직원들이 싫어할까 봐, 불편할까 봐'라는 핑계 뒤로 숨지 마시고 자주, 많이 직원들과 일을 주제로 대화를 나누세요. 회사는 일하는 공간이지 놀러 오는 곳이 아닙니다. 누군가 일을 주제로 회사의 분위기를 만들지 않는다면 회사는 곧 일과 멀어집니다. 이건 회사에 놀러 온 직원이 문제가 아니라 직원들을 교육하지 않은 리더의 책임입니다. 그러니까 조직에서 가장 프로 정신이 투철하고 실력, 인성 모든 면에서 존경받는 사람들이 돌아가면서 1단계 사람들과 교류할 수 있도록 지원해 주세요. 그런 사람이 사장 자신이라면 자신이 그 역할을 직접 해야 합니다.

2단계: 일은 힘들어도 사람이 좋아서 다닌다

"일은 힘들어도 사람이 좋아서 다녀요."

"일도 힘든데 사람까지 힘들어서 퇴사해요."

2단계 조직에서 가장 많이 나오는 말입니다. '욕구'에서 '관계'가 중요해지는 시기니까 당연한 반응이죠. 이 때문에 일을 주제로 대화를 이끄는 사람들이 언제나 이들의 중심에 있어야 합니다. 2단계 사람들의 관계 맺기는 초년생일수록 일에서 멀어지는 경향이 있기 때문입니다. 이것도 당연한 일입니다. 사람들은 개인의 취향과 취미에 대해 공통점을 찾고, 그것을 함께하고 과정에서 자신들만 아는 비밀을 만드는 것으로 친밀한 인간관계를 형성합니다. 이때 관계를 주도하는 사람이 취향과 취미 대신 일에서 공통점을 찾게 해 주는 것이 필요합니다. 그렇지 못하면 일로 신뢰를 형성하기 전에 일 외적인 관계로 지나치게 친해져서 나중에 이런 뒷말들이 나오게 됩니다.

"A님은 공과 사를 잘 구분하지 못해요."

의사소통에서 문제가 생긴 경우 100% 한쪽만 잘못하는 경우는 없습니다. 의사소통에서 문제가 생겼다면 쌍방 과실로 생각하셔야 문제의 근본 원인을 찾을 수 있습니다. 이 경우는 일로 신뢰를 쌓기 전에 취향과 취미로 가깝게 지낸 것이 원인이죠.

사람은 모두 어딘가 소속되길 원하고 인정받길 원합니다. 이 본능이 올바른 방향으로 표출될 수 있도록 사람들을 잘 이끌기만 해도 엄청난 시너지를 낼 수 있습니다. 자신이 좋아하는 사람에게 민폐를 끼치기 싫어서 일을 열심히 하는 분위기가 생기기도 하고 회사에 존경하는 롤 모델이 생겨 자연스럽게 4단계로 상승 이동하기도 합니다.

이 때문에 2단계 조직에서 많이 보이는 패턴 중 하나가 휴가 나갈 때 인수인계하지 않고 나가는 것입니다. 이게 무슨 소리냐고요? 이 단계의 사람들은 자신이 휴가 기간에 해야 할 일들을 모조리 다 해놓고 나갑니다. 동료에게 자신의 고생을 전가한다는 생각에 죄책감이 생겨 이런 행동을 하는 것입니다.

자신이 존경하는 사람의 겉모습을 그대로 흉내 내는 경우도 많이 관찰됩니다. 말투, 사용하는 단어, 필기도구, 사무 용품, 옷 입는 스타일까지 존경하는 사람의 겉모습을 따라 하는 것이죠. 이는 좋은 신호입니다. 인과 관계 중 결과에 매몰돼 겉모습을 모방하는 것이지만 원인을 알려 주면 좋은 결과로 이어지기 쉽거든요. 롤 모델처럼 되고 싶다는 마음가짐이 기저에 있기 때문에 "롤 모델의 지금 모습 말고 신입 때 어땠는지 물어보고 그걸 따라 해 봐" 정도로 가이드라인을 주기만 해도 금세 성장합니다.

이렇게 소속감이 생겨야 사람은 비로소 자신이 하는 일에 관심을 가지기 시작합니다. 2단계 사람은 인정받고 싶다는 생각, 소속되고 싶다는 생각에 사로잡혀 있기 때문에 자신이 하는 일이 아니라 인간 관계에 매몰됩니다. 밀려오는 일을 우선순위가 아니라 요청하는 사람이 누구인가를 기준으로 처리하게 되는 것이죠.

이 상황이 바뀌지 않는다면 1~2단계 사람들은 일에 집중해 성과를 내기가 어렵습니다. 엘리베이터에서 사람을 마주칠 때마다 우리 회사 사람인지 잘 모르니 인사를 해야 하나 말아야 하나 고민스럽고 사무실에 오가며 마주치는 사람들 역시 낯설긴 마찬가지입니다. 자신이 배정받은 업무 공간도 아직 익숙하지 않고요. 온종일 정신없이 바쁘게 일한 것 같아도 막상 퇴근할 때 뭘 했는지 돌아보면 한 건 별로 없다는 생각이 들고 때문에 불안함과 우울감도 생깁니다. 낯선 환경이라 긴장감이 높은 상태인데다가 지나치게 타인을 의식하기 때문에 일의 의미를 생각하고 진행하는 것이 거의 불가능에 가깝습니다. 아마도 밀려오는 업무를 쳐내는 감각으로 일을 하고 있을 것입니다. 이래서 갓 입사한 사람에게 3단계를 요구하면 실패할 가능성이 높은 것입니다.

이들이 빠르게 프로처럼 일하게 만들려면 프로들과 교류하게 만들어 주세요. 3단계 이상의 사람에게 도제식으로 일을 배울 수 있게 관계를 만들어 줘야 비로소 이들의 인정 욕구는 채워지기 시작합니다. 이렇게 해야 소속감이 생깁니다.

3단계: 나 잘난 맛에 다닌다

사람은 돈을 벌고 인정받고 소속감이 생기면 이때 비로소 일하는 주체로서 나(자아)를 인식하기 시작합니다. 대부분 사장님들이 원하는 직원의 상이 3단계의 모습입니다. 자기 일에 책임을 다하고 알아서 척척 문제를 해결하고 일이 없으면 만들어서 하는 그런 직원을 원하시잖아요? 보통 1단계를 거쳐 3단계까지 온 사람들이 결과적으로 보이는 모습이 상상하시는 것과 유사하긴 합니다. 하지만 자기주도적인 것과 자기중심적인 것을 잘 구분해야 합니다. 사람은 3단계에 머물러 있는 시간이 길어질수록 점점 자기중심적으로 변하거든요.

'직원이 일은 잘하는데 싹수가 없어요. 이럴 때 어떻게 해야 하나요?'

이렇게 많은 사장님이 3단계 직원 때문에 속앓이를 하고 있습니다. 3단계 사람은 자신이 회사에 필요한 존재라는 것을 알고 있습니다. 그래서 점점 교만해지는 것이죠. 이들에게 회사 왜 다니냐고 물어보면 나 잘난 맛에 다닌다는 식의 대답이 나옵니다. 이들은 스스로 3단계라는 사실에 자부심을 갖고 있어서 자신의 속내를 굳이 감추지 않습니다. 그래서 직설적으로 나 잘난 맛에 다닌다고 대답하지 않더라도 이면에 담긴 생각을 누구라도 읽어 낼 수 있습니다.

이들이 자기중심적이 되는 이유는 혼자 독립적으로 맡아서 진행하게 되는 일들이 점점 많아지고 실제 그 일을 통해 유의미한 성과를 내기 때문입니다. 자신 혼자 힘으로 성과를 내고 있다고 착각하게 되는 것이죠. 같은 방식으로 업무를 분장받은 동료들이 있기 때문에 자신에게 분장 받은 일에만 집중할 수 있게 된 것인데 이 사실을 깨닫지 못하는 것입니다. 이들은 1단계를 회상하며 혼자 힘으로 취업을 했다고 생각하고 2단계를 회상하며 혼자 힘으로 힘겨운 사내 정치를 이겨 내고 지금 현재 지위를 얻었다고 생각합니다.

이 때문에 3단계 사람들은 대체로 동료들을 잘 믿지 않습니다. 거의 모든 일을 단독으로 처리하려고 합니다. 자신과 수준이 맞는 사람이 없다고 생각하기 때문입니다. 그러면서 동료들의 지원이 없다고 불평하는 모순적인 태도를 3단계 사람한테 관찰할 수 있습니다. 이 상태가 지속되면 자신의 실제 역량보다 더 큰 역량을 갖고 있다고 믿게 되면서 획일성이 강한 테이커가 되기도 하니 각별히 주의하셔야 합니다. 이 때문에 3단계 사람을 얼마나 빨리 4단계로 상승 이동시키느냐가 정말 중요합니다.

어떤 사람이 3단계 사람인지 구분하려면 그들이 주로 어떤 어조로, 어떤 단어를 사용하는지 관찰하면 쉽습니다. 대부분 모든 대화의 중심이 '나'에 맞춰져 있기 때문에 주어가 '나'로 시작하는 경우가 많습니다. "저는 괜찮습니다", "제 실수입니다", "저의 성과입니다", "저는 이게 좋습니다" 등 이전에는 보이지 않던 '나'가 강조되는 화법을 많이 사용하는데요. 3단계가 되기 전 1~2단계 사람들은 자기주장이 거의 없습니다. 의견을 내라고 해도 자기 생각보단 다른 사람의 생각을 따라가려고 하죠. "대표님 말씀대로 할게요" 이런 식입니다.

하지만 2단계 사람들이 소속감이 생기고 안정감이 생기면 그때부터 자기 일이 눈에 들어오기 시작하는데요. 회식이나 티타임 때 부쩍 "저 잘하고 있는 것 맞아요?", "저 이 일은 잘한 것 같아요", "어제 그 일은 좀 아쉽게 끝났어요" 등 실무와 직접 연관된 피드백을 받길 원하는데 이 시점부터 자기 일이 중요해지고 있다는 신호입니다. 그리고 그 전에는 챙기지 않던 자신의 성과를 챙기기 시작하죠.

이때부터 2단계 사람이 팀에 대한 기여도가 높아지면서 3단계로 상승 이동하게 됩니다. 하지만 회사 전체의 업무 구조를 파악하고 있는 건 아니라 착각이 시작되는데요. 자신이 맡은 일을 자신이 완수했기 때문에 그 일의 성과가 100% 자신의 성과라고 생각하는 것이죠. 사실은 같은 방식으로 업무를 분장받은 동료들이 각자의 영역에서 빈틈없이 일 처리를 해 줬기 때문에 자신이 그 일에만 집중할 수 있었던 것인데도 여기까지 생각이 미치지 않습니다. 그러므로 교만해지지 않게 주변 동료들의 노고에 대해 알려 주셔야 합니다.

그리고 정말 수의하셔야 할 점이 있습니다. 많은 3단계 사람이 리더의 행동 때문에 경력을 망치게 되는데요. 바로 성과에 대해 칭찬만 하고 잘못에 대해서는 지적이 사라지는 것입니다. 과한 칭찬과 과잉보호는 사람을 교만하고 독선적으로 만듭니다. 이 과정이 반복되면 그 누구라도 그렇게 될 수 있습니다. 일을 어느 정도 잘하는 건 맞지만 스스로 생각하는 것만큼 엄청난 업무 능력을 가진 것은 아니기 때문에 동료들의 신뢰를 잃게 됩니다. 과정에서 3단계 사람은 자신을 변호하기 위해 공격성을 보이기도 하고 동료를 비난하기도 합니다.

이렇게 되면 누구도 이 사람과 협업하고 싶어 하지 않기 때문에 이런 사람이 1명이라도 생기면 회사 전반의 의사소통이 서서히 줄어들게 됩니다. 바로 앞 자리라 자리로 가서 소통하면 되는 일인데도 메신저나 메일로 소통하기 시작하고, 이 때문에 조직에 불필요한 문서가 늘어납니다. 보고서 수준의 이메일이 오가고 키보드 배틀이 시작되죠.

회사는 고객들의 복잡한 문제를 해결하기 위해 다양한 부서가 연계해 일합니다. 이 때문에 일을 주제로 한 대화의 빈도가 높을수록 회사의 업무 품질이 점점 높아지는데요. 교만하고 독선적인 사람이 1명 생기면 이 사람을 거쳐야 하는 모든 대화의 빈도가 낮아지기 때문에 업무의 품질 저하가 생길 수밖에 없습니다. 채용할 때 이런 사람을 가려내는 것이 가장 좋지만 회사에서 이런 사람을 만들어 내서도 안 되겠죠? 날 때부터 교만하고 독선적인 사람이 있는 것이 아니니까요.

3단계 사람은 업무의 전체를 이해하기 시작하면서 4단계로 상승 이동하기 시작합니다. '나는 마케팅은 최고로 잘해', '내 디자인에 대해 피드백 하지 마. 내가 전문가야' 같은 생각은 대체로 한 부서에서 좁혀진 일만 하기 때문에 생깁니다. 마케터가 디자이너와 협업하면서 디자이너가 기획도 경험하게 되면 구성원들의 노고를 알게 되고 점차 회사 전체 업무를 이해하게 됩니다. 이처럼 다양한 부서 간 협업이나 부서 이동 등 3단계 사람의 직무 범위를 확대하려는 회사 차원의 노력이 있어야 3단계 사람을 빠르게 4단계로 상승 이동시킬 수 있습니다.

3단계 사람을 4단계로 상승 이동시킬 때 가장 효과적인 방법은 3단계 사람들에게 1~2단계 사람들을 부사수로 할당해 관리하게 만드는 것입니다. 자신보다 부족한 사람을 성장시키면서 자기 자신을 돌아볼 수 있기 때문에 과정에서 많은 것을 배우게 할 수 있습니다. 원래 가르치는 사람이 가장 크게 배우는 법이니까요. 가장 먼저 자신은 당연하게 되는 일들이 부사수에게는 당연하게 되는 일이 아니라는 사실을 배우게 됩니다. 배우는 사람의 눈높이에서 생각하는 방법을 배우게 되는 것이죠. 그다음 부사수를 교육할 때 설명하기 어려운 과정이 반드시 생기는데 이 과정을 논리적으로 설명하게 되면서 부사수와 자신의 실무 능력이 같이 상승하게 됩니다. 사실 부사수에게 설명하기 어려웠던 그 과정 때문에 자신의 업무에도 기복이 생겼을 테니까요. 이 논리의 공백을 메우면 부사수도 성장하지만 그 누구보나 사기 자신이 가상 그게 성상합니다. 이 경험을 한 번이라노 해 본 사람은 자신이 가진 경험을 다른 사람에게 나누는 것에 인색해지지 않습니다. 나눌수록 자신이 성장한다는 사실을 경험을 통해 알고 있으니까요.

이렇게 3단계 사람들이 자신보다 부족한 사람을 포용하는 방법을 습득하게 되면 자연스럽게 4단계로 상승 이동하게 됩니다. 다른 사람을 도와 성장시키는 기쁨은 혼자 일해서 낸 성과로 얻는 기쁨과는 전혀 다른 종류의 성취감을 느끼게 해 주기 때문에 사장님은 반드시 직원들이 이 경험을 할 수 있게 도와주세요. 이 과정을 4단계 멘토가 지켜보면서 3단계 사람을 교육해 줄 수 있다면 더 좋겠죠. 이때 대부분 3단계 사람들은 '자신이 맡고 있는 부사수의 역량이 부족하다', '태도가 좋지 않다', '지시를 잘 따라오지 않는다' 등의 불만을 토로하는데 이때 멘토는 인내심을 갖고 경청해 주셔야 합니다. 3단계 사람들은 경청하는 방법을 모르기 때문에 '이렇게, 저렇게 하라'는 지시만 있고 "왜 이렇게 했어?" 같은 질문이 곧잘 생략되거든요. 몸소 경청하는 모습을 보여 주고 질문으로 3단계 사람들을 이끌어 주세요. 언제나 솔선수범이 가장 효과적인 방법입니다.

4단계: 우리 잘난 맛에 다닌다

우리의 적은 안이 아니라 밖에서 찾아야 합니다. 하지만 이런 인식의 변화는 반드시 3단계를 거쳐야만 생깁니다. 회사 안에서의 '나'를 먼저 인식해야 자신을 기준점으로 누구와 경쟁할지 사고방식이 확장되기 때문입니다. 자신을 기준점으로 삼지 못하면 4단계 리더가 아무리 외부의 경쟁 상대에 대해 알려 주고 동기 부여를 해도 사람들에게 와닿지 않습니다. 1~2단계 사람들은 지금 이대로 적당히 돈 벌고 사람들과 좋은 관계를 유지하면 만족하거든요. 1~2단계 사람이 많은 조직은 구성원들의 의지를 느끼기가 힘들어 리더가 조직을 운영하는 데 많은 어려움을 겪습니다. 시키는 건 잘하지만 스스로 하는 모습이 보이지 않기 때문입니다.

3~4단계 사람들이 회사에 많아져야 사장 지시가 없어도 일을 만들어서 하는 모습이 보이기 시작합니다. 이때 3단계 사람들이 조직에 많아지면 사내 정치와 내부 경쟁이 심해지고 4단계 사람들이 조직에 많아지면 내부 경쟁이 외부 경쟁으로 전환되기 시작하는데요. 우리끼리 경쟁하는 것이 소모적이라는 사실을 많은 사람이 '자각'하기 때문에 그렇습니다. 여러 부서를 경험하거나 업무 범위가 넓어진 4단계 사람들은 우리가 더 많은 이익을 내야 우리의 몸값이 상승될 수 있다는 사실을 깨닫게 되니까요. 지금까지 혼자 열심히 해서 낸 성과로는 회사 이익에 절대적인 영향을 미치기 어렵다는 사실도 이때

깨닫습니다.

이렇게 서서히 언어 습관이 '나'에서 '우리'로 바뀌게 됩니다. 단지 주어가 바뀌는 것이 아니라 인식과 태도도 사용하는 언어를 따라가게 됩니다. 잘한 건 '우리' 덕, 못한 건 '내' 탓을 하는 상황으로 분위기가 바뀌기 시작합니다.

이 때문에 4단계 사람이 많아지면 조직이 전반적으로 똘똘 뭉치게 됩니다. 1~2단계 사람들도 이 사람들 무리에 소속되는 것에서 정말 큰 안정감을 얻기 때문에 일이 좀 힘들고 야근이 많아져도 이들과 함께라면 견딜 수 있게 됩니다. 이렇게 사람들과 일체감을 경험해 보면 삶의 많은 부분이 달라집니다.

가장 쉽게 찾아오는 변화가 커리어의 방향성인데요. 4단계 조직에서 일하는 구성원들은 그 전에는 추구하지 않았던 목표를 갖게 됩니다. 3단계 사람들은 회사 내 승진이 목표가 되거나 회사 내 가장 많은 연봉을 받는 것이 목표가 되는데, 4단계로 인식과 경험이 확장되면 회사 밖 전체 시장에서 자신의 가치가 어느 정도인지를 따지기 시작합니다. 내부 동료들과의 비교에서 외부의 수많은 능력자와의 비교로 관점이 이동하면 무엇보다 개인이 빠르게 성장합니다.

4단계 사람이 많은 회사가 빠르게 성장하는 건 이 때문입니다. 이런 개인들이 회사에 새로운 지식과 기술을 들여오기 시작하니까요. 3단계 사람들이 정보를 독점하고 동료와의 경쟁에서 우위를 갖기 위해 노력한다면 4단계 사람들은 정보를 공유하고 사람들을 성장시켜 경쟁력을 갖추려고 노력합니다. 실제로 다른 사람을 성장시켜 회사를 성장시킨 업적이 시장에서 어떤 평가를 받는지 알기 때문에 자연스럽게 기버 성향을 갖게 되는 것이죠. 4단계 조직에서는 다른 조직과 구분되는 차별점을 계속해서 지키려고 하기 때문에 같은 회사, 같은 팀 사람들과는 똘똘 뭉치지만 다른 회사, 다른 팀 사람들에게는 배타성을 갖게 될 수도 있습니다. '우리 회사에서 우리 팀이 제일 낫지', '시장에서 우리 회사가 그나마 제일 낫지'와 같은 말들이 심심찮게 들립니다.

이는 단합이 잘되면 생기는 자연스러운 현상입니다. 하지만 회사 내 타 팀과의 불필요한 내부 경쟁이 심화돼선 안 됩니다. 사장님이 무의식중에 다른 팀 앞에서 다른 팀을 칭찬해도 그런 일이 생길 수 있고 직접적으로 비교를 해도 내부 경쟁이 심화될 수 있으니 주의하세요.

3~4단계 구성원들이 회사의 대부분을 채우게 되면 가장 중요한 원칙이 '상과 벌'입니다. 뒤에서 자세하게 다루겠지만 이 시기에 말로 하는 상, 말로 하는 벌이 정상적으로 기능하지 않으면 아무리 물질적인 보상을 줘도 사람들이 기뻐하지 않습니다. 물질적인 보상 시스템을 만들기 전에 구성원들이 잘할 때마다 즉시 칭찬하고 잘못할 때마다 즉시 지적하는 문화를 만드세요.

이렇게 조직을 운영하면 공동의 목표에 장애가 되는 요소들에 대해 많은 제안이 나오기 시작합니다. 협업 프로세스가 비효율적이면 협업 프로세스 개선안이 의견으로 나오고 업무 요청 프로세스가 비효율적이면 업무 요청 프로세스 개선안이 의견으로 나옵니다. 성과를 냈을 때 말로 즉시 집행하는 칭찬과 잘못한 점을 즉시 지적하는 원칙이 있기 때문에 가능한 일입니다. 상과 벌에 대한 원칙이 없다면 직원들로부터 이런 제안은 절대 나오지 않습니다.

회사에서 이런 원칙을 만들었을 때 가장 중요한 것은 실행력입니다. 만들어진 원칙이 현실에 반영되지 않으면 그 누구도 상을 받으려고 하지 않고 그 누구도 혼나는 것을 두려워하지 않게 됩니다. 말뿐인 리더를 과연 누가 따를까요? 그래서 중요한 것이 평소에 직원들의 의견을 경청하는 것입니다. 공용문서를 만들어 아이디어, 건의사항, 개선안을 늘 취합하고, 우선순위를 정해 하나씩 실행하고 결과를 공유해 주세요. 실행한 의견들은 하나씩 지우면서 일의 진행 상황을 실시간으로 직원들이 알게 해 줘야 합니다. 우선순위가 뒤로 밀린 일이나 실행하지 않을 일들은 의견을 개진한 사람을 불러 반드시 이유를 설명해 주세요. 이 과정이 누락되면 사람들은 자신이 무시당했다고 느끼고 더 이상 좋은 의견을 내지 않을 것입니다.

이와 똑같은 맥락에서 조직의 성과도 성과가 날 때마다 즉시 공유하셔야 합니다. 이번 달 매출은 어땠는지, 하루 방문자 수가 늘었는지 줄었는지, 방문한 사람 대비 구매한 사람의 수는 늘고 있는지 줄고 있는지 등 회사의 성과에 직접 영향을 미치는 지표들은 누구나 접근할 수 있도록 권한을 확대하거나 매일매일 정리해서 공유해 주세요. 높은 성과를 내고 유지하기 위해서는 특히 환경 설정이 중요합니다. 회사에서 성과를 내기 위한 환경 설정을 소홀히 하시고 지속적으로 높은 성과를 기대하신다면 일을 어렵게 하시는 것입니다.

좋은 결과가 지속될 리 없습니다.

성과를 공유할 때 주의하셔야 할 점이 있습니다. 그 사람이 기버인지, 테이커인지, 선택적 기버인지, 1단계인지, 2단계인지, 3단계인지, 4단계인지, 5단계인지에 따라 성과를 공유할 때 반응이 모두 다르기 때문에 지금 현재 조직이 어느 단계에 와 있는지 분석해 보고 단계에 맞는 공유 방법을 계획해야 합니다.

4단계 사람들이 많은 조직에선 성과 발표 자리가 하나의 축제기 때문에 행사로 만들어 전체적으로 공을 치하하고 일등 공신에게 공개적인 자리에서 추가 보상을 해 주는 것이 효과적입니다. 하지만 3단계 사람이 많은 조직에서는 이런 방식의 행사는 역효과를 만듭니다. 3단계 사람들은 조직의 성과 발표에 개인적으로 반응하기 때문입니다. 자신의 성과를 더 인정받고 싶어 하고 남과 자신의 성과를 비교해서 형평성에 문제를 제기하기 때문에 성과를 전체 발표보다 1:1 면담을 통해 전하는 것이 좋습니다. 3단계 사람들이 과반수가 넘어가면 성과 경쟁 때문에 조직의 성과 발표 이후 회사 분위기가 급속도로 경직될 수 있습니다. 그러니 언제나 4단계 사람들이 3단계 사람들을 잘 이끌 수 있도록 신경 써야 합니다.

여기까지 설명을 들은 사장님들은 보통 반응이 둘로 갈립니다. 어려운 길이지만 이게 '정도(正道)'라는 확신을 갖고 한 걸음씩 나아가시는 분과 적당히 사람을 대충 뽑아서 쓰려는 '쉬워 보이는 길'을 택하시는 분으로 갈리는데요. 이 생각의 분기점이 5년 뒤 회사의 운명을 좌우합니다. 과장이 아니라 이 전체 과정이 없으면 직원들에게 소속감과 일체감을 만들어 줄 수 없습니다. 다시 말해 스스로의 판단, 적극적인 의견 교환과 조율이 회사 내에서 사라지기 때문에 회사의 생존 능력이 갈수록 떨어질 수밖에 없습니다.

주먹구구식이어도 언제나 성과에 대해 보상하려고 노력하는 사장님, 직원을 채용할 때 심사숙고하고 해고할 때도 당사자를 챙기는 사장님이 언제나 더 멀리, 더 길게 갑니다. 겉모습은 그럴 듯하지만 회사의 성과를 권력을 가진 몇 사람만 알고 있고 직원 채용도 빈자리를 메우는 것을 목표로 아무나 채용하면 누가 그 회사에서 일하고 싶어 할까요? 사람 귀한 줄 모르는 회사에 3~4단계 사람들이 머물 가능성은 0%입니다. 자신의 주관이 없는 사람이 주체적인 삶을 살 수 없듯이 1~2단계에 머물러 있는 조직은 주체적인 의사 결정을 하기 어렵습니다. 3~4단계 사람들이 많아져야 회사도 주체성을 갖게 됩니다. 명심하세요. 리더가 아무리 뛰어나도 리더가 혼자 모든 일을 처리할 수는 없습니다.

5단계: 이게 제 일이니까요

사업가가 직원을 채용하면 직원을 어디까지 성장시켜야 책임을 다했다고 할 수 있을까요? 바로 '자아실현'입니다. 회사 생활을 하면서 수많은 성공과 수많은 실패를 경험한 직장인은 결국 이 모든 경험이 온전히 자신을 성장시키는 재료로 사용됐다는 것을 깨닫기 시작합니다. 이 모든 시도가 결국 다 의미가 있었다는 사실을 깨닫게 되면 그 결과로 생겨나는 마음의 상태가 '자기 확신'입니다. 5단계 사람들에게 "회사 왜 다녀요?"라고 물어본다면 그들은 "그냥"이라고 대답합니다. 회사에 대한 기대가 없어졌다거나 포기했다는 의미가 아니라 일을 삶 속에서 온전히 받아들이고 있기 때문에 나오는 대답입니다.

"이게 제 일이니까요."
"이게 제 삶이니까요."

5단계를 경험하고 있는 사람들은 모두 이와 유사한 결의 대답을 합니다. 그리고 5단계 사람은 진정한 의미의 공감 능력을 갖게 되는데요. 가령 어떤 고객이 불만을 갖고 회사에 전화해서 욕설을 퍼부었다고 치면 4단계 사람도 이성을 잃기 쉽습니다. 3단계 이하의 사람은 말할 것도 없죠. 그러나 5단계 사람은 그 상황을 이해합니다. 고객의 입장을 이해하고 왜 화를 내는지 상황을 파악하기 위해 침착하게 성난 고객과 대화를 시도할 수 있습니다. 새롭게 생산한 제품이 모두 불량품으로 판정돼도 '그럴 수 있다'고 생각하고 받아들일 수 있게 됩니다. 제조사에 찾아가 싸우고 따지기보다 당면한 문제를 어떤 방식으로 해결할 수 있을지 사후 대책에 대해 침착하게 의논할 수 있게 됩니다. 잘잘못을 가리는 건 이 문제가 해결된 뒤에 해도 되니까요.

5단계 사람의 이런 공감 능력은 타인과 자신을 동일시하면서 생깁니다. 문제가 생겼을 때 그것을 남 일처럼 생각하는 사람과 자신의 일처럼 생각하는 사람, 둘 중 누구에게 문제 해결을 의뢰하고 싶으세요? 당연히 후자의 사람입니다.

그렇다면 이런 공감 능력은 어떻게 키울 수 있을까요? 우린 이미 답을 알고 있습니다. 바로 '나'에서 출발하는 것입니다. 자신과 타인을 동일시하면서 생기는 일체감이 공감 능력의 실체라면 우린 먼저 자신이 어떤 사람인지를 이해해야 합니다. 자아실현, 자기 확신과도 자연스럽게 연결되죠? 우리는 결국 자신의 내면에서 타인의 모습을 발견할 때 비로소 그 사람을 이해하게 됩니다.

이렇게 자아실현을 통해 자기 확신과 공감 능력을 갖게 되면 자연스럽게 문제의 원인으로 관점이 이동하게 됩니다. 우린 모두 고객이면서 서비스 제공자입니다. 이 분노가 사람을 향한 것이 아니라 서비스를 향해 있다는 사실을 알게 되면 화난 고객과 차분하게 대화를 할 수 있습니다. 왜 화가 났는지 묻고 서비스의 품질을 개선하면 되는 일입니다.

이처럼 삶 속에서 만나는 수많은 어려움도 삶의 일부로 받아들일 수 있게 됩니다. 그리고 어려움을 자신이 성장할 수 있는 기회로 여길 수 있게 됩니다. 특히 문제가 어려울수록 '과정'에서 자신이 성장할 수 있다는 믿음을 가지는 것이 그 무엇보다 중요합니다. 왜냐하면 일의 성패는 좋은 선택지를 고르는 것에 달려 있는 것이 아니라 선택한 이후 포기하지 않고 또 다른 선택지를 만드는 과정에 달려 있기 때문입니다. 좋은 선택지에 집착하는 사람은 자신의 선택이 좋지 않은 결과로 이어질 때 자신에 대한 믿음도 같이 상실합니다. 또 다른 선택지를 만들어 얼마든지 좋은 결과를 만들 수 있는데도 자신을 믿지 못해 포기하게 되는 것이죠. 5단계 사람은 성패와 상관없이 자신을 믿기 때문에 성공과 실패에 연연하지 않습니다. 삶은 계속되고 앞으로도 이런 성공과 실패를 계속 만나게 될 것임을 알고 있기 때문입니다. 5단계 사람은 일이 어렵든 쉽든 늘 해 왔던 일처럼 '그냥' 합니다. 그게 자신의 일이고 삶이니까요.

설명을 길게 했지만 이 상황을 우린 '주체적인 삶'이라고 부릅니다. 5단계 사람은 일을 회사가 시켜서 하지 않습니다. 스스로의 내적 동기로 일합니다. 이 일을 하는 이유가 자신에게 있고 이 직업을 선택한 이유도 자신에게 있습니다. 인과 관계 중 모든 원인을 자신에게서 발견합니다.

세상에 이런 사람이 있냐고요? 네 있습니다. 그리고 제법 많은 사람이 5단계에 있습니다. 우리가 그것을 모를 뿐이죠. 성장하는 회사의 중간 관리자가 5단계인 경우를 우린 정말 많이 관찰할 수 있습니다. 심지어 사장님보다 높은 단계인 중간 관리자도 심심찮게 볼 수 있습니다. 살면서 누구나 한 번 이상 이런 사람을 만납니다.

'저 사람은 굳이 왜 회사에 다니지? 자신이 직접 창업해도 잘할 것 같은데.'

이런 능력자가 회사에 남아 있는 이유도 역시 '그냥'입니다.

반면 자기 확신이 없는 사업가는 타성에 젖습니다. 눈앞의 선택지를 만났을 때 지금까지 자신의 경험과 자신의 판단력을 믿는 것이 아니라 다른 사람이 문제를 해결한 방법을 찾습니다. 자신의 사업이지만 운전대를 타인이 쥐고 있는 셈입니다. 특히 사업을 처음 시작하면 1단계인 생존 욕구를 충족시키는 게 매우 중요해지는데요. 자기 확신이 없는 사람은 오늘 매출과 내일 매출의 차이가 크면 평정심을 유지힐 수 없습니다. 이런저런 사람들의 조언을 무분별하게 받아들이고 갈수록 사업은 자신의 통제에서 벗어나게 됩니다. 제아무리 아는 게 많고 능력이 출중해도 스스로를 믿지 못하고 스스로 의사 결정을 하지 못하면 사업을 지속할 수 없습니다.

혹시 이 글을 읽는 여러분 중 '나는 그래도 4단계는 되는 것 같으니까 사업을 해도 괜찮겠지?'라고 생각할 수 있습니다. 하지만 많은 회사가 외부의 경쟁 상대와 경쟁하는 것만 강조하다가 3단계로 떨어집니다. '우리'를 강조하다가 결국 '나 없으면 회사가 안 돌아가'로 바뀌는 건 시간문제입니다.

사장님은 반드시 5단계가 돼야 합니다. 다른 회사, 다른 팀과의 경쟁이 아니라 우리가 추구하는 이상과 꿈으로 직원과 고객을 이끄세요. 경쟁사가 있어야 무엇을 할지 결정할 수 있는 회사는 경쟁사가 없는 시장에서는 아무런 선택도 하지 못하게 됩니다. 우리가 나아가야 할 길을 스스로 만들어야 합니다. 다른 사업의 성공 방식을 연구하고 모방하는 시간이 점점 줄어들고 판매와 영업 기술에 들이는 시간이 점점 줄어들어야 합니다. 시간의 대부분을 서비스의 품질을 관리하고 향상시키는 것에 사용하세요. 고객과 소통하는 시간을 늘리세요.

회사 내 모든 제도, 회사 내 의사소통 방식, 마케팅 하는 방식, 고객을 관리하는 방식 등 모든 것을 새롭게 재정의하세요. 경쟁사와의 비교가 아니라 자신에게 집중하는 회사, 다른 회사는 어떻게 하는지가 아니라 우리가 하고 싶은 것을 하는 회사로 성장시키세요.

조직 내 시행착오를 장려해야 합니다. 완벽한 선택지를 고르려고 하지 마시고 새로운 선택지를 만드는 훈련을 하세요. 시행착오 없는 완벽한 길은 현실에 존재하지 않습니다. 좋은 결과는 시행착오 끝에 얻는 것입니다. 다양한 부서를 만들고 다양한 사람을 채용하세요. 이런 노력을 부단히 하지 않으면 5단계를 경험하고 있는 핵심 인재의 퇴사를 막을 수 없습니다. 성장과 변화를 삶의 일부로 받아들인 5단계 인재는 아무런 변화가 없는 회사에선 자신의 쓸모를 느끼지 못합니다. 5단계 인재의 도전을 지원하고 더 많은 시행착오를 할 수 있도록 독려해 주세요. 과정에서 회사는 자연스럽게 성장합니다.

우리는 생산성 관리 1단계를 통해 자아실현을 할 수 있습니다. 뒤에서 자세하게 설명하겠지만 매일매일 자신이 어떻게 시간을 보내고 있는지 하루를 돌아보고 내일은 어떻게 살지 고민하는 것이 자아실현의 시작점입니다. 현재 자신의 위치, 역량을 출발점으로 삼아야 달성하고 싶은 목표까지 과정을 설계할 수 있기 때문입니다. 매일 기록하고 매일 회고하세요. 고객을 분석하고 경쟁사를 분석하는 것처럼 자신에게 호기심을 갖고 분석하는 일을 멈추지 마세요.

우리는 모두
문제 해결사가 돼야 한다

Q1. 우리의 고객은 누구인가?
Q2. 우리의 고객은 왜 우리에게 지속해서 돈을 지불하는가?

이 질문에 대한 대답은 모든 구성원이 뼛속 깊이 이해하고 있어야 합니다. 이 질문에 대한 대답이 출근하고 퇴근할 때까지 집중해야 할 일을 결정하기 때문입니다. 이 질문을 통해 우리는 어떻게 이익을 내는지 알 수 있습니다. 그리고 이것을 직원들이 이해하게 교육하는 것이 팀 빌딩의 시작점입니다. 결국 직원이 회사에서 보내는 시간이 커질수록 회사의 이익도 커져야 하니까요.

우리의 고객이 누구인지 알고, 고객이 왜 우리 제품을 구매하는지 알면 우리 서비스의 품질이 무엇인지 정의할 수 있게 됩니다. 이 상황을 구성원들이 모두 이해하면 업무 잔소리는 줄고 품질을 개선하기 위해서 해야 할 일들을 제안하는 일이 점점 늘어납니다. 반면에 직원들이 회사가 어떻게 이익을 내는지 모르고 있다면 회사 내 탁상공론이 늘고 이익과 무관한 일을 하면서 시간을 보내는 일이 많아집니다.

실제 경험했던 일인데요. 제가 임원으로 일했던 회사에서 크리스마스 기획 상품을 판매했는데 배송 가능 지역이 서울 내로 한정돼 있었습니다. 그런데 이 서비스를 꼭 이용하고 싶었던 지방 거주 중인 고객이 회사에 전화를 했습니다. 아이가 정말 원해서 그런데 지방에서 배송받을 수 있는 방법을 물어보시더라고요. 이때 CS 담당자는 배송이 불가능한 지역이라 죄송하다는 말을 반복했습니다. 그때 제가 전화를 당겨 받아 고객의 상황을 더 들어 봤는데요. 아이의 기저 질환 때문에 저희 서비스를 꼭 이용할 수밖에 없는 상황이더라고요. 그래서 고객이 직접 수령 가능한 장소를 묻고 퀵 배송으로 제품을 보내드렸습니다.

이처럼 회사 이익에 직접 기여하지 않는 지원 부서도 회사의 이익이 어떻게 발생하는지 이해하는 것이 매우 중요합니다. 그렇지 않으면 이 같은 상황이 수시로 반복될 테니까요.

가령 마케팅 회사의 HR 팀은 팀의 고객이 동료 마케터일 수 있습니다. 동료 마케터들이 HR 팀에 업무를 반복 요청하는 이유가 그들이 마케팅 활동을 하는 데 실질적인 도움이 되기 때문이라면 이 팀에 속한 사람은 매일매일 동료 마케터들을 위해 마케팅 활동에 실질적인 도움이 되는 HR 업무를 기획하고 실행해야 합니다. 그 결과 회사의 이익이 증가할 것이기 때문입니다.

온라인 커머스에 다니는 디자이너는 예쁜 디자인이 아니라 팔리는 디자인을 해야 합니다. 하루에 상세 페이지를 몇 개 제작했는지가 아니라 상세 페이지 개당 매출을 성과로 인식해야 합니다. 심미성이 중요한 패션 잡지 회사나 의류 회사에 다니는 개발자는 자신의 업이 코드를 작성하는 것일지라도 패션 디자이너나 편집장과 동일한 심미적 기준을 갖고 있어야 합니다. 개발자가 구현한 앱, 웹을 소비자가 이용할 텐데 이때 패션 잡지 회사와 동떨어진 경험을 해선 안 되기 때문입니다.

이처럼 우리의 직업은 속한 회사의 비즈니스 모델에 종속됩니다. 다시 한번 강조하겠습니다. 사업은 문제를 가진 사람의 문제를 해결하면서 신뢰를 쌓아 가는 과정입니다. 회사의 구성원들은 디자이너, 마케터, 기획자, CS 담당자이기 이전에 모두 '문제 해결사'가 돼야 합니다.

우리의 고객은 누구인가?

우리 서비스나 제품을 한 번만 구매한 사람들은 우리의 고객이 아닙니다. 우리가 그들을 고객이라고 정의해도 그들은 그 사실을 받아들이지 않을 것이 분명하기 때문입니다. 그들이 왜 한 번만 구매하고 떠났는지 생각해 보면 답은 간단합니다. 서비스에 대해 불만족했거나, 처음부터 한 번만 구매하는 것이 목적이었거나 둘 중 하나입니다. 이러나저러나 우리가 품질에 집중해야 한다는 사실은 변함이 없습니다.

마케팅 활동은 처음엔 신규 고객을 만들기 위해 시작하지만 반드시 재구매로 목표가 바뀌게 됩니다. 우리가 브랜딩이라고 부르는 장기적인 활동도 모두 재구매를 이끌어 내기 위해 하는 활동입니다.

'멋진 이미지를 만들기 위해서?'

'있어 보이는 메시지를 만들기 위해서?'

모두 틀렸습니다. 마케팅의 목표가 재구매라면 회사의 모든 구성원이 처음부터 재구매를 목표로 고객들을 관리해야 합니다. 첫 고객부터 1명씩 팬으로 만드세요. 어떻게 해야 이 고객의 만족도가 극대화될지 고민해 보세요. 이때 구성원들이 회사에서 쓰는 시간의 방향을 정해 주고 관리하는 것이 리더의 역할입니다. 매일매일 이런 노력이 쌓이면 결국 마케팅 비용은 줄고 리더십과 생산성 관리가 회사의 핵심 역량으로 바뀌게 됩니다. 이제 막 사업을 시작했지만 아직 매출이 나지 않거나 매출은 나고 있지만 방향성을 잡기 어려우신 분들은 재구매율을 높이기 위해 어떻게 시간을 쓸지 고민해 보세요.

가령 자신이 생존을 위해 돈을 버는 것이 목적이자 목표인 사업을 시작하셨다면 아이템을 정해서 판매하는 것보다는 팔리는 아이템이 나올 때까지 시행착오를 겪는 것이 좋겠죠. 이때 최소 비용으로 작게 실패하는 방법을 터득하는 것이 요령입니다. 핵심은 팔리는 제품을 찾는 것이니까요. 현재 유행하는 마케팅 도구들을 사용하는 것이 도움이 되실 겁니다. 배우기가 쉽고 다양한 사람들의 경험담을 참고할 수 있다는 점에서 장점이 있습니다. 다만 목적도, 목표도 매출인 사업은 다른 이유를 찾지 못하면 지속하기 어렵습니다. 매출에 기복이 생기는 것을 받아들이기 어려우실 테니까요.

이때 많은 사장님이 유혹에 빠집니다. 우리가 '어뷰징'이라고 부르는 반칙 기술을 사용하시는 건데요. 이 단계에 계신 분들은 많은 판매 경험을 쌓는 것이 중요합니다. 안 팔리는 제품은 실패로 간주하고 다른 상품을 찾는 행동, 이 경험 자체가 의미 있는 것입니다. 괜히 리뷰를 가짜로 만들거나 클릭 수를 높이기 위해 반칙을 사용하지 마세요. 그럼 배워야 할 경험이 안 쌓이고 점점 더 실수와 실패가 두려워질 뿐입니다. 반드시 자신의 도덕률을 근거 삼아 사용할 마케팅의 도구들을 판단하시길 바랍니다. 대부분 회사가 어뷰싱을 사용하고 있어도 반칙은 반칙입니다. 사장인 자신이 판단해서 떳떳한 일을 하세요. 회사의 이익을 내는 과정을 어떻게 바라보느냐에 따라 팀에 어떤 동료가 함께하게 될지 결정되기 때문에 이 판단은 매우 중요합니다.

만약 사업의 목적과 목표가 돈이 아니라 사명감과 소명 의식이라면 먼저 팬을 모으세요. 자신의 꿈에 동조하는 사람들이 많을수록 회사의 이익이 커지게 됩니다. 또 고객 중에 직원이 되는 상황도 생기고요. 가령 회사 생활을 통해 자아실현을 돕는 것을 목적으로 인스타그램 채널을 운영할 수도 있습니다. 구독자 수를 늘리는 것이 목표가 아니라 이 뜻에 공감하는 사람들과 연대하는 것이 목표가 되겠죠. 이렇게 팬들과의 소통에 힘쓰면 팬들이 원하는 서비스가 무엇인지 자연스럽게 알게 됩니다.

모두의 사수도 정확히 이렇게 시작했습니다. 저는 모두의 사수를 창업하고 인스타그램을 시작했습니다. 직장인의 자아실현을 돕는 서비스는 낯설고 머릿속에 구체적으로 그려지지 않기 때문에 지속해서 콘텐츠를 발행해 팬을 만들고 그들의 머릿속에 청사진을 그리는 작업을 꾸준하게 하기 위해서입니다. 사람들은 처음엔 저에게 독서 모임을 만들어 달라고 요청했고, 다음엔 강의를 해 달라고 요청했습니다. 독서 모임에서도 강의에서도 제가 고객에게 제공한 서비스는 동일했지만 그 서비스를 고객들이 뭐라고 부를지 알 방법이 없었기 때문에 그것을 알게 될 때까지 사람을 모은 것입니다.

그러니까 자신만의 길을 걷고자 하시는 분들은 다른 사람의 일반적인 마케팅 방법을 따르지 마시고 차라리 정반대로 해 보세요. 가령 남들이 클릭 한 번에 동일한 메시지를 대량으로 보낸다면 우리는 고객 하나하나에 개인화된 메시지로 소통을 시작해 보는 것이죠. 이 방법은 시간이 걸리지만 사업 초기에 고객과 소통하는 방법으로는 최고입니다.

고객은 왜 우리에게 돈을 지불하는가? 그것도 반복해서

'왜 우리 제품을 구매하세요?'에 대한 대답이 바로 품질입니다. 서비스의 품질 관리는 사업의 전부라고 해도 과언이 아닙니다. 서비스의 품질이 망가지기 시작하면 가격이 점점 낮아집니다. 이 사실은 함께 일하는 동료가 전보다 몇 배는 더 일해야 기존 매출이 유지되거나, 그럼에도 매출이 떨어질 수 있음을 시사합니다. 이 경우 서비스의 품질 관리를 해결하지 못하면 직원에게 열심히 일한 보상을 주지 못해 연이어 퇴사자가 생기기 시작하고 사업은 점점 더 어려워집니다.

그러므로 고객이 누구인지 확실해지면 서비스의 품질을 올리기 위해 모든 사람이 총력을 다해야 합니다. 품질이 향상되면 가격이 올라가기 때문에 똑같은 시간, 동일한 일을 하더라도 순이익이 점점 커지게 됩니다. 이렇게 돼야 열심히 일한 직원의 노고에 보답할 수 있습니다. 아무리 사장이 훌륭해도 노력에 대한 보상을 못 해 주면 직원들로부터 팔로워십이 사라집니다. 언제나 생존이 우선입니다.

리더가 반드시 갖춰야 할 핵심 역량

동서고금을 막론하고 훌륭하다고 평가받는 리더들은 과연 어떤 역량을 갖고 있었을까요? 강력한 카리스마, 냉철한 분석 능력, 인자한 마음, 탁월한 실력, 이 모든 것이 좋은 리더가 공통적으로 갖고 있는 역량처럼 느껴집니다. 하지만 이 역시 인과 관계상 결과에 매몰된 생각입니다. 이들의 겉모습은 갖고 있는 원천 능력이 끝단에서 구현된 모습입니다. 우리가 정말 궁금해야 할 내용은 '이들의 어떤 원천 능력이 겉으로 보이는 모습에 영향을 미치게 됐을까?'입니다. 훌륭하다고 평가받는 리더들에게서 공통으로 발견되는 능력을 우리가 결괏값으로 정의한다면 어떤 원인이 결과에 영향을 미쳤는지 유추해 볼 수 있습니다. 여러분이 훌륭한 사장을 목표로 하신다면 5가지 소양을 반드시 갖춰야 합니다.

경청하는 능력

리더는 반드시 경청하는 능력이 있어야 합니다. 리더의 능력이 아무리 뛰어나도 혼자의 힘으로 도달할 수 있는 한계치가 분명하기 때문입니다. 때문에 경청은 구성원의 참여를 이끌기 위해 반드시 익혀야 할 소양입니다.

제가 생각하는 경청은 잘 듣는 기술이 아니라 앞사람이 자기 생각을 솔직하게 말할 수 있도록 확장형 질문, 꼬리 물기 질문으로 대화를 이어 가는 말하기 기술입니다. 상대방의 말이 끝날 때까지 듣는 것을 경청이라고 착각하시는 분들이 많은데요. 이렇게 생각하시는 분들은 상대방이 말하는 동안 자신의 할 말을 고르고 대화가 끝나자마자 자기주장을 펼치는 실수를 자주합니다. 이것은 경청이 아닙니다. 자신이 하고 싶은 말을 하기 위해 상대방의 말에 집중하지 않으면 사람들의 진짜 생각을 들을 수 없습니다. 이런 식으로 소통이 단절돼 버리면 팀원들은 '자신이 이 회사에 꼭 필요한 존재가 맞는가?'라는 존재의 근원까지 의구심이 싹트게 됩니다. 어차피 리더는 자신이 하고 싶은 말만 하고, 팀원들은 결국은 그 의견을 따라야 하니까요.

이렇게 일할 거면 혼자서 일하는 게 낫습니다. 팀원들이 아무리 많아도 결국 1명이 일하는 것과 똑같으니까요. 채용한 사람 수만큼 생산성이 올라가는 것이 아니라 언제나 리더가 최종 의사 결정을 하기 때문에 시간이 오래 걸립니다. 혼자서 일하는 것과 똑같은 상황이죠. 이런 회사의 리더는 절대 쉬지 못합니다. 이 상황에 불만을 가지는 사람은 주체적으로 일하고 싶어 하는 사람들입니다. 그리고 그 사람들은 곧 회사를 떠나게 되죠. 결국 남는 사람들은 리더가 모든 것을 결정해 주는 것이 편하다고 생각하는 사람들이겠죠. "팀원들이 타성에 젖었어요", "팀원들이 시키는 일만 해요", "팀원들이 스스로 일했으면 좋겠어요"라고 말하는 리더를 만나 보면 대부분 경청하는 능력이 없었습니다.

책임지는 능력

리더는 책임지는 자리입니다. 일에 책임진다는 것은 의사 결정의 망설임을 줄이고 빠르게 실행을 결정한다는 것과 같은 뜻입니다. 의사 결정의 망설임을 줄일수록 단위 시간 동안 실행 횟수가 늘어납니다. 이 일이 매일 반복될수록 회사의 경쟁력이 되겠죠. 자신이 예상하지 못한 결과가 나오더라도 그 결과로부터 다른 선택지를 만들어 실행해야 합니다. 자신의 선택이 일순간 좋은 결과로 이어지지 않은 것처럼 보여도 자신이 끝까지 책임지고 다른 선택지를 만들어야 합니다. 이것이 리더가 자신의 판단에 대해 책임지는 방법입니다.

반면 자신의 선택이 좋지 않은 결과로 이어졌다고 이후의 의사 결정을 팀원들에게 맡긴다면 과연 그 사람을 팀원들이 리더로 인정해줄까요? 욕먹는 것이나 책임지는 것을 두려워하는 사람일수록 의사 결정의 시간이 길고 결과에 대해 방어 기제가 강합니다. 리더는 일순간 결과가 실패처럼 느껴져도 성공으로 가는 과정이라고 생각해야 합니다. 기꺼이 자기 팀을 더 많은 시행착오 속으로 이끌 수 있어야 합니다. 이것을 팀원들이 이해하고 두려움 없이 받아들이려면 과정에서 투명한 의사소통이 중요합니다. 리더는 전지전능한 신이 아닙니다. 자신이 의사 결정해서 나온 결과가 실패처럼 보이더라도 솔직하게 내용을 공유하고 대화의 장을 여세요. 이것이 리더가 책임지는 자세입니다.

취합하는 능력

리더는 팀원들의 생각을 취합하는 사람입니다. 팀원들의 의견 중 해야 할 일과 하지 말아야 할 일을 정리하는 사람이라는 뜻입니다. 리더는 하던 일을 멈추고 점검할 때를 아는 사람입니다. 특히 사업 초기에 동시에 여러 가지 일을 처리하려는 병렬적 사고방식은 문제가 생겼을 때 문제의 근본 원인을 발견하기 어렵게 만듭니다.

그러므로 한 번에 하나씩 확실하게 실행의 우선순위를 정하는 사람이 리더입니다. 반대로 지금 하는 일이 다 끝나기도 전에 새로운 일거리를 만드는 사람은 리더가 아닙니다. 일을 벌이기만 하고 수습은 팀원이 하면 그 리더 밑에는 결국 아무도 남지 않을 것입니다. 진짜 리더는 팀원이 스스로 일을 제안하게 하고 팀원의 일을 조율합니다. 어떤 일을 더할지 고민하는 것이 아니라 어떤 일만 남기고 집중할지 고민하는 사람이 리더입니다.

교육하는 능력

리더는 교육하는 사람입니다. 회사는 학교가 아니라고 생각하신다면 그 생각은 틀렸습니다. 같은 문제를 해결하는 경쟁사라도 문제를 해결하는 방법은 다를 수 있습니다. 이 때문에 리더가 어떤 방식으로 문제를 해결하는지 교육해 주는 것은 필수적입니다. 마케터라고 해서 모든 회사의 마케팅을 다 소화할 수 있는 것이 아니고 디자이너라고 해서 모든 회사의 디자인을 다 소화할 수 있는 것이 아닙니다. 우리 회사의 마케팅 방향성, 디자인의 발전 과정 등 그 사람이 의사 결정을 주제석으로 할 수 있도록 필요한 정보를 제공하는 것이 당연합니다.

교육의 방법은 크게 2가지가 있습니다. 기본적인 소양을 쌓는 교육과 도구 사용 방법에 대한 교육입니다. 예를 들어 글쓰기를 가르칠 때 표현력, 어휘력은 기본적인 소양이고 문장의 구조, 글의 형식은 도구 사용 방법입니다. 설득력 있는 글의 구조를 가르칠 수 있지만 글의 표현력과 어휘력은 평소에 공부하지 않으면 늘지 않습니다. 때문에 직원이 개인 시간을 들여 소양을 쌓도록 회사의 환경을 설정하는 것이 중요합니다.

책을 1권 정해서 읽고 독서 토론을 정기적으로 진행해도 좋고, 영화나 드라마를 함께 보고 토론해도 좋습니다. 직원을 채용할 때 개인 시간을 투자해 꾸준히 공부하는 것에 동의하는 사람을 채용하는 것도 중요합니다. 소양이 부족하면 아무리 최신 기술을 도입해도 그것을 활용할 능력이 부족해 좋은 결과를 만들기 어렵습니다. 가령 회사에 인공 지능 솔루션을 도입해도 인공 지능에게 양질의 질문과 명령을 내리지 못하면 인공 지능은 무용지물입니다. 직원의 소양 교육과 도구 사용 방법에 언제나 시간을 투자하셔야 합니다. 직원을 성장시키기 위해 직원을 교육하는 사람은 회사에서 리더밖에 없습니다.

공부하는 능력

리더는 공부하는 사람입니다. 팀원들이 개인 시간을 써서 공부하게 만들려면 리더 자신이 먼저 모범을 보이셔야 합니다. 가장 효과적인 리더십 기술은 솔선수범이니까요. 자식이 부모의 행동을 따라 하듯 팀원은 리더의 모습을 닮습니다. 그러니까 꾸준히 공부하세요.

특히 더 나은 내가 되기 위해 새롭게 배워야 하는 것이 무엇인지 고민하셔야 합니다. 적어도 자신이 속한 산업 환경이 가까운 미래에 어떻게 달라질지 자신만의 관점, 자신만의 주장을 펼칠 수 있을 정도로 역량을 갖추셔야 합니다. 미래를 정확하게 예측하기 위해서가 아니라 자신의 기준이 있어야 미래의 변화를 예민하게 감지할 수 있기 때문입니다.

가령 '콘텐츠 시장은 앞으로 점점 숏폼이 대세가 될 것이다'라는 관점을 갖고 있으면 실제 예측이 현실이 되지 않더라도 자신의 관점을 기준으로 시장이 어떻게 바뀌고 있는지를 비교해 관찰할 수 있으므로 변화에 즉각 대응할 수 있습니다. 실제로 콘텐츠 시장은 숏폼이 대세가 됐지만 그 조짐은 2016년부터 이미 있었습니다. 당시 이 변화를 예측한 회사와 예측에 실패한 회사 모두 바뀐 시장 환경에 적응하여 아직까지 살아남았지만 아무런 관점이 없었던 회사는 결국 살아남지 못했습니다.

리더가 절대로 하면 안 되는 7가지 말과 행동

지금까지 리더가 반드시 갖춰야 할 핵심 역량이 무엇인지 배웠다면 이 장에선 리더가 절대 하면 안 되는 말과 행동이 무엇인지 설명하겠습니다. 해야 하는 행동보다 하지 말아야 할 행동에 집중해야되는 이유가 있습니다. 리더십을 위해 뭘 더 해야 한다는 생각은 관점을 자신의 내면이 아니라 타인을 향하게 만듭니다. 팀원들을 기준으로 리더십을 정의하는 것이죠. 타인의 기준에 맞추기 위해 자신의 행동을 바꿔야 한다면 그 행동을 오랫동안 지속하기 어렵습니다.

반면 하지 말아야 할 것을 기준으로 삼는다면 자신의 평소 모습 중 누구나 싫어하는 몇몇 행동을 의식적으로 조심하면 되기 때문에 훨씬 지속하기 쉽습니다. 기본적으로 자신의 정체성을 지키고 타인의 정체성을 인정하면서 자신만의 리더십 스타일을 만들어 가기에는 새로운 것을 더하는 것보다 하지 말아야 할 것을 안 하는 것이 훨씬 효과적이라는 뜻입니다.

이 행동이 쌓이면 과정 중에 자연스럽게 팀원들에게 팔로워십이 생깁니다. 신뢰와 존경심이 쌓여 팔로워십이 생긴다면 리더가 몇 번 실수한다고 리더십을 잃어버리지 않습니다. 반대로 구성원들의 팔로워십이 없으면 리더의 말이 딱 한 번만 번복돼도 팀원들은 반발할 것입니다. 때문에 무엇보다 팀원들의 신뢰와 존경을 얻으려고 노력하셔야 합니다.

특히 팀원을 조종하기 위해 사람의 심리를 역이용하거나 조종하는 기술에 현혹되지 마세요. 단 한 번 그 방법으로 팀원을 조종할 수도 있지만 두 번은 없습니다. 조종당한 팀원은 매사 당신의 말 이면에 다른 의도가 있을 거라 의구심을 갖게 될 것입니다. 그러니까 사람을 단번에 사로잡는 언변에 현혹되지 마시고 신뢰와 존경을 얻기 위해 하루하루를 쌓아 가세요. 절대로 하지 말아야 하는 7가지 말과 행동들을 리더와 팀원의 관점으로 설명하겠습니다.

자문자답하지 마라

그거 아세요? 리더를 역으로 가스라이팅하는 방법이 있습니다. 묻는 말에 대답을 하지 않으면 됩니다. 질문했을 때 답변하지 않으면 그 침묵의 시간을 견디지 못해서 질문 받은 사람이 해야 할 답을 대신 하는 리더들이 있습니다. 이런 상황이 반복되면 언제나 업무를 완전히 위임하지 못합니다. 성향이 내성적이라 답을 빨리 못할 수도 있지만 자신이 책임질 일을 만들지 않으려고 일부러 대답을 유보하는 획일성 강한 테이커들 또한 존재합니다. 시키는 범위까지만 일을 하거나, 자신이 의사 결정해야 하는 상황을 리더에게 전가한다면 프로젝트가 성공으로 끝났을 때 그건 누구의 덕인가요? 프로젝트가 실패로 끝났을 때 그 잘못은 누구 때문인가요?

우리가 질문하고 답변하는 관계의 본질적인 의미를 알면 이 문제를 더 심각하게 받아들이게 될 텐데요. 인간관계에서 질문하고 답변하는 사람의 관계는 질문하는 사람이 권력을 갖고 답변하는 사람이 그 대화에 종속됩니다. 회사에서 일어나는 일을 예시로 보겠습니다.

"A님, 이 일 좀 해 줄 수 있어요?"

이런 질문을 받았을 때 답변자는 선택지가 좁혀진 대답을 할 수밖에 없습니다. 하겠다고 하거나 못 하겠다고 하거나 대답을 보류하는 것이죠. 이때 답변하지 않는 사람의 심리 상태는 그 일을 받아서 하고 싶지는 않지만 자신이 그 말을 했을 때 발생할 수 있는 불이익 때문에 의사 결정을 암묵적으로 하지 않는 것입니다. 질문자에 대답에 침묵으로 답변하는 것이죠. 질문자 역시 앞사람의 비언어적인 신호들, 가령 표정이 경직된다거나, 곤란한 표정을 짓는다거나, 한숨을 쉰다거나 하는 모습을 보면서 플랜 B를 성급하게 제안합니다. 앞사람의 말을 들어 보지도 않고 다음과 같은 제안을 하는 것이죠.

"A님, 다른 일들이 많으면 우선 그 일 먼저 진행해 주세요."
"A님, 이 일이 더 급하니 이것 먼저 해 주세요. 다른 업무들은 일정을 조율해드릴게요."

그제야 기다렸다는 듯이 A가 "네, 알겠습니다"라고 대답합니다. 그렇다면 이 업무는 권한과 책임이 A에게 넘어간 것인가요? 아니면 여전이 리더에게 남아 있는 것일까요? 이 경우 업무의 위임은 제대로 이뤄지지 않고 A는 시킨 범위까지의 일만 할 가능성이 높습니다.

권한과 책임이 여전히 리더에게 있다는 사실을 알기 때문입니다. 결국 리더는 입으로 그 일을 대신하게 됩니다.

'이렇게 할 거면 내가 직접 하는 게 낫지'라는 생각을 속으로 하면서 마이크로 매니징하게 되는데요. 이 상황은 실제로 일을 직접 하는 것과 비슷한 집중력과 시간을 요합니다. 팀원이 이렇게 하나하나 검사를 받으려는 이유는 자신감 부족이 원인일 수도 있지만 자신이 책임질 상황을 만들지 않기 위해서일 수도 있습니다. 모든 의사 결정을 리더에게 전가하는 것이죠. 리더가 의도한 상황과 완전히 반대의 상황이 돼 버린 것입니다. 리더는 권한과 책임을 위임하고 싶었지만, 대화의 양상이 질문하고 답변하는 관계가 거꾸로 돼 버렸기 때문에 이런 상황이 발생한 것입니다. 팀원이 업무를 제출하고(질문하고) 리더가 업무를 컨펌하는(답변하는) 상황이 된 것이죠. 이 경우 리더의 답변 범위가 좁혀지고 의사 결정의 책임이 리더에게 오게 됩니다.

이 상황을 예방할 수 있는 방법은 간단합니다. '30초 룰'을 지키세요. 이런 상황은 특히 상대에게 신뢰가 부족할수록 많이 발생하는데요. 자신이 듣고 싶은 대답을 해 주지 않을 거라는 불신이 팀원의 대답을 기다리기 어렵게 하는 것입니다. 이로 인해 실제 걸린 시간은 10초밖에 안 지났지만, 1~2분 동안 침묵이 이어진 것 같은 압박감을 느끼게 됩니다. 그러니까 이럴 때일수록 30초만 속으로 세 보세요. 대부분은 누구라도 30초 안에 적절한 피드백을 해 줍니다. 다만 어떤 사람이 30초가 지나도 대놓고 딴생각이나 딴짓하는 식의 비언어적 신호를 보인다면 면담을 파하세요. 언제까지 의견을 정리해 오라고 지시하시는 것이 차라리 낫습니다.

자신의 팀원인데 성격이 내성적이고 소심해서 답변을 그때그때 잘하지 못하는 사람이라면 피드백하는 방법을 교육해 주셔야 합니다. 자신이 원하는 건 완벽한 대답이 아니라 상황에 맞는 적절한 반응을 말로 듣는 것이라고 교육해 주세요. 잘 모르겠으면 "모르겠습니다" 생각할 시간이 필요하면 "생각할 시간이 필요합니다" 이런 확실한 표현이 중요합니다. 표정 같은 비언어적인 신호는 사람들에게 많은 오해를 하게 만드니 꼭 말로 표현해 달라고 교육해 주세요. 이 교육까지 했는데도 태도가 개선되지 않는 팀원은 이면에 다른 의도를 갖고 있다고 보는 게 타당합니다. 획일성이 강한 테이커인지 아닌지 잘 판단해 보셔야 합니다. 실제 자주 발생하는 사례를 공유드리겠습니다.

- **사례 1**

리더: 인생에서 이루고 싶은 목표가 무엇인가요?

팀원: ….

리더: 이해해요. 저도 대답하기 어려운 질문이니까. 저도 이런 목표를 갖고 있어요.

- **사례 2**

리더: 이번 마케팅 전략에 대해 생각해 봤어요?

팀원: ….

리더: 제 생각은 이렇습니다.

사례 2의 경우 질문에 대답한 사람이 그 업무를 하게 될 가능성이 높기 때문에 실제 많은 사람이 대답을 유보합니다. 그럼 리더가 대신 대답해 준다는 사실을 알고 있기 때문입니다. 이 경우 업무의 주도권은 팀원이 아니라 언제나 리더가 갖게 됩니다. 팀원은 시키는 일만 해 오고, 성과가 날 때는 실행한 자신의 몫을 챙겨 달라고 얘기하고, 실패했을 때는 리더가 시킨 대로 진행했을 뿐이라며 책임을 회피하겠죠.

사실 이 상황을 심각하게 받아들여야 하는 쪽은 리더가 아니라 팀원입니다. 이 세상에 존재하는 모든 회사의 구성원은 언제나 리더보다 팀원이 많습니다. 이 상황이 반복되면 잠시 몸이 편할 수는 있지만 그 사람의 경쟁력이 떨어지면 언제든 대체당하기 쉽습니다. 대답을 회피하는 상황이 지속됐을 때, 팀원이 직접적으로 받는 피해는 다음과 같습니다.

성공, 실패를 떠나 주도적인 업무 경험이 누락됩니다. 5년 차 이후에 팀 빌딩을 해야 할 때 자신의 리더십에 문제가 있다는 것을 겪고 나서야 자기 커리어가 망가진 것을 깨닫게 됩니다. 우리 사회는 명확하게 커리어의 코스가 정해져 있지 않습니다. 어느 날 갑자기 일 잘하는 사람은 "너 팀장 한번 해 볼래?"라는 무시무시한 말을 듣게 되는데요. 주로 5년 차 때 무리 중에 가장 일을 잘하는 사람들이 이런 제안을 받습니다. 당시에는 이 제안의 의미를 모르지만 결국 빨리 리더 경험을 쌓는 것이 몸값을 올리기 좋은 커리어 코스라는 사실을 깨닫기 때문에 리더 제안을 받지 못한 사람들이 이 시기에 이직을 제일 많이 합니다. 그렇게 이직을 하고 나서야 깨닫게 되죠. 자신이 리더가 되기에는 실무적으로도 부족한 점이 많다는 사실을 말입니다.

자신이 은퇴할 때까지 실무만 하고 싶다고 실무만 할 수 있는 것이 아닙니다. 산업 구조 때문에 그렇게 일할 수 있는 직업은 몇몇 전문직을 제외하고는 없습니다. 어떤 직군이어도 결국 관리자가 되기를 요구받게 됩니다. 모든 직장인은 5년 차 이후부터 자신의 존재 가치를 증명해야 합니다. 출근했을 때 자신을 기다리는 할당량의 업무가 있는 건 딱 5년 차까지입니다. 이후에는 능력이 있는 사람에게만 일이 배정됩니다. 그러니까 팀원은 믿고 일을 맡길 수 있는 사람이라는 평판을 5년 동안 쌓아야 합니다.

팀원의 커리어를 생각하는 리더라면 반드시 이 문장을 기억하고 지키세요.

'리더는 침묵의 시간을 견딜 수 있어야 한다.'

그리고 '배려'에 대해 오해하는 리더가 있습니다. 팀원이 업무를 어렵게 하고 있다면 나서서 그 업무를 대신 해 주거나, 어려운 문제의 답을 바로 알려 주는 경우가 이와 같습니다. 이것은 배려가 아닙니다. 일터에서 배려란, 팀원의 '자립'으로 이어져야 합니다.

'이 일을 대신 해 줬을 때 팀원은 자립할 수 있는가?'
'이 문제의 답을 바로 알려 줬을 때 팀원은 자립할 수 있는가?'

이 질문에 답이 '아니오'라면 팀원이 스스로 해결할 때까지 기다리세요. 물론 직접 하는 것이 훨씬 더 빠르고 업무의 품질이 훨씬 더 좋겠지만 리더가 업무를 위임하지 못한다면 팀원은 자립할 수 없습니다.

회사에 단순 업무는 없다

이미 일을 많이 하고 있는 회사의 에이스에게 또 다른 업무를 분장할 때 자신의 미안한 마음을 덜기 위해 업무의 가치를 평가 절하하는 리더가 있습니다. 다음과 같이 업무를 요청하는 것입니다.

"이 일 쉬운 일이니까 이거 먼저 해 줘."
"이거 단순한 일이니까 부탁 좀 드릴게요."

이런 표현이 반복되면 팔로워십은 사라집니다. 팀원이 저런 방식으로 업무를 분장받을 때 느끼는 감정은 상급자가 하기 싫은 일을 떠안는 느낌, 누가 해도 괜찮은 일인데 자신이 만만해서 분장받은 느낌이 들 수밖에 없습니다. 당시에 느끼지 못하더라도 시간이 지나면 대부분 자신이 하는 일로 전문성이 생길 수 있는지 의구심이 들고 제자리에 멈춰 있다는 생각에 번아웃이 오기도 합니다. 업무를 받아서 하는 팀원조차도 이 미묘한 표현이 문제라고 생각하지 못해서 스스로를 단순 작업만 되풀이하는 사람이라고 인식하게 되는 것이죠. 단순 작업이라는 표현이 바로 사람의 주체성과 자존감을 떨어트리고 노예근성, 타성에 젖게 만드는 원인 중 하나입니다.

자신이 리더인데 일을 줄 때 마음에 죄책감이 든다면 명심하세요. 일은 하고 싶다고 아무나 할 수 있는 것이 아닙니다. 현실에서 일은 잘하는 사람이 독식합니다. 일정량의 업무가 매일 주어질 때는 5년 차 미만의 초보자일 때밖에 없습니다. 이제 막 회사에 입사한 신입 사원들에게 다음 질문을 한 적이 있습니다.

"여러분이 성공 가능성이 높은 프로젝트를 리드할 수 있는 기회를 얻게 됐을 때 이 기회를 여기에 있는 사람과 나눌 건가요, 떠오르는 몇몇 사람들과 함께할 것인가요?"

언제나 사람들은 이 질문에 이렇게 대답합니다.

"일 잘하는 몇몇 분과 함께하겠습니다."

이처럼 일은 책임감을 갖고 성공시키려고 노력하는 사람, 그래서 성공시켜 본 경험이 많은 사람에게 우선 분장됩니다. 그렇기 때문에 업무를 많이 받는다는 것은 실력에 대한 확실한 증거입니다. 업무를 받지 못하는 사람은 더 열심히 노력해야 하는 것이고요. 어떤 이는 다른 사람의 5년짜리 경험을 1년 만에 하고 어떤 이는 다른 사람의 1년짜리 경험을 5년 동안 합니다. 둘 중 어떤 사람이 시장에서 더 높은 가치를 인정받을지는 너무 확실합니다. 그러니까 일을 시킬 때 죄책감을 덜어 내시고 팀원이 더 빠르게 성장할 수 있게 도와준다고 생각하세요.

조직 내 팀원들이 처음 입사했을 때와 달리 지나치게 수동적이거나 방어적인 태도로 주어진 일만 하려고 한다면 그것은 그 사람의 문제가 아니라 업무를 지시하는 리더의 언어 습관 문제일 가능성이 높습니다. 회사에 '단순 작업'이란 없습니다. 회사의 모든 일은 필요에 의해 결정됩니다. 필요 없는 일은 이미 없어졌겠죠.

업무의 난이도와 중요도도 절대적이지 않고 상대적입니다. 같은 업무라도 사원과 대리의 중요도는 다르게 인식되며 상대적으로 중요도 '하'의 업무라도 누군가에게는 중요도 '상'의 업무입니다. 이 차원에서 업무 분장은 반드시 해야 하는 일을 그 일을 할 수 있는 적임자에게 위임하는 것을 의미합니다. 사장이나, 부장이나, 과장이나, 대리나, 사원이 하는 일이 똑같은 회사를 상상해 보세요. 그 회사가 과연 좋은 회사일까요? 회사의 수직적인 위계가 존재하는 이유는 역할에 따른 책임이 다르고 직급마다 집중해야 하는 일이 다른 것이 효율적이기 때문입니다.

하지만 매 순간 업무를 분장할 때마다 이런 설명을 해야 한다면 비효율적입니다. 성장하고 있는 회사 안은 전쟁터입니다. 바쁘게 의사 결정하는 상황 속에서 모든 일의 맥락을 충분히 설명할 이유가 리더에게 없을 수도 있습니다. 그러니까 팀원들에게 반드시 교육해 주세요. 팀원들은 업무 지시를 받을 때 스스로 그 일의 의미를 찾으려고 노력해야 합니다. 리더가 아무리 말과 행동을 신경 써도 팀원의 생각이 불만으로 가득 차 있다면 리더십과 팔로워십을 토대로 한 건강한 인산관계를 만들 수 없습니다.

그리고 5년 차 미만의 팀원은 초보자입니다. 자신의 얇은 경험으로 업무와 관련된 피드백과 업무 외 피드백을 구분하는 팀원이 있다면 그 태도를 지적해 주셔야 합니다. 자기 자리 정리 정돈, 인사와 대답 잘하기, 가방 들고 출근하기, 실내화와 실외화 구분하기 등 잔소리처럼 들리는 이런 피드백도 모두 일과 관련된 피드백입니다.

사소한 피드백이 아닙니다. 정리 정돈은 자신이 버릴 것과 남겨야 할 것을 판단할 수 있어야 하고, 인사와 대답은 하면 할수록 평판이 좋아지는 기본예절입니다. 회사에 출근할 때 자신만의 도구도 없이 빈손으로 출근하는 사람을 보고 그걸 그냥 가만히 방치하고 있어야 할까요?

꼰대 소리 듣는 것을 두려워하지 마세요. 어차피 팀원이 피드백받을 수 있는 시기는 극히 일부입니다. 5년 이상 경력자는 더 이상 초보자로 보지 않기 때문에 평가만 받습니다. 아마 이 글을 읽는 여러분도 신입을 채용할 때와 5년 차 이상 경력자를 채용할 때 완전히 다른 기준으로 평가하실 것이 분명합니다. 여기까지 설명했는데도 팀원들의 동의를 얻기 힘들다면 다음 예시를 설명해 주세요.

제가 마케팅 회사의 임원으로 일했을 때 1년을 꽉 채운 2명의 콘텐츠 마케터가 퇴사 면담을 신청해 상담한 적이 있습니다.

A님은 1년 동안 SNS 채널을 운영하며 만든 경력 기술서와 포트폴리오를 갖고 와선 제삼자의 관점에서 피드백을 요청했고 이 회사에서 일했던 지난 1년 동안 많은 것을 배웠으며 더 큰 물에서 놀고 싶다고 이야기했습니다. 저는 A님을 더 좋은 회사에 소개했습니다.

B님은 1년 동안 이 회사에서 한 게 카드 뉴스 제작밖에 없다고 말했습니다. 이 회사에선 배울 것이 없어 더 일해 봐야 물경력이 될 수밖에 없다고 말했습니다. 저는 그 팀원은 이직하지 말라고 설득했습니다. 진짜 그런 생각을 하고 퇴사하면 정말 물경력이 되기 때문입니다. 지금이라도 마음을 달리 먹고 일의 의미를 다시 생각하라고 권했습니다. 일의 의미를 생각하면서 다니는 사람과 일의 의미를 생각하지 않고 다니는 사람은 똑같은 일에 똑같은 시간을 보내도 전혀 다른 결과를 만듭니다. 이건 사장도 마찬가지고 직원도 마찬가지입니다.

리더십이 부족한 회사일수록 돈이 인센티브가 되고 리더십이 강한 회사일수록 업무 경험이 인센티브가 됩니다. 만약 회사의 중간 관리자가 권한은 없고 책임만 막중하다고 투덜대고 있다면 이 차원에서 다시 한번 동기 부여해 주시길 바랍니다. 그건 자신이 무능한 리더라고 시인하는 것과 같습니다. 업무를 분장할 수 있는 권한은 어떤 사람에게 일을 더 주고 덜 줄지 결정하는 막중한 권한입니다.

권한이 없어서 사람들을 통제할 수 없는 것이 아니라 자신이 가진 권한을 사용하지 못해서 사람들을 통제할 수 없는 것입니다.

논리적으로만 설명하지 마라

"예쁘게 해 주세요", "엣지 있게 해 주세요" 같은 추상적인 표현은 의사소통에 방해가 된다는 사실을 많은 사람이 상식적으로 알고 있습니다. 하지만 모든 의사소통을 논리적으로 하는 것은 불가능합니다. 말의 논리는 내용에서 생기는 것이지 형식에서 생기는 것이 아니기 때문입니다. 다시 말해 논리적인 대화에 자주 사용하는 수사나 단어를 사용한다고 글에 논리가 생기는 것이 아니라는 뜻입니다. 논리적인 것만 의사소통이라는 생각 때문에 빚어진 오해입니다.

우리가 배워야 하는 소통 방식은 2가지가 있습니다. 하나는 직관적인 소통이고 다른 하나는 논리적인 소통입니다. 이 2가지를 상황에 맞게 사용하는 것이 중요합니다. 예를 들어 직관적인 소통은 아는 사람을 길에서 만났을 때 그 사람을 식별 과정 없이 한눈에 알아보는 것을 의미합니다. 논리적인 소통은 아는 사람의 얼굴이 어떻게 생겼는지 말로 설명하거나 글로 적거나 그림으로 그려야 할 때 사용합니다. 머릿속으로 의식적인 노력을 통해 질서를 만드는 것이 필요하니까요. 이 2가지 소통 방법을 적재적소에 활용하는 것이 중요합니다.

'직관적으로', '인식하기 쉽게' 등 우리가 논리적인 설명을 할 때 자주 사용하는 표현들이 있습니다. 이런 표현들 때문에 논리가 생기는 것이 아닙니다. 논리적인 순서가 먼저 있어야 합니다. 그것을 설명하기 위해 필요한 단어들이 바로 '직관적으로', '인식하기 쉽게' 같은 것들이죠. 그러나 논리는 없으면서 이런 수사들을 가져다 쓰고 논리적으로 설명했다고 착각하는 사람이 많습니다.

대표적으로 디자이너와 소통할 때 기획자가 가장 많이 실수하는 것이 디자이너끼리 사용하는 전문 용어를 배워서 디자이너와 의사소통할 때 활용하려고 하는 것인데요. 가령 색깔의 쨍함 정도를 채도라고 설명하면 된다는 사실을 알게 된 기획자가 그 전에는 "색깔이 너무 쨍해요", "촌스러워요"라고 표현했다가 이제는 "채도 값을 10%만 낮춰 주세요"라고 표현하는 것이죠. 어떠신가요? 논리적인 설명인 것처럼 보이세요?

이 표현은 똑같이 추상적입니다. 왜냐하면 요청하는 기획자는 채도가 10% 낮아진 색감을 구체적으로 상상하지 못할 가능성이 높기 때문이죠. 이 때문에 "10%만 낮춰 주세요", "5%만 올려 주세요" 같은 수정 요청이 늘어납니다. 과정에서 디자이너가 무력감을 느끼는 것도 이상하지 않겠죠.

기획자는 디자이너와 소통할 때 자신이 원하는 것이 분명히 존재한다면 찾아서 보여 줘야 합니다. "채도 10% 낮춰 주세요"가 아니라 원하는 색감을 찾아서 보여 주세요. 직관적인 소통이 해결책입니다. 반면 디자이너도 기획자랑 일할 때 많이 하는 실수가 있습니다. 실컷 작업을 마치고 메일로 결과물을 보낼 때 이렇게 보내는 것인데요.

안녕하세요? ○○님.

모두의 사수 김영진입니다.

요청 주신 작업이 완료돼 메일로 전달드립니다.

첨부 파일 확인 부탁드립니다.

감사합니다.

영진 드림.

직관적으로 소통하는 것이 편한 디자이너와는 달리 기획자나 프로젝트를 총괄하는 리더는 논리적으로 소통하는 것을 기본으로 여깁니다. 이런 형태로 디자인을 보내면 위에서부터 아래까지 천천히 훑어보며 하나씩 수정해야 하는 부분을 찾아낼 것이 분명합니다. 그리고 디자이너는 어마어마한 수정 요청을 받게 되겠죠. 디자이너는 직접 자신의 디자인을 설명해야 합니다. 자신이 설명할 자신이 없다면 자기 대신 설명할 기획자에게 왜 디자인을 이렇게 했는지 기본적인 논리를 설명해 주는 것이 당연하지 않을까요?

정리하면 원하는 것이 분명히 시각적인 자료로 있을 땐 대화를 시작하는 사람이 처음부터 자료를 제시해야 합니다. 시각적인 결과물을 만드는 사람은 그 결과물을 어떤 생각으로 만들었는지 그 근거를 제공해야 합니다. 논리가 있어야 하는 결과물에 아무런 설명 없이 전달되면 사람을 당황하게 만듭니다.

자신이 리더라면 당연히 직관적인 소통 방식과 논리적인 소통 방식 모두를 잘 활용하는 사람이 돼야 합니다. 필요하면 직관적 소통이 편한 팀과 논리적 소통이 편한 팀 사이를 통역하는 일도 해 줄 수 있어야 합니다. 장기적으로는 모든 조직이 2가지 소통을 배울 수 있도록 교육해 줘야 하고요. 마케터가 디자이너와 소통하려면 시각 언어를 배워야 하고 디자이너가 마케터와 소통하려면 정량적, 논리적 소통 방법을 배워야 합니다. 그러니까 마케터는 보여 주는 것으로 의사소통의 질을 높이고 디자이너는 작업물의 과정을 설명하는 것으로 같은 효과를 얻을 수 있습니다.

미괄식으로 대화하지 마라

조직에서 미괄식 대화는 아예 필요가 없습니다. 미괄식 대화는 가끔 극적으로 반전 효과를 주고 싶을 때 사용하는데 회사에서 그럴 일이 뭐가 있을까요? 언제나 두괄식 대화를 기본 값으로 모든 구성원이 자신의 주장을 솔직하고 투명하게 말할 수 있어야 합니다. 미괄식 구성은 상대방에게 격식을 차릴 때, 상대방에게 눈치가 보일 때, 상황을 직설적으로 설명하지 못하고 에둘러 설명할 때 나타납니다. 투명하고 솔직한 의사소통에 가장 큰 장애물입니다.

회사에서 발생하는 대부분의 문제는 의사소통에서 비롯됩니다. 첫 번째는 상대방의 의도를 잘못 알아들었을 때 문제가 발생하고, 두 번째는 상대방에게 자신의 의도를 잘못 전해서 문제가 발생합니다. 현실에선 디자인 능력이 형편없어서 생기는 문제보다 말귀를 잘못 알아들어서 생기는 문제가 훨씬 많고 기획 역량이 부족한 것이 아니라 전달 능력이 부족해서 생기는 문제가 훨씬 더 많습니다. 의

도와 감정을 왜곡 없이 전달하고 왜곡 없이 이해하려는 태도가 매우 중요한데 미괄식 의사소통이 그것을 가로막죠. 과정에서 상대방의 말을 제대로 이해한 것이 맞는지 자신이 이해한 바를 설명하는 것이 누락되면 안 되고 상대방에게 자신의 말을 잘 이해했는지 설명을 요청하는 일이 누락돼선 안 됩니다.

이 과정이 잘 지켜지지 않아서 미괄식 소통이 조직 내 기본 값으로 자리 잡기 시작하면 문제가 보통 심각해지는 것이 아닌데요. 칭찬도 칭찬처럼 안 들리고 혼나도 혼난 건지 모르는 상황이 발생하기 때문입니다.

칭찬할 거라면 분명하게 'A님을 칭찬합니다. 이유는 다음과 같습니다'라고 말씀하셔야 합니다. '이러이러한 이유로 A님을 칭찬합니다'는 칭찬의 진정성을 희석시킵니다. 우리 모두 살면서 그런 경험 다 해 봤잖아요? 어려운 부탁일수록 상대방이 부탁 앞에 부연 설명을 많이 하죠? 들으면서 그게 듣기 좋던가요? 아니면 '이 사람이 나에게 얼마나 어려운 부탁을 하려고 이러나'라는 생각이 들던가요? 혼낼 때도 마찬가지입니다.

"A님 입사한 지 얼마 안 돼서 이런 부분 실수가 잦은데 좀 신경 써 주세요. 그래도 다른 건 잘하고 계셔서 좋습니다."

이건 칭찬인가요, 혼내는 것인가요, 동기 부여를 하는 것인가요? 목적이 불분명한 대화는 상대방에게 아무런 정보도 전달하지 못합니다. 혼내실 거면 "A님 이 일에서 실수가 잦습니다. 더 신경 써 주세요"라고 말하세요. 칭찬하고 싶으면 "A님 입사한 지 얼마 안 됐는데도 적응이 빠르시네요"라고 말하세요. 이 2가지를 한 번에 하려고 하지 마시고요.

미괄식 대화는 전문성에도 악영향을 미칩니다. 아래 메일 예시를 잠깐 보시죠.

• 미괄식

안녕하세요? ㅇㅇ님. 모두의 사수 김영진입니다.

요즘 비 때문에 난리인데 모쪼록 비 피해 없길 바랍니다.

다름 아니라 제가 메일을 드린 이유는 다음의 이유 때문입니다.

(전달 내용)

확인 후 피드백 부탁드립니다.

감사합니다. 영진 드림.

• 두괄식

안녕하세요? ㅇㅇ님. 모두의 사수 김영진입니다.

다음의 이유로 메일을 드립니다.

(전달 내용)

요즘 비 때문에 난리인데 모쪼록 비 피해 없길 바랍니다.

확인 후 피드백 부탁드립니다.

감사합니다. 영진 드림.

단지 문장의 순서만 바꿨는데도 메일에서 오는 인상이 확 달라졌죠? 만약에 자신이 지나치게 상대방을 의식해서 미괄식 대화를 습관처럼 한다면 먼저 채팅이나 메일에서 하는 의사소통부터 두괄식으로 고쳐 보세요. 보내기 전에 문장의 구성을 한 번만 점검하고 보내시면 됩니다. 채팅이나 메일에서 소통 방식이 두괄식으로 바뀌면 실제 말도 두괄식으로 바뀌게 되니 꼭 시도해 보시면 좋겠습니다.

중간 단계를 생략하지 마라

새로 들어온 사람을 교육할 때 많은 리더가 중간 단계를 생략하는 실수를 저지릅니다. 레벨 1에게 필요한 건 레벨 2가 되기 위해 필요한 지식이지 레벨 99가 되기 위해 필요한 지식이 아닙니다. 그런데 레벨 99가 되는 방법을 성심성의껏 가르치고 있는 것이죠. 생산성 관리가 안 되는 조직일수록 이럴 가능성이 큽니다.

• 사례 1

CX 센터에 신입 직원이 입사했다. 일주일 동안 CX 센터에서 근무하려면 알아야 할 기본적인 운영 관련 지식부터 고객 유형, 고객 유형별 응대 방법, 데이터 취합, 데이터 범주화, 전사 교육 등 할 수 있는 교육을 모두 진행한 후에 실무를 분장했다. 그러나 업무에 대한 이해도가 낮아 리더가 더블 체크하는 상황이 계속 발생한다. 같은 방식으로 재교육을 진행했지만 개선되지 않는다.

• 사례 2

마케팅팀에 경력자가 입사했다. 그동안 정리해 둔 문서를 취합해서 공유하고 현재 우리 팀의 핵심 주제, 목표를 공유하고 프로젝트에 참여시켰다. 그런데 회의에서 포인트를 잡지 못하고 이미 알고 있어야 하는 내용을 계속 질문한다. 회의 후 자리로 돌아와 다시 한번 같은 내용을 설명해 줬지만 잘 이해하지 못한 것 같다. 이 경력자는 연차 대비 실력이 별로인 걸까?

• 사례 3

상세 페이지 제작에 일주일 걸리는 직원에게 일주일 시간을 주고 상세 페이지를 만들게 했다. 다 만들어진 상세 페이지를 보니 방향성에 맞지 않고 어딘가 이상해서 수정 지시를 내렸다. 두 번째 상세 페이지는 첫 번째보다 좀 더 나아졌기에 한 번 더 수정 지시를 했다. 왜 이렇게 두 번, 세 번에 말귀를 알아듣는 것일까?

3가지 사례 모두 업무 수행 능력이 떨어지는 신규 입사자의 문제가 아니라 업무 순서를 잘 모르는 리더의 문제입니다. 리더는 업무 순서를 교육할 수 있어야 합니다. 업무 순서를 알려 주려면 자신의 업무를 무의식적으로 수행하면 안 됩니다. 의식적으로 순서를 시각화하면서 수행해야 합니다. 대표적으로 기획 업무를 진행한다고 가정했을 때 투 두 리스트가 기획 업무라는 추상적인 단어로 정의되는 사람과 다음의 순서로 자신의 업무를 정의할 수 있는 사람이 있습니다.

1) 경쟁사 시장 조사 하기

2) 자사 분석하기

3) 공략해야 할 시장이 어디인지 정하기

4) 공략해야 할 시장에서 1등, 2등, 3등, 꼴등의 매출 규모 파악하기

후자처럼 일하는 사람의 업무 속도, 성과, 문제 발생 시 대응 능력은 그렇지 못한 사람과 압도적인 차이를 만듭니다. 우리가 신입 직원, 중도 입사자에게 교육해 줘야 하는 것이 바로 이런 순서입니다.

기획안 전체를 완성한 후 보고받는 것이 아니라 일의 가 순서마다 보고받고 피드백해 줘야 일을 빨리 가르칠 수 있습니다. 설령 피드백 시간이 부족해 기획안 전체를 한 번에 파악해 줘야 할 때도 문제의 원인을 정확하게 분석할 수 있어야 합니다. 전반적으로 이상하다는 피드백이 아니라 단계별로 누락된 과정이 있는지, 미흡한 과정이 있었는지, 정확하게 질문하고 대안을 제시해 줄 수 있어야 합니다.

단언컨대 3가지 사례의 상황이 반복되면 직원은 퇴사하기 시작합니다. 누구는 자신의 무능함을 탓하며, 누구는 회사에 체계가 없다고 불평하며 퇴사하지만, 문제의 본질은 교육 능력이 없는 리더에게 있습니다. 레벨 1이 레벨 99가 되려면 그만큼의 시간과 중간 과정이 필요합니다. 레벨 1에게 레벨 99의 관점과 경험을 설명하고, 한 번에 알아듣지 못해 반복해서 설명하는데도 계속 알아듣지 못해 교육을 포기하는 리더들을 많이 봤습니다. 이들은 한결같이 무능한 팀원 탓을 합니다. 이들에게는 결과물을 피드백하는 방식도 2가지 옵션밖

에 없습니다.

'좋은 것 같습니다.'
'안 좋은 것 같습니다.'

될 때까지 반복 작업시키는 것이 이들의 특징이죠. 이 과정에서 고객의 목소리에 집중해야 할 팀원들은 관리자의 눈치만 보게 되며 점점 노예화됩니다. 이 과정을 우린 가스라이팅이라고 부르기도 합니다. 진짜 리더는 레벨 1에게 레벨 2의 경험을 알려 주고 과정 중 무엇이 잘못됐는지 정확하게 지적합니다. 팀원이 무능하다고요? 자신을 한번 돌아보셔야 할 때입니다.

리더는 업무를 분장할 때 먼저 업무의 전체 과정을 설명해 주고 각각의 세부 단계를 하나씩 봐 줘야 합니다. 이 과정은 흡사 마이크로 매니징과 같습니다. 가령 총 20단계의 업무가 있을 때 20단계를 교육하고 한 번에 20단계까지 업무를 지시하는 것이 아니라 1단계까지 해 온 걸 보고 다음 단계로 넘어가야 한다는 의미입니다. 이렇게 1단계부터 20단계를 1사이클로 잡고 업무를 운영하면서 어떤 단계에 강점이 있고 어떤 단계가 약점인지 파악합니다. 강점인 단계는 묶어서 한 번에 지시하고 약점인 단계는 마이크로 매니징합니다. 처음 업무를 배울 땐 1단계부터 20단계까지 모든 단계를 컨펌해 주고 두 번째 업무를 배울 땐 1단계에서 5단계까지, 6단계에서 10단계까지 분장하고 컨펌하는 식인 것이죠.

가령 100쪽짜리 제안서를 쓸 때 시작은 1쪽에서 10쪽, 11쪽에서 20쪽 ⋯ 91쪽에서 100쪽으로 중간 단계를 생략하지 말고 교육을 진행하되 궁극적으로는 한 번에 1쪽부터 100쪽까지 제안서를 쓸 수 있는 역량을 길러 줘야 합니다. 상세 페이지 제작이 20단계에 걸쳐 이뤄진다면 먼저 1단계부터 20단계까지 전체 과정을 한 번 설명해 주고 1단계씩 마이크로 매니징하셔야 합니다. 그렇게 20단계까지 1사이클을 돌며 잘하는 단계와 못하는 단계를 체크합니다. 그 일이 끝나고 바로 다음 업무를 진행할 때 잘하는 단계까지는 한 번에 업무를 분장합니다. 1단계부터 4단계까지 한 번에 해 오라고 요청하고 한 번에 피드백해 주는 것이죠.

주의하셔야 할 점은 반드시 분장한 단계까지 확실하게 컨펌 후 다음 단계로 넘어가야 한다는 점입니다. 그렇지 않으면 어떤 단계를 어려워하는지 파악하기 어렵습니다. 이런 방식으로 업무를 분장하고 각각의 업무를 완벽하게 이행할 수 있게 됐을 때 업무를 위임하시면 됩니다. 이 과정을 거쳐야 결과만 보고받을 수 있는 수준까지 성장할 수 있습니다.

분장한 업무를 반복했을 때 그 사람이 어떤 전문성을 갖게 될지 생각해 보세요. 의식의 흐름대로 업무를 분장하지 말고 가능한 그 사람에게 전문성을 키워 주려고 노력하셔야 합니다. 점진적으로 팀원에게 한 프로젝트의 전체 과정을 모두 위임하는 것을 목표로 하셔야 합니다. 20단계의 업무 중 1~10단계만 주구장창 반복하면 결국 그 사람이 얻게 될 전문성은 지엽적이고 그 사람은 대체되기 쉽습니다. 그리고 리더만 교육에 힘을 쏟는 것이 아니라 팀원도 업무 전체를 이해하고 위임받으려고 적극적으로 협조해야 합니다. 누구를 위해서가 아닌 바로 자신을 위해 업무의 전체를 이해해야 하는 것입니다.

이 과정에서 리더와 팀원은 일시적으로 야근하게 될 수도 있습니다. 하지만 이 과정을 리더가 대신해도 야근하게 됩니다. 전자의 야근은 팀원의 성장으로 서서히 사라지지만 후자의 야근은 팀원이 성장하지 못하기 때문에 리더의 야근만 계속됩니다.

스무고개 하지 마라

스무고개는 가스라이팅입니다. 바라는 바가 있다면 확실하게 보여 주시고 함께 고민해야 한다면 제한 시간을 설정해서 확실한 결과물을 만드세요. 아무리 주인 의식이 있는 사람이라도 세 번 연속 스무고개를 경험하면 타성에 젖는 것을 넘어 노예화됩니다. '우리의 고객이 누구인지'를 중심으로 기획하던 기획자도 '우리 사장님이 원하시는 것이 무엇인지'로 관점이 이동하게 되니까요.

"이게 최선인가요?"
"어딘가 이상한데 다시 해 오실래요?"
"1개만 가져오지 말고 3개 정도 보여 주세요."

생산성 관리가 되지 않으면 전체 업무에서 어떤 과정이 문제인지 진단할 수 없습니다. 그래서 업무를 다시 시키는 상사가 많습니다.

어쨌거나 단기적으로 완성도가 올라가긴 할 테니까요. 그럼 상사는 "진작 이렇게 하지"와 비슷한 류의 칭찬을 보상이랍시고 하는데, 이 과정이 반복되면 팀원의 내면에 변화가 생기기 시작합니다.

'도대체 이분이 원하는 게 무엇일까?'
'어차피 한 번에 컨펌 나는 일이 없으니 대충 여러 개 만들어 가자.'
'그냥 해 달라는 대로 해드리자.'
'이럴 거면 모든 것을 정해 주면 좋겠다.'
'언젠가 끝나겠지.'

무엇이 문제인지 모르는 상황에서 부연 설명 없는 수정 작업을 반복하면 고객이 아니라 상사의 눈치만 보게 됩니다. 이 과정에서 세부 사항에 대한 의사 결정을 상사에게 전적으로 의존하게 됩니다.

실제로 스무고개는 가스라이팅과 똑같습니다. 팀원을 무력화시키고 자신에 대한 영향력을 높이기 위해 의도적으로 스무고개를 사용하는 상사도 있습니다. 어떤 건 수정하고 어떤 건 실행하는 데 기준이 명확하지 않고 상사의 감에 100% 의존하기 때문에 기우제를 지내는 신관처럼 컨펌이 나길 기원합니다. 이 상황은 팀원을 근본부터 무력화시키고 결국 노예로 만듭니다.

고의로 자신의 무능함을 감추기 위해 스무고개를 하는 중간 관리자도 있습니다. 자신도 뾰족한 수가 없으면서 마치 명확한 해법이 있는 듯이 암시하고 사람들을 반복 작업을 시키는 것이죠. 이 과정에서 반복 작업을 통해 작업물의 품질이 올라가긴 하겠지만 결국 사람들은 무력화됩니다. 새로운 일을 시작할 때 자신의 주관을 최대한 배제하고 리더의 의견을 반영하기 쉽게, 수정하기 쉽게 최소한의 구색만 갖추게 됩니다. 업무의 품질이 하향 평준화되기 시작합니다. "해 달라는 대로 해드릴게요", "원하시는 게 뭔데요?" 팀원과 이런 결로 빈번하게 소통이 이뤄지고 있나요? 이미 노예화가 시작된 것이니 정신 바짝 차리세요. 특히 이런 상황에서 이렇게 말하는 중간 관리자를 조심하셔야 합니다.

"저희 팀은 저 없으면 돌아가지 않아요."

무능한 팀원들 때문이 아니라 무능한 관리자가 팀원들을 무력화시켰을 수도 있습니다. 안타깝게도 직원을 너무 아끼는 리더도 자신도 모르게 스무고개를 시작할 수도 있습니다. 자신이 그토록 원하는 인재를 찾았을 때 리더는 기존에 우리가 일하던 방식보다 인재가 일하는 방식에 맞추려고 하는 경향이 커지거든요. 하지만 아무리 능력자라도 변수가 모두 바뀌면 실전에서 바로 기량을 발휘하기 쉽지 않습니다.

그렇기 때문에 기존 조직의 일하는 방식과 문화를 먼저 가르치는 것이 순서상 타당합니다. 입사한 회사의 방식과 문화를 모르는데 누구의 방식이 더 좋은지 어떻게 비교할 수 있나요? 이렇게 첫 단추를 잘못 끼워서 처음 맡은 일에서 원하는 성과가 나오지 않게 되면 서로 눈치를 보느라 미괄식 대화가 이어집니다. 실패가 두려워지기 때문에 자꾸 리더의 눈치를 보게 되는 것이죠. 리더도 자신의 책임을 느끼고 있기 때문에 애매모호한 피드백을 합니다.

정답을 바로 알려 주면 문제 해결 능력을 키울 수 없다고 믿는 리더가 일부러 스무고개를 하기도 하는데요. 정말 직원들의 기량을 높이기 위해 사고 실험을 하는 것이라면 게임의 룰을 자신만 알고 있으면 안 됩니다. 참여자 모두가 알고 있어야 하죠. 우리의 기량을 올리기 위해 각자의 방식으로 일하고 어떤 방식이 효율적인지 토론을 통해 방식을 재점검하려는 의도를 혼자만 알고 있으면 의도가 아무리 좋아도 팀원들이 당하는 건 결국 가스라이팅입니다. 그러니까 스무고개 하지 마세요. 바라는 바가 있다면 확실하게 말하고 자신의 전달력이 부족하면 직접 찾아서 참고할 결과물을 보여 줘야 합니다. 같은 문제를 해결해 본 경험이 리더에겐 있고 팀원에겐 없다면 교육이 선행돼야 하고요. 정답이 없는 새로운 프로젝트일 경우, 제한 시간을 설정하고 자주 회의를 하시면 됩니다.

예를 들어 퇴근 전까지 아이디어 10개를 생각해서 한 번에 30분 동안 회의에서 모든 것을 결정하는 것이 아니라 10분마다 1개씩 아이디어를 내고 10분짜리 회의를 여러 번 진행하는 것이 훨씬 효과적이라는 뜻입니다. 그 이유는 최초의 아이디어는 대부분 어설프기 때문입니다. 여러 번 반복해서 의견을 교환해야 아이디어는 구체화되고 비로소 실행할 수 있는 실행안으로 발전합니다.

누구는 말합니다. 팀원의 성장을 위해 일부러 답을 알려 주지 않는다고. 그 의도라면 지금부터 당신과 내가 스무고개를 통해 학습할 것임을 분명하게 밝히세요. 이 과정이 선행되지 않으면 그 스무고개는 가스라이팅입니다.

불필요한 칭찬을 하지 말고 혼내야 할 때 참지 마라

혼내서야 합니다. 흔히 회사를 '배', 사장을 '선장'으로 많이 비유합니다. 선장이 항해의 목적과 목표를 정하고 선원들을 이끌어 원하는 방향으로 배를 몰고 나간다는 점에서 아주 찰진 비유 같습니다. 배가 커질수록 협업이 중요해지는 것도 사업과 공통점이 많고요.

하지만 1가지, 회사를 배에 비유했을 때 사람들이 오해하는 것이 있습니다. 바로 회사가 망할 때 타이태닉호처럼 커다란 빙산에 부딪혀 갑자기 침몰한다고 생각하시는데요. 이런 일은 현실에서 많지 않습니다. 대부분 회사는 잠수함처럼 아주 서서히 가라앉습니다. 회사의 누군가 배에 문제가 생겼다고 말해도 아무도 듣지 않고 아무도 개선하지 않기 때문입니다. "갑판에 물이 차고 있으니 퇴근 전에 모두 각자 방에서 양동이로 한 번씩 물을 퍼내고 퇴근하세요"라고 지시하면 돌아오는 대답은 "퇴근할 때마다 계속 해야 하는 건가요?", "문제의 근본 원인은 그게 아닌 것 같습니다", "갑판을 교체하는 게 낫지 않을까요?", "엔진을 더 빠른 걸로 바꿔서 육지에서 갑판을 수리하는 게 낫지 않을까요?"와 같은 현실에서 실현 불가능한 탁상공론이 많아집니다. 당연히 실행으로 이어지는 의견도 없고요.

이 모든 일은 회사 내 상과 벌 시스템이 망가졌기 때문입니다. 여기서 말하는 상과 벌은 물질적인 보상을 의미하는 것이 아닙니다. 말로 하는 상, 말로 하는 벌이 제대로 기능하지 못하고 있다는 뜻입니다. 실제로 리더가 말로 하는 칭찬과 말로 하는 지적에 팀원들이 반응하지 않는다면 물질적인 보상을 줘도 받아야 할 것을 받았다는 식의 태도를 보여 실망하실 겁니다. 월급을 깎으면 보란 듯이 깎인 만큼 이제 덜 일한다고 떠벌리고 다니는 사람도 봤습니다. 지금 상황이 전혀 두렵지 않은 것이죠. 이런 상황이 계속 이어지면 조직의 힘이 고객의 문제 해결에 집중되지 않습니다. 결국 회사는 서서히 망하게 됩니다. 각자 고집대로 일하면서 서로 다른 영역에서 작은 성과만을 내다가 결국 침몰하는 것이죠.

저는 첫 번째 회사에서 1,200여 개의 브랜드 상세 페이지를 제작했습니다. 기획도, 제작도 브랜드 대표님을 설득하는 일도 모두 제가 직접 했습니다. 두 번째 회사에서는 150여 개 브랜드의 마케팅 컨설팅에 직간접적으로 참여했습니다. 총 1,350여 개의 브랜드를 경험한 셈인데요. 이 중에 80%가 대기업이었고 20%가 스타트업이었습니다. 이 회사 중 지금까지 생존한 브랜드는 몇 %정도 될까요? 약 8% 정도입니다. 대기업조차 운영 중인 서비스를 종료하고 부서를 통폐합하는 의사 결정을 내렸고 스타트업은 조용히 문을 닫았습니다. 그 시절 인연으로 아직 연락을 이어 오고 있는 분들이 전해 주는 소식에는 공통점이 있었는데요. 성과에 대한 피드백이 없어서 사람들이 자주 퇴사하거나 부서 이동을 해서 전문성을 갖출 시간이 매우 부족했다고 입을 모아 말하더라고요. 칭찬도 겉치레 같았고 혼내거나 지적하는 사람은 아예 없었다고 했습니다.

사실 회사에서 하는 물질적인 보상은 타이밍이 늦을 때가 많습니다. 성과를 낸 즉시 피드백을 받는 것이 아니라 1개월에 한 번, 1분기에 한 번, 1년에 한 번, 이런 식이죠. 저 역시 연말에 전 직원 앞에서 성과에 대해 칭찬과 함께 성과급을 받은 적이 있었는데요. 받는 저조차 어떤 이유로 이런 대접을 받는지 까먹어서 민망했던 기억이 있습니다. 그 무렵 훨씬 인상적인 성과를 낸 사람들은 성과급을 받지 못했거든요. 제가 과거에 낸 성과와 비교했을 때 그 기준에 미달이라는 설명을 들었을 때 성과급을 받지 못한 사람들의 표정은 싸늘하게 굳어진 것을 보고 너무 미안했습니다.

여러분 명심하세요. 성과에 대한 인정은 성과가 났을 때 즉시 하셔야 합니다. 회사의 여건상 물질적인 보상을 바로 제공할 수 없다고 해서 말로 하는 칭찬까지 생략돼선 안 됩니다. 벌도 마찬가지입니다. 상과 벌은 같은 밀도로 집행하셔야 합니다. 좋은 성과에 대해 즉시 보상하셨다면 좋지 않은 근무 태도에 대해서도 즉시 지적하셔야 합니다. 가령 10시에 회의를 하기로 했는데 어떤 사람이 5분 지각했습니다. 5분 정도는 늦을 수 있다고 생각하고 상황을 이해해 주면 다음 회의 시간에는 늦는 사람이 1명이 아니라 여러 명이 돼 있을 것입니다.

명심하세요. 누군가는 다른 사람을 위해 약속 시간 몇 십 분 전부터 와서 기다리고 누군가는 자기 자신을 위해 시간에 딱 맞춰서 옵니다. 딱 맞춰서 오려고 하기 때문에 중간에 이슈가 생기면 몇 분씩

늦는 것이죠. 이 상황에서 리더가 배려해야 할 사람은 늦게 온 사람들이 아니라 먼저 와서 기다리고 있어 준 사람들입니다. 그 사람들을 위해서 늦은 사람에게 늦지 말라고 반드시 지적하셔야 합니다. 그렇지 않으면 조직에서 다른 사람을 위해 먼저 와서 기다려 주는 사람은 없어질 것입니다.

칭찬을 남발하는 리더가 많습니다. 언제나 혼내는 것보다 칭찬이 쉽기 때문입니다. 이 때문에 일 잘하는 능력자들부터 리더의 형평성에 의구심을 품고 회사를 떠납니다. 가만히 내버려 둬도 알아서 잘하는 사람보다 가만히 내버려 두면 알아서 하지 못하는 사람에게 훨씬 많은 공을 들인다면 그 누구라도 서운할 수 있습니다.

게다가 이런 상황이 생긴다면 어떨까요? 조직의 평균 생산성이 50인데 어떤 사람의 생산성이 100이고, 어떤 사람의 생산성은 30입니다. 생산성 100인 사람이 노력해 110까지 생산성을 끌어올렸고 생산성 30인 사람은 노력해서 50까지 생산성을 끌어올렸다면 누구의 공이 더 큰 것일까요? 당연히 생산성을 110까지 끌어올린 사람입니다. 하지만 현실에서 그 변화의 폭은 작아서 느껴지지 않고 30에서 50까지 늘어나 1인분을 한 사람이 칭찬을 독차지하게 됩니다. 이 상황에 생산성 110의 실력자는 회사에 조치에 의문이 생길 수밖에 없습니다. 실제로 생산성 관리가 안 되는 회사에서 이런 실수가 자주 일어납니다.

이처럼 조직 내에서 공정한 상벌 시스템이 없어지면 회사에서 일하는 개인들은 통제되지 않습니다. 공평함은 회사가 추구할 가치가 아닙니다. 공정함이 회사가 추구해야 할 가치입니다. 일을 잘하는 사람과 일을 못하는 사람을 차별하라는 의미가 아닙니다. 잘하는 사람이 대우받고 잘못을 저지른 사람들이 패널티를 받아야 회사는 생존할 수 있습니다.

특히 동기 부여에 대해 많은 리더가 오해하는 게 있습니다. 동기 부여를 칭찬과 함께 사용하는 것인데요. 가령 일을 맡길 때 불평하지 않고 적극적으로 맡아서 하는 A와 일을 받을 때마다 불만이 가득한 B가 있습니다. A는 묵묵히 자신의 일을 수행하지만 B는 일을 시킬 때마다 "B씨, 그래도 이 일이 B씨에게 도움이 될 거예요"라는 말을 꼭 듣는다면 A는 이 상황을 어떻게 해석할까요?

여러분 꼭 명심하세요. 동기 부여가 필요 없는 것이 기본입니다. A 같은 사람을 기준으로 상과 벌 시스템을 설계하세요. 동기 부여가 필요한 사람에게 업무를 분장할 때마다 칭찬인지 동기 부여인지 모르는 애매한 말이 계속된다면 동기 부여가 없어도 묵묵히 일하는 사람들에게는 형평성에 맞지 않는 조치처럼 느껴질 것입니다. A 같은 사람에게는 이것도 해 달라고 요청하고, 저것도 해 달라고 요청하면서 B같이 비협조적인 사람에게는 그렇게 하지 못하면 사람들은 이렇게 생각할 것이 분명합니다.

'만만한 사람으로 보이면 괜히 일을 더 받게 되는구나.'

그러니까 어떤 사람에게 동기 부여가 필요하다면 상이 아니라 벌처럼 하셔야 합니다.

"B씨와 협업하는 게 어렵습니다. 업무를 요청할 때마다 눈치가 너무 보입니다. 이 점에 대해 어떻게 생각하시나요?"

이렇게 목적을 분명하게 설명하지 않으면 B 같은 사람에겐 동기부여가 되지 않습니다. A같이 내적 동기가 있는 사람을 기준으로 회사를 꾸려 가세요. 대부분 직장인이 회사를 직접 골라 들어오는 것처럼 보여도 부모님의 조언, 사회의 압력, 친구들의 추천과 같은 외부의 의견이 본인의 의사 결정을 대신하는 경우도 많습니다.

이 경우 자신이 충분히 고민하고 직업을 선택한 것이 아닙니다. 때문에 곧 외부 동기가 없으면 회사 생활에 흥미를 잃어버리게 되는데요. 면접 때 이 사실을 알아차리기 어려워도 충분히 시간이 흘러 내적 동기가 확실한 사람들을 구분할 수 있는 상황이 됐다면 반드시 이들을 회사의 중심으로 키우셔야 합니다. 외부 동기가 있어야 일하는 사람들이 회사에 중심이 되면 무슨 일을 할 때마다 동기 부여를 해 줘야 하기 때문에 많은 시간을 낭비하게 됩니다.

자신이 채용한 사람에게 책임을 다하려면 특히 혼내는 일에 더 신경 써 주세요. 직장인이 혼날 수 있는 시기는 극히 한정적입니다. 5년 차 이후부터는 능력에 대한 평가만 받습니다. 우리나라 직장인은 잠자는 시간을 제외하고 대부분 시간을 회사에서 보내는데요. 이 사실은 회사에서 만나는 사람들이 서로의 인생에 간접적으로 영향을 미치는 것이 아니라 직접적인 영향을 미친다는 것을 의미합니다. 서로 얼굴 붉힐 일 안 만들고 적당히 일 처리 해 주면 된다는 식의 사고방식은 굉장히 무책임한 사고방식입니다. 이 회사를 나가서도 그 사람이 생존할 수 있을지 자문해 보세요. 자신의 부사수가 사회에서 경쟁력을 키우지 못하고 있다면 여러분은 1명의 인생을 망치고 있는 것입니다. 혼내지 않는 리더는 리더로서 자격이 없습니다.

혼내려면 먼저 용기를 내야 합니다. 상대방을 진정으로 생각하고 사전에 계획한 내용이어야 합니다. 이것은 혼내는 사람을 아끼는 마음이 없이는 불가능한 일입니다. 평소에 팀원을 진정으로 생각하는 리더만이 팀원을 위해 자신을 기꺼이 진흙탕 속에 던져 넣을 수 있습니다.

리더의 회의:
회의는 2종류뿐이다

여러분 회사는 얼마나 자주 회의하시나요? 회의는 잘 진행되고 계신가요? 사실 회사에서 진행되는 회의는 크게 2종류밖에 없습니다. 의사 결정 회의와 아이디어 회의입니다. 둘 다 집단 지성이 필요하기 때문에 혼자가 아닌 여럿이 모여 의논하죠. 이 2가지 말고 다른 회의들도 있다고요? 혹시 회의 때 동기 부여를 하고 계신 건 아니신가요? 혹시 업무 분장을 모여서 진행하고 계신가요? 혹시 교육을 회의라고 생각하고 계신 건 아닌가요? 정보 공유는요?

회사에서 모이는 모임의 목적을 분명하게 정하지 않으면 절대 모임의 목표를 달성할 수 없습니다. 회의를 하다가 교육이 진행되면 사람들은 회의를 했다고 생각하지 교육을 받았다고 생각하지 않을 것입니다. 회의를 하다가 동기 부여하게 돼도 사람들은 회의를 했다고 생각하지 동기 부여를 받았다고 생각하지 않을 것입니다. 먼저 우리가 모이는 목적을 분명하게 밝히고 모임을 리드해야 원하는 결과를 얻을 수 있습니다.

의사 결정 회의는 회의가 끝나면 실행으로 이어지는 결과가 있어야 합니다. 'A냐, B냐'를 놓고 어떤 것이 더 성공 가능성이 높을지 따지는 회의이기 때문이죠. 가령 현재 모두의 사수 브랜드를 더 성장시키기 위해 어떤 활동을 해야 할지 고민하면 아이디어 회의입니다. 하지만 퍼포먼스 마케팅과 바이럴 마케팅 중 하나를 골라야 하면 의사 결정 회의입니다. 퍼포먼스 마케팅을 어떻게 할지 회의하면 아이디어 회의지만, 페이스북 광고를 할지, 구글 애즈를 할지 결정해야 하면 의사 결정 회의입니다. 이해되시나요?

예시를 보면 알겠지만 의사 결정 회의와 아이디어 회의는 참여자가 매우 중요합니다. 의사 결정 회의는 역량이 있는 사람만 회의에 참여시키는 것이 핵심인데요. 여기서 말하는 역량이란 이와 같은 경험, 적어도 유사 경험을 한 번 이상 해 본 것을 의미합니다. 이 조건에 부합하지 않는 사람을 참여시키면 회의는 교육 자리나 아이디어 회의로 변질됩니다. 왜 둘 중 하나를 골라야 하는지에 대한 질문에 답하다 보면 교육 자리가 되고 둘 중 다른 선택지가 없냐는 질문에 응하다 보면 아이디어 회의가 됩니다. 신속하게 결정하고 실행해 결과를 봐야 하는데 탁상공론이 계속되는 것이죠. 민주적으로 조직을 운영하고 싶다는 이유로 많은 회사가 이 같은 실수를 합니다. 민주적인 의사 결정 방식은 다른 회의에서 보여 줄 수 있습니다. 바로 아이디어 회의인데요. 이 내용은 바로 뒤에서 자세하게 다루겠습니다.

만약 유사한 경험을 해 본 사람이 조직 안에서 자신밖에 없다면 어떻게 해야 할까요? 조직원 전체를 교육시키는 교육 자리를 만들거나, 자신이 업무를 나눠서 지시하면 됩니다.

성공에 기여하는 의사 결정 회의

의사 결정 회의는 의사 결정을 잘하기 위해 소집되는 회의입니다. 회의는 다음과 같은 특징이 있습니다.

- 참여자: 역량 있는 자
- 의사 결정의 질을 높이는 과정: 참여자들의 논쟁
- 회의 방식: 참여자의 역할 고정
- 결론이 나지 않을 때:
  - 보다 현실적인 안을 순서대로 실행한 후 결과를 비교한다.
  - 자신이 리더라면 자신의 직관을 믿고 1가지 안을 골라야 한다.

앞서 말씀드렸죠? 역량이란 같은 종류의 의사 결정을 해 본 경험,

유사 경험을 뜻합니다. 이 사람들이 자신의 주장을 상대방에게 설득하는 과정에서 의사 결정의 질이 올라갑니다. 상대방이 미처 생각하지 못했던 논리의 공백이나 모순점을 지적하고 보완하는 과정에서 정교해지는 것이죠. 논쟁 없는 의사 결정 회의는 탁상공론입니다. 여러분 모두 경험해 보셨잖아요? '네 말도 맞고, 내 말도 맞다' 식의 회의가 얼마나 소모적인지를요.

양쪽 의견이 첨예하게 대립힐 땐 2가지 빙빕 중 하나를 골라아 힙니다. 현재 일정에 여유가 있다면 둘 다 실행해 보고 결과를 비교하는 것입니다. 보다 현실적인 안을 순서대로 실행해 보시면 됩니다. 이 과정이 필요한 이유는 과정에서 어떤 이유가 성과에 기여하는지 학습하기 위해서입니다. 어떤 요인이 성공에 기여했는지, 실패에 작용했는지를 알아야 같은 실수를 반복하지 않을 수 있습니다. 진짜 성장하는 조직과 개인은 결과를 기록하지 않고 과정을 기록합니다.

현재 일정에 여유가 없다면 직관에 따라 의사 결정하세요. 너무 무책임하다고요? 그렇지 않습니다. 회사 내에서 한 번도 해 보지 않은 새로운 도전을 할 때는 확실한 성과를 내는 것이 목표가 아니라 끝을 보는 게 목표가 돼야 합니다. 어떤 의사 결정이 옳은 선택이었는지 우리는 끝내 알 수 없기 때문이죠. 이걸 알기 위해선 완벽한 인생을 두 번 연속 살아야지만 비교할 수 있지 않을까요?

새로운 도전에서 필요한 건 의지입니다. 끝까지 포기하지 않으면 성공이든 실패든 확실한 결과가 나옵니다, 지금은 처음 하는 의사 결정이지만, 유사한 안건을 다음에 또 만난다면 그때도 새롭게 느껴질까요? 의지를 갖고 실행하세요. 그 끝에 실패가 기다리고 있어도 값진 도전입니다. 두 번째엔 실패할 가능성이 줄어들 테니까요.

이 때문에 회사에서 한 번도 경험해 보지 못한 새로운 도전이라면 반드시 과정을 기록해야 합니다. 구글 닥스 같은 협업 도구를 사용하면 효과적입니다. 의사 결정을 키워드로 분류해 두면 같은 방식의 의사 결정을 경험하지 못한 다른 사람도 참고해 의사 결정의 질을 높일 수 있습니다. 교육 목적으로 의사 결정 회의를 녹화해 아직 역량이 부족한 사람들의 교육 자료로 활용하서도 좋습니다. 가장 좋은 건 회의를 참관하는 것이지만 실무자들의 실무 시간을 확보하는 것 역시 리더의 책임이니 잘 분별해 의사 결정하시길 바랍니다.

의사 결정 회의에 참여하지 못해서 불만이 생긴다면 다음과 같이 교육해 주시면 됩니다. 회의에 참여할 만큼의 유사 경험이 없다는 뜻이니 관련 경험을 쌓을 수 있게 조직 내 평판을 우선 잘 관리하라고 알려 주세요. 먼저 지금 맡고 있는 역할에서 탁월해져야 하고 업무의 양을 늘려 나가야겠죠.

이걸로 조직 내에서 신뢰를 얻게 되면 인접 영역으로 진출해 업무를 다양하게 경험하는 것을 목표로 삼게 해야 합니다. 현재 자신의 역할에서 탁월함을 증명했다면 조직에서 새롭게 도전하는 프로젝트에 모두 자발적 참여자가 되는 것으로 기회를 잡을 수도 있겠죠. 대부분은 자신이 하는 일에 매몰돼 선뜻 도전하지 못하니까요. 이 때문에 "기회는 준비된 자가 잡는다"라는 말이 나온 겁니다. 생산성 관리를 통해 여유 시간을 확보하게 만들고 이 기회를 놓치지 말라고 교육해 주세요. 회사가 새롭게 도전하는 프로젝트에 도전자가 되면 중간 단계를 건너뛰고 조직의 에이스와 직접 협업하는 기회가 생길 수도 있다고 말씀해 주시고요. 정말로 프로젝트가 성공하건 실패하건 절대 놓칠 수 없는 기회입니다.

의사 결정 회의로 발전하는 아이디어 회의

아이디어 회의는 회의가 끝나면 실행 가능성을 따져 볼 수 있는 생각의 가짓수가 최대한 많이 결과물로 나와야 합니다. 아이디어 회의는 결국 의사 결정 회의로 발전돼야 하기 때문입니다. 자신의 주장을 굽히지 않고 논쟁하는 건 의사 결정 회의 때 하세요. 아이디어 회의에선 다른 사람의 아이디어를 발전시켜 주는 것에 초점을 맞추세요. 자신이 리더라면 팀원들의 아이디어를 발전시켜 주세요. 팀원들은 리더의 행동을 그대로 모방합니다. 자신의 아이디어가 아니라 서로 다른 사람의 아이디어를 발전시켜 줄 것입니다.

아이디어 회의는 끼리끼리가 아니라 최대한 다양한 사람이 회의에 참여해야 시너지가 발생합니다. 디자이너끼리 디자인 회의를 하는 것보다 기획자와 디자이너가 함께 아이디어를 내는 것이 효과적이라는 소리입니다. 참여자의 제한이 없기 때문에 아이디어 회의는 초년생이 자신을 어필할 수 있는 기회의 장이기도 합니다. 이 사실을 회의 참여자들에게 사전에 교육해 주세요. 자신의 기발한 아이디어를 사람들 앞에서 발표하는 사람이 늘어나고 다른 사람의 좋은 아이디어를 발전시키는 데 기여하는 사람도 늘어날 테니까요.

아이디어 회의는 양질의 아이디어를 많이 내고 의사 결정 회의로 발전시키는 것이 목적입니다. 아이디어 회의는 다음과 같은 특징을 가집니다.

- 참여자: 다양한 사람
- 아이디어의 질을 높이는 방법: 회의를 짧게 자주 하기
- 회의 방식: 참여자의 역할 바꾸기
- 아이디어가 나오지 않을 때:
  - 회의의 목적을 상기시키고 틀린 생각은 없다고 구성원들을 독려한다.
  - 진행자가 먼저 아이디어를 말하고 다른 사람의 참여를 유도한다.
  - 다른 사람의 아이디어를 발전시킨다.

아이디어 회의는 발언의 질보다 발언의 양이 중요합니다. 대화에 참여할수록 자신의 아이디어가 명료해지거나 다른 사람의 아이디어가 명료해집니다. 자신이 리더라면 다른 사람들의 아이디어를 집중해서 경청하고 다른 사람들의 아이디어를 개선해 보세요. 기본적으로 모든 구성원이 아이디어 회의의 회의록을 작성하는 것을 권하지만 아무도 하지 않고 있다면 리더 스스로 회의록을 작성해 보세요. 회의가 끝난 후 어떤 생각들이 나왔고 어떻게 의견들이 좁혀졌는지 내용을 참여자들에게 공유하면 어느새 리더의 행동을 똑같이 따라

하는 팀원들이 늘어나 있을 것입니다.

아이디어 회의를 운영하는 리더가 가장 많이 실수하는 건 회의를 자주 열지 않고 퇴근 전에 한 번만 취합하는 것입니다. 각자 업무가 바쁘니 배려하는 건데요. 주로 다음과 같이 업무가 분장됩니다.

"각자 업무하다가 퇴근하기 30분 전에 모여서 아이디어 회의 진행 하겠습니다. 그때까지 1가지씩 자신의 아이디이를 가져오세요."

그리고 사람들의 아이디어를 들어 보면 그중 쓸 만한 게 나오지 않았다고 사람들을 문책하거나 실망한 표정을 드러내 사기를 떨어트리는 리더를 많이 봤습니다. 이 상황은 사람들이 생각을 깊게 하지 않고 대충 아이디어를 가져온 것이 잘못이 아니라 회의 주기를 지나치게 길게 잡은 운영 방식이 문제의 본질입니다. 처음 나오는 아이디어는 필연적으로 사용할 수 없는 1차원적인 생각들입니다. 그 생각들을 기준으로 발전시키는 것이 아이디어 회의의 운영법입니다. 따라서 회의는 적어도 2회 이상 반복돼야 하고 회차를 거듭할수록 의사 결정 회의로 발전돼야 합니다.

모두의 사수가 하는 아이디어 회의 방법

제가 주로 사용하는 방법을 알려드리겠습니다. 처음엔 구성원 모두를 참여시켜 회의를 진행합니다. 1명씩 돌아가며 아이디어를 내면서 자연스럽게 발전되는 생각들로 자유롭게 의견을 나눕니다. 경험상 10명이 1개씩 아이디어를 갖고 와도 겹치는 생각이 많아 자연스럽게 5개 이내로 생각이 모입니다. 토론에 참여하는 사람 중 자신의 아이디어나 동료의 아이디어에 적극적으로 생각을 보태 발전시키는 사람들이 다음 아이디어 회의의 참여자가 됩니다. 이런 식으로 아이디어의 가짓수를 좁히고 발언자를 좁혀 나가면 최종적으로 의사 결정 회의 때 역량을 가진 사람들이 남게 됩니다. 그리고 그 논쟁을 통해 가장 현실 타당한 아이디어를 실행으로 옮기는 것이죠.

횟수는 점심 먹기 전에 한 번, 점심 먹고 와서 한 번, 퇴근 2시간 전에 한 번, 총 세 번 진행합니다. 뒤로 갈수록 참여 인원수가 줄고 회의 시간도 줄어듭니다. 최초 1회 때 회의 시간은 40분 이내를 목표로 하고 마지막 회의는 20분 안에 의사 결정하는 것을 목표로 합니다.

그래서 처음 회의 때 최대한 다양한 사람들을 참여시키는 것이 중요한데요. 상황이 여의치 않아 디자이너끼리 회의를 해야 할 수도 있고 기획자끼리 회의를 해야 할 수도 있습니다. 이럴 때는 역할 바꾸기가 매우 효과적인데요. 참여자에게 다양한 직업을 부여하고 부여받은 직업에 감정이입해서 아이디어를 내게 하는 것입니다.

예를 들어 A에게는 기획자, B에게는 디자이너, C에게는 개발자의 역할을 부여하는 것이죠. 그리고 1바퀴 돌면 직업을 서로 바꿉니다. A는 개발자, B는 기획자, C는 디자이너 같은 식으로요. 이 방식은 다른 사람의 아이디어에 귀 기울이게 만든다는 점에서 가장 좋은 효과를 얻을 수 있습니다. 앞사람 아이디어를 다음 순서에 자기가 받아서 발전시켜야 하니까요. 한 직업의 관점에 매몰되지 않아 보다 현실적인 아이디어를 낼 수 있게 도와준다는 점도 큰 장점입니다. 예산, 일정, 품질 등 모든 면을 종합적으로 고려할 수 있게 해 주니까요.

모든 구성원이 대화에 적극적으로 참여해야 합니다. 발언의 질을 생각하다 보면 대화에 참여할 타이밍을 놓치게 되니 의견을 스스로 검열하지 말고 다른 사람을 믿고 일단 의견을 제시하라고 교육해 주세요. 자신보다 뛰어난 다른 사람이 그 의견을 반드시 정교하게 다듬어 줄 테니까요. 그렇다고 자신의 아이디어만 제시하고 자신의 역할이 끝났다고 생각하면 안 되겠죠? 자신의 발언이 끝난 이후부터 아이디어 회의의 진짜 시작이니까요. 다른 사람의 생각을 경청하시고 대화의 흐름을 놓치지 말라고 교육해 주세요.

도무지 아무런 아이디어가 떠오르지 않는다면 솔직하게 사실을 말하는 것으로 회의의 포문을 열 수도 있습니다. 다른 사람들도 같은 마음이었을 테고 대화가 훨씬 더 쉽게 이어질 테니 결코 부끄러운 것이 아닙니다. 다른 사람의 아이디어에 꼬리 물기 질문을 하면 그 자리에서 새로운 아이디어가 나오기도 합니다. 그러니 모든 사람이 대화에 적극적으로 참여해야 합니다.

자기 생각을 잘 표현하지 못하는 팀원에게는 생각을 먼저 글로 정리해 오라고 요청하고 그것을 그대로 읽게 해도 좋습니다. 그에 대해 누가 비난한다면 그건 비난한 사람이 문제입니다. 저 역시 발표가 힘들고 자기 생각을 사람들 앞에서 표현하는 것을 심하게 무서워했던 시절이 있었습니다. 지금은 많은 사람 앞에서 강의를 하지만 저는 정말 내성적이고 소심한 성격입니다. 지금도 정말 친한 사람들이 아니면 제 생각을 잘 이야기하지 않습니다. 하지만 제 강의를 한 번이라도 들어 보신 분들은 전혀 느끼지 못하셨을 겁니다. 특히 저의 강의는 매주 즉문즉답으로 이뤄지는데 어떻게 실시간으로 바로 대답이 나올 수 있게 됐을까요? 어떤 연습이 저를 이렇게 바꿔 놨을까요?

발표는 자신의 생각을 말하는 것이죠? 발표 자료는 자신의 생각을 청자들이 쉽게 이해할 수 있도록 돕기 위해 만드는 것이고요. 그런데 많은 분이 이것을 거꾸로 하시더라고요. 발표 자료를 먼저 만들고 각 장의 스크립트를 달달 외우시는 분들이 있는데요. 이렇게 발표를 준비하시면 중간에 단어 하나만 까먹어도 버벅거리게 됩니다. 순서를 거꾸로 해 보세요. 먼저 내가 무엇을 사람들 앞에 발표할지 내용을 정리하고, 사람들의 이해를 돕기 위해 필요한 자료가 있다면 그것을 준비하는 겁니다.

가령 아이디어 회의를 하더라도 아이디어의 목표, 아이디어의 타깃, 아이디어가 구현될 때 반드시 고려해야 할 사항들을 중심으로 내용을 채워 보세요. 이 문서를 보고 읽어도 좋지만 반복해서 정리하는 습관을 들이시면 정리가 끝난 후 문서의 내용이 머릿속에 완벽하게 들어갑니다. 즉 따로 스크립트를 짜서 외우지 않아도, 문서를 보고 읽지 않아도 자연스럽게 자신의 생각을 표현할 수 있게 됩니다. 발표를 잘하는 것도 연습을 통해 충분히 가능합니다. 이건 특히 연습량을 늘려 가는 수밖에 없으니 지금 바로 실행해 보세요.

리더의 교육:
교육과 회의는 다르다

교육과 회의는 다릅니다. 시간을 들여 교육을 진행하면 구성원들이 교육을 통해 이해도가 올라가야 합니다. 리더가 회의와 교육을 구분하지 않으면 바로 이 지점에서 문제가 발생합니다. 구성원들의 이해도가 상이하면 아이디어를 내다가도 교육이 진행되고, 의사 결정을 하다가도 교육이 진행되는데요. 문제는 회의를 리드하는 사람이 노련하게 아이디어를 뽑아내고 의사 결정을 진행할수록 당사자는 회의를 잘했다고 생각하지 자신이 교육받았다는 생각을 하지 못합니다.

구성원들과 동등하게 토론하기 위해서는 기본적으로 같은 수준의 이해가 필요하고 사전에 충분한 공부를 하고 오는 것이 기본적인 태도입니다. 이걸 배우지 못하면 회의가 지연되는 가장 큰 원인이 됩니다. 회의를 리드하는 사람조차도 이게 회의인지, 교육인지 갈수록 분간하기 어려울 테고 리더가 지치면 소통 자체가 줄어듭니다.

이런 상황이 되면 안 되겠죠? 지금 모인 자리의 성격을 분명하게 밝히고 모임이 끝나면 구성원들의 어떤 점에 변화가 생겨야 하는지를 반드시 알려 줘야 회의가 회의답게, 교육이 교육답게 진행됩니다. 직원들을 어떻게 교육시켜야 할지 고민 중인 리더라면 다음 방법을 활용해 보세요.

비즈니스 모델 교육은 리더의 기본이다

교육은 말 그대로 교육입니다. 회사가 학교는 아니지만 협업하기 위해 필요한 기본적인 지식, 정보는 마땅히 공유하는 것이 서로 도움이 되겠죠? 모였을 때 한 번에 동기 부여도 하고 교육도 하고 아이디어도 공유하고 의사 결정도 할 생각이시라면 그 무엇 하나 제대로 합의되는 게 없이 시간만 보내고 계실 겁니다.

다음은 리더나 직원이 반드시 알아야 할 내용이니 입사 후 바로 이것부터 교육해 주세요. 교육하는 방법은 정답을 알려 주는 것이 아니라 토론할 수 있게 질문을 던지고 답을 찾아오라고 하셔야 합니다. 교육을 진행하면서 교육 대상자와 말 한 번 섞지 않는다면 그 사람의 교육 이해도와 교육 수준을 절대로 가늠할 수 없습니다. 숙제가 아니라 더 효율적인 교육을 위해 대화의 빈도를 올리기 위함이니 구성원들에게 이 점을 분명하게 설명하고 미리 질문지를 공유해 주세요.

- **비즈니스 모델에 대해**

Q1. 우리 회사의 고객은 누구인가?

Q2. 우리 회사의 고객은 우리에게 왜 돈을 지불하는가?

Q3. 우리 회사에서 내가 속한 부서의 고객은 누구인가?

Q4. 우리 회사에서 내가 속한 부서에 일은 어떻게 생기는가?

이 질문이 왜 중요한지 이제는 확실하게 아실 거라 믿습니다. 그렇지만 이 질문을 처음 팀원들에게 하셨을 때 생각하는 대답이 모두

다 달라서 놀랄 가능성이 큽니다. 이 생각들을 대화를 통해 조율해 나가는 게 입사한 신입 사원을 교육하는 첫 단추입니다.

회사의 고객이 누구인지 묻고, 그 고객이 왜 돈을 지불하는지 묻는 질문은 우리가 출근하고 퇴근할 때까지 무엇에 집중해야 이익이 커지는지 알게 해 줍니다. 팀의 고객이 누구인지, 팀의 일을 어떻게 생기는지 묻는 질문은 회사에서 자신이 속한 팀이 어떤 기능을 하는지, 어떻게 협업해야 하는지를 알게 해 줍니다.

15명 이내 소규모 조직이면 넓은 회의실에서 한 사람씩 돌아가면서 생각을 들어 보세요. 적게는 3시간 많게는 5시간 정도면 모든 사람의 생각을 들을 수 있습니다. 회사의 생산성이 나오지 않는다면 이 생각들을 정리하지 않아서 그렇습니다. 업무를 할 때마다 동기 부여가 필요하거나 잔소리가 필요해도 원인은 같습니다. 반드시 필요한 과정이니 꼭 진행하세요.

많은 리더가 '비즈니스 모델은 회사에 지원할 때 당연히 알고 지원하는 거 아니야?'라고 생각하지만 회사 밖에서 회사를 보는 시각과 회사 안에서 회사를 보는 시각은 차이가 있을 수밖에 없습니다. 비즈니스 모델을 이해하지 못한 직원이 기본이 안 된 게 아니라 비즈니스 모델을 먼저 교육하지 않은 회사가 기본이 안 된 것입니다.

가장 좋은 스승은 회사에 있다

회사는 학교가 아니란 말 많이 들어 보셨죠? 이 말이 옳고 그름을 떠나서 이 공격적인 문장이 왜 나오기 시작했는지 생각해 보는 게 더 의미가 있을 것 같습니다. 스스로 배울 생각이 없는 사람, 교육을 진행했는데도 고마운 걸 모르는 사람들 때문에 이런 말들이 공공연하게 떠도는 게 아닐까 싶습니다. 회사에서 강제로 실시하는 교육이 필요 없을 정도로 스스로 공부를 열심히 하는 분도 많습니다. 회사에서 따로 시간을 내 업무 외 시간에 교육을 편성하거나 업무 시간에 교육을 편성하면 '왜 내 시간을 빼앗지?'라는 생각 대신 감사한 마음을 가질 수 있게 차라리 생색을 내세요. 부족한 실력은 채우면 되지만 부족한 실력을 채울 생각도 안 하는 사람을 회사가 왜 고용해야 할까요?

회사의 규모에 따라 다르겠지만 그 회사에서 나오는 월급으로 생계를 유지하는 사람들 또한 많습니다. 개인의 이기적인 생각이 결국 다른 사람들과 분쟁을 일으키거나 회사를 망하게 만드는 요인으로 작용한다면 당연히 막아야겠죠. 직원이 교육을 받으면 반드시 교육을 진행한 사람에게 감사의 인사를 전하게 하고, 교육 내용을 정리해서 간단한 소회를 말하게 하고, 앞으로 무엇을 실행할지 보고받으셔야 합니다. 교육비 지원을 운운하는 사람들 중에 정말 배우러 다니는 사람은 드뭅니다. 진짜 배우려고 했으면 회사에서 스승을 찾았겠죠.

빠르게 성장하는 조직은 대체로 구성원들이 젊고 활력이 넘칩니다. 조직의 중추인 대표도 MZ세대이고 일하는 직원도 모두 MZ세대인 회사도 어렵지 않게 발견할 수 있습니다. 사회 초년생이지만 야심 찬 목표와 계획을 갖고 직장 생활하는 분들이 많고 또 그런 사람들로 회사를 채워야 하기 때문에 사장도 그런 사람들을 원합니다.

이런 상황 때문에 스승을 스승으로 안 모시고 제자가 제자의 본분을 다하지 않는 상황이 벌어지는 것이죠.

이런 야심 찬 인재들이 모인 조직에서 의욕이 넘치는 사람들 사이에 흔히 발생하는 문제들에 대해 이야기해 보는 것이 의미가 있을 것 같습니다. 또래 집단 리더십에 대한 이야기인데요. 급속 성장하는 조직일수록 사장과 중간 관리자, 중간 관리자와 팀원의 나이 차가 전혀 나지 않습니다. 농갑인 경우도 있고 1~2살 어린 경우도 있죠. 이때 사장이나 중관 관리자는 실무 능력으로 그 자리에 올라갔지만 아직 누구를 가르치는 일에서는 초보자이고 완벽하지 않습니다. 이런 상황 때문에 요즘 강연 때마다 실무자들에게 받는 질문이 있습니다.

"대표님의 피드백이 너무 주관적인 것 같아요."
"팀장님이 시키는 일이 저에게 도움이 되는지 모르겠어요."

원래 저는 이런 질문에 대답하지 않았습니다. 질문자의 말만 듣고 상황을 판단할 수 없기 때문인데요. 하지만 질문의 빈도가 점점 많아지는 것을 보고 많은 사장님과 팀장님과 팀원이 겪지 않아도 되는 갈등을 겪고 계신 것 같아 간단히 제 생각을 말씀드려 볼까 합니다.

젊은 회사일수록, 성장세인 회사일수록 달마다 사람을 충원하고 금방금방 새로운 얼굴들이 회사에 들어옵니다. 모든 사람들이 실시간으로 성장 중이고 새로운 직책이 생기고 새로운 부서가 생겨납니다. 어제까지 친구였던 동료가 승진하기도 하고 친구처럼 보이는 사람이 사장으로 있기도 합니다. 상황이 이렇다 보니 리더들과 팀원들의 소통에 긴장감이 생기는데요.

"이건 다시 하셔야 할 것 같아요."

"네? 왜요?"

"(이러이러한) 이유 때문에요."

"(납득 못함) 네….."

성장 중인 회사에 들어가면 누구나 겪게 될 일인데요. 어떤 조직도 완벽한 사람은 없습니다. 혹시 저런 태도를 보이는 직원이 있다면 그 사람의 태도를 정확하게 지적하셔야 합니다. 분명 잘못된 행동이니까요. 전 젊은 리더들의 코칭 실력이 부족할 순 있어도 실무 능력이 팀원보다 부족하다고 생각하지 않습니다. 경험의 총량이 다를 테니까요. 하지만 그들의 지시를 받는 팀원은 그들의 코칭 능력을 트집 잡는 게 아니라 실무 능력 전체를 의심하는 경우가 많습니다. '사장님이 너무 주관적으로 피드백해 주세요'라고 말하는 자신의 생각이 주관적이라고 평가하지는 못하는 것이죠. 1년 이상 실무를 경험한 리더의 주관적 판단과 입사한 지 2~3달 된 신입의 주관적 판단, 어떤 사람의 판단을 더 신뢰해야 할까요?

가르치는 사람의 코칭 능력만큼 중요한 것이 배우려는 사람의 태도입니다. 가르쳐 주는 사람의 의중을 읽으려고 노력하셔야 할 시점에 가르쳐 주는 사람의 자질에 의구심을 갖는 건 배우는 사람의 태도가 아닙니다. 배우는 사람이 기저에 이런 생각이 있다면 이 생각이 태도에 드러났을 가능성이 매우 높습니다. 사람은 말이 아니라 행동으로 드러나는 것에 더 큰 영향을 받습니다. 말로는 알겠다고 해도 표정이 석연치 않으면 그 모순을 누구나 금방 포착하잖아요? 배우는 사람의 이런 생각을 읽으면 가르쳐 주는 사람의 피드백이 소극적이 될 수밖에 없습니다.

생각이 태도를 만들고 태도가 결과를 만듭니다. 이제 막 사회에 진출해 배우고 성장하고 싶은 사람이라면 자신의 야심을 조금만 내려놓고 또래 스승님을 존중하는 것부터 시작해야 합니다. 자신과 동년배인 리더가 그 자리에 있는 건 그만한 이유가 있는 것입니다. 그 사람의 자질에 의구심을 품기보단 그 사람의 생각이 무엇인지 의도를 파악하기 위해 노력하고 그것을 받아들이려는 마음가짐을 갖는 것이 훨씬 현명한 마음가짐입니다.

조바심을 내려놓고 한 걸음씩 정진하라고 일러 주세요. 자신의 야심이 드러날수록 견제만 심해질 뿐입니다. 자신이 그 자리에 빨리 올라가고 싶다면 그 자리에 있는 사람을 더 높은 자리로 올려야 합니다. 그걸 위해 힘써야 하고요. 현명한 사람은 자기 자리를 이렇게 만들어 갑니다. 눈앞에 이익에 매몰되면 윗사람을 끌어내리려는 생각처럼 보이거나 동료들을 저격하는 태도로 비치기 쉽습니다. 그렇게 해서 자리를 차지하면 뭐 하나요? 따르는 사람이 단 한 명도 없을 텐데요. 소탐대실하지 말고 실리를 추구하라고 꼭 말씀해 주세요.

리더의 동기 부여:
동기 부여가 필요 없는 것이 기본 값이다

동기 부여는 상과 벌, 둘 중에 어디에 가까울까요? 여러분은 동기 부여를 어떻게 생각하시나요? 동기 부여의 사전적 정의는 다음과 같습니다.

"학습자의 학습 의욕을 불러일으키는 일."
"자극을 주어 생활체로 하여금 행동을 하게 만드는 일."

어떠신가요? 여러분은 동기 부여가 필요한 사람인가요? 아니면 동기 부여를 스스로 할 수 있는 사람인가요?

동기 부여가 필요한 상황은 개인에게 좋은 상황이 아닙니다. 동기 부여가 필요 없는 사람이 훨씬 더 주체성을 갖고 있죠. 자기 스스로 어떤 사람인지 생각해 보시기 바랍니다. 리더도 마찬가지입니다. 자신이 성과에 따른 보상이 있어야 움직이는 사람인지 내적 동기로 일하는 사람인지 점검해 보세요. 내적 동기가 약한 리더는 직원도 물질적인 보상이 있어야지만 일할 것이라 착각하기 쉽습니다. 칭찬이나 보상이 없으면 일하지 않을 거라 생각하기 때문에 불필요한 칭찬과 보상을 남발하게 되죠. 리더가 동기 부여를 칭찬처럼 하는 경우도 이 때문입니다.

여러분! 동기 부여가 필요 없는 사람이 동기 부여가 필요한 사람보다 일을 잘하고 있는 것입니다. 심지어 동기 부여를 칭찬처럼 남발하면 묵묵히 일하던 인재들이 줄줄이 퇴사하는 상황도 발생하니 더욱더 주의를 기울여야겠죠.

리더 스스로도 자신이 동기 부여가 필요한 사람, 다시 말해서 외부 동기로, 돈 때문에 일하는 것처럼 비치지 않도록 주의하셔야 합니다. 스스로 자신이 회사의 주인이 되셔야 합니다. 타성에 젖지 말고 스스로 일하세요. 여러분이 스스로 선택한 사업입니다. 돈에 매몰되면 하루 동안 자신이 어떤 가치 있는 일들을 했는지 파악하기 어렵습니다. 돈이 아닌 다른 목표를 생각하기 어려우시다고요? 그럼 자신이 그토록 바라는 돈을 왜 벌고 싶은지 생각해 보세요. 그리고 이 책의 5장 생산성 관리 편을 읽고 업무의 시작점과 끝점을 기록하세요. 예상 시간과 실제 걸린 시간을 비교하면서 하루를 회고해야 합니다.

일할 때 내적 동기는 자신이 하루 동안 어떤 가치 있는 일을 했는지, 그 결과가 무엇으로 이어졌는지를 성찰해야지만 생깁니다. 반대로 얘기하면 아무리 주체적인 사람일지라도 이 과정이 생략되면 타성에 젖게 됩니다. 업무의 시작점과 끝점을 기록하면서 하루를 회고하면 자연스럽게 이런 생각들이 꼬리를 물게 됩니다.

'내일은 이렇게 해야지.'
'이런 건 하지 말아야지.'
'이건 더 잘해 봐야지.'

'이 실수는 반복하지 말아야지.'

하루를 이렇게 마감하고 다음 날 실천하기만 해도 망하지 않을 수 있습니다.

리더의 업무 분장: 손 드는 사람이 성공한다

"그럼 이건 누가 해 볼래?"

자신이 리더인데 회의를 진행하다가 이런 질문이 나도 모르게 불쑥 나오셨나요? 이 질문을 할 때 감정이 어떠셨나요? '제발 누구라도 지원자가 있으면 좋겠다'였다면 마음속으로 간절히 바라기 전에 업무 분장에 대해 교육을 먼저 해 주세요. 자신의 업무를 다했는데 시간이 남는 사람은 새로운 일의 자발적 참여자가 되는 것이 몸값을 올리는 데 무조건 유리하니까요.

만약 여러분이 새롭고 중요한 일을 누군가에 맡겨야 하는 상황일 때 '이 일은 A에게 맡겨야겠다'는 생각이 들었다면 A가 회사에서 에이스인 게 분명합니다. 아마 A가 실제 여러분 회사에서 발생하는 중요한 일들을 모두 맡아서 진행하고 있을 테니까요. 전에도 설명드렸지만 일은 승자가 독식하거든요.

직원들의 경력이 쌓여 가는데 업무의 종류와 양에 변화가 생기지 않는다면 그 직원은 물경력이라는 뜻입니다. 만약 직원이 현실을 제대로 이해하지 못해서 회사 생활을 요령껏 적당히 하려고 하는데 그것을 보고도 방치했다면 그건 리더의 책임입니다. 회사 내 새로운 일에 모두 관심을 갖게 하세요.

그렇다면 팀원들을 어떻게 자발적으로 참여하게 만들 수 있을까요? 사실 당신이 리더라면 언제나 업무를 누구에게 줄시 고민하고 있을 것입니다. 리더 입장에서 이런 생각을 하고 있다는 사실을 직원에게 교육해 주세요. 이런 상황에서 자발적으로 참여하는 사람이 어떤 대우를 받게 될지도 알려 주시고요. 당연히 리더는 갑자기 맡게 될 업무의 일정과 준수해야 할 품질, 결과적으로 얻어야 하는 성과가 무엇인지 꼼꼼하게 설명해 주셔야 합니다. 이 과정에 참여하기만 해도 그 직원은 무리 중 20% 안에 드는 우수한 직원이 될 수 있습니다. 사람은 언제나 지금 자신이 하기 힘든 일에 도전해야 성장할 수 있습니다. 이 과정을 거쳐 실행까지 옮기는 직원은 무리 중 1%의 인재이니 꼭 좋은 대우를 해 주시길 바랍니다.

회사 내 자발적 참여자가 많아지면 새롭고 어려운 일들은 이미 그들 차지가 됐기 때문에 모였을 때 새로운 업무를 누가할지 정하는 것이 주요 안건으로 다뤄지지 않습니다. 이 사실도 직원들에게 알려 주세요. 모두 각자의 자리에서 최선의 노력을 다할 때 회사가 성장합니다. 직원들이 리더가 볼 때만 열심이라 걱정이시라면 이렇게 보이지 않을 때 더 열심히 하는 사람의 존재를 알려 주세요.

다시 한번 강조하지만 공평은 회사가 추구해야 할 가치가 아닙니다. 공평함보다 공정함이 중요합니다. 알아서 잘하고 있는 사람이 누군지 사람들이 알지 못한다면 이건 공정하지 못한 처사입니다. 일 잘하는 사람이 누구인지 모든 사람이 알 수 있게 분명히 밝히세요. 그렇다고 일 잘하는 사람과 비교해서 못하는 사람을 평가하라는 뜻이 아닙니다. 그냥 잘하는 사람이 누구이고, 잘하는 이유를 분명하게 밝히세요. 그리고 자신이 원하는 게 바로 이 사람처럼 일하는 것이라고 밝히세요. 이때 태도를 바꾸는 사람들을 끌고 가셔야 합니다. 그렇지 않은 사람들은 어차피 아무리 잔소리해도 바뀌지 않을 테니까요. 일은 적게 하면서 잘하는 사람만큼 연봉은 인상되길 원한다면 그건 그렇게 생각하는 사람이 문제입니다.

리더의 성과 공유: 성과를 나누는 사람이 성공한다

직원과 분명 다른 이유로 이야기를 시작했는데 자신도 모르게 성과를 주제로 대화의 방향이 옮겨 간 경험 있으세요? 아마도 성과에 대해 상당한 스트레스를 받고 계시기 때문일 겁니다. 자신도 모르게 대화가 성과를 중심으로 이동하고 그럴 때마다 직원들의 분위기가 싸늘하게 냉각된다면 안 해도 되는 말들이 오가며 서로에게 상처를 줄 수도 있습니다. 그럴수록 직원들은 리더의 눈치를 보느라 더 수

동적이고 방어적으로 변하게 되는데요. 아주 사소한 대화로 분위기를 전환할 수 있으니 사전에 구성원들에게 꼭 교육해 주세요. 성과 때문에 대화의 분위기가 냉각됐을 때 그 자리를 파하고 다시 모이자는 제안을 그 누구라도 할 수 있다는 원칙을 만들어 보세요. 누구라도 먼저 이렇게 말할 수 있어야 합니다.

"우리 지금까지 해 왔던 일들을 다시 섬섬해 보고 나시 모입시다."
"지금까지 해 왔던 일들을 점검해서 언제까지 다시 보고드리겠습니다."

이렇게 말했을 때 효과는 2가지가 있습니다.

첫 번째, 회의가 바로 끝납니다.
지금 해 왔던 일을 점검해야 하니까요.

두 번째, 팀워크가 망가지는 것을 방지할 수 있습니다.
이 상황이 침묵으로 지속되면 리더는 말실수를 하거나 팀원들이 말실수를 하거나 둘 중 하나입니다. 서로 탓하는 분위기는 서로에게 상처만 남깁니다. 구성원들이 지나치게 부정적인 감정에 사로잡혀 서로를 탓하는 분위기라면 말을 삼가세요. 누구 편을 절대 들어선 안 됩니다. 상황이 너무 안 좋은데 자신의 업무를 공개하고 자아비판을 하면 냉소적인 공격자들에게 좋은 먹잇감이 될 뿐입니다. 이때도 그저 이 말을 하시면 됩니다.

"지금 해 왔던 일을 다시 한번 점검해서 다시 모입시다."

회의가 끝난 뒤 자신의 현재 진행 상황을 다시 한번 점검하고 방향성을 각각 이해 관계자들과 1:1 면담을 통해 점검해 보세요. 저 마법의 문장을 말했을 때 회의의 분위기가 건설적인 방향으로 흘러간다면 자신이 먼저 매를 맞는다고 생각하시고 이렇게 질문해 보세요.

"제가 지금까지 해 왔던 일 중에 부족한 게 무엇인지 말씀해 주시면 고치겠습니다."
"제가 지금까지 해 왔던 일 중에 잘하고 있던 게 있다면 말씀해 주세요. 더 최선을 다하겠습니다."

리더가 먼저 이런 모습을 보인다면 직원들도 동참합니다. 제 말을 믿고 한번 해 보세요. 그 누구도 숨소리조차 못 낼 때 대화의 물꼬가 상호 비방이 아니라 건설적인 반성으로 트이기 시작하면 구성원들이 안도하는 게 피부로 체감되실 겁니다.

반면 회사의 성과가 전반적으로 좋아졌을 때는 팀원들이 자신의 성과를 어필할 수 있어야 합니다. 물론 성과를 정량적으로 기록하고 있어야겠죠? 성과를 정량화하지 못했다고요? 리더는 직원들과 면담해서 반드시 구체적으로 자신이 어떤 성과를 내야 하고 목표는 무엇인지 숫자로 정량화하서야 합니다.

그렇지 않으면 연봉 협상 자리나 인센티브를 지급하는 자리에서 자신의 성과를 감정에만 호소하는 직원들을 상대하느라 정말 진이 다 빠지실 거예요. 실제 많은 리더가 직원과 1년에 한 번 있는 연봉 협상 자리가 가장 무섭다고 답변하셨습니다. 그러니까 미리 성과를 어필하는 방법을 팀원들에게 교육해 주세요.

'나에게 할당된 업무를 혼자 해결했으니까 성과도 나 혼자 녹식해야겠다'는 생각을 혹시라도 직원들이 하고 있다면 큰 착각입니다. 회사는 여러 사람, 여러 부서가 연계하여 복잡한 문제를 해결합니다. 정말 냉정하게 생각해 보자고요. 100% 순수하게 혼자의 힘으로 성과를 냈다면 나가서 창업을 하는 게 낫습니다.

하지만 자신이 회사의 대외적인 신뢰도를 이용했다면, 회사 내 인프라에 조금이라도 의존했다면, 이건 혼자만의 힘으로 해결한 것이 아닙니다. 그 일에만 집중할 수 있도록 같은 방식으로 업무를 분장받은 동료들의 노고에 감사함을 표하게 하세요. 성과를 어필할 때 반드시 다른 사람의 공을 먼저 칭찬하게 하는 것도 방법이 될 수 있습니다.

"제가 이 일에 집중해서 성과로 만들 수 있었던 건 A님이 이런 일들을 도와주셨기 때문입니다."

정말 중요합니다. 제가 알려드리는 이 대답을 단순 처세술이라고 생각하시면 안 됩니다. 마음속 깊이 팀원들 사이에 고마움이 전해지도록 소통에 힘쓰셔야 합니다.

리더의 질문:
일의 순서가 질문과 결과를 바꾼다

"질문 없는 성장은 없습니다. 읽고 질문하세요. 우린 반드시 성장할 수 있습니다."

어디서 들어 보셨다고요? 모두의 사수 슬로건입니다. 진정 이 문장은 누구도 부정할 수 없는 진리입니다. 그런데 많은 분이 질문의 사전적 정의 때문에 질문하는 것을 지나치게 어려워하시더라고요. 질문의 사전적 정의는 "알고자 하는 바를 얻기 위해 물음"입니다. 여러분은 이 정의에 대해 어떻게 생각하시나요? 이 생각에 동의하는 분들은 아마 질문을 하고 싶어도 하지 못하실 게 분명합니다. 이 정의 자체가 모순이거든요.

도움이 필요한 사람들 대부분은 자신이 구체적으로 어떤 도움을 필요로 하는지 모릅니다. 대부분 스스로 문제를 잘못 정의하고 문제가 해결되지 않아 멘토를 찾습니다. 자신이 무엇을 알아야 하는지 분명하게 아는 사람은 외부의 멘토가 필요하지 않습니다. 스스로가 답을 찾으면 되니까요.

반면 자신이 알고 싶은 게 불분명할 때는 어떤 방식으로 질문해야할까요? 질문이 아니라 최대한 구구절절 자신의 상황을 설명해야 합니다. 쉽죠? 그런데 많은 분이 이걸 잘 못합니다. 이유는 단순한데요. 전체 내용을 투명하게 공유하는 것이 아니라 과정에서 자신이 생각하는 치부는 쏙 빼고 전하고 싶은 내용만 전하기 때문입니다. 만났던 사람들 중 질문을 잘하는 사람과 못 하는 사람의 가장 큰 차이는 이런 교만함이었습니다. 제가 생각이 태도를 만들고 태도가 결과를 만든다고 말씀드렸죠? 질문할 때 기저에 어떤 생각을 하고 있는지 태도를 보면 보입니다.

'쟤가 이걸 알겠어?'

놀랍죠? 생각보다 엄청 많은 사람이 기저에 이런 생각을 갖고 질문합니다. 아마 이 글을 읽는 여러분도 정도의 차이는 있겠지만 이런 생각을 갖고 질문하는 분들 분명 있으실 겁니다.

'진짜 도움을 받을 수 있을까?'

'쟤가 이걸 알겠어?'의 순한 생각인데 본질은 같습니다. 애당초 문제 해결을 위해 질문하는 것이 아니라 문제가 해결되지 않는 현 상황을 합리화하기 위한 명분이 필요한 것이죠. 이들의 특징은 대답을 듣기 전부터 준비된 답이 있다는 점입니다.

"아 그건 이미 해 봤어요."

"아 이미 알고 있는 내용이네요."

이게 무슨 소리냐면 지금 이 문제는 해결돼선 안 되는 문제이기 때문에 (스스로 해결하지 못했으니까) 처음부터 '내가 이미 알고 있거나 해 봤던 뻔한 이야기를 해 줄 거야'를 전제하고 상대방의 조언을 듣는다는 의미입니다. 그리고 해결되지 못한 현 상황을 정당화하죠.

'그래 역시 내 생각대로야.'

이런 상황 인식으론 아무리 훌륭한 멘토라도 그 사람을 도울 수 없습니다. '내가 모르는 게 분명히 있을 거야'라는 마음가짐이 복잡한 문제를 생각보다 단순하게 해결할 수 있는 단초가 됩니다. 그러니까 자신의 문제가 무엇인지 모르는 팀원에게 최대한 구구절절 상황을 설명하라고 요청하세요. 자신이 무엇이 문제인지 모르는 게 문제인 상황에서는 자기보다 뛰어난 사람을 찾아가 복잡하게 상황 설명을 해야 합니다.

우리가 무엇이 문제인지 모를 때, 누구를 찾아가야 할지 막막할 때 어떻게 구구절절 질문하면 좋을까요? 자신이 일하는 순서를 구구절절 설명하시면 됩니다. 도무지 해결되지 않는 일이 있을 때 우리는 구구절절 설명하되 사건을 시간 순으로 정리할 수 있어야 합니다. 그래야 질문받는 사람이 과정 중 문제가 있는 부분을 발견할 수 있습니다.

기획을 하다가 막히는 부분이 생겼을 때 대부분 사람은 이렇게 질문합니다.

"시장 조사를 하다가 막혔어요. 원하는 데이터가 나오지 않아요. 어떻게 해야 할까요?"

짧은 문장이지만 문제, 원인, 질문이 모두 담겨 있네요.

문제: 시장 조사를 하다가 막혔다.
원인: 원하는 데이터가 나오지 않는다.
질문: 어떻게 해야 할까요?

이건 좋은 질문일까요? 안타깝게도 아닙니다. 제가 같은 상황에 이런 질문을 받으면 이런 생각을 할 것 같거든요.

'도대체 시장 조사를 어떻게 했길래?'

감이 잡히시나요? 일에서 막히는 부분이 생겼을 때 이것을 빠르게 해결하려면 자신의 업무 순서를 공유해야 합니다.

"영진 님, 시장 조사를 하다가 막혔어요. 원하는 데이터가 나오지 않아요. 저는 이런 순서로 일을 진행했어요. 과정에서 제가 놓친 게 있을까요?"

어떠세요? 직원에게 모르는 부분이 생기면 이렇게 질문을 정리해 오라고 교육해 주셔야 합니다. 이렇게 질문자가 질문을 정리하면 그렇지 않았을 때보다 훨씬 빠르게 문제의 본질을 파악하기 쉽습니다. 그러니까 질문은 반드시 자신의 업무 순서를 기준으로 하도록 알려 주세요. 시간 순서대로 업무를 기록하다 보면 스스로 문제를 해결하기도 합니다. 이렇게 스스로 문제를 해결하는 능력을 키워 주는 것이 훨씬 좋겠죠?

"이런 순서로 일을 진행하다가 이런 결과가 나왔습니다. 제가 생각한 문제는 이건데 대표님 생각은 어떠세요?"

직원과 이런 방식으로 소통하면 과정에서 자연스럽게 유대감이 생기고 시행착오를 하더라도 안정감이 생깁니다. 실수를 두려워해 이것도 저것도 못하는 상황이 줄고 업무에 집중하는 시간이 훨씬 길어집니다. 허나 이렇게 질문을 받아도 뾰족한 해결책이 떠오르지 않을 수 있습니다. 실망하지 마세요. 질문 끝에 도출된 해결책이 현재 문제를 해결하지 못한다면 다시 질문을 정리해 보라고 하세요.
가령 '시장 조사 하다가 막혔는데 어떻게 해야 할까요?'라는 질문에 정답을 직접 알려 주시면 안 됩니다. 꼬리 물기 질문을 해 주세요.

이유는 시장 조사 방법에 정답은 없기 때문입니다. 질문자가 어떤 순서로 일하는지 스스로 파악하게 하는 것이 리더가 하는 질문의 핵심입니다. 질문자의 질문을 한 번에 해결하는 멋진 솔루션을 제시하기보다는 스스로 솔루션을 낼 수 있게 꼬리 물기 질문을 해 주세요.

"시장 조사는 어떤 순서대로 하셨나요?"
"지금 결과에 영향을 미친 이유는 뭐라고 생각하시나요?"

직원을 믿으세요. 질문으로 길을 안내하면 답은 그들이 스스로 찾아낼 것입니다.

"모든 리더가 영진 님이 말한 것처럼 될 수 없을 것 같아요. 솔직히 질문 같지 않은 질문 받으면 귀찮고 어떨 때는 화가 나기도 해요."

안타까운 사연입니다. 실제로 많은 리더가 겪고 있는 문제이기도 하고요. 우리 관점을 조금만 바꿔 보자고요. 자신이 정말 직원을 위하는 훌륭한 리더라고 전제했을 때 리더를 힘들게 하는 직원도 현실에는 분명 존재합니다. 앞서 질문하는 방법에 대해 구체적으로 설명드렸는데요. 지금부터는 어떤 질문이 리더를 난처하게 만드는지 알려드리겠습니다. 그리고 직원들에게 이런 류의 질문은 하지 말라고 안내하셔야겠죠?

직원들이 가장 많이 하는 실수 중 하나는 질문을 가장한 '해 주세요' 요청입니다. 함께 일하는 사람들은 검색 엔진이 아닙니다. 물음표로 끝난다고 질문이 아닙니다. 질문하기 전에 '해 주세요' 요청인지 직원들 스스로 점검할 수 있도록 교육해 주세요.

바로 전 질문하는 방법에 대해 자세히 설명했는데요. 지금까지 진행 상황을 시간순으로 적어 보고 결과를 분석하여 자신의 생각을 설명하는 것까지가 좋은 질문 자세입니다. 최소한 이 정도의 노력은 질문자가 하게 만들어야 합니다. 질문을 통해 즉각적인 해결책을 아는 것보다 중요한 건 질문을 정리하는 과정에 있다고 말씀드렸습니다. 그런데 이런 노력도 없이 결과물만 받아 보려는 생각을 갖고 있다면 질문이 어떻게 나올까요?

"시장 조사를 하다가 막혔어요. 무엇이 문제일까요?"
"글 쓰기가 잘 안되는데 무엇이 문제일까요?"

대부분 이런 질문에 대해 답변하는 사람은 그 일을 직접 하는 것과 비슷한 수준의 집중력을 답변하는 데 사용해야 합니다. 그러니까 곧 이런 생각에 빠지게 되죠.

'이럴 거면 내가 하지….'

제가 요즘 많이 받는 질문들도 부쩍 다음과 같은 내용이 많아졌습니다.

"영진 님, 마케팅 잘하려면 어떻게 해요?"

"영진 님, 사업으로 돈 벌려면 어떻게 해요?"

시행착오 없이 솔루션만 받으려는 생각이 이런 태도를 만드는 것입니다. 이건 질문이 아닙니다. 적어도 자신이 지금까지 마케팅을 어떻게 했고, 사업을 어떻게 했는지, 어떤 시행착오들을 겪었는지 등등을 시간순으로 정리해서 설명하려는 태도는 질문자가 갖춰야 할 기본 중 기본적인 태도입니다. 그러니까 반드시 이런 정성은 직원에게 요구하셔야 합니다.

"영진 님, 저는 직원들의 질문에 모두 친절하게 답변해 주는 것이 맞다고 생각해요."

이 생각도 틀리지 않았습니다. 그리고 이런 생각을 가진 리더들이 다른 사람을 가르치면서 가장 많이 성장합니다. 앞서 반복적으로 설명했는데요. 질문을 정리하는 과정이 성장의 비결입니다. 아무리 성의 없는 질문을 받아도 그 질문을 정리하는 과정에서 답변하는 리더는 반드시 성장할 수밖에 없습니다. 이것을 알고 있기 때문에 아무리 성의가 없는 질문이라도 답변하는 리더가 있죠.

자신이 이런 성향의 리더라면 다시 한번 생각해 보세요. 이런 식으로 자신은 성장할 수 있어도 직원은 성장할 수 없습니다. 어려운 수학 문제를 앞에 두고 어떻게든 풀어서 해답지와 비교하는 사람과 이런 노력 없이 바로 해답지를 보는 사람, 이 중 어떤 사람이 문제를 잘 해결할 수 있을까요? 직원에게 틀리는 것을 두려워하지 말고 과감하게 시행착오를 경험할 수 있는 환경을 만들어 주세요. 회사의 오답 노트가 두꺼워질수록 사업이 성장합니다.

지금까지 알려드린 내용으로 직원들이 충분히 시행착오를 경험한다면 과정에서 사람들이 많이 하는 질문은 사내 공용문서로 만들어 데이터를 쌓아 가셔야 합니다. 처음엔 많은 질문과 많은 대답을 기록하는 것이 번거로울 수 있으나 데이터가 축적될수록 질문하는 사람도, 답변하는 사람도 시간을 아낄 수 있으니 무조건 이득입니다.

하지만 이렇게 오답 노트가 생겼다고 해서 회사 내 질문과 답변 과정이 생략돼선 안 됩니다. '이런 기초적인 것도 오답 노트에서 찾아보지 않고 바로 질문하냐'고 따지지 말고 오답 노트를 어떤 방식으로 활용해야 원하는 답에 빠르게 접근할 수 있는지 검색 방법을 교육해 주세요. 항상 팀원을 잘 이끌어 주셔야 합니다.

리더의 보고: 합의돼야 두 번 일하지 않는다

여러분은 보고 잘 받고 계세요? 아니라고요? 도대체 직원들은 리더가 원할 때 왜 정보를 공유해 주지 않는 것일까요? 보고를 직원이 상사에게 하는 일방적인 소통이라고 정의했다면 아마 이렇게 직원에게 보고를 잘 받지 못하고 있다는 생각에 매몰되셨을 것입니다. 하지만 보고 역시 의사소통의 한 형태입니다. 일방향이 아니라 양방향 소통이라는 뜻입니다. '우리의 일이 성공하기 위해 서로에게 정보를 공유하고 의사 결정을 합의하는 과정'을 우리는 보고라고 정의해야 합니다. 그렇다면 고민의 방향이 새로워지겠죠?

보고는 리더가 원하는 타이밍에 리더가 원하는 결과물을 문서로 정리하는 행위가 아닙니다. 보고는 프로젝트의 성공을 위해 필요한 정보를 공유하고 의사 결정을 합의하는 것입니다. 보고를 잘하면 인정받는 이유도 리더가 원하는 정보를 제때 공급해서 그런 게 아니라 리더와 의사 결정을 잘 조율하고 정보를 잘 공유하면 프로젝트의 성공 가능성이 올라가기 때문입니다. 실패해도 과정에서 무엇이 잘못됐는지 분석할 수 있는 보고 자료가 남아 있기 때문에 첫 도전이 실패로 끝났더라도 두 번째 도전의 성공 가능성을 높일 수 있습니다.

직원들끼리 정보 공유가 잘 안 되고 있거나 자신이 정보 공유를 잘 못하는 것 같다면 점검해 보세요. 혹시 보고를 '완벽하게 준비해서 한 번만 받으면 된다'고 생각하시나요? 이 생각 때문에 이 모든 문제가 시작되는 것입니다. 지금부터 일의 성공을 위해 보고를 잘 받는 방법을 알려드리겠습니다.

성공에 기여하는 보고 방식은 따로 있다

100쪽짜리 사업 계획서를 작성한다고 가정해 보죠. 어떤 사람은 일을 맡고 100쪽짜리 문서를 한 달 뒤에 한 번 공유합니다. 어떤 사람은 일을 맡고 의사 결정을 합의해야 할 때마다 공유합니다. 예를 들어 문서에 반드시 포함돼야 할 어젠다를 먼저 구성하고 리더와 협의합니다. 과정에 누락된 게 있으면 넣고 빼도 되는 게 있으면 뺍니다. 그렇게 추려진 어젠다의 순서를 기획해 문서의 목차를 구성합니다. 이때 문서의 제목은 '가제'로 마지막에 바뀔 수 있음을 말씀드리고 맥락상 순서에 대해 논의합니다. 양쪽 모두 이견이 없을 때 목차대로 문서를 작성하기 시작합니다.

어떠신가요? 보고가 어떤 개념인지 이제 감이 잡히시나요? 100쪽 분량이 아니라 1페이지 보고서를 작성할 때도 같은 프로세스를 거쳐야 합니다. 의사 결정을 합의하는 절차를 건너뛰고 일을 진행하면 문제가 생겼을 때 리더가 문제를 수습해 줄 타이밍을 놓치게 됩니다. 어젠다를 점검해 주면 될 일이었는데 100쪽짜리 보고서를 전면적으로 재작업해야 하는 일이 생길 수도 있는 것이죠.

정보 공유의 중요성을 잘 모르는 사람, 혼날까 봐 두려운 사람, 실수에 방어적인 사람, 성과를 독식하려는 사람들이 보통 보고를 생략합니다. 리더와 실무자 모두 보고서의 완성을 위해 적극적으로 소통해야 합니다. 과정에서 최대한 많이 자주 정보를 공유할수록 일의 성공 확률이 올라가고 보고서의 질이 높아지겠죠? 이런 보고서의 수가 늘어난다면 보고서 그 자체가 회사의 실력이 됩니다. 새로운 일을 시작할 때도 과거의 방식을 검토해 보고 실패율을 줄이는 의사 결정을 하면 되니까요.

그러니까 직원들에게 지적받고 혼나는 것을 두려워하지 말라고 교육해 주세요. 물론 직원들에게 지적받는 것을 리더가 두려워해서도 안 됩니다. 보고 과정에서 효율을 쫓게 되면 최소한의 횟수로 의사 결정을 합의하는 것을 효율로 착각하게 됩니다. 그럼 직원들이 이렇게 착각합니다.

'보고 횟수는 적을수록 좋은 거 아니에요?'

절대 아닙니다. 욕을 먹는 한이 있더라도 과정마다 의사 결정을 확실하게 합의해야 합니다. 최종적으로 한 번만 결과를 공유하는 사람 때문에 결과물이 미흡했을 때 전체 일정에 지연을 초래할 수 있습니다. 이렇게 생각하는 사람도 있을 수 있습니다.

'보고는 결과를 공유하는 거 아닌가요?'

틀린 말은 아닙니다. 그런데 어떤 사람은 보고하기 전에 이미 이해관계자들을 보고 과정에 참여시키고 결과물에 대해 공통된 의견을 갖게 만드는 반면 어떤 사람은 결과물을 한 번 공유하고 위 과정을 모두 보고받는 사람에게 전가합니다. 둘 중 어떤 보고가 일의 성공에 더 크게 기여할까요?

보고서를 잘 쓰는 게 보고의 본질이 아닙니다. 문제 정의와 해결책 도출 과정에서 이해관계자들을 모두 포함해 정보 공유를 하는 과정, 이 과정이 보고입니다. 이 과정에서 횟수를 정해 놓는 것이 아니라 필요한 만큼 하는 게 보고입니다. 보고를 하고 받게 될 피드백이 두려워 최대한 뒤로 미루고 퇴근 전에 보고를 한 번만 하는 사람이 있다면 위에서 설명한 보고 방법을 분명하게 교육해 주세요. 그리고 리더도 완벽한 보고서를 받으려고 하지 말고 과정에 함께 참여한다는 생각으로 경청해 주시길 바랍니다.

가령 50쪽짜리 마케팅 전략을 기획할 때 일의 순서가 다음과 같다고 가정하겠습니다.

1) 제안서에 반드시 포함시킬 어젠다 정하기
2) 어젠다의 순서를 정하고 목차 만들기
3) 제안서 쓰기
4) 1차 발표하기
5) 2차 발표하기

이때 보고자와 의사 결정을 합의하는 타이밍은 다음과 같습니다.

1) 제안서에 반드시 포함시킬 어젠다 정하기,
2) 어젠다의 순서를 정하고 목차 만들기

본격적인 제안서 작성 전 여기까지 의사 결정이 합의돼야 합니다. 이때 서로 의견이 다르다면 어젠다를 추가하거나 빼거나 순서를 바꾸는 의사 결정을 하셔야겠죠? 이 과정이 누락되면 일이 완료된 후 재작업하는 일들이 생깁니다.

3) 제안서 쓰기

1번, 2번 과정이 합의가 되면 제안서 작성을 해도 큰 문제가 없습니다. 결과물이 어떻게 나올지 합의가 됐기 때문입니다.

4) 1차 발표하기

이 과정 자체가 보고입니다. 보고 문화가 잘못 형성돼 있는 회사의 경우 가장 처음 보고를 받는 시점이기도 합니다. 만약 1번 과정에서 의사 결정을 합의하지 않았다면 이때 간단한 수정이 아니라 전면 재작업으로 업무 지시를 받게 될 가능성이 높습니다.

5) 2차 발표하기

1번, 2번 과정에서 정보를 잘 공유하고 4번 과정에서 피드백을 받으셨다면 지금 단계에서 별다른 수정 없이 결과물이 완성됩니다. 하지만 과정에서 보고가 생략된다면 완성까지 일정은 더 늘어나게 되겠죠.

리더의 1:1 면담: 오래 다니고 싶게 하라

어렵게 채용한 인재를 오랫동안 다니게 하려면 어떻게 해야 할까요? 제가 찾아낸 방법은 1:1 면담입니다. 요즘 평생직장은 없다고 생각하는 직장인이 많습니다. 요즘 직장인들이 이런 생각을 갖고 있기 때문에 평생직장을 만들려는 노력을 등한시하는 사업가도 계시더라고요. 그래 놓고 사람들이 회사를 퇴사하는 것에 배신감을 느낀다면 참으로 우스운 상황입니다.

평생직장은 없다고 생각하는 직장인의 심리를 이해하려고 노력해 보세요. 평생 몸담을 곳이 필요하지만 회사는 사람을 도구처럼 쉽게 사용하고 쉽게 대체한다는 불신 때문에 평생직장은 없다는 말이 나오는 것은 아닐까요?

그렇다면 사업가로서 우리가 해야 하는 노력은 하나입니다. 평생 다니고 싶은 회사를 만들기 위해 노력해야 합니다. 회사에 장기 근속자들이 늘어난다면 신입 사원 교육에 투자하는 비용이 줄어드니 직원들의 급여, 생활 복지 등에 재투자할 여유도 생깁니다. 인과 관계상 마땅히 추구해야 할 목표가 맞습니다. 그리고 이 목표를 달성하기 위해 가장 효과적인 수단이 1:1 면담입니다.

회사의 규모가 커질수록 개개인의 의견이 회사 내 특정 집단의 의견으로 수렴합니다. 회사의 힘을 하나로 모으려는 시도 속에서 그런 분위기가 만들어지기도 하고 회사에 대응해 자신들의 이익을 보호하려는 시도에서도 그런 분위기가 만들어집니다.

이 과정에서 개인이 어떤 집단의 이익을 대변한다고 해도 세부적인 목소리까지 반영되기 어렵습니다. 집단의 의견에 개인의 의견이 가려지기 쉽고 소수의 의견이 전체를 대변하는 것처럼 착시가 생길 수도 있기 때문에 회사 내 갈등이 점점 더 심화됩니다. 자신이 속한 집단 대부분이 하나의 의견을 지지한다면 개인이 다른 의견을 제시하기가 점점 어려워질 수밖에 없습니다. 그래서 반드시 1:1로 의견을 제시할 수 있는 창구를 만들어야 합니다. 설문 조사가 될 수도 있고 이메일이 될 수도 있고 메신저가 될 수도 있습니다. 확실한 건 1:1로 소통할 수 있는 창구가 많아질수록 회사의 다양성이 보존됩니다. 특정 소수의 의견이 모두를 대표하는 것이 아니라 개개인의 솔직한 생각들이 회사 경영에 반영될 수 있도록 1:1 면담을 중요하게 생각하셔야 합니다.

'1달 전 퇴사 통보'라는 밈이 있습니다. 이직할 곳을 정하고 1달 전에 회사에 통보하는 것이 자신에게 이득이라는 의미인데요. 실상을 조목조목 따져 보면 이렇게 이직했을 때 개인에겐 득보다 실이 많습니다. 자신의 커리어를 함께 고민해 줄 수 있는 사람에는 또래가 아니라 반드시 자신보다 나이도 많고 경험도 많은 사람이 포함돼야 합니다. 또래끼리의 시야는 지금 국면을 일단 벗어나는 것에만 매몰될 수 있기 때문에 장기적인 관점에서 이직 준비에 대해 생각을 이어가기가 어려울 수 있습니다.

이때 가장 많이 하는 실수가 돈 따라가는 의사 결정입니다. 지금 다니는 회사보다 더 많은 연봉을 제안하는 곳으로 옮기는 것이죠. 그런데 한번 상식적으로 생각해 보세요. 지금 자신이 다니는 회사에서 1등의 실력을 가진 사람이라도 더 좋은 회사에 들어가면 그 능력은 평균 수준일 가능성이 높습니다. 지금 다니고 있는 회사보다 더 좋은 회사는 더 좋은 사람들로 채워졌다는 뜻이니 당연합니다.

진정한 의미의 이직은 높은 월급 인상률보다 더 많은 경험의 양을 목표로 해야 합니다. 하지만 이직 시 연봉 인상이 적다는 것을 이유로 많은 사람이 더 많은 연봉 인상을 제안하는 회사를 선택합니다. 하지만 이직할 회사에서 자신이 최고의 실력자라면 그 이직은 다운그레이드된 의사 결정입니다. 게다가 높은 연봉을 제안한 회사는 투자한 만큼 이익을 내기 위해 그 사람에게 높은 강도의 업무를 요구할 것이 분명합니다. 이 때문에 리더는 1:1 면담을 통해 직원의 커리어를 잘 설계해 줘야 합니다. 1:1 면담에는 3가지 종류가 있습니다.

- 리더가 팀원에게 요청하는 면담
- 팀원이 리더에게 요청하는 면담
- 팀원이 팀원에게 요청하는 면담

리더가 팀원에게 요청하는 면담

먼저 리더가 팀원에게 요청하는 면담에 대해 설명하겠습니다. 리더가 팀원에게 요청하는 면담에는 다시 3가지 종류가 있습니다.

- 팀원이 일을 잘했을 때 잘한 점을 칭찬하기 위해서 하는 면담
- 팀원이 일을 못했을 때 못한 점을 지적하고 교육하기 위한 면담
- 현재 팀원의 상태를 점검하기 위한 면담입니다.

만약 팀원에게 칭찬을 하는 자리라면 정량적으로 칭찬하시는 것

이 중요합니다. 지적할 때 결과를 갖고 구체적인 문제점을 제시해야 효과적인 것처럼 칭찬도 마찬가지입니다. 성실해서 보기 좋다는 이야기는 칭찬이 아닙니다. 구체적으로 어떻게 성실해서 다른 사람들의 모범이 되는지를 묘사하는 것이 칭찬이죠.

지적하는 자리라면 감정을 드러내선 안 됩니다. 자신이 혼내는 스킬이 부족하다고 생각할수록 사전에 지적할 내용을 글로 반드시 적어 보세요. 원래 지적하는 사람이 지적받는 사람보다 더 고통스럽고 더 스트레스를 받습니다. 그런데 여기에 직원이 감정적으로 반응한다면 리더가 더 상처를 받을 수 있습니다. 차라리 종이에 적은 내용을 보면서 읽는 한이 있더라도 최대한 감정을 덜어 내는 연습을 하세요. 그리고 이 지적이 정말로 효과가 있으려면 지적받는 당사자에게 지적의 내용을 이해한 대로 다시 설명하라는 요청을 반드시 하셔야 합니다. 이 과정에서 팀원이 진심으로 경청했는지, 한 귀로 듣고 한 귀로 흘렸는지 알 수 있고 앞으로 그 팀원을 어떻게 대해야 할지 방향을 정할 수 있기 때문에 반드시 요구하셔야 합니다.

팀의 전반적인 상태를 점검하기 위해 정기적으로 하는 면담이 있습니다. 회사 생활은 전반적으로 어떤지, 회사 다니면서 계획한 일들은 성과를 내고 있는지, 커리어에 대한 고민이 있는지 등등 전반적으로 상태를 진단하기 위해 정답이 정해져 있지 않은 다양한 대화를 나누게 되는데요. 이 질문들을 일회성으로 휘발시키지 말고 잘 적어 두세요. 회사가 바쁠수록 이런 면담은 생략되기 쉽습니다. 그렇지만 이 질문들을 평소 생각하지 않는다면 일에 매몰되어 목표와 방향성을 잃어버리기 쉽습니다. 이 책의 마음가짐 편에 있는 6가지 질문을 팀원들에게도 한 달에 한 번 꼭 질문해 주세요.

Q1. 내가 매일같이 회사에 출근하는 원동력은 대체 무엇인가?

이 질문으로 직원이 현재 몇 단계에 있는지 알 수 있습니다. '먹고 살기 위해서요', '돈 때문에요'와 같이 생존 본능에 대한 대답이 나온다면 1단계, '사람이 좋아서요', '누가 잘 챙겨 줘서요'와 같이 소속감에 대한 대답이 나온다면 2단계, '저의 커리어를 위해서요'와 같이 자신을 위해서란 대답이 나오면 3단계, '우리가 제일 잘하니까요'와 같이 소속감을 넘어 일체감이 느껴지는 대답이 나온다면 4단계, '이게 제 일이니까요'와 같이 일과 삶을 동일시하는 대답이 나온다면 5단계 사람입니다.

각각 사람들이 상승 이동 할 수 있도록 단계마다 집중해야 할 행동을 알려 주세요. 가령 1단계 사람에게는 3단계 이상의 사람들과 정기적으로 교류하는 자리를 만들어 주면 되고 2단계 사람에게는 작은 단위의 성공을 경험시켜 주면 됩니다. 3단계 사람은 1, 2단계 사람의 사수 역할을 맡기거나 회사의 여러 부서를 경험하게 하면 자연스럽게 4단계로 상승 이동합니다. 5단계는 6가지 질문을 꾸준히 기록하고 지금까지 삶을 회고하면 도달할 수 있습니다. 자기 자신의 삶을 긍정하는 태도를 배우면 되니까요. 기록과 회고보다 좋은 방법을 저는 찾지 못했습니다.

Q2. 회사에서 내가 이루고 싶은 목표는 무엇인가?

이 질문을 많은 직장인이 성과와 연결해서 생각하게 될 텐데요. 이 면담은 직원들을 위해서 하는 면담입니다. 회사를 위한 것이 아닙니다. 그러니까 진짜 직원들 마음에서 우러나오는 목적과 목표를 들으셔야 합니다. 직원 스스로 진짜 원하는 목적이 있다면 그것을 리더가 달마다 물어봐 주기만 해도 직원은 자신의 목적에 맞는 목표를 달성해 나갑니다.

가령 워라밸이 가장 중요하다고 대답한 직원은 야근을 피하기 위해 스스로 출근 시간을 앞당기고, 누구보다 빠르게 승진하고 싶다고 대답한 직원이 퇴근 후에도 남아서 공부하는 것을 보기도 했습니다. 창업이 목표인 직원은 회사의 모든 일을 창업 전 배워야 하는 일로 인식해 여러 일의 자발적 참여자가 되기도 했고요.

회사가 정해 준 목적과 목표가 아니라 자신이 진짜 하고 싶은 목적과 목표를 솔직하게 대답할 수 있도록 끈기 있게 질문하세요. 회사에서 목적과 목표가 분명해지면 회사 생활을 할 때 태도와 방식이 달라집니다. 이 질문은 회사 생활을 하는 이유, 다시 말해 목적을 묻는 것과 같습니다.

Q3. 인생에서 내가 이루고 싶은 목표는 무엇인가?

회사를 왜 다니는지, 어떤 목표를 달성하고 싶은지 명확해지면 그것이 회사 생활의 태도와 방식을 결정한다 그랬죠? 자신의 삶을 주체적으로 살기 위해서 인생의 목적과 목표를 묻는 건 반드시 해야 합니다. 이 질문에 대해 생각을 전혀 안한다는 건 '전 제 삶에 대해 아무 생각이 없어요. 그냥 남이 시키는 대로 살게요'라고 대답하는 것과 같습니다. 삶의 태도와 방식은 '나는 무엇을 위해 사는지', '살면서 무엇을 이루고 싶은지'에 대한 성찰을 통해 정리할 수 있습니다. 압니다. 이 질문은 답하기 매우 어렵습니다. 그렇다고 포기하면 안 됩니다. 자기만의 답이 나올 때까지 질문해 주세요.

저는 모두의 사수를 갑자기 떠오른 아이디어로 번갯불에 콩 볶아 먹듯 만들지 않았습니다. 사업의 구상에만 5년이 걸렸습니다. 무엇을 하고 싶은지, 어떤 일에서 보람을 느끼는지, 무엇을 제일 잘하는지 등등에 대해 확실한 대답이 나올 때까지 5년이 걸렸습니다. 이것에 대한 대답이 불분명할 때 저는 언제나 길을 잃어버렸습니다. '내가 무슨 부귀영화를 누리려고 이 고생을 하고 있지'라는 생각이 머리를 잔뜩 어지럽혔거든요. 분명 직원들도 언젠가 저와 여러분이 목적이 없어 방황했던 경험을 똑같이 하게 될 텐데요. 차라리 1살이라도 어릴 때 안전하게 방황하게 해 주세요.

Q4. 더 나은 사람이 되기 위해 새롭게 배우고 싶은 것이 무엇인가?

지금 스스로 부족한 것이 뭐냐고 묻는다면 기획자는 '기획 능력'이라고 답할 것이고, 디자이너는 '디자인 능력'이라고 대답할 것이고, 마케터는 '마케팅 능력'이라고 대답할 것이 분명합니다. 그런데 더 나은 사람이 되기 위해 무엇을 배우고 싶은지 묻는다면 그들의 입에서 나오는 대답은 예상과 전혀 다를 수 있습니다. 갑자기 유튜브를 하고 싶다고 대답하는 사람이 있을 수도 있고, 심리학을 배우고 싶다고 하는 사람이 있을 수도 있습니다. 그 이유를 묻고 그들이 스스로 시간을 내서 그 일을 실제로 배울 수 있도록 독려해 주세요. 회사 성장에 전혀 도움이 안 되는 것을 배운다고 걱정하실 필요가 전혀 없습니다. 회사는 실제로 스스로 끊임없이 무언가를 배우려는 사람들 때문에 성장하는 것입니다. 스스로 배우려는 자세, 이 자체가 중요합니다. 타성에 젖으면 주입식으로 회사의 노하우를 아무리 떠 먹여 줘도 성장하지 못합니다.

Q5. 나는 일할 때 언제 만족하고 행복한 사람인가?

'일할 때'라는 조건이 붙으면 대부분 사람들은 '자신의 생각이 실행돼서 성과로 나타날 때'라고 대답합니다. 당연히 이런 일들이 많아질수록 회사도 성장하겠죠? 그러니까 이 일들이 한 달 동안 몇 번 일어났고 그게 어떤 일이었는지 스스로 기록하게 하세요. 이 기록이 쌓이면 실제 직원의 경력 기술서가 됩니다. 그리고 이 질문을 그저 물어봐 주는 것으로도 성과가 개선되기 시작합니다. 못 믿으시겠다고요? 스스로 먼저 해 보세요. 이번 달에 내가 만족한 일들이 몇 번이었는지를 적기 위해 매일 회고하는 자신을 발견할 수 있을 테니까요.

저는 직장인일 때 제가 원하는 경력 기술서를 먼저 작성해 두고 그 업적을 달성하기 위해 노력했습니다. 아직 이루지 못한 목표를 달성하면서 작성한 내용이 실제 저의 업적이 됐을 때 얼마나 뿌듯했던지요. 직원들에게도 성취감을 스스로 느낄 수 있게 성과를 직접 추적하라고 말씀해 주세요. 그리고 제가 그랬듯 달성하고 싶은 목표로 자신의 경력 기술서를 미리 작성하게 하는 것도 좋은 방법입니다.

Q6. 나는 일할 때 언제 힘들고 불행한 사람인가?

저는 회사 HR의 핵심은 직원들의 불행을 관리하는 것이라고 믿습니다. 저마다 행복의 기준은 다양하지만 언제 힘드냐고 물어보면 대부분 비슷한 이유를 대답하기 때문입니다. 직원들이 불행을 느끼는 건 크게 2가지 종류가 있습니다. '자기 자신이 무능하다고 생각될 때', '회사에 시스템이 없어 똑같은 실수를 반복할 때'입니다.

첫 번째 상황에 있는 직원은 무능력을 극복하기 위해 1:1 면담을 교육 자리로 전환하셔야 합니다. 직원의 업무 순서를 꼼꼼하게 점검해 주고 업무 외 훈련 시간을 따로 편성해서 더 밀착 관리해 주세요. 시스템이 없기 때문에 오는 스트레스는 대표적으로 '업무 요청'이 있습니다. 불쑥 나타나 구두로 업무 요청을 하는 것만큼 일의 몰입을 떨어트리는 일도 없죠. 업무용 게시판을 만들고 현재 업무 현황을 알 수 있는 대시 보드를 만들면 구조적인 문제는 단숨에 해결할 수 있습니다. 한 사람의 불편함을 해결하는 것이 아니라 조직 전체의 불편함이 해소되겠죠?

팀원이 리더에게 요청하는 면담

팀원이 리더에게 요청하는 면담에도 크게 3종류가 있습니다.

- 자신이 처한 억울함을 말하기 위해 요청하는 면담
- 자신이 처한 어려움을 말하기 위해 요청하는 면담
- 자신이 이직이나 퇴사를 결심했을 때 요청하는 면담

첫 번째 면담을 요청받았을 때 주의해야 할 점이 있습니다. 팀원의 감정이 아무리 격해졌어도 리더의 감정은 냉정함을 유지하셔야 합니다. 첫 번째 면남의 이유는 타인과의 비교를 동한 억울함이 원인인 경우가 많습니다. 자기 잘못이 아닌데 자기 잘못처럼 덤터기를 썼거나 위력, 권위 때문에 누명을 썼거나 등등의 이유도 있지만 이 모든 정황이 오해가 쌓인 결과일 수도 있습니다.

팀원의 억울함에 귀 기울여 주시되 문제의 원인을 밝히려는 자세를 잃어선 안 됩니다. 사람은 본능적으로 타인과의 비교를 통해 자신을 인식합니다. 그렇기 때문에 이 상황에서 문제의 원인을 타인과의 비교 때문이라고 당사자 스스로가 힘들게 만든 거라고 지적하시면 공감대를 형성하지 못할 가능성이 큽니다.

그래서 한 달에 한 번씩 진행하는 1:1 면담이 중요합니다. 6가지 질문에 대한 대답을 계속 쌓아 가시면 팀원의 목적과 목표를 구체적으로 알게 됩니다. 감정적으로 격분한 팀원에게 가장 적절한 조언은 목적과 목표를 다시 상기시키는 것입니다. 그리고 냉정을 되찾은 팀원의 이야기를 잘 경청하시고 문제의 원인을 제거하세요.

두 번째 상황은 자신이 해결할 수 없는 상황일 때 도움을 요청하는 면담입니다. 일을 잘하는 사람일수록 두 번째 면담을 잘 활용하고 일을 잘 못하는 사람일수록 두 번째 면담의 활용이 없습니다. 누가 나서서 도와줘야 할 정도로 사건이 커지고 나서야 면담이 진행되는 경우가 많다는 뜻이니 사전에 교육해 주는 게 좋겠죠? 혼나는 게 두려워 혼자서 끙끙대지 말고 혼날 때 혼나더라도 문제를 인지한 즉시 도움 요청을 하라고 교육해 주세요.

세 번째 상황은 이직이나 퇴사를 결심했을 때 요청하는 면담입니다. 2가지 상황이 있습니다.

1) 기존 조직이 너무 좋지만 더 좋은 기회를 찾아 떠나고 싶을 때
2) 기존 조직이 너무 싫어서 더 좋은 기회를 찾아 떠나고 싶을 때

1번 상황은 1:1 면담을 통해 팀원의 커리어 계획을 사전에 파악하시는 것이 가장 좋습니다. 앞서 6가지 질문을 통해 면담을 지속하셨다면 팀원들의 이직 계획을 미리 알 수 있습니다. 더 좋은 회사로 이직을 독려할 수도 있고요. 팀원이 가고 싶은 회사가 어디인지 미리 듣는 건 회사에도 이익입니다. 팀원이 이직하고 싶은 회사의 장점을 우리 회사에도 도입하면 되니까요.

회사가 성장하지 못해 인재들이 떠나기 시작한다면 인재가 떠나는 것을 걱정할게 아니라 회사가 성장하지 못하는 원인을 찾고 해결하셔야 합니다. 그래야 그 사람들이 떠나지 않고 남아 주겠죠. 커리

어 계획을 미리 공유하면 회사도 대체 인원 채용을 미리 준비할 수 있고 직원도 이직 준비를 여유 있게 할 수 있기 때문에 양쪽 모두 좋습니다.

실제로 원하는 회사의 채용 공고가 떴을 때 이직 준비를 도와주고 그 기간 동안 회사가 원하는 인수인계 절차대로 신규 입사자에게 인수인계 하도록 제안하면 오히려 회사 밖의 외연이 넓어지는 좋은 결과로 이어집니다. 퇴사하면 남남이 아니라 그때부터 새로운 인간관계가 시작되니까요.

팀원이 팀원에게 요청하는 면담

동료들 사이에 얼마나 많은 대화가 오가고 있나요? 또 어떤 주제로 대화를 하고 있나요? 대화의 주제가 상사의 험담이나 회사 가십에 지나치게 매몰돼 있다면 대화의 참여자 모두에게 좋지 않은 영향을 미칩니다. 차라리 5년 뒤에 목표, 꿈, 계획에 대해 이야기 나누게 하고 티타임에 필요한 비용을 지원해 주는 것도 좋은 방법입니다. 더 구체적으로 우리 회사 다음에 어떤 회사에 가고 싶은지 대화를 나누고 내용을 정리해 주면 더 좋습니다. 직원들이 다니고 싶어 하는 꿈의 직장이 우리 회사가 될 수 있도록 노력의 방향을 정할 수 있기 때문입니다.

사내 스터디 모임을 만드는 것도 좋습니다. 하루빨리 리더가 되길 희망하는 팀원이 있다면 스스로 조직한 모임의 장이 되도록 지원하는 방법도 효과적입니다. 스터디 모임을 조직하고 운영하게 해 보세요. 독서 모임, 각종 보고서 케이스 스터디, 프로젝트 성공 사례, 실패 사례 연구 등등 스터디의 주제는 무궁무진합니다. 자신의 업무를 업그레이드할 수 있는 방법을 혼자서 고민하는 것이 아니라 주변 동료들과 함께 고민하면 개인의 성장이 더 가속화되겠죠?

모두가 원하는 리더와 원하지 않는 리더의 차이

솔직함, 투명성, 정직함이 결여된 리더는 동료들의 신뢰를 얻을 수 없습니다. 이면에 다른 생각이 있다고 느끼게 만드는 리더는 사람들을 이끌 수 없기 때문입니다. 리더가 밀실에서 동료와 대화를 나누더라도 그 대화 내용은 곧 모든 사람이 알게 됩니다. 그러니까 1:1로 대화를 나누더라도 떳떳한 대화를 하셔야 합니다. 정보를 자기 혼자 쥐고 있거나, 사람에 대해 피드백 없이 평가만 하거나, 연봉 협상이나 인센티브 지급일에 그동안 성과를 몰아서 딱 한 번만 피드백 해주는 등 리더가 귀찮아서, 두려워서의 이유로 뒤로 미뤄 놓고 안 했던 그 의사소통이 가장 중요한 의사소통입니다.

의사소통을 할 때는 반드시 다음 3가지 원칙을 지키셔야 합니다.

첫 번째 원칙, 격식을 갖춘 솔직함.
두 번째 원칙, 언제 공개돼도 무방한 투명성.

세 번째 원칙, 동료들을 위한 정직함.

첫 번째 원칙, 격식을 갖춘 솔직함

자기 자신에게 미루어 봤을 때 듣기 싫은 소리, 기분 나쁜 소리라면 상대방도 마찬가지입니다. 반드시 전해야 하는 내용이라면 상대방에게 무례하지 않게 격식을 갖추세요. 그렇다고 미괄식 구성으로 소통하라는 의미가 아닙니다. 반드시 두괄식으로, 직설적으로 피드백 하되 감정을 배제한 의사소통을 지향점으로 삼으세요. 대화를 시도했는데 상대방의 반응이 미온적이라는 이유로 자신이 대신 답하는 실수는 절대 해선 안 됩니다. 리더가 절대로 하면 안 되는 6가지 말과 행동을 꼭 숙지하시고 대화를 이끄세요.

두 번째 원칙, 언제 공개돼도 무방한 투명성

1:1로 이루어지는 대화라도 회사 내 비밀은 없습니다. 비밀 유지가 필수인 일조차 조직 내부에서 어느새 돌기 마련입니다. 비밀을 끝까지 유지하기 위해 힘쓰지 말고 밀실에서 1:1로 이루어지는 대화도 언제 공개돼도 상관없을 정도로 솔직하고 정직하게 임하세요.

연봉, 인센티브같이 민감한 주제도 결국 모든 사람이 알게 되는 이유가 조직이 폐쇄적이고 서로 신뢰하지 못해서입니다. 서로 비교해서 자신이 회사에서 받는 대우가 어느 정도인지 확인하고 싶은 욕망이 자꾸만 커지는 것이죠. 이런 상황에서 기준과 원칙 없이 연봉을 높여 주거나 인센티브를 주면 그게 한 번뿐이라도 그 한 번 때문에 조직 전체의 신뢰를 잃어버리는 일이 발생합니다.

외부에서 경력자를 채용할 때 이런 실수를 가장 많이 저지릅니다. 회사의 사장은 외부의 인재를 영입할 때 그 인재가 시장에서 받는 평가와 우리 회사의 역량을 비교하여 적정 수준의 연봉을 책정해야 합니다. 다시 말해 우리 조직의 수준이 시장보다 높음에도 기존 직원들의 연봉이 낮게 책정돼 있다면 기존 직원의 연봉을 적정 수준까지 인상하는 것이 먼저여야 합니다. 이런 조치가 선행되지 않으면 사람들은 이탈하기 시작합니다.

세 번째 원칙, 동료들을 위한 정직함

지금 자신이 정직한 이유가 자신의 마음의 부채감을 덜기 위함인지 상대방을 진정 배려해서인지 잘 살펴보세요. 일을 잘해서 업무가 몰린 직원에게 또 중요한 업무를 분장해야 하는 상황에서 리더가 가장 많이 저지르는 말실수인 업무 가치 절하는 이미 앞에서 자세히 다뤘습니다. '쉬운 일이니 이것도 해 주세요', '급한 일은 아니니 천천히 해 주세요' 등등의 피드백은 상대방을 배려하는 말이 아니라 바쁜 동료에게 일을 또 줘야 한다는 마음속의 미안함을 해소하기 위함이죠. 이런 소통은 동료를 위한 배려가 아닙니다. 자기 자신만 생각하는 이기적인 생각입니다.

상대방과 단 한 번의 대화로 자신이 원하는 협상 결과를 만들고 싶어 하는 사람일수록 이런 화법을 사용하기 쉬운데요. 절대로 그렇게 하지 마세요. 상대방이 적절히 반응할 수 있도록 시간을 주고 기다리셔야 합니다. 대화가 오로지 지시와 명령으로만 구성되면 안 됩니다. '이 일도 해 주세요'보다는 '이 일도 해 주셔야 되는데 필요한 사항이 있으면 말씀해 주세요'라고 말하는 게 낫습니다.

일정 조율이 필요할 수도 있고, 업무의 우선순위를 조율해 줘야할 수도 있습니다. 이 모든 경우의 수를 혼자서 생각하고 '제가 업무의 우선순위를 조율해드릴 테니 먼저 이 일을 해 주세요'라고 이야기하지 마세요. 상대방이 진짜 원하는 것이 무엇인지 스스로의 입에서 나오는 이야기를 들어야 합니다. 직원을 믿으세요. 직원은 어린애가아닙니다.

완벽한 의사소통 방법은 없습니다. 사람의 개성은 다양하며 모든사람에게 맞추는 대화가 불가능하듯 모든 사람이 사장에게 맞추는것도 불가능합니다. 우리가 할 수 있는 건 시행착오를 감수하며 대화를 지속하는 것입니다.

회사의 성장 시기별로 요구받는 3가지 유형

지금까지 알게 된 지식을 모든 사람에게 획일적으로 적용하려고하면 반드시 실패할 것입니다. 지금까지 우리는 기버, 선택적 기버, 테이커, 획일성이 강한 테이커, 1~5단계 사람과 같은 여러 범주에 대해 알게 됐습니다. 사람의 성격은 몇 가지 유형으로 분류되는 것이 아닙니다. 그렇기 때문에 이 책에서도 다양한 유형을 알려드린 것입니다. 이렇게 여러 가지 유형을 이해하기 시작하면 1가지 유형만 알았을 때보다 훨씬 더 오해 없이 사람을 이해할 수 있게 됩니다. 이 책에서 제안한 유형들을 기준으로 자신만의 분류법을 개발해 보세요. 책을 1권만 읽은 사람이 제일 위험한 건 우리 모두 알고 있잖아요.

지금부터 새롭게 소개할 사람의 유형은 초식 동물 유형과 육식 동물 유형과 잡식 동물 유형입니다. 이 성격은 회사가 처한 상황마다 개인들이 요구받는 성격입니다. 지금까지 제가 사람을 범주화했던 방식들과 결합해서 사람을 이해하려고 연습하시면 사람을 크게 잘못 기용하는 실수는 없어질 것이라 장담합니다.

회사는 성장 시기를 기준으로 크게 2가지 형태의 사업 모델을 경험합니다. 하나는 신규 사업, 다른 하나는 안정적인 현금 흐름을 가진 사업입니다. 신규 사업은 아직 명확한 수익 모델을 찾지 못한 사업입니다.

이 때문에 신규 사업에 입사하는 사람은 적극성과 자신감 있는 태도를 요구받습니다. 저는 이런 사람들을 육식 동물을 비유로 들어 설명하겠습니다. 반면 안정적인 현금 흐름이 만들어진 사업에서는 실수를 관리하는 것이 매우 중요해집니다. 꼼꼼하고 섬세하게 작업하는 사람이 필요합니다. 저는 이런 사람들을 초식 동물을 비유로 들어 설명하겠습니다.

모든 사업은 신규 사업으로 시작해서 안정적인 현금 흐름을 가진 사업이 되는 과정을 거칩니다. 과정에서 사람들은 육식 동물 성향을 요구받다가 초식 동물 성향을 요구받게 됩니다. 이 전체 과정을 모두 겪은 사람을 잡식 동물을 비유로 들어 설명하겠습니다. 이 기준으로 사람을 살펴보면 각각의 인원이 왜 힘들어하는지 원인을 보다 명확하게 규명하기가 수월해집니다. 육식 동물들 사이에 초식 동물이 있으면 초식 동물은 그 상황 자체가 스트레스고 초식 동물들 사이에 육식 동물이 있으면 육식 동물은 초식 동물들을 잡아먹으려고 합니다.

여기까지 읽고 연상되는 사람들이 있으신가요? 아마 여기까지만 읽어도 설명되는 많은 상황들이 있으실 텐데요. 보다 더 자세하게 설명해드리겠습니다.

직설적 대화가 필요한 육식 동물

지금 자신의 사업이 아직 방향을 제대로 못 잡았다면, 출근해서 퇴근할 때까지 어떤 일에 집중해야 하는지 모르는 상황이라면, 어떤 활동이 이익으로 전환되는지 잘 모르는 상황이라면 아마 사업의 구조를 계속 테스트 중인 상황이시겠죠?

매일 출근하자마자 가장 먼저 하는 고민이 '오늘은 뭐하지'라면 이런 상황일수록 잦은 업무의 변화, 반복되는 시행착오를 받아들일 수 있는 사람을 자연스럽게 원하게 되실 겁니다. 갑자기 업무에 변화가 생겼을 때, 어제 했던 일의 성과가 0일 때, 이럴 때마다 팀원에게 미안한 마음이 든다면 협업을 통해 성과를 내기가 어려워지니까요. 그러니까 만약 이 글을 읽는 여러분께서 정확히 이 상황 속에 계시다면 육식 동물 유형의 사람을 동료로 영입하셔야 합니다.

육식 동물 성향의 사람은 다음과 같은 특징을 갖고 있습니다.

이들의 키워드: #적극적 #자신만만 #저돌적 #도전적 #새로운 일을 선호

이들과 대화를 이끌어 나갈 땐 단계적 화법이 아니라 직설적 화법이 필요합니다. 가령 출근했을 때 기분이 좋지 않아 보이는 A가 육식 동물 성향이 강한 사람이라면 '무슨 일 있어요?'라는 단계적 대화가 아니라 'A님, 무슨 일이 있는지는 모르겠지만 다른 사람들이 A님 눈치를 볼 정도로 분위기가 안 좋아요'라고 말해 줘야 한다는 의미입니다. 단계적 대화를 시도했다간 무반응, 무시를 당할 가능성이 높아 구성원들이 다 있는 자리에서 괜히 자신의 권위가 손상될 가능성이 높습니다. 그렇다고 지적하는 것이 생략돼선 안 됩니다. 언제나 여러분이 명심해야 할 건 잘못을 저지른 사람과 잘못하지 않은 사람이 같은 공간에 있을 때 여러분이 배려해야 하는 건 잘못하지 않은 사람들이라는 점입니다. 여러분이 잘못을 저지른 사람을 내버려 두면 잘못하지 않은 다른 사람들이 여러분의 리더십에 의문을 제기할 것입니다.

사실 육식 동물 성향의 사람이 이렇게 오만불손해지는 건 팀의 문화도 한몫합니다. 아직 어떤 활동이 수익으로 연결되는지 모르는 상황에서 반복적인 시행착오는 사람을 지치게 만들거든요. '이 회사에

계속 다니는 것이 맞을까?' 하는 근원적 불안이 생기기도 합니다. 그래서 초창기 사업의 육식 동물 팀을 이끄는 리더는 아주 자연스럽게 사소한 실수는 자신이 직접 케어하며 구성원들의 단합과 실행을 독려하게 됩니다. 대세에 영향이 없는 사소한 수정들은 더블 체크해 자신이 직접 케어하는 것이 속이 훨씬 편하기 때문입니다.

이런 상황에서 회사의 모든 사람이 육식 동물 부서의 성과에 관심을 두기 때문에 육식 동물 부서는 아무리 작은 성과라도 공유해야겠다는 강한 압박을 받게 됩니다. 성과가 작아도 이 성과를 발판 삼아 지금 하고 있는 실행들이 끝까지 지속돼야 하기 때문에 성과를 부풀리고 싶은 욕망도 생깁니다. 성과에 매몰되어 실수가 용납되는 팀 문화가 생기는 것입니다. 실수는 감추고 성과에 대해서만 이야기하는 불투명한 의사소통 방식은 육식 동물 팀에서 가장 경계해야 할 일입니다.

다시 강조하지만 조직의 상과 벌은 매우 중요합니다. 아무리 육식 동물 팀이라도 칭찬만 있고 지적이 사라진다면 일시적으로 사소한 성과가 있을지 모르지만 결국 팀이 깨져 프로젝트가 실패로 끝날 가능성이 높습니다. 스스로 냈다고 생각한 그 성과는 같은 방식으로 업무를 분장 받은 동료들이 빈틈없이 일 처리를 해 줬기 때문에 그 일에만 집중할 수 있어서 낼 수 있었던 성과라는 사실을 지속적으로 교육해 줘야 합니다. 나 혼자서 한 게 아니라 동료들이 있었기 때문이라는 점을 알아야 합니다. 그래서 저는 육식 동물 팀에서 성과가 나면 반드시 초식 동물 팀에게 말로 감사 표현을 하게 교육했고 그런 회식 자리를 반드시 만들었습니다.

사실상 초식 동물 팀에서 안정적으로 벌어들이는 돈이 육식 동물 팀에 재투자되기 때문에 육식 동물 팀이 유지될 수 있는 것입니다. 마땅히 감사함을 표현해야 합니다. 육식 동물 팀 내 다른 동료들에게도 감사함을 표현할 수 있게 회식, 티타임, 워크숍 등 환경을 만들어 주세요. 다시 한번 강조하지만 스스로를 대단하게 여기며 교만해지는 사람은 획일적인 테이커가 될 수 있습니다. 어떤 조직에서도 환영받지 못하는 사람이 됩니다. 이걸 알고도 방치했다면 리더의 책임입니다. '일만 잘하면 됐지 뭐'라는 안일한 생각, 상대방을 지적할 때 자신의 마음이 불편해지는 것이 싫어서 팀원에게 책임을 다하지 않는 태도 모든 것이 리더의 책임입니다.

육식 동물 유형의 사람을 채용하는 방법

육식 동물 성향의 사람을 채용할 때 우리 회사에 얼마큼 맞출 수 있는지를 묻는 유형의 질문은 의미가 없습니다. 가령 '야근이 많은데 괜찮으세요?', '업무의 형태가 자주 바뀌는데 괜찮으세요?' 같은 질문에 100% '네'라고 할 테니까요. 사람을 판단할 수 있게 면접자와 1가지 주제로 깊은 대화를 나눠 보는 것이 확답을 듣는 것보다 훨씬 더 중요합니다. 신입이면 대학 생활이나 취향, 취미에 대한 주제로 대화를 나눠 봐도 좋습니다. 경력직이면 지금까지 직장 생활, 경력을 주제로 대화를 나눠 봐도 좋습니다.

이 과정에서 자연스럽게 면접자의 성향을 알게 됩니다. 주의하서야 할 점은 현재 회사가 육식 동물 팀인지 초식 동물 팀인지 미리 알려 주면 입사 의지가 강한 사람일수록 답변을 출제자의 의도에 맞춰서 할 가능성이 높기 때문에 좋은 면접을 운영하기가 어렵습니다. 충분한 대화를 통해 사람의 성향이 어디에 가까운지 먼저 파악한 후 그다음 회사의 상황을 공유해 주세요.

가장 먼저 체크해야 하는 건 새로운 도전을 좋아하는지, 해 본 적 있는 일을 좋아하는지 알아보는 것입니다. 그걸 기준으로 적극성, 실행력, 도전 정신을 알 수 있는 경험들을 차례대로 물어보세요. 질문을 구성할 때 너무 어렵게 생각하지 마세요. 이 사람이 새로운 도전을 즐기는 사람인지 궁금하면 대화 중 솔직하게 질문하면 됩니다.

'A님은 새로운 도전을 즐기는 편인가요? 살면서 그랬던 경험이 있으신가요?'

지금 회사가 육식 동물 성향의 사람이 필요한지, 초식 동물 성향의 사람이 필요한지 사전에 알리지 않았다면 이런 질문으로 그 사람의 성향을 쉽게 파악할 수 있습니다. 새로운 도전을 즐기는 사람이라면 자랑스럽게 자신의 경험을 이야기할 것이고 그렇지 못한 사람은 해 왔던 일을 선호한다고 하거나 그런 성향을 유추할 수 있는 대답을 할 테니까요.

질문으로 상대방이 많이 말하게 하는 것을 목표로 삼으세요. 미리 질문을 설계하지 말고 그 사람의 말과 표정을 관찰하면서 즉석에서 꼬리 물기 질문을 생각해야 합니다. 그리고 마지막엔 반드시 회사의 상황을 알리세요. 그 사실을 숨기고 채용하면 자신이 상상한 회사 생활과 차이가 크게 벌어져서 결국 조기에 퇴사하는 결과로 이어지기 쉽습니다.

면접자가 초식 동물 성향이 강한 사람이라도 걱정하지 마세요. 초식 동물 성향이 강한 사람이라도 육식 동물 성향의 사람으로 바꿀 수 있습니다. 그 사람이 그것을 원한다면 말이죠. 결국 시장에서 고평가받는 인재가 되려면 육식과 초식을 오가는 잡식성이 돼야 한다는 것을 교육해 주시면 됩니다.

육식 동물 팀에서 어떤 활동이 수익으로 전환되는지 알게 되면 그때부터는 초식 동물 유형의 사람들이 필요해집니다. 이때 초식 동물 성향의 사람을 새롭게 채용하기 보다는 육식 동물 성향의 사람을 초식 동물 성향의 사람으로 바꾸려는 노력을 먼저 해 보세요. 지금 우리가 순이익을 더 많이 키우려면 실수를 줄이고 반복 업무의 양이 늘어야 한다는 사실을 교육해 주세요.

그다음, 빠른 속도로 시행착오를 겪느라 생략됐던 많은 중간 단계들을 추가하고 실수를 없애야 합니다. 평소 순서 없이 일할 때보다 처음에는 더 많은 시간이 필요하실 겁니다. 중간에 단계가 추가될 때마다 필요한 시간이 얼마큼 늘어나는지 추적하시고 실수 없이 일할 때 필요한 물리적인 시간을 정확하게 파악하셔야 합니다. 꼼꼼함과 섬세함은 타고난 본성이 아니라 교육을 통해 누구나 충분히 습득할 수 있는 기술입니다. 상대적으로 더 꼼꼼한 사람은 그렇지 못한 사람과 비교해서 더 세분화된 업무 순서를 갖고 있는 것이니 일의 순서를 세분화해서 교육하면 누구라도 꼼꼼하게 일을 진행할 수 있습니다.

단계적 대화가 필요한 초식 동물

자신의 사업이 점점 안정적이 될수록 기존에 육식 동물 성향이 강했던 사람들에게 조식 동물 성향의 사람처럼 일하는 것을 요구하게 됩니다. 그게 아니더라도 면접 때 초식 동물 성향이 강한 사람을 뽑기 위해 심사 기준이 점차 바뀌는데요. 이 과정에서 많은 육식 동물 유형의 사람들이 무력감을 경험합니다. 리더가 중간의 맥락 설명 없이 갑자기 정반대의 다른 행동을 요구해서 그렇습니다. 실행력이 가장 중요한 팀에게 갑자기 꼼꼼함과 섬세함을 요구하면 누구라도 힘들 수 있습니다. 중간 단계를 생략하지 말라는 원칙, 잊지 않으셨죠? 그렇다면 초식 동물 유형의 사람들은 어떤 특징을 갖고 있을까요?

이들의 키워드: #소극적 #내성적 #섬세한 #보수적 #원래 했던 일을 선호

이들과 대화를 이끌어 나갈 때는 직설적 화법보다 단계적 화법이 더 중요합니다. 가령 출근했을 때 기분이 좋지 않아 보이는 A가 초식 동물 성향이 강한 사람이라면 살짝 눈치만 줘도 알아서 표정 관리를 합니다.

'A님 혹시 무슨 일 있으세요?'

이 정도 눈치면 초식 동물 성향이 강한 A는 자신이 표정 관리가 되지 않고 있다는 사실을 알고 곧 표정 관리를 할 것입니다. 도저히 표정 관리가 잘 안 되는 경우에는 상급자에게 면담을 요청할 수도 있으니 그때 적절한 조치를 취해 주면 됩니다.

육식 동물 유형의 사람이 이런 상황을 보면 초식 동물 유형의 사람만 배려받는 것 같다는 착시에 빠지기 쉬운데요. 만일 여러분이 상과 벌을 두 유형에게 공정하게 집행하지 않았다면 이런 비판에서 자유롭지 못할 것입니다. 육식 동물 유형의 사람은 언제나 초식 동물 유형의 사람과 자신을 비교하고 초식 동물 유형의 사람은 언제나 육식 동물 유형의 사람과 자신을 비교하고 있다는 사실을 잊지 마세요.

언제나 상과 벌은 내부의 기준과 원칙에 따라 정확하게 집행하셔야 합니다. 육식 동물 팀과 초식 동물 팀 모두 잘한 점과 못한 점을 공정하게 피드백해 주세요. 초식 동물 유형의 사람도 칭찬만 있고 잘못에 대한 지적이 사라지면 얼마든지 획일성이 강한 테이커로 변할 수 있습니다. 앞에서 강조했듯이 어떤 성향이 강한 사람인지 가늠해 보고 적절한 조치를 취해 주세요.

그리고 특히 주의하셔야 할 점은 초식 동물 팀은 특성상 실수를 할 때 이슈화되는 조직입니다. 출근해서 퇴근할 때까지 해야 하는 일의 변화가 거의 없고 아무 문제없이 일을 수행했을 때 회사의 이익이 커지는 구조를 갖고 있기 때문입니다. 그러니까 초식 동물 팀은 평소 문제 없이 일을 잘 처리하는 것에 대한 칭찬 피드백이 반드시 있어야 합니다.

초식 동물 유형의 사람을 채용하는 방법

육식 동물을 거쳐 초식 동물이 된 잡식성 인재는 회사에서 가장 중요한 인재입니다. 이들이 회사에서 이탈하면 그들의 경력만큼 회사가 정체되거나 뒤로 후퇴하는 상황이 생기니 각별히 관리에 신경을 써야 합니다.

가장 좋은 건 퇴사를 방지하는 것이지만 그럼에도 그 사람이 퇴사하게 됐다면 성급하게 외부에서 대체자를 찾지 마세요. 우리의 문화를 받아들일 수 있을지 없을지에 따라 채용이 실패로 끝날 가능성이 높기 때문입니다. 초식 동물 성향의 경력자가 퇴사했을 때엔 그 부서 바로 아래 직급의 사람을 키워서 빈자리를 채우는 것이 가장 빠른 방법일 수도 있습니다. 그리고 빈자리를 경력자가 아니라 신입 사원을 채용해서 매우는 것이죠. 신입 사원을 채용할 때는 육식 성향이 강한지, 초식 성향이 강한지를 판단하기만 하면 됩니다. 성향에 따라 요구하는 방법을 이 책 내용대로 달리하면 되기 때문에 훨씬 안정적으로 빈자리를 메울 수 있습니다.

정리하면 초식 동물 유형의 경력자기 퇴사했을 때는 외부 채용보다 내부에서 대체자를 찾고, 신입을 채용할 땐 어떤 성향에 가까운지만 판단한 후 팀 성향에 맞게 교육하면 됩니다.

회사가 성장할수록 사업의 형태는 다변화합니다. 새로운 사업에 도전하게 되고 회사 내 새로운 팀이 생기고 없어지는 것이 반복됩니다. 현재에 안주하는 순간 경쟁에서 도태되기 때문입니다. 이 때문에 많은 초식 동물 유형의 사람이 부서가 바뀌고 육식 동물 유형처럼 일하기를 요구받게 되는데요. 초식 동물 성향의 사람을 육식 동물 성향의 사람으로 바꾸는 방법은 다음과 같습니다.

'이 사람은 적극성이 부족해.'
'이 사람은 회의 때 말을 안 해.'
'이 사람은 시키는 일만 해.'

이런 평가는 초식 동물 성향의 사람을 더욱 위축시킬 뿐입니다. 초식 동물 성향의 사람을 육식 동물처럼 만들기 위해서는 지금 우리 팀의 형태가 신사업이고 시행착오를 많이 해야 하는 상황이라는 사실을 먼저 이해시켜야 합니다. 그리고 중간 단계를 설계합니다.

가령 의견을 내는 것이 소극적인 사람이 포함된 팀에서는 회의에서 논의할 주제를 사전에 미리 알려 주고 정리할 시간을 주는 것이죠. 그 후 한 사람당 발언할 시간을 주고 돌아가면서 의견을 발표하게 합니다. 이후 서로에 대해 의견을 나눌 수 있게 회의를 주관하는 리더가 의사 결정자가 아니라 진행자 역할을 맡으면 됩니다.

갑자기 바꿀 수 없습니다. 이렇게 중간 단계를 만들어 점진적으로 의견 제시, 자발적 참여의 기회를 주세요.

이끄는 힘과
지지하는 힘

케이스 1.

'매출만 나오면 직원들이 무슨 일을 하건 아무 상관없어요.'

공공연히 이와 비슷한 맥락의 말을 하는 대표 이사가 있습니다. 하지만 대부분 이런 분들이 다음과 같은 문제로 모두의 사수를 찾아옵니다.

'회사가 더 이상 성장하지 않습니다.'
'직원들이 자기가 하고 싶은 일만 하려고 해요.'

케이스 2.

'팀장이 되면 편해질 줄 알았어요. 하지만 지금 팀원들 일도 제가 해요. 팀장 되고 안 하던 야근도 합니다.'

일 잘하는 실무자에서 팀장으로 승진한 사람들은 거의 대부분 이 같은 문제를 겪습니다. 구글에 '대표 이사의 어려움'을 검색하면 0.46초 만에 약 2,200만 개의 관련 콘텐츠가 검색되고 '팀장의 어려움'을 검색하면 0.42초 만에 약 770만 개의 관련 콘텐츠가 검색됩니다. 이 정도 숫자라면 처음 창업한 대표 이사, 처음 리더가 된 사람들은 모두 비슷한 문제를 겪는다고 봐도 과장이 아니겠죠? 대체 왜 이런 일들이 벌어질까요?

제가 만나 본 사람들의 이유는 단 하나로 수렴했습니다. 모두 리더십에 대해 심각한 오해를 하고 있었습니다. 리더십이 무엇이냐는 질문에 만난 사람 모두가 다음과 같이 대답했습니다.

'직원 입장에서 생각하는 것입니다.'

죄송하지만 이 대답은 틀렸습니다. 리더십을 이같이 정의한 사람들은 그래서 잘못된 방향으로 직원들을 대했습니다. 직원들을 성장시키기 위해 자신이 알고 있는 지식을 (그들이 원하지 않는데도) 알려 줬고, 직원 입장에서 생각하기 위해 자신의 고집을 내려놨습니다. 이 상황이 반복되면 리더의 권위는 떨어지고 신뢰는 회복할 수 없게 됩니다. 리더 입장에서는 직원을 위해 헌신하는 것이지만 같은 방식으로 직원도 리더를 존중하고 따라 줘야 합니다.

리더의 리더십만큼 중요한 건 직원의 팔로워십입니다. 리더의 맹목적인 헌신의 결과 직원은 리더의 말을 들어도, 안 들어도 되는 선택 사항으로 여기게 됩니다. 성과가 나지 않아도 스스로 책임질 일이 없으니 책임 의식이 생길 리도 없습니다.

현실적이고 건강한 리더십은 '힘(권력)'에 기반을 둡니다. 직원들을 성장시키는 것을 목표로 삼는 것보다 노력하지 않는 직원을 해고하고 직원들이 배움에 힘쓰게 만들고 리더가 원하는 것이 무엇인지 고민하게 만들어야 합니다. 직원 입장에서 생각하는 것이 아니라 리더의 입장과 조율되는 사람들이 모여야 하고 성장 욕심이 있는 사람들이 모여야 회사가 성장합니다.

현실에선 사공이 많아지면 배가 산으로 가는 게 아니라 아예 움직이지 않습니다. 경험이 부족한 각자의 의견이 난립하면 그 누구도 의사 결정을 내릴 수 없습니다. 특히 초창기 스타트업에서 많이 발생하는 문제입니다.

민주적인 방식을 보여 주기 위해 모든 참여자를 회의에 참여시키느니 차라리 혼자 독단적으로 의사 결정하고 책임도 혼자 지는 게 빠르게 서비스를 개선하는 방법일 수 있습니다. 의사 결정에 도움이 되지 않는 인력은 회의할 시간에 실무를 하는 게 더 나을 수 있습니다.

회사에서 의사 결정은 때론 민주적이고 때론 독재적입니다. 리더는 실리를 추구하여 사업에 이익이 있는 방향으로 조직을 이끌어야 합니다. 이것만이 모두의 생존을 위한 유일한 방법입니다. 민주적이기만 해서는 이끌어야 할 때 이끌려 오지 않습니다. 이상적인 세계에서는 조직원들 간 민주적인 합의로 회사가 운영되겠지만 현실은 아닙니다.

여러분, 리더십은 사람과 사람 사이에 작용하는 힘입니다. 리더십
과 팔로워십 둘 중 하나가 아니라 반드시 둘 다 추구하셔야 합니다.

4장

성장의
주체는
회사가 아니다

사업의 성공 - 채용

총명한 임금의 정치란 공적이 온 세상을 덮어도 자기가 하지 않은 것처럼 하고, 만물에 영향을 끼쳐도 백성들 자신이 임금에게 의지하고 있는 줄 모르게 하는 것이다.

《장자》

조직과 개인을 위한 채용과 해고 원칙

사람을 채용하면 회사는 책임을 져야 합니다. 그렇지만 많은 회사가 사람을 해고할 때 책임지는 모습을 보이지 않아 대외적인 평판을 쉽게 망칩니다.

1) 사람을 채용할 때 실무 능력을 위주로 검증한다.
2) 입사 후 그 사람이 말한 대로 실력이 있는지 감독한다.
3) 성과를 내지 못하면 그것이 그 사람의 능력이라고 단정 짓는다.
4) 피드백 없이 같은 포지션의 채용 공고를 올린다.
5) 어떤 구실이든 좋으니 퇴사시킬 명분을 생각한다.
6) 사장의 생각이 이러니 태도에도 나타난다.

7) 직원의 자존감은 바닥을 치고 결국 긴장감과 스트레스를 견디지 못해 자진 퇴사한다.

이렇게 퇴사한 직원은 좀처럼 자존감을 회복하지 못하고 다음 회사에서 제 기량을 발휘하지도 못합니다. 이런 회사의 더 큰 문제는 직원을 해고한 이후에도 같은 실수를 반복한다는 점입니다. 이런 상황이 계속 반복되면 회사의 평판은 삽시간에 망가집니다. 아무리 좋은 조건으로 채용하려고 해도 지원자가 생기지 않고요.

이 문제는 채용에 대한 관점을 완전히 바꿔서야 해결됩니다. 사람을 채용할 때는 실무 능력이 아니라 그 사람의 자격을 심사하셔야 합니다. 어벤져스 같은 팀을 원하다가 빌런을 채용하게 되는 경우, 지금까지 어렵게 키운 회사를 한 번에 망칠 수도 있습니다.

그러니까 팀 빌딩이 필요한 조직은 생산성 관리가 먼저 돼야 합니다. 생산성 관리를 통해 보통의 사람도 어벤져스로 만들 수 있기 때문입니다. 어벤져스를 채용하기 위해 능력을 중심으로 사람을 채용하면 채용 후 그 사람의 실력이 말한 그대로인지 감시, 감독하게 됩니다. 그리고 자신이 감시, 감독 당하는 상황에서는 그 누구라도 자신의 기량을 온전히 발휘하기 어렵습니다.

이는 1단계 생존 욕구와 2단계 소속감을 온전히 경험하지 못한 상태의 사람에게 3단계 사람의 성과를 요구하는 것과 같습니다. 게다가 채용한 사람이 빌런일 수도 있고요. 그래서 팀 빌딩이 필요한 시점에 회사는 반드시 생산성이 관리되고 있어야 합니다. 그렇게 해야 사람을 채용할 때 능력뿐만 아니라 성향과 가치관, 도덕률을 심사할 수 있습니다. 생산성 관리가 되는 조직은 실무에 필요한 기술을 가르칠 수 있으니까요. 이 장에서는 실패하지 않는 채용을 위해 면접자를 자세하게 검증하는 방법을 설명해드리겠습니다.

이 과정대로 사람을 채용해도 처음엔 시행착오를 겪게 되실 텐데요. 자신이 채용한 직원을 탓하는 건 책임지는 사람의 태도가 아닙니다. 면접할 때 직원의 태도가 입사 후 바뀌었다면 직원이 거짓말을 했을 수도 있지만 회사의 일하는 방식이 문제일 수도 있습니다. 자신의 부족함을 솔직하게 인정하고 그 사람이 더 나은 진로를 찾을 수 있도록 도와주는 것이 책임지는 사람의 태도입니다.

어떤 사람의 1년 경력은 또 다른 어떤 사람의 5년 경력과 가치가 같을 수 있습니다. 그만큼 회사에서 어떻게 시간을 보내는지가 중요합니다. 우리 회사에서 근무 태도가 안 좋거나, 업무 성과가 낮은 직원도 다른 회사에서는 다른 사람이 될 수 있습니다. '그 사람은 원래 성향이 그렇다'고 낙인찍지 말고 자신의 관리 역량을 점검해 보세요. 그리고 그런 직원은 방치하지 말고 빠르게 조치하셔야 합니다.

바로 해고하라는 의미가 아닙니다. 지금 하는 일에 대해서 만족하고 있는지, 입사 후 직업에 대해 인식이 바뀐 것이 있는지, 지금 회사에서 더 열심히 일하고 싶은지 아니면 이직을 원하는지 등을 자세하게 상담해 주세요. 이때 이직을 고려 중이라고 말한다면 더 나은 회사와 동료들 곁에서 능력을 키울 수 있도록 조언을 아끼지 말아야 합니다. 왜냐하면 이 과정에서 그 누구보다 리더 자신이 가장 많이 성장할 수 있기 때문입니다. 의사소통에 문제가 발생했다면 그건 100% 쌍방 과실입니다. 자신의 문제를 발견하지 못하고 새로운 팀원을 채용하면 같은 문제가 반복될 뿐입니다.

해고하는 방법은 채용보다 훨씬 어렵고 해고하는 사람과 당하는 사람 모두에게 깊은 상처를 남깁니다. 그러므로 해고의 관점을 바꿔 회사와 직원 양쪽 모두 만족할 수 있는 해고 절차를 설명해드리겠습니다.

생산성 관리가 되는 조직의 채용 방법

사람을 채용할 때 실무 능력만 검증해서 채용에 실패하는 회사가 많습니다. 어벤져스가 아니라 빌런을 채용한 상황인 것이죠. 자신이 못하는 일을 대신 해 줄 사람을 찾을 때 유독 이런 문제가 많이 발생합니다.

다시 한번 강조하지만 초기 사업의 핵심 기술은 그 회사의 사장이 가장 잘 알고 있어야 합니다. 그렇지 않으면 이렇게 빌런이 들어왔을 때 빌런에게 속수무책으로 휘둘리게 됩니다. 어렵게 채용한 만큼 직원에게 모든 것을 맞춰 주는 것이죠. 이 빈틈을 빌런이 놓칠 리 없습니다. 무슨 일이 생길 때마다 그만두고 싶다는 말로 사장을 가스라이팅하는데, 이건 당해 본 사람만 압니다.

이런 상황을 경험하고 계시거나 아직 경험하지 않으셨다면 반드시 생산성을 먼저 관리하고 사람을 채용하세요. 생산성이 관리되고 워크플로가 생기면 사람을 채용하는 기준이 달라집니다. 면접자가 현재 갖고 있는 실무 능력을 검증하지 않아도 됩니다. 누가 들어와도 일을 가르칠 수 있는 워크플로가 있으니까요. 그래서 면접할 때 사장이 가진 실무 능력을 전수받을 자격이 있는지 심사하는 게 더 중요해집니다. 이렇게 면접하면 채용 후 직원을 대하는 태도, 요구하는 성과, 면담의 방향까지 모든 것이 달라집니다.

가령 실무 능력 검증이 가장 중요한 화장품 회사에서 마케터를 채용한다면 화장품 마케팅을 해 본 사람이 가장 1순위가 될 것입니다. 그리고 면접 때 화장품 마케팅을 어떻게 했는지 실무 경험을 검증하는 질문을 많이 하겠죠. 대부분 이런 면접은 꼬리 물기 질문으로 면접이 시작되기 때문에 길고 깊은 대화가 아니라 짧고 얕은 대화가 이어집니다. 아마 30분도 채 이야기를 나누지 못하고 의사 결정하게 될 텐데요. 이렇게 면접을 보고 사람을 채용하면 실제 면접자가 말한 그대로 실력을 갖고 있는지 감시, 감독하게 됩니다.

그런데 말입니다. 그 사람이 내는 성과를 감시, 감독하는 것에는 큰 함정이 있습니다. 이 역시 결과에 매몰된 사고방식이거든요. 언제나 결과보다 성과에 영향을 미치는 변수를 관리하는 것이 훨씬 더 중요합니다. 매출은 많을수록 좋은 거지 달마다 일정량의 매출을 달성하는 것이 중요한 게 아니니까요. 결과를 감시, 감독하면 결과를 갖고 목표를 달성했는지 못했는지 피드백하게 됩니다. 사실 피드백이라고 하기 어렵죠. 다음 달엔 더 큰 성과를 내야 한다는 말밖에는 할 수 없으니까요. 이런 환경에서 일하는 사람은 자신의 기량을 제대로 보여 주기가 어렵습니다. 가령 일을 하다 문제가 생겼을 때 주변 동료들에게 물어보면 5분도 안돼서 해결될 일을 혼자서 몇 시간씩 끙끙대는 신규 입사자를 많이 봤습니다. 성과를 내야 한다는 압박감 때문에 스스로 고립된 상태가 되는 것이죠.

반면 채용할 때 자격을 심사할 때는 상황이 어떻게 바뀔까요? 우선 실무 능력이 아니라 인성과 가치관, 도덕률을 가장 중요하게 심사하게 됩니다. 시소한 거짓말을 밥 먹듯이 하면서 죄의식이 전혀 없는 사람을 잘못 뽑으면 회사의 일을 믿고 맡길 수 없습니다. 좁은 직업관에 갇혀 있는 사람을 잘못 뽑으면 회사가 성장하면서 새로운 기술이 필요할 때마다 새로운 사람을 채용해야 합니다. 자신은 디자이너기 때문에 기획은 모두 기획자의 소관이고 기획안이 없으면 일할 수 없다고 생각하는 디자이너를 채용했다고 생각해 보세요.

이런 기본적인 소양을 검증하기 위해서 우리는 똑같은 포맷의 형식적인 질문이 아니라 지원자의 경력 기술서와 자기소개서에서 질문을 뽑아야 합니다. 어떤 회사는 면접 때 모든 면접자에게 동일한 질문을 하는데요. 면접은 정해진 답을 맞히는 퀴즈 쇼가 아닙니다. 면접자로부터 면접자 자신의 이야기를 최대한 많이 말하도록 면접을 이끌지 못하면 면접자나 면접관이나 아무 의미 없는 시간을 보낸 것입니다.

처음부터 사실 관계를 확인하기 위한 꼬리 물기 질문으로 상대방을 압박하는 것도 어리석은 행동입니다. 꼬리 물기 질문은 풍성한 대화가 아니라 짧은 대답을 유도하기 때문에 가뜩이나 잔뜩 긴장한 면접자를 더욱 위축시키는 결과로 이끌 뿐입니다. 면접자가 대화하기 편한 주제를 찾는다는 관점으로 열린 대화를 시도하세요. 관심사를 파고드는 것도 좋은 방법입니다.

저는 소양을 다른 말로 '덕질'이라고 생각하는데요. 소양의 사전적 정의가 "평소 닦아 놓은 학문이나 지식"입니다. 평소 덕질하고 있는 분야가 있다면 소양이 길러지고 있다고 봐도 무방합니다. 카메라, 애니메이션, 영화, 드라마, 여행, 가수 등 어떤 분야도 상관없습니다. 자신이 관심을 갖고 깊게 파는 주제가 있는 사람을 뽑으셔야 합니다. 이유는 명확한데요. 제아무리 훌륭한 마케터라도 잘 팔리는 글쓰기의 구조를 알려 줄 순 있지만, 그 사람의 어휘력이나 표현력을 늘려 줄 순 없습니다. 어휘력이나 표현력은 그 사람이 평소 무엇을 보고 듣고 느꼈는지로 달라지니까요. 꾸준하게 쌓이는 지식이 있어야 합니다.

뒤에서 자세하게 다루겠지만 이렇게 사람을 심사하려면 매우 많은 집중력이 필요합니다. 조건에 맞는 사람을 찾기도 어려울 것입니다. 그럼에도 고생 끝에 조건에 맞는 사람이 들어오면 그 사람을 어떻게 대하실 건가요? 성과로 압박을 하실 건가요, 아니면 잘 배우고 있는지, 일의 난이도는 어떤지, 자신의 목적과 회사 생활이 부합하는지 등의 원인들을 점검하실 건가요?

1차 면접: 인성과 가치관 검증

"어떤 팀을 만들고 싶으세요?"

이 질문에 대부분의 사장님이 상상하는 모습은 '어벤져스'입니다. 각 분야의 전문가들이 모여서 단독으로 프로젝트를 진행할 수도 있고, 모여서 협업도 가능한 그런 팀의 구성을 꿈꾸시는데요. 이 생각이 잘못된 것은 아니지만 그 사람이 어떤 능력을 갖췄는지만 보고 채용하면 큰 문제가 생길 수도 있습니다. 채용한 사람이 능력이 출중한 빌런일 수도 있기 때문입니다. 그러니까 어벤져스를 모으려고 생각하지 마시고 어벤져스 양성 기관을 목표로 하셔야 합니다.

어떻게요? 바로 다음 장에서 설명할 생산성 관리를 통해 워크플로를 만들어야 합니다. 워크플로는 일의 순서를 정리한 문서입니다. 워크플로가 생기면 업무를 효율적으로 할 수 있고 사람을 교육할 때 교육 자료로 사용할 수도 있습니다. 잘 작성된 워크플로는 그것만으로도 수억 원의 가치가 있습니다. 당연히 회사의 영업 비밀이겠죠? 많은 경쟁자가 이 영업 비밀을 알기 위해 회사에 입사 지원을 할 텐데요. 그 사람들을 능력만 보고 뽑는다면 어떻게 될까요? 가장 강력한 경쟁자가 돼 여러분들 앞길을 막을 수도 있습니다.

그러니까 면접을 볼 때 그 사람이 가진 능력이 아니라 자격을 심사해야 합니다. 우리의 핵심 노하우를 가르쳐 줘도 뒤통수치지 않을 사람, 감사한 마음으로 배우는 자세를 가진 사람, 일하면서 터득한 노하우를 동료와 나눌 수 있는 사람을 채용하는 것이 능력을 검증하는 것보다 더 중요합니다. 그러니까 이 첫 관문을 통과하지 못한 사람은 아무리 능력이 출중해도 채용하지 말아야 합니다.

이 말은 좋은 사람을 채용하는 데 애쓰지 마시고 좋지 않은 사람을 채용하지 않는 방법을 연구하셔야 한다는 의미입니다. 일 못 하는 사람을 가르치는 스트레스보다 가치관이 맞지 않는 사람과 일하는 스트레스가 훨씬 더 큽니다. 비교할 수 없을 만큼 큰 차이가 있습니다.

스텝 1: 절대 함께할 수 없는 사람을 걸러라

우리는 어떤 사람을 빌런으로 규정하고 그들을 구분할 수 있을까요? 그러기 위해 우린 일관성과 획일성을 먼저 이해해야 합니다. 우리는 획일성이 강한 테이커를 빌런으로 규정하고 그 사람을 구별하는 눈을 길러야 합니다. 지금부터 그 이유를 설명해드릴게요. 일반적으로 우리가 선호하는 사람은 일관성 있는 사람입니다. 여기서 일관성이란 상대방의 생각과 행동을 내가 예상할 수 있는 범위 안에서 이해할 수 있는 것을 뜻하는데요. 가령 사람이 기분이 좋을 때 보이는 모습과 기분이 좋지 않을 때 보이는 모습 전체를 일관성으로 정의합니다. 상대방이 기분이 좋을 때 모습만 보고 그 사람의 전체를 판단할 수 없습니다.

특히 면접은 자기 자신의 강점을 어필하기 위해 치밀히 준비하고 오는 자리이므로 그 사람의 강점이나 성공 사례 같은 플러스 면에 대해서만 질문하면 그 사람의 일면만 보고 전체를 파악하는 실수를 저지르기 쉽습니다. 따라서 그 사람이 플러스 상황일 때 이야기도 경청하셔야 하지만, 마이너스 상황을 어떻게 헤쳐 나갔는지에 대해 설명할 때 더 집중하셔야 합니다.

아래 그림과 함께 더 자세하게 설명해드릴게요.

기버, 선택적 기버, 테이커의 상태

선택적 기버를 기준으로 그 사람의 감정선을 그림으로 표현해 보면 기버는 그래프가 전체적으로 플러스 면으로 치우쳐 있고 테이커는 그래프가 전체적으로 마이너스 면에 치우쳐 있는 것을 확인할 수 있습니다. 우리가 현실에서 만나는 대부분의 사람은 이렇게 감정의 기복이 있습니다. 우리는 상대방의 마이너스 분면까지 수용할 수 있을 때 그 사람을 구성원으로 받아들일 수 있습니다.

선택적 기버는 대체로 플러스 분면의 면적과 마이너스 분면의 면적이 비슷합니다. 이들은 사람에 따라 기버가 되기도 하고 테이커가 되기도 합니다. 자신의 성과에 대해 주변 사람들의 평가보다 스스로 더 많은 일을 했다고 착각하는 경우도 심심찮게 있습니다. 실제 여러분이 만나는 사람 중에 감정의 기복이 가장 심한 사람은 대부분 선택적 기버입니다. 가장 역동적인 면이 사춘기 청소년과 닮았습니다. 계산적이라는 건 그만큼 손해 보는 것을 못 참는다는 뜻이기도 하니까요. 대부분의 사람이 직장 생활을 하는 내내 선택적 기버에 머뭅니다.

기버는 선택적 기버에 비해 플러스 분면이 마이너스 분면보다 큰 사람을 의미합니다. 이들은 대체로 감정의 기복이 없고 사람을 편안하게 해 줍니다. 가장 안정적인 면이 성숙한 어른과 닮았습니다. 나이와 상관없이 언제나 여유가 느껴지는 모습을 갖추고 있습니다.

그렇다고 어두운 면이 아예 없는 것은 아닙니다. 이들은 플러스 상태일 때는 적극적인 참여자이지만, 마이너스 상태일 때는 남들이 하기 싫어하는 일을 할 수 없이 억지로 하는 모습을 보이기도 합니다. 이 부정적인 면이 커지면 남들이 알아주길 바라는 마음 또한 커집니다. 자신의 성과를 알아서 발견해 주길 바라는 것이죠. 이런 성향 때문에 리더에게 실망하거나 배신감을 느끼고 한순간에 테이커가 되기도 합니다.

테이커는 플러스 분면이 작고 마이너스 분면이 큰 사람입니다. 대체로 수동적이고 방어적인 모습을 자주 보이는데요. 그렇다고 플러스 면이 아예 없는 것은 아닙니다. '시키는 일은 잘한다'가 이들이 가장 많이 얻는 대외적 평판입니다. 현실에서 이들은 자존감이 낮은 모습을 보이고 스스로도 그것을 공공연하게 밝히고 인정합니다.

기버가 대체로 감정의 기복이 없고 어른스러운 반면 테이커들은 대체로 침체돼 있고 자존감이 낮은 상태라고 말씀드렸죠? 부모의 도움 없이는 아무것도 하지 못하는 아기와 닮았습니다. 떠먹여 주지 않으면 무력감을 느낍니다. 이해가 될 때까지 각각의 과정을 보여주는 것이 중요합니다. 대체로 감정의 기복은 누구에게나 있습니다만, 기버와 테이커는 감정의 기복이 거의 없습니다. 다만 테이커는 언제나 침체돼 있다는 것이 기버와의 차이입니다.

기버는 자신이 회사에서 쓸모 있는 존재가 아니라면 자존감이 떨어진다는 사실을 그 누구보다 잘 알고 있고, 선택적 기버는 자기 행동이 가끔 내로남불로 비칠 때가 있다는 사실을 알고 있고, 테이커는 자신이 지금 무능하다는 사실을 알고 있습니다. 모두 자신이 현재 부족한 상태지만 그 사실을 인정하고 굳이 감추려 하지 않습니다. 이들은 프로젝트를 진행하다 실수했을 때 사건이 더 커지기 전에 사람들에게 자신의 실수를 알려 사고를 수습합니다. 솔직하게 자기 잘못을 인정할 줄 아는 사람들입니다. 이처럼 일관성은 플러스 면과 마이너스 면을 모두 긍정하는 자세에서 나타납니다.

하지만 획일성은 다릅니다. 획일성이 강한 사람은 자신의 마이너스 면을 인정하지 않거든요. 획일성이 강한 사람들은 자기 자신의 부정적인 면, 낮은 자존감을 받아들이지 못해 다른 자아상을 만들어 낸 사람들입니다. 비현실적인 완벽한 자아상을 자신이라고 믿는 것이죠. 이들은 자신이 만들어 낸 자아상을 지키기 위해서 동료들에게 직접적인 피해를 끼칩니다.

절대 뽑으면 안 되는 사람은 획일성이 강한 테이커입니다. 이들은 일하다가 사고가 생겼을 때 자신의 무능함을 감추기 위해 문제를 방치합니다. 발견했을 때 그 사실을 문책하면 자신의 실수가 아니라 환경이나 남 탓을 하죠. 문제를 어떻게 해결할지 고민한 게 아니라 문책당할 때를 대비해 변명거리를 준비하는 데 시간을 보냅니다.

이들은 대체로 거짓말과 이간질에 능숙합니다. 이들과 엮이면 정말 골치 아픕니다. 진실과 거짓을 섞어서 말하기 때문에 무엇이 진실이고 무엇이 거짓인지 파악하는 데 많은 시간을 쓰게 만듭니다. 자신이 문제를 만들면 사건을 은폐하거나 축소해서 문제 상황을 더 키우고, 타인이 실수하면 회사가 망할 것 같이 크게 부풀려 험담하거나 사실을 왜곡합니다.

이 사람들은 자신보다 강한 사람에게 언제든 기생할 준비를 하고 있기 때문에 권력을 가진 사람들은 특히 더 주의하셔야 합니다. 이들은 아첨에 능하거든요. 권력자에게 아첨하고 자기보다 약한 사람들에게는 막 대한다면 100% 획일성이 강한 테이커입니다.

획일성이 강한 테이커의 특징
#거짓말, #경멸, #은폐, #축소, #사실 왜곡, #험담, #이용 가치, #나르시시즘

상대를 분별할 수 있는 질문 방식

그렇다면 면접에서 획일성이 강한 사람을 어떻게 발견할 수 있을까요? 바로 꼬리 물기 질문과 확장형 질문을 통해서 구분할 수 있습니다. 꼬리 물기 질문은 사실 여부를 확인하기 위한 질문 방식인데요. 면접자의 자기소개서에 자신의 마케팅 능력으로 회사의 매출을 10배 올렸다는 내용이 적혀 있다고 가정해 보죠.

면접자: 저로 인해 전 회사의 매출이 10배 올랐습니다.
면접관: (꼬리 물기 질문) 어떤 방법으로 10배 올리셨나요?

이처럼 대답이 진실인지 거짓인지 확인하기 위해 물어보는 질문이 꼬리 물기 질문입니다. 꼬리 물기 질문은 대부분의 사람을 긴장하게 만듭니다. 질문을 받은 면접자가 당황하거나, 대답을 잘 못한다면 그건 그들이 지극히 정상인이라는 뜻입니다.

오히려 얼굴색 하나 안 바뀌고 거짓말을 꾸며내는 사람이 비정상이죠. 이들의 거짓말은 적어도 두 번 이상의 꼬리 물기 질문으로 알아차릴 수 있습니다. 어떻게 알아차릴 수 있냐고요? 이들은 자신의 거짓말이 들통나면 면접 분위기를 급속도로 냉각시킵니다. 입에서 나오는 말이 아니라 대답할 때 표정이나 행동을 자세하게 관찰해 보세요. 면접관이 '내가 실수했나?'하는 생각이 들 정도로 단답으로 응수하는 일이 연이어 발생하거나 심한 경우 면접이 끝나지도 않았는데 면접을 포기한 것 같은 태도를 보이기도 합니다. 추가로 궁금한 것을 묻거나 더 할 말이 없는지 묻는 질문에 '없다'는 대답과 함께 기분 나쁜 듯 자신의 가방을 가로채 나가는 사람들도 봤습니다. 도망치듯 나가는 게 아니라 기분 나쁜 티를 팍팍 내면서 자리를 박차고 나가더라고요.

확장형 질문은 질문을 받은 사람에게 답변의 범위를 넓혀 주는 질문 방법을 의미하는데요. 면접자가 하고 싶은 말을 할 수 있게 판을 깔아 준다고 생각하시면 쉽습니다.

"마케터가 되신 계기는 무엇인가요?"
"마케터로 일해 온 과정을 설명해 주세요."

이런 식으로 답변의 폭을 넓혀서 깊은 대화를 유도하는 것이죠. 긴 대화를 통해 면접자의 소양과 가치관을 파악할 때 자주 사용하는 질문입니다.

이때 면접자에게 최대한 많은 정보를 이끌어 내기 위해서는 면접관이 경청하는 태도를 보이는 게 그 무엇보다 중요한데요. 획일성이 강한 테이커는 사람을 이용 가치, 힘, 영향력으로 구분합니다. 때문에 면접관의 경청하는 태도를 보면 곧 무시하는 비언어적인 신호가 나타나는 경우가 많습니다. 갑자기 다리를 꼬고 앉는다든지, 그것도 모르냐는 식으로 면접관을 무시하거나 갑자기 면접관의 직급을 물어보는 면접자도 있습니다. 비아냥대거나 무시하는 비언어적 신호는 탐정이 아니라도 유심히 살펴보면 모두 충분히 관찰할 수 있습니다. 자신을 면접한 사람이 대표 이사였다는 사실을 뒤늦게 알고 태도를 180도 바꾼 사람도 봤으니 정말 주의하셔야 합니다.

이처럼 꼬리 물기 질문이나 확장형 질문에서 획일성이 강한 테이커는 공격성을 잘 숨기지 못합니다. 말이 아니라 행동을 잘 관찰하세요. 면접관이 면접을 볼 때 가장 좋지 않은 태도는 면접자가 답할 때 표정이나 행동에 집중하지 않고 메모하는 데 열중하는 것입니다. 언제나 상대방의 비언어적인 신호에 집중해야 합니다.

지금까지 알려드린 방식으로 면접을 보고 채용에서 실패한 적이 없습니다. 특히 1인 창업으로 시작해서 조금씩 규모를 늘려 가는 중이신 사장님일수록 사람을 신중하게 채용하셔야 합니다. 1명의 획일성 강한 테이커가 팀을 궤멸시키거나 사업을 망하게 만드는 일도 심심찮게 봤습니다.

2차 면접:
실무에 대한 태도와 능력 검증

1차 면접에서 우리가 검증한 것은 소양입니다. 그렇다고 소양만 훌륭하면 훌륭한 인재일까요? 그렇지 않습니다. 획일성이 강한 테이커가 아니라 소양이 충분한 사람이라도 일에 대한 가치관이 회사와 맞지 않는다면 여러 가지 문제가 생깁니다.

가령 디자이너라서 기획과 마케팅은 몰라도 된다고 생각하는 사람을 채용할 수도 있고, 자신은 신입이라 실수하는 게 당연하다고 생각하는 사람을 채용할 수도 있습니다. 따라서 2차 면접에서는 실무에 대한 태도와 능력을 검증해야 합니다.

스텝 2: 한계를 두지 않는 사람인가?

면접 1단계에서는 면접관과 면접자의 대화 비중을 2 대 8 정도로 맞추면 됩니다. 이렇게 대화의 비중을 맞추려면 면접자가 가장 자신 있는 주제로 대화를 시작할 수 있도록 면접관은 질문하는 역할을 해야 합니다. 하지만 면접 2단계에서는 면접관과 면접자의 대화 비중을 8 대 2 정도로 맞추셔야 합니다, 면접관이 면접자에게 바라는 것이 무엇인지, 입사하면 요구할 능력이 무엇인지를 정량적으로 설명해 주는 형태로 면접을 진행하셔야 합니다.

이때 주의해야 할 점은 회사의 평균 업무 수준이 어떤지를 기준으로 설명하지 말고 가장 잘하는 사람의 업무 수준을 기준점으로 잡아야 합니다. 1인 창업자라면 자신의 업무 능력을 기준으로 잡아야겠죠? 가령 하루에 2개의 상세 페이지를 작업하는 사람이 가장 일을 많이 하고 잘 파는 사람이라면 그 작업량을 알려 줌과 동시에 상세 페이지 개당 매출액이 어느 정도인지 알려 주는 것입니다. 이것을 목표로 해야 한다고 말해 줘야 합니다.

오해하지 마세요. 완벽한 사람을 채용하라는 소리가 아닙니다. 스스로 완벽을 추구하는 사람을 채용하라는 소리입니다. 회사는 언제나 같은 일을 같은 양만 하는 방식으로는 생존할 수 없습니다. 구성원들이 언제나 새로운 일, 새로운 공부를 하고 있어야 합니다. 개개인이 성장을 위해 끊임없이 노력하면 회사는 성장할 것이고, 개개인이 노력하지 않고 회사가 시키는 일만 하려고 생각할수록 회사는 성장하지 못합니다. 이 점을 명백하게 밝히세요.

이것이 채용할 때 두 번째 관문입니다. '일에 대한 마음가짐과 태도'를 검증하셔야 합니다. 현재 우리 회사의 최고 수준의 업무 능력을 기준으로 꾸준히 노력하고 배움에 힘써야 한다고 말해 줬을 때 그 사람의 비언어적 신호와 대답을 보고 채용할지 말지를 결정하세요. 획일성이 강한 테이커는 1차 면접을 통과했어도 대부분 2차 면접 때 걸러집니다.

업무의 속도도 빨라야 하고 수정도 없어야 하며 성과도 있어야 한다고 이야기해 줬을 때 그 사람의 비언어적 신호를 잘 관찰해 보세요. 당연히 입사 첫날부터 그런 결과를 바라고 말하는 것이 아님에도 공격적으로 반응하는 사람이 있습니다. 이런 사람은 거르시는 게 좋습니다. 반면 걱정과 불안이 담긴 눈으로 조심스럽게 말을 이어 가는 사람은 정상입니다. '과연 내가 할 수 있을지', '누가 나에게 가르쳐 주는 사람은 있는지' 이렇게 의지는 있지만 자기 자신에 대한 불확신으로 인해 조심스럽게 질문하는 태도는 지극히 자연스러운 모습입니다.

"신입한테 너무 많은 것을 바라는 것 같아요."

"월급은 얼만데요?"

면접자가 이렇게 공격적으로 반응한다면 주의하세요. 획일성이 강한 테이커일 가능성이 높습니다. '설마 면접관 앞에서 저렇게 이야기하는 사람이 있을까' 싶지만 면접 중 '이 회사에 입사하지 말아야겠다'고 결심한 획일성 강한 테이커는 태세를 바로 전환합니다. 이때 꼬리 물기 질문으로 지원자의 자격을 다시 심사해 보셔야 합니다.

예를 들어, 왜 불가능하다고 생각하는지 생각을 물어볼 수 있겠죠. 전에 다녔던 회사에서 지나치게 착취당해 방어적이었던 사람은 이렇게 오가는 대화를 통해 면접의 취지를 이해합니다. 하지만 획일성이 강한 테이커는 다릅니다. 빈정대는 표정, 경멸하는 표정을 감추지 못하고 면접의 분위기를 냉각시킵니다. 이 때문에 1차 면접에서 획일성이 강한 테이커를 알아보지 못했어도 2차 면접에서 대부분 걸러집니다.

"제가 할 수 있을까요?"
"누가 알려 주는 분은 계신가요?"

면접자가 이런 반응을 보이는 건 당연합니다. 실망하지 말고 어떤 단계를 거쳐 성장하게 될 지 교육 과정을 자세하게 설명해 주세요. 중요한 건 회사의 일방적인 요구가 아니라 면접자가 회사가 요구하는 노동의 강도와 그 이유에 대해 납득하고 자발적으로 동의해야 한다는 점입니다.

회사 생활은 자발적 참여가 전제 조건입니다. 그렇지 않으면 근무 환경의 변화나 역할과 책임의 변화를 수용하지 못하고 방향을 잃어버리거나 변화에 방어적이게 될 수 있습니다. 지원자가 불안하지 않게 질문에 성실히 답변해 주고 어떤 방식으로 성장을 도울지 자세하게 설명해 주세요. 회사에 처음 입사하면 하게 될 일을 기준으로 설명하시는 것이 좋습니다.

가령 디자이너를 채용하면 가장 처음으로 맡게 될 프로젝트가 무엇인지 설명해 주세요. 과정에서 어떤 방식으로 디자인 결과물에 대해 피드백해 줄지 워크플로를 갖고 설명해 주시면 됩니다. 예를 들어 디자인 워크플로가 크게 디자인 기획 파트와 디자인 제작 파트로 나뉘어 있다면 기획 단계에서 어떤 것을 요구하고 제작 단계에서는 어떤 것을 요구하는지, 우리가 추구하는 것이 무엇인지 교육해 주는 것입니다. 궁극적으로 이 회사를 성장시키기 위해 개인에게 원하는 구체적인 능력의 청사진을 제시해 주세요. 기획력을 갖춘 디자이너, 디자인할 수 있는 마케터 등 나중에 갑작스럽게 디자이너에게 기획까지 하라고 요청하는 것이 아니라 입사할 때부터 방향성을 분명하게 설명해 주시는 것이 중요합니다.

면접자 중에는 자신의 한계를 처음부터 정해 두는 사람이 있습니다. 예를 들어 빠르게 업무를 하면 실수는 나올 수밖에 없다고 생각하거나, 업무의 품질을 올리기 위해선 시간이 많이 필요하다고 생각하는 것이죠. 경험상 이들을 가르치면 아무리 경력이 쌓여도 사소한 실수를 반복하거나, 업무 시간이 단축되지 않습니다. 그 상황을 당연하게 생각하기 때문에 스스로 바뀔 내적 동기가 없는 것이죠. 자신이 손이 빠른 사람인지 꼼꼼한 사람인지는 같은 분야에서 최소 5년은 일해 봐야 알게 되는 사실입니다. 이제 막 회사에 들어오는 사람이 처음부터 자신의 한계를 두고 있다면 회사가 성장하면서 직무의 변화가 생길 때마다 반드시 충돌하게 됩니다.

이렇게 요구하는 것에 죄책감을 느끼지 마세요. 이런 구체적인 요구 사항이 있는 회사에 입사하는 것은 신입 사원에게 매우 중요합니다. 신입들에게 가장 독이 되는 회사는 출근해도 일거리가 없는 회사입니다. 어떤 사람은 다른 사람의 5년짜리 경험을 1년 만에 하지만 어떤 사람은 다른 사람의 1년짜리 경험을 5년 동안 합니다. 출근하면 할당량의 업무가 기다리고 있는 시기는 5년 차 미만까지 밖에 없습니다. 이때 자신의 전문성을 만들지 못하면 5년 뒤에 그 사람을 찾는 사람은 없을 것입니다.

사장님들은 책임감을 갖고 직원을 채용하세요. 충분한 경험, 업무의 양을 만들어 주는 것은 사장의 중요한 책임입니다. 회사 생활을 통해 전문성을 만들지 못하면 결과적으로 35살 이후의 삶의 난도가 급속도로 올라가기 시작합니다. 어떤 사람은 35살부터 이직과 창업, 모든 면에서 안정성을 가지지만 어떤 사람은 35살 이후부터 모든 면이 어려워집니다. 그러니까 대충 단순한 작업만 시키기 위해 사람을 채용할 생각을 하지 말고 자신의 모든 것을 가르쳐 줄 사람, 그리고 그것을 배우려고 하는 사람을 채용하세요.

대체로 회사는 다음과 같은 과정을 거치면서 순이익이 커집니다. 먼저 1인당 생산량이 증가하면서 매출이 커지고 순이익이 커집니다. 이 과정에서 구성원 모두 높은 업무 강도를 경험합니다. 야근도 잦아집니다. 그다음 업무 경험이 쌓이고 노하우가 생기면서 업무의 품질이 올라갑니다. 서비스의 품질이 상승하면서 서비스 가격이 상승합니다. 서비스의 품질이 갈수록 높아지면 똑같은 일을 하더라도 이익을 더 많이 낼 수 있기 때문에 구성원들의 업무 강도가 서서히 약해집니다. 남는 시간이 다시 서비스의 품질 개선에 쓰이면 회사의 규모가 커지며 업무의 강도가 다시 높아집니다. 이 과정에서 사람들의 직무는 자주 바뀌고 또 동시에 여러 가지 일을 하게 됩니다.

현실이 이렇기 때문에 기획과 디자인을 함께 할 수 있거나 기획과 마케팅과 디자인을 함께 할 수 있는 사람은 언제나 시장에서 높은 가치를 인정받고 높은 연봉을 제안받습니다. 가령 기획 팀과 제작 팀은 어떤 회사를 가도 서로 앙숙인 경우가 많은데요. 이 갈등을 조율하고 조직을 더 성장시키기 위해 회사는 이 2가지를 모두 이해하는 관리자를 찾을 수밖에 없습니다. 이런 능력을 가진 사람은 당연히 몸값이 올라갈 수밖에 없습니다. 사업 초창기에 이런 인재가 유입되면 시간이 흘러 리더로 성장할 수도 있습니다. 그러니까 마음가짐과 태도를 점검하고 성장에 한계를 두고 있는지 아닌지 확인하세요. 이 과정을 모두 통과해야 비로소 함께 일할 수 있는 자격이 되는 것입니다.

이들에겐 회사가 정한 기본 급여를 책정합니다. 경험상 아무리 뛰어난 인재라도 최소 6개월은 회사 이익에 아무런 영향을 미치지 못합니다. 이 시기에 지급하는 월급은 직원 교육에 투자하는 비용인데요. 그러니까 더더욱 회사가 손해를 감수하고 직원의 생계를 책임지면서 핵심 기술을 전수해 준다는 사실에 감사함을 느끼는 사람을 채용하세요.

두 번째 관문까지 통과했다면 회사에 필요한 인재의 최소 사양입니다. 채용을 결정하셔도 좋습니다. 하지만 좀 더 욕심을 내서 세 번째 관문까지는 검증해 보시길 권장해드립니다.

스텝 3: 업무 장악력이 있는 사람인가?

세 번째 관문은 '업무 장악력'입니다. 업무 장악력은 직업의 경계 없이 업무의 범위가 확장돼 동시에 여러 직업을 소화할 수 있는 능력을 뜻합니다. 가령 디자이너가 기획까지, 마케터가 디자인까지 업무의 영역이 인접 영역으로 넓어지는 것이죠.

디자이너의 몸값은 여러 툴을 다룰 수 있다고 오르지 않습니다. 기획력을 갖춰야 올라갑니다. 마케터의 몸값도 여러 툴을 사용할 수 있거나 다뤄 본 예산이 크다고 몸값이 오르는 것이 아닙니다. 기획력, UX에 대한 이해도가 있어야 몸값이 오르는 것이죠. 직원 스스로가 회사 이익에 기여하기 위한 수단을 늘려 가야 하는데 이 노력을 하지 않는 사람은 회사 성장의 걸림돌이 됩니다.

구성원들 모두 스텝 3을 통과하면 좋지만 현실에서는 스스로 스텝

2에 머물기를 원하는 사람도 있습니다. 회사에는 스텝 2의 사람들도 필요합니다. 스텝 3의 사람들을 보조 하는 사람이 필요하기 때문인데요. 이처럼 스텝2에 머무는 사람은 스텝 3 사람의 도구처럼 쓰이게 됩니다. 이 사실을 모두 사전에 교육해 줬는데도 스스로 스텝 2에 머물기를 희망한다면 회사에서 누군가는 해야 하지만 중요도가 낮은 업무들을 할당하시면 됩니다. 스텝 3 이상의 사람들이 회사의 핵심 업무에 더 집중할 수 있도록 그들을 보조하는 역할을 맡기세요. 스텝2를 통과한 사람의 연봉과 직책을 기준으로 스텝 3, 스텝 4, 스텝 5로 갈수록 더 많은 연봉과 그에 상응하는 직책을 마련해 주셔야 합니다.

특히 초창기 사업에서 이 보상 시스템을 갖추지 못해 팀 빌딩에 실패하는 일이 많습니다. 만약 여러분이 스텝 3 이상의 인재를 만났는데 채용하지 못했다면 결국 다른 조직에서 그 사람을 데려갈 것입니다. 사람의 몸값이 높은 데는 그만한 이유가 있습니다. 스텝 2의 직원은 1인분을 하겠지만 스텝 3의 직원은 2인분 이상을 합니다. 2~3명을 더 뽑는 것보다 스텝 3 인재 1명에게 확실하게 구분되는 연봉을 책정해서 대우하는 것이 훨씬 더 현명한 선택입니다.

가령 디자이너를 채용할 때 '우리 회사에는 기획자가 없어서 혼자 기획도 하고 디자인도 해야 한다'는 이야기를 해 보고 그 사람의 반응을 살펴보세요. 어떤 사람은 기획자 없이 일하기 어렵다고 말하고 어떤 사람은 기획 일도 할 수 있기 때문에 지원했다고 말합니다. 둘 중 후자의 사람에게 집중하세요. 실제로 기획과 디자인은 떼려야 뗄

수가 없는 관계입니다. 글과 함께 이미지가 연상되는 것은 자연스러운 사고 흐름입니다. 오히려 기획만 하려는 게 이상한 거죠.

마찬가지로 디자이너가 화면을 구성할 때 글의 구성에 개입하는 것이 자연스럽습니다. 화면을 구성해야 하니 당연한 일입니다. 따라서 기획자와 디자이너가 얼마나 협력하느냐가 결과물의 품질을 좌우합니다. 결국 기획자는 디자인 역량을 채우게 되고, 디자이너는 기획 역량을 채우게 됩니다. 각자 정해진 영역의 일만 하려고 하면 그 조직의 성장은 정체되기 쉽습니다.

마케팅, 디자인, 기획, 개발 등 회사에서 직업으로 구분된 업무는 본래 한 줄기에서 파생됐습니다. 저는 그것을 '문제 해결 능력'이라고 정의합니다. 사업은 문제를 갖고 있는 사람의 문제를 해결하면서 이익을 냅니다. 인류 보편적인 문제를 해결한 나이키나 애플은 전 세계인이 고객이고 제가 창업한 모두의 사수는 특정한 고객들의 특정한 문제를 해결했습니다. 이때 문제를 해결하기 위해서 여러 도구를 사용하는데요. 그 도구를 마케팅, 디자인, 기획, 개발 등의 이름으로 부릅니다. 사실 이것들을 뭐라 부르건 상관없습니다. 결국 이 도구들을 사용해서 우리는 문제를 해결해야 합니다.

세 번째 관문에서는 직업의 경계를 허물고 문제 해결가가 되기를 요구해야 합니다. 회사 내 세 번째 관문을 통과한 사람들이 많아지면 회사의 순이익이 커지기 시작합니다. 다시 한번 강조하지만 회사는 2가지 요소를 통제할 수 있어야 시장에서 경쟁력을 가질 수 있습니다. 첫 번째는 1인당 업무의 양이고, 두 번째는 서비스의 품질입니다. 1인당 업무의 양은 커지는 데 한계가 분명합니다. 그렇기 때문에 서비스의 품질을 높이지 않으면 매출과 비례해 늘어나는 업무량을 감당하기 위해 사람이나 시설에 재투자할 수밖에 없습니다. 때문에 사업가는 서비스의 품질을 유지하고 나아가 개선하는 데 많은 시간을 투자해야 하는데요. 결국 품질을 개선해서 마진율을 높이지 못하는 제품과 서비스는 시상에서 외면받기 때문입니다. 그래서 스텝 3 사람들이 많은 회사가 경쟁력이 있는 것입니다. 이들은 N인분을 하기 때문에 단위 시간 당 생산성에 크게 기여합니다. 그뿐 아니라 이들은 회사 이익에 기여하기 위해 직업의 구분 없이 문제를 해결하려는 사람들입니다. 사업의 품질 개선에도 보다 많은 기여를 할 수밖에 없습니다. 이 때문에 스텝 3를 거쳐 온 사람들 중에서만 중간 관리자를 뽑을 수 있습니다.

스텝 4: 메타 인지를 갖춘 사람인가?

네 번째 관문까지는 검증에 충분한 시간이 필요합니다. 지원자의 말만 듣고 덥석 연봉을 올려 주지 마시고 실제 업무 장악력이 커졌을 때 사람들과 어떤 방식으로 협업하는지 관찰하는 시간이 필요합니다. 어떤 사람은 일을 하면서 구성원들과 대립하는데, 어떤 사람은 일을 할수록 구성원들 중심에 서니까요. 중심에 서는 사람에게 기회를 주시면 됩니다.

네 번째 관문은 '메타 인지'입니다. 메타 인지가 잘되는 사람 주변

에는 언제나 사람이 모입니다. 특별히 직책을 주지 않았는데도 조직 내 구심점인 사람이 있습니다. 이런 사람은 자신이 부족한 것이 무엇인지 알고 있어서 다른 사람에게 도움을 요청하고, 자신이 잘하는 것이 무엇인지 알고 있어서 평상시 도움이 필요한 사람들을 기꺼이 도와줍니다. 사람이 당연히 모일 수밖에 없죠.

오해하실까 봐 부연 설명을 드리자면 제가 정의한 스텝 4의 직원 은 1, 2, 3, 4 스텝을 모두 통과한 사람입니다. 아무리 메타 인지가 잘 되는 사람일지라도 조직의 핵심 기술을 이해하지 못해서 실무 능력 으로 사람들에게 인정받지 못하면 사람들의 중심에 설 수 없습니다.

1, 2, 3, 4 관문을 모두 통과한 사람이 있다면 팀을 맡겨도 좋습니 다. 스텝4의 사람이 중간 관리자가 돼야 회사의 시스템은 비로소 갖 춰집니다. 그전에는 사장이 해야 할 일을 위임 할 사람이 없어 휴가 없이 일해야 하거나 사장이 아프면 회사가 마비되는 상황이 발생하 는데요. 스텝 4의 중간 관리자는 조직 내 안살림을 충분히 책임질 수 있는 사람입니다. 스텝 4의 사람을 직원들이 따르게 하기 위한 별도 의 노력이 필요하지 않습니다. 이미 사람들에게 충분히 신뢰를 얻고 있기 때문입니다. 이들에게는 자신의 기량을 마음껏 뽐낼 수 있게 자율성을 보장해 주는 것이 최고입니다.

초창기 사업의 모든 채용과 교육은 스텝 4의 사람을 빠르게 만드 는 것을 목표로 해야 합니다. 스텝 4의 인재를 가지지 못한 조직은 결국 단기적으로 성과를 낼 수 있지만 장기적으로는 성과를 지속할 수 없습니다. 사장 1명의 능력으론 성장의 한계가 명확하니까요.

스텝 5: 꾸준히 공부하는 사람인가?

다섯 번째 관문은 '겸손함'입니다. 다섯 번째 관문까지 사람을 심사하는 건 면접 자리에선 불가능 하지만 회사가 최종적으로 원하는 인재가 어떤 사람인지 면접 자리에서 설명해 주세요. 이 설명을 들은 지원자 중 자신의 일에 애착이 있고 성장에 대해 의지가 있다면 분명 이 회사를 매력적이라고 생각하게 될 테니까요.

다섯 번째 관문에서는 가장 중요한 건 꾸준히 공부하는 분야가 있는지 확인하는 것입니다. 이제 갓 회사에 입사한 신입들은 스텝 5까지 통과하지 못하더라도 충분히 이해할 수 있습니다. 현대 사회는 갈수록 갈만한 대학의 경쟁률이 높아지고 있고 좋은 회사의 문턱은 언제나 높습니다. 고된 취업 준비 끝에 좋은 회사에 입사하면 해방감을 느낄 수밖에 없습니다. 지금까지 계속했던 공부는 잠시 내려놓고 자신의 능력으로 번 돈을 자신의 삶을 위해 쓰며 살고 싶겠죠. 모두 이해할 수 있습니다.

다만 이 상황이 6개월 이상 지속되는 건 직원 개인에게 좋지 않으니 충분한 교육이 필요합니다. 평범한 회사원이 경제적 자유로 가는 방법은 생각보다 단순합니다. 낮은 소비 수준을 유지하면서 자신의 몸값을 올리는 것인데요. 그러기 위해선 번 돈을 자신의 가치를 올리는 데 사용해야 하며 근검절약하는 자세를 배워야 합니다. 그렇지 않으면 35살을 분기점으로 인생의 난도가 급격히 상승하니까요. 그래서 6개월 이상 사회생활 경험이 있는 신입부터는 꾸준히 하는 공부가 있는지 확인하는 게 필수적입니다.

저는 5년 차 이상 중간 관리자를 채용할 때는 스텝 5까지 반드시 검증합니다. 그리고 꾸준히 공부하는 사람이 아니라면 채용하지 않습니다. 중간 관리자가 없는 초기 사업에서는 사장의 실력이 곧 회사의 실력이지만 중간 관리자가 필요한 시점부터는 중간 관리자의 실력이 곧 회사의 실력이 됩니다. 자신의 실력에 안주한 중간 관리자는 그 회사의 천장이 됩니다. 적어도 자신이 속한 산업에 대해 자신만의 관점으로 의견을 낼 수 있는 사람을 채용하셔야 합니다. 그렇지 않으면 급속히 바뀌는 시장의 변화에 절대 대응하지 못합니다.

일례로 요즘 대세인 숏폼 콘텐츠는 사실 2016년부터 대세가 될 것이 확실했습니다. 중국 최대의 쇼핑 행사인 광군제 때 단 1명의 틱톡커가 1조 원의 매출을 만들어 냈는데 세상의 어떤 회사가 이 정보를 듣고 가만히 있었을까요? 이때 광고주에게 전략적으로 숏폼 마케팅 전략을 제안했던 광고 대행사들은 롱폼+숏폼 콘텐츠 마케팅 운영권을 연간 계약해 시장을 선점했습니다. 뒤늦게 이 시장을 알게 된 마케팅 대행사들이 아무리 좋은 전략을 제안해도 소용없었겠죠. 이미 연간 계약이 끝난 상황이었으니까요.

스텝 6: 연봉 계약

정리하면 1차 면접에서 면접관 대 면접자 대화의 비중을 2 대 8로 조절해 인성과 가치관을 판단하시면 됩니다. 면접관이 최대한 질문을 많이 하고 면접자로부터 대화를 많이 이끌어 내셔야 합니다. 2차 면접에서는 면접관 대 면접자 대화의 비중을 8 대 2로 조정하시고 면접자에게 요구할 내용을 정리해서 순서대로 설명해 주세요. 스텝 2부터 스텝 5까지 순서대로 설명해 주시고 각 단계에 도달할 때마다 연봉 상승이 있을 것이라고 설명해 주시면 됩니다. 이때 면접자가 스텝 2까지 동의하시면 신입 사원의 최소 사양입니다만, 저는 스텝 3까지 욕심내는 사람을 최소 사양으로 잡고 뽑습니다.

스텝 5까지는 충분히 관찰하실 시간이 필요하니 채용한 후 성급하게 결론을 내지 마세요. 언제나 지금 난세에서 탁월함을 깃춰아 다음 단계로 도전하는 것이 의미가 있기 때문입니다. 단계를 대충 건너뛰면 과정에서 쌓아야 할 경험을 충족하지 못하기 때문에 중간관리자로 승진시켜도 구성원들의 팔로워십이 형성되지 않을 가능성이 큽니다.

여기까지 보셨으면 이제 됐다고 생각하셨을지 모르겠습니다. 아직 제일 중요한 마지막 관문이 남았습니다. 바로 연봉 계약인데요. 어렵게 심사해서 뽑은 사람에게 연봉 계약의 의미를 제대로 설명하지 않고 대충 계약서에 사인만 받아서 나중에 서로 감정 상하는 일을 많이 봤습니다. 계약할 때 상황이랑 너무 많이 달라졌다고 생각하는 직원이나 새로운 일에 대해 직원이 너무 방어적이라고 생각하는 사장님, 모두 연봉 계약서를 작성할 때 설명이 충분치 못해서 생기는 일입니다. 그렇다면 연봉 계약 때 무엇을 설명해 줘야 할까요? 채용하는 사람이 신입이든, 경력이든 다음과 같은 사실을 명확하게 짚어 주셔야 합니다.

"지금 당신과 계약할 때 수행하기로 한 업무와 업무 범위는 당신이 성장함에 따라 양이 늘거나 범위가 늘어날 수 있습니다. 그에 따라 회사는 합당한 보상을 약속하지만 변화가 없는 사람에게는 계약 당시 연봉을 유지할 수밖에 없습니다."

그리고 직원에게 지금 당장 이익에 즉시 기여하는 것에는 무리가 있겠지만 그렇게 할 수 있을 때까지 주도적으로 일에 참여하고 시간을 쏟겠다는 다짐을 받으셔야 합니다. 그렇게 제 몫을 해내는 게 첫 번째 목표이고, 이 목표를 달성했을 때를 기준으로 지금 연봉 계약서에 서명하는 것이라고 교육해 주세요.

그렇지 않으면 아직 회사에서 1명 몫도 제대로 못 하는 사람이 1년을 채웠다고 연봉을 인상해 달라고 요구하거나 계약 당시 업무의 범위가 그대로고 업무의 양도 그대로인 사람이 1년 후 연봉을 인상해 달라고 요구하는 상황에 직면하게 됩니다.

1년이 지날 때마다 직원들의 연봉을 올려 주려면 1년이 지날 때마다 회사의 순이익이 직원들에게 올려 줄 연봉만큼 증가해야 하는 것이 당연합니다. 당연히 자신이 더 성장해 업무의 범위가 넓어지고 업무의 양이 많아져서 이익에 기여하는 사람들의 연봉은 자연스럽게 올라갈 것이고 그렇지 못한 사람의 연봉은 올려 주고 싶어도 올려 줄 수가 없습니다. 그러니까 받은 만큼 일하는 것이 아니라 받고 싶은 만큼 일하는 사람의 연봉이 언제나 올라갈 수밖에 없습니다. 이 사실을 사전에 설명해 주셔야 합니다.

앞에서도 설명해드렸지만 회사의 순이익이 커지는 방법은 2가지가 있습니다. 인당 업무의 양이 늘어나거나 인당 서비스의 품질이 증가하는 것인데요. 인당 업무의 양이 늘어나면 순이익이 커지는 건 당연한 사실이죠? 직원 스스로가 자신이 일하는 방식을 끊임없이 개선하고 단위 시간 동안 업무의 양을 늘릴 수 있는 방법을 찾아야 합니다.

그렇지 않으면 업무의 양과 비례해 사람을 추가로 충원해야 하는데요. 최소한의 인원으로 사람을 갈아 넣으라는 뜻이 아니니 오해하지 마세요. 사람을 추가로 채용할 때 추가로 필요한 인건비는 신입 사원일 때 인건비만 생각하시면 안 되고 연차가 쌓여 승진할 때 올려 줘야 하는 연봉까지 생각해서 의사 결정하셔야 합니다. 이 기준으로 사람 1명을 채용할 때 인건비보다 회사의 순이익이 언제나 더 커야 합니다. 이 원칙 없이 직원의 일손이 부족하다는 얘기만 듣고 덥석 인원을 늘리시면 안 되겠죠? 이렇게 채용 결정을 해서 비수기 때 인건비를 감당하지 못해 구조 조정하는 사장님을 정말 많이 봤습니다.

따라서 서비스의 품질이 언제나 최우선시돼야 합니다. 서비스의 품질이 높아지면 소비자 가격을 올릴 수 있기 때문입니다. 똑같은 일을 하더라도 순이익이 늘어난다는 의미입니다. 이때 업무의 양이 점진적으로 늘어나서 팀원들이 야근하는 일도 생기고 바빠지지만 결국 그 구간을 넘기 위해 서비스의 품질을 개선하면 더 적게 일하고 같은 매출을 만들거나 전과 같이 일하면서도 순이익이 증가하는 구조로 전환할 수 있습니다. 이 상황이 돼야 월급을 올려 줄 수 있습니다.

회사의
채용 공고

"사람들이 지원을 안 해요."
"우리 회사 지원율이 높으면 저도 이렇게 채용할 수 있어요."

제가 사람을 이렇게 채용해야 한다고 말씀드리면 가장 많이 나오는 답변이 바로 위 2가지입니다. 그럴 때마다 제가 가장 먼저 확인하는 건 회사의 채용 공고인데요. 채용 공고를 보면 바로 납득이 되더라고요. 지금 회사가 대기업도 아니고 브랜드의 인지도가 엄청 높지도 않으면서 회사명만 공개돼도 지원자가 몰리는 회사의 채용 공고 양식을 그대로 베껴서 만든 경우가 100%입니다. 인과 관계 중 결과에 매몰된 사고방식 때문입니다.

채용 공고는 회사의 상세 페이지입니다. 제품을 판매할 때 고객을 설득하는 것이 중요한 것처럼 회사의 채용 공고도 이와 마찬가지로 똑같이 구직자들을 설득할 수 있어야 합니다. 특히 이제 막 팀 빌딩을 시작하는 1인 창업가일수록 채용 공고의 중요성이 매우 큰데요. 유명한 회사는 회사명으로 인터넷에 검색하면 회사와 관련된 많은 정보를 다양한 경로로 입수할 수 있지만 이제 막 창업한 회사는 그럴 수 없습니다. 그러니까 이제 막 창업한 회사의 채용 공고는 길어질 수밖에 없겠죠? 지금부터 채용 공고의 목적과 좋은 채용 공고의 포맷과 실제 예시를 공유해드리겠습니다.

우선 많은 분이 가장 많이 착각하시는 채용 공고의 목적과 목표에 대해서 설명하겠습니다. 채용 공고의 목적은 우리가 원하는 사람'만' 지원하게 만드는 것입니다. 최대한 많은 사람이 채용 공고를 보고 지원하게 만드는 것이 목표가 돼선 안 됩니다. 지원서를 검토하고 면접을 보는 것에도 매우 많은 시간과 에너지가 사용되기 때문입니다. 따라서 채용 공고는 회사가 원하는 기준을 충족하는 사람들'만' 지원할 수 있게 작성해야 합니다.

1시간 동안 지원자의 대답을 듣고 지원자의 행동을 눈으로 관찰하는 일은 정말 보통 일이 아닙니다. 하루에 1명만 면접해도 다음 업무에 지장이 생길 정도로 에너지를 많이 사용하는 일입니다. 그러니까 처음부터 문을 좁게 만드는 것이 좋습니다. 문이 좁아지면 가뜩이나 적은 지원자가 더 적어질까 두려우시죠? 하지만 누구에게나 활짝 열려 있는 것보다는 훨씬 낫습니다. 누구에게나 활짝 열려 있는 회사는 획일성이 강한 테이커에게도 매력적으로 보일 테니까요.

이제 막 팀 빌딩을 시작하는 회사에서 첫 번째 채용이 얼마나 중요한지는 굳이 설명하지 않겠습니다. 첫 채용이 실패로 끝난다면 다른 그 누구보다 여러분의 힘이 가장 빠지게 되니까요. 그러니까 처음부터 제대로 된 사람을 채용하세요. 급하게 채용하면 결국 다시 처음으로 돌아갈 뿐입니다.

그러므로 채용 공고는 언제나 상시로 올려 두고 계속해서 면접을 보셔야 합니다. 1명을 채용했다고 해서 끝이 아닙니다. 채용한 직원이 퇴사할 수도 있고 채용한 직원을 해고해야 할 수도 있습니다. 그러니까 채용 공고를 내리지 마시고 꼭 상시 진행하세요.

"채용할 생각도 없는데 면접을 계속 본다면 지원자들이 나중에 그 사실을 알았을 때 회사의 평판이 나빠질 수 있지 않을까요?"

좋은 지적입니다. 저는 그래서 면접 후 괜찮은 사람은 우리 회사보다 더 좋은 회사에 소개했습니다. 채용과 별개로 이렇게 인적 네트워크를 만들어 두면 나중에 채용할 여력이 생기거나 급하게 사람이 필요할 때 다시 채용 공고를 작성해서 사람을 모집하는 것이 아니라 외부에 만들어 둔 인력풀 중에서 사람을 구할 수 있게 됩니다.

그렇다면 본격적으로 채용 공고에는 어떤 내용이 들어가는 것이 좋을까요? 아까 제품 상세 페이지랑 똑같다고 말씀드렸죠? 일단 본격적으로 채용 공고를 작성하기 전에 간단히 다음 질문에 대한 답변부터 기록해 보세요. 3가지입니다.

• 채용의 목적

당연히 자신이 왜 사람을 채용해야 하는지 목적이 분명해야 합니다. 일손이 부족해서 뽑는 것인지, 미래를 위한 투자인지, 기술 부족을 인력으로 메워야 하는 상황인지 등에 따라 채용의 목표와 채용의 대상이 달라집니다. 그러니 채용의 목적에 대해 충분히 고민해 보세요.

• 채용의 목표

채용의 목적이 분명해지면 그 방향에 맞게 목표도 정해집니다. 일손이 부족해서 뽑는 것이라면 채용 후 일손에 여유가 생기는 것이 목표가 되는 것이고, 미래를 위한 투자라면 채용 후 미래에 대해 세획할 수 있는 역량이 갖춰져야겠죠? 기술 부족을 인력으로 메우는 것이 목적이었다면 그 분야의 스페셜리스트를 모시는 게 채용의 목표가 돼야겠죠.

• 채용의 대상

목적과 목표가 분명해지면 어떤 사람을 채용해야 하는지 비로소 정리할 수 있습니다. 어떤 사람을 원하는지 상세하게 적어 보세요. 특히 어떤 사람을 우대하는지 보다 중요한 건 '이런 사람은 지원하지 마세요'입니다. 아까 제가 뭐라 그랬죠? 채용 공고의 목적은 최대한 많은 사람을 면접하는 것이 아니라 최대한 채용 목적에 부합하는 사람들만 지원하게 만드는 것입니다. 그러니까 회사가 원하지 않는 인재상을 분명하게 밝히세요.

"그 전 회사보다 편할 것 같다고 생각해 지원하시는 분들은 죄송하지만 지원하지 말아 주세요. 저희 회사는 지금부터 일이 계속 늘어날 예정입니다. 아마도 지원자 분이 생각하시는 워라밸은 우리 회사에서 책임지지 못할 수 있습니다. 대신 다른 회사의 3년 치 경험을 1년 안에 할 수 있습니다. 이것을 원한다면 지원해 주세요."

이렇게 분명하게 원하는 사람과 원하지 않는 사람을 구분하여 명시하는 것이 중요합니다. 여기까지 내용이 정리되셨다면 다음의 구조로 채용 공고를 작성해 보세요. 이제 막 사업을 시작했다면 최대한 설명이 자세하고 구구절절할수록 좋습니다. 명심하세요. 지원자가 여러분의 회사에 대한 정보를 얻을 수 있는 방법은 여러분이 작성한 채용 공고의 내용밖에 없습니다.

채용 공고의 내용

채용 공고는 크게 2가지 파트로 나뉩니다. 첫 번째 파트는 지원자가 듣고 싶어 하는 이야기, 즉 공감대를 형성하는 파트고 두 번째 파트는 우리가 하고 싶은 이야기, 즉 입사 지원을 유도하는 파트입니다.

• 지원자가 듣고 싶은 이야기

"좋은 회사 찾기 힘드시죠?" (이런 문제 있으시죠?)
"저도 그랬어요." (공감대 형성)

• 우리가 하고 싶은 이야기

"우리 회사에 지원해 보시는 건 어때요?"

"현재 우리 회사에 다니는 사람들을 소개할게요."

"우리 팀은 이런 사람을 원해요."

"현재 우리 회사는 대외적으로 이렇게 알려졌어요."

"우리 팀은 회사를 이렇게 키워 나갈 거예요."

"왜 이렇게까지 하냐면 우리에겐 이런 꿈이 있거든요."

회사의 인지도가 아직 미약한데 처음부터 "우리 회사에 시원해 주세요" 하고 채용 공고가 시작된다면 지원자들은 채용 공고를 보자마자 이탈할 가능성이 높습니다. 처음 보는 사람한테 "우리 제품 좋으니 구매해 주세요"라고 대화를 시작하는 것만큼 무례한 행동입니다. 먼저 지원자의 마음에 공감하는 것부터 시작해 보세요. 공감하는 방법은 어렵지 않습니다. 사전에 채용의 목적과 목표, 대상을 먼저 분명하게 정하라고 말씀드렸습니다. 만약 기술 부족을 인력으로 극복하려는 것이 채용의 목적이라면 채용의 대상은 그 방면의 스페셜리스트겠죠? 그럼 채용 공고 상단에 그 사람을 호명하고 지금 상황에 공감해 주면 됩니다.

• 지원자가 듣고 싶은 예시

"자신이 갖고 있는 능력을 제대로 인정해 주는 회사, 참 찾기 힘드시죠? 저도 이직할 때마다 반복적으로 경험했던 어려움입니다."

이렇게 공감대를 형성하고 나서 하고 싶은 이야기를 하시면 채용 공고를 끝까지 읽어볼 확률이 점점 증가합니다. 일단 지원자의 관심을 끄는 데 성공했으니까요. 여기서 주의하셔야 할 점은 이 구색을 맞추기 위해 없는 이야기를 지어내선 안 된다는 것입니다. 꼭 직장 생활을 할 때 경험을 얘기하지 않아도 좋습니다.

"자신이 갖고 있는 능력을 제대로 인정해 주는 회사, 참 찾기 힘드시죠? 저희 회사도 채용 공고를 다섯 번째 올리고 있지만 똑같은 어려움을 겪고 있어서 이번 채용 공고는 방식을 조금 달리해 보려고 합니다."

어떠신가요? 자신의 얘기를 솔직하게 하시면 됩니다. 이렇게 지원자가 듣고 싶은 이야기로 채용 공고를 시작하면 처음부터 글의 집중도가 달라집니다. 아마 여러분도 느끼셨을 거라 믿습니다. 없는 이야기를 지어내시면 언젠가 그 거짓말은 반드시 들통 납니다. 채용은 시작이지 끝이 아닙니다. 얼굴을 맞대고 적어도 1년 이상 일할 사람에게 처음부터 거짓말로 인연을 시작하면 안 됩니다. 여러분 길게 보셔야 합니다. 그다음 본격적으로 여러분이 하고 싶은 이야기를 쓰세요. 다음과 같은 순서로 쓰시면 좋습니다.

- **우리가 하고 싶은 이야기 - '우리 회사에 지원해 보시는 건 어때요?' 예시**
"저희는 이 분야 최고의 스페셜리스트를 모시고 있습니다. 업계 최고가 되기 위해 업계 최고를 모시는 게 당연한 순서라고 생각합니다. 그리고 걸맞은 대우를 하는 것이 당연하다고 생각합니다. 만약 당신이 이런 회사를 찾느라 지쳤다면 이 채용 공고가 당신의 구원이 될 수 있습니다. 많이 지치셨겠지만 한 번만 더 힘을 내서 지원해 주세요. 절대 후회 없는 선택이 되리라 장담합니다."

어떠신가요? 공감대 형성 부분과 이어서서 글의 몰입감이 갈수록 높아지는 것이 느껴지시나요? 만약 이번이 첫 번째 직원을 채용하시는 것이라면 바로 어떤 사람을 원하는지 작성하시고 이번이 두 번째 이상 채용이시라면 여기서 기존 직원들의 인터뷰를 넣어 주시면 효과적입니다. 당사자가 "우리 제품 좋아요"라고 이야기하는 것보다 제3자가 "이 제품 써 보니까 좋아요"라고 이야기하는 것이 언제나 더 믿음이 갑니다. 이걸 위해 직원들에게 거짓말을 시키지 않으시리라 믿습니다. 직원들 입에서 나오는 회사 이야기가 좋게 나올 수 있게 좋은 회사를 만들어 나가세요. 그리고 반드시 원하는 직원과 원치 않는 직원을 자세하게 설명하는 것이 필요합니다.

• 우리가 하고 싶은 이야기 - '우리는 이런 사람을 원해요' 예시
"우리는 문제 해결사를 원해요. 모든 팀원이 한 브랜드를 론칭하고 관리까지 할 수 있게 모든 것을 교육해 주고 성장에 대한 지원을 아끼지 않을 것입니다. 브랜드의 A부터 Z까지 책임감 있게 수행하려면 직업의 경계를 허물고 문제 해결사가 돼야 합니다."

• 우리가 하고 싶은 이야기 - '이런 사람은 지원하지 마세요' 예시

"학습하지 않는 사람은 지원하지 마세요. 본인의 성장을 위한 학습은 필수입니다. 퇴근은 정시에 하지만 입사 초기에 부족한 실무 능력은 개인 시간을 투자해서 학습하셔야 합니다."

회사가 원하는 인재상이 분명하게 머릿속에 그려지시죠? 이다음 회사의 평판을 확인할 수 있는 보도 자료나 업적이나 고객사 같은 데이터들을 보여 주시면 좋습니다. 아무리 생각이 훌륭한 회사여도 실적이 없는 회사는 지원하기 꺼려지니까요.

• 우리가 하고 싶은 이야기 - '현재 우리 회사는 대외적으로 이렇게 알려졌어요' 예시

성장세를 확인할 수 있는 매출 그래프, 언론에 노출됐다면 보도 자료들, 고객사가 많으면 고객사 리스트, 유명인이 고객이라면 유명인의 추천사 등 현재 회사의 평판을 확인할 수 있는 자료들을 모아서 보여 주시면 됩니다.

이 정도만 써도 채용 공고가 엄청 길어졌다고요? 그렇지만 가장 중요한 것이 남았습니다. 회사가 좋아 보일수록, 직원들을 많이 신경 쓰는 게 느껴질수록 기대감과 동시에 의구심도 커지는 게 사람의 본능입니다.

'과연 진짜 이 회사가 현실에서도 그런 회사일까? 말만 그런 것 아

닐까?'

　우린 이런 생각에 믿음이 가는 대답을 보여 줘야 합니다. 어떻게
보여 주면 될까요? 바로 회사의 비전과 창업 이유로 보여 주시면 됩
니다.

• 우리가 하고 싶은 이야기 - '우리 팀은 회사를 이렇게 키워 나갈 거예요' 예시

　매출액, 지속력, 안정성 등 정량화할 수 있는 목표를 보여 주시면
좋습니다. 아래처럼 구체적인 비전을 제시하면 됩니다.

　"현재 우리 회사의 매출은 1년 50억 원 규모지만 이 추세로 봤을
때 내년에는 150억 원까지는 무리가 없을 것 같습니다. 이 인원으로
달성할 수 있다면 그만큼 커진 이익을 고생해 주신 직원들과 나누고
싶습니다."

• 우리가 하고 싶은 이야기 - '왜 이렇게까지 하냐면 우리에겐 이런 꿈이 있거든요' 예시

　창업 동기는 생각보다 매우 중요합니다. 돈을 많이 버는 것이 가
장 중요한 가치인 사장님 밑에는 그런 사람들이 모이고 세상에 좋은
영향력을 행사하는 것이 중요한 가치인 사장님 밑에는 그런 사람들
이 모이기 때문입니다. 그러니까 자신의 가슴이 뛰는 꿈이 무엇인지

구체적으로 적어 주세요. 그 꿈에 동조하는 사람들이 회사에 지원할 것입니다.

가령 직장인의 자아실현과 퇴사 후 자립을 돕는 것이 모두의 사수 비전인데요. 이 비전에 동의하는 사람들로 팀을 만들었기 때문에 소속감을 넘어 일체감을 만들기가 훨씬 수월했습니다. 그러니까 여기까지 모두 작성해서 채용 공고를 공개해 보세요.

조직과 개인
모두를 위한 해고

싹수도 없고 일도 못 하는 동료와 일하고 싶은 사람은 아무도 없습니다. 하지만 다음과 같은 동료라면 어떻게 해야 할까요?

A: 착하고 성실하지만 성과가 나지 않는다.
B: 싹수없고 근태가 좋지 않지만 성과는 낸다.

특히 사업 초반에 인재 풀이 부족한 스타트업에서 이 2가지 일들이 빈번하게 일어나고 의사 결정이 자주 지연되는데요. 인사에 대한 의사 결정이 지연되면 당사자를 제외한 모든 인원에게 광범위하게 부정적인 영향을 미칩니다.

어려운 결정 같지만 사실 정답이 있습니다. 그리고 아마 이 글을 읽는 여러분도 정답이 무엇인지 알고 있을 것입니다. 아무리 피드백해 줘도 바뀌지 않는다면 퇴사시켜야 합니다. 알고 있으면서 하지 못하는 이유는 다음과 같은 문제 때문입니다.

A: 성과를 내지 못하지만 조직 내 영향력이 상당하다. 단지 일을 못한다고 퇴사시키면 사람들에게 좋지 않은 영향을 끼칠 것 같다.

B: 모두 이 사람에 대해 이야기한다. 이 사람 때문에 퇴사하고 싶다는 이야기도 한다. 하지만 당장 이 사람이 없으면 업무가 돌아가지 않을 것 같다. 이 사람만 한 대체 인력을 구하기도 쉽지 않을 것 같다.

이 고민을 해결하기 위해 우선 갖고 있어야 할 사고방식이 있습니다. 해고는 당사자에게 더 나은 회사를, 더 나은 진로를 찾아 주는 과정입니다. A와 B의 모습은 늘 그런 것이 아니라 지금 우리 회사에서만 보이는 모습일 수도 있습니다. 다른 회사, 다른 리더를 만나면 얼마든지 바뀔 수도 있습니다. 무조건 저 두 유형의 사람을 탓하지 말고 자기 자신이 어떤지 돌아보세요. 자신의 리더십이 부족한 것이라면 해고 통보가 아니라 적성을 찾아 주고 성공적인 이직을 도와야 합니다.

채용 결정은 결국 자신이 했습니다. 성공적인 이직을 돕는다는 것은 더 나은 커리어를 제안한다는 의미입니다. 지금 회사에 부족한 점이 무엇인지 객관적으로 점검해 볼 기회이기도 한 거죠. 서로에게 윈윈인 셈입니다. 특히 상급자에 대한 평가를 삼가는 우리나라 조직 문화에서는 리더가 직원에게 솔직한 피드백을 얻을 수 있는 거의 유일한 기회이기도 합니다.

어디 그뿐인가요? 요즘 당연하게 여겨지는 '1달 전 퇴사 통보' 같은 일도 줄어들게 됩니다. 이직을 전제로 한 일대일 면담은 모두에게 다음을 준비하는 시간을 갖게 해 주니까요. 5개월 뒤 퇴사가 확정인 직원의 대체자를 1달 전까지 구하고 도제식으로 인수인계하고 나가는 아름다운 상황까지 만들 수 있습니다. 그러니까 자신의 역량 부족으로 사람을 성장시키지 못하는 리더분들은 그만 그 사람을 놓아주시는 결정도 고려해 보시길 바랍니다.

모두의 사수
면접 워크플로

제가 면접을 보는 워크플로를 공유해드릴 테니 꼭 숙지하시고 면접에 참여하세요. 무수히 많은 시행착오 끝에 만들어진 프로세스입니다.

· 모든 사람에게 동일한 질문을 하지 않는다.

지원자가 직접 작성한 이력서와 자기소개서를 기준으로 질문을 뽑아내세요. 이때 질문은 확장형 질문으로 뽑으셔야 합니다. 꼬리 물기 질문은 즉석에서 궁금한 것들을 물어볼 때 활용하세요. 처음부터 꼬리 물기 질문으로 면접을 시작하면 정해진 답변으로 면접을 유도하기 때문에 면접자를 깊이 이해하기 어렵습니다.

· 꼬리 물기 질문과 확장형 질문을 한다.

꼬리 물기 질문은 인성과 가치관을, 확장형 질문은 소양을 알 수 있습니다. 면접자는 입사하고 싶은 회사의 면접일수록 자신의 강점을 어필하기 위해 사전에 많은 준비를 하고 면접에 참여합니다. 이 때문에 면접 과정에서 성과에 대한 과장이나 작은 거짓말이 있을 수 있습니다. 여기까진 이해 가능한 범위입니다. 문제는 그것이 들통났을 때 그들의 태도인데요. 인정하고 받아들이는 태도를 가진다면 괜찮은 사람이지만 거짓말을 거짓말로 덮으려고 하거나 면접 태도가 급변하고 거짓말을 인정하지 않는다면 그 사람은 채용해선 안 되겠죠?

또 확장형 질문은 그 사람의 잠재력을 파악하기 좋습니다. 끊이지 않고 대화를 리드할 수 있는 사람이 좋습니다. 반면 대화를 이끌지 못해 면접 시간이 지나치게 짧아지거나 면접관을 무시하는 사람이라면 채용하지 마세요. 대화를 이끌지 못하는 사람은 빠르게 성장시키기 어렵습니다. 사고력, 어휘력, 표현력 같은 소양은 회사에서 길러 주기 힘듭니다. 개인이 꾸준히 갈고 닦아야 하는 것이죠. 면접관을 무시하는 사람이라면 당연히 획일성이 강한 테이커라는 증거니까 믿고 거르셔도 좋습니다.

· 지원자가 답할 때까지 끝까지 참고 기다린다.

질문에 답변하는 텀이 길다고 면접관이 대답의 가이드라인을 주거나 대신 답변하는 경우를 종종 봅니다. 절대 그렇게 하시면 안 됩니다. 획일성이 강한 테이커는 언제나 출제자의 의도를 파악하는 것을 자신의 생각을 솔직하게 이야기 하는 것보다 중요하게 생각합니다. 일단 잘 보여야 하니까요. 질문의 가이드라인을 주거나 대신 답변하면 이들의 좋은 먹잇감이 됩니다. 그때부터 면접은 여러분이 원하는 대답만 듣는 자리로 변질될 것이 분명합니다. 게다가 답변이 어려워 고민할 때 면접자가 보이는 비언어적 신호가 말보다 더 많은 정보를 제공합니다. 고심하는 표정, 당황하는 표정, 긴장하는 표정, 짜증내는 표정, 자포자기하는 표정 등 많은 신호가 있으니 끝까지 참고 기다리세요.

- **면접 순서**
- 면접관 자기소개
- 지원자 자기소개 요청
- 지원자 지원 동기 질문
- 지원자 경력 기술서를 토대로 확장형 질문하기
- 지원자 답변을 토대로 꼬리 물기 질문하기

    면접 시간은 면접관에게도 면접자에게도 중요한 시간입니다. 서로 소중한 시간을 낭비하지 않기 위해서 면접자가 가진 소양을 면접 자리에서 모두 발휘할 수 있도록 면접관의 각별한 준비가 필수적인데요. 이를 위해 먼저 면접관이 자기소개를 하고 그것을 통해 면접 현장 분위기를 편하게 만들어 줍니다. 그다음 지원자에게 자기소개를 요청합니다. 이유는 면접자가 준비한 자기소개를 말하게 함으로써 입을 풀게 하기 위함입니다. 이 시점의 답변으로 면접자를 평가하지 않습니다. 지원자의 지원 동기 설명을 요청하는 이유도 위와 맥락이 같습니다. 오고 싶은 회사일수록 자기소개와 지원 동기에 대해 자세하게 준비된 내용을 암기해 왔을 확률이 높습니다. 준비한 대답을 할 수 있게 기회를 주고 긴장을 풀어 주는 것이죠. 이때 그 사람의 표정이나 제스처를 관찰하면서 얼마나 절실한지 가늠해 보기도 좋습니다.

본격적으로 면접자를 알기 위한 질문은 지금부터입니다. 지원자의 경력 기술서를 토대로 확장형 질문을 합니다. 확장형 질문은 사전에 경력 기술서나 자기소개서를 꼼꼼하게 읽어 보시고 뽑아 놓으셔야 합니다.

가령 지원자의 경력 중 1년 이상인 경력이 없어서 이유가 궁금하시다면 "왜 경력이 다 짧아요?"(꼬리 물기 질문)가 아니라 "지금까지 직장 생활 경험을 설명해 주세요."(확장형 질문)로 답변의 범위를 넓혀 주셔야 합니다. 경력이 짧은 이유를 자연스럽게 듣게 되실 수도 있고 대화 중 꼬리 물기 질문을 하셔도 되니까요. 다만 처음부터 꼬리 물기 질문으로 면접을 진행하시면 흡사 청문회처럼 분위기가 경직되고 깊은 대화를 나누기 어려워집니다.

확장형 질문은 지원자의 소양을 알기 위한 질문이니까 어떤 분야라도 상관없이 하루 종일 떠들 수 있을 만한 주제를 발견하는 것을 목표로 면접을 운영하시는 것이 좋습니다. 질문을 통해 그 주제가 무엇인지 찾아내고 이야기할 기회를 주세요. 영화를 좋아하는 사람이라면 평론가처럼 이야기하기도 하고 IT 기계에 관심이 많은 사람은 특정 브랜드의 마케팅 전략까지 섭렵하고 있는 경우가 많습니다.

어떤 카테고리라도 좋으니 취향이 있고 하루 종일 떠들 수 있을 정도로 소스가 많은 사람을 채용하세요. 아무리 좋은 워크플로가 있어도 소양까지 가르칠 수는 없습니다.

반전 효과가 극대화되는 글쓰기 구조를 알려 준다고 누구나 "침대는 가구가 아닙니다. 과학입니다" 같은 카피를 쓸 수 있는 것이 아닙니다. 평소 꾸준하게 관심을 갖고 있는 분야가 있어야 하고 그 관심 분야에서 꾸준하게 쌓은 지식이 있어야 합니다. 면접 자리에서 자신이 자신 있는 주제로 30분 이상 대화를 리드하지 못 한다면 그 사람을 채용해도 그 사람을 통해 좋은 성과를 내기 어렵습니다.

확장형 질문을 통해 긴 대화가 이어진다면 대화 중 이해가 되지 않는 부분을 꼬리 물기 질문을 통해 답변의 정합성을 확인하고 그 사람의 답변 태도를 관찰하세요. 획일성 강한 테이커는 대부분 이 과정에서 걸러집니다. 획일성 강한 테이커가 의심되는 사람에게 해 보면 좋은 꼬리 물기 질문이 있습니다. 바로 리더십의 방향성에 대해서 묻는 질문인데요. '리더가 팀원에게 맞춰야 한다 VS 팀원이 리더에게 맞춰야 한다' 둘 중 무엇을 고를지 질문하는 것입니다.

같은 질문을 리더가 받았을 때 팀원에게 맞추는 것을 당연하게 생각하는 사람은 기버 성향이 강한 것입니다.

같은 질문을 리더가 받았을 때 팀원이 자신에게 맞춰야 한다고 생각하는 사람은 테이커 성향이 강한 것입니다.

같은 질문을 팀원이 받았을 때 리더가 자신에게 맞춰야 한다고 생각하는 사람은 테이커 성향이 강한 것입니다.

　같은 질문을 팀원이 받았을 때 자신이 리더에게 맞춰야 한다고 생각하는 사람은 기버 성향이 강한 것입니다.

　서로 맞춰야 한다고 답변하는 사람은 선택적 기버 성향이 강한 것입니다.

　사람마다 정도의 차이가 있지만 꽤나 정확하게 어떤 성향을 갖고 있는지 파악할 수 있으니 꼭 꼬리 물기 질문 항목에 추가해 보세요. 작은 차이지만 분명 이 생각이 원인이 돼 면접 현장에서 태도가 드러날 것입니다. 혹여나 1차 면접을 통과해도 다음 단계인 실무 면접에서 획일성이 강한 테이커는 반드시 걸러질 수밖에 없으니 걱정하지 마세요.

5장

생산성 관리는 시간 관리가 아니다

사업의 기반-생산성

갖고 있으면서 그것을 채우려 하면 그만두는 것만 못하니,
날을 다듬으면서 그것을 뾰족하게 하면
오래 보존할 수 없다.

《노자》

시간 관리가
생산성 관리라는 착각

많은 사장님이 회사의 생산성 향상을 목표로 모두의 사수를 찾습니다. 그렇지만 생산성이 향상된다는 것이 구체적으로 무엇인지 모르고 찾아오는 분들이 대부분입니다. 생산성 관리는 시간 관리하는 방법이 아닙니다. 시간을 계획하는 방법도 아닙니다.

생산성 관리의 원형은 '무역'입니다. 전쟁은 승리한 국가도 국력이 쇠퇴합니다. 더 적은 인원, 더 후퇴한 기술로 더 넓은 영토를 관리해야 하기 때문입니다. 리더들의 관심사가 전투력에서 생산력으로 옮겨 간 것도 당연한 일입니다. 단위 시간 동안 더 많이 생산해야 자국민이 먹고살고 타국과 자원을 교환할 수 있기 때문입니다.

회사도 똑같습니다. 아무리 마케팅을 잘해도 생산성이 기반이 되

지 않는다면 멀리 갈 수 없습니다. 신중하되 실행하면 반드시 이겨야 하는 것이 마케팅(전쟁)이라면 늘 꾸준하게 시간을 쏟아서 해야 하는 것이 생산입니다. 생산성 관리가 중요한 이유입니다.

마케팅과 생산성 관리 모두 생존하기 위해 인류가 개발한 시스템입니다. 마케팅에서 나를 아는 것이 중요한 것처럼 생산성 관리에서도 나를 아는 것이 중요합니다. 마케팅에서 먼저 나를 알아야 하는 이유는 자신을 기준으로 누구와 경쟁하는지 알아야 경생에서 실 확률을 줄일 수 있기 때문이었습니다. 생산성 관리에서 나를 알아야 하는 이유는 마케팅과 다릅니다. 단위 시간 동안 얼마나 더 많은 양을 생산할 수 있는지는 다른 나라와 비교를 통해 파악이 되는 것이 아니라 과거의 내 모습과 비교해야 알 수 있습니다. 즉 생산력으로 경쟁하는 것은 경쟁국이 아니라 과거의 자신과 경쟁한다는 뜻입니다. 그래서 생산성 관리는 현재 자신의 위치를 파악하는 것에서부터 시작합니다.

우리가 여행을 갈 때도 현재 위치와 목적지를 기준으로 경로 탐색을 하는 것처럼 생산성 관리도 현재 자신의 위치를 기준으로 목표까지 도달하는 과정을 관리하는 것입니다.

언제나 목표보다 방향성이 더 중요합니다. 가령 우리가 휴식을 위해 부산까지 여행을 계획한다고 가정해 보죠. 여기서 휴식이 이 여행의 목적이자 방향성입니다. 여행의 목표는 부산까지 가는 것이고요. 지금 자신의 현재 위치를 기준으로 부산으로 가는 경로를 탐색해야겠죠. 그런데 부산으로 가는 중 부산에 폭우가 쏟아질 거라는 일기예보를 들었습니다.

여기서 사람들의 선택지는 둘로 갈립니다. 목표 지향적인 사람은 목표 달성을 위해 부산까지 여정을 지속합니다. 목적 지향적인 사람은 중간에 목표를 다시 설정합니다. 여행의 목적이 휴식이기 때문에 날씨가 좋은 지역으로 중간에 목표를 바꾸는 것이죠. 이처럼 목표는 달성해서 바뀌기도 하고 달성 전에 바뀌기도 합니다. 이 때문에 목표보다 중요한 건 방향성입니다. 목표는 계속 변경됩니다.

목표를 징검다리라고 생각해 보세요. 우리는 목적을 위해 수많은 목표를 달성하면서 길을 만들어 갑니다. 목표가 하나 달성될 때마다 디딜 수 있는 디딤돌이 앞에 놓이겠죠. 이 디딤돌은 꼭 오와 열이 맞지 않아도 됩니다. 중요한 건 한 방향으로 놓여야 길이 만들어진다는 점입니다.

사업도 이와 마찬가지입니다. 목표는 달성해도 또 다른 목표가 계속 생기지만 목적은 아닙니다. 생산성 관리가 안 되는 회사는 일단 자신의 현재 위치를 모릅니다. 하지만 대부분 목표는 분명합니다. 얼마의 매출, 몇 명의 고객 등 꽤 정확한 숫자로 목표를 정하죠. 그렇지만 현재 자신의 위치가 어디인지 모르는 상태에서 구체적인 목표는 자존감을 떨어트리는 일등 공신일 뿐입니다. 아무리 노력해도 목표에 도달하지 못하기 때문이죠. 운 좋게 목표에 도달해도 더 상위의 목표가 그를 기다리고 있습니다. 성취감이 어느새 걱정으로 바뀌고 걱정은 곧 허무함으로 바뀝니다.

'내가 언제까지 이 일을 계속할 수 있을까?'

어디서 많이 들어 본 얘기죠? 목적이 없는 삶은 직장인이나 사업가나 똑같이 이런 막막함을 느끼게 합니다. 삶의 방향을 잃어버린 셈이니까요.

생산성 향상을 위한 전제 조건

사업을 잘한다는 것은 '좋은' 제품을 '최대한 많이' 만들어서 '재고 없이 많이' 파는 것입니다. 그래서 생산성이 관리돼야 합니다. 단위 시간 동안 어떤 종류의 일을 얼마나 할 수 있는지 정량화할 수 있어야 합니다. 그렇다면 회사에서 생산성을 극대화하기 위해 실제로 해야 하는 일은 무엇일까요?

먼저 자신의 현재 역량을 정확하게 알아야 합니다. 생산성 관리 1단계를 통해 자신의 역량을 파악하는 방법을 알려드리겠습니다. 그 다음 다양한 사람들이 협업할 수 있는 환경을 만들어야 합니다. 5명이 협업하는데 5인분만 한다거나 아이디어가 1개만 나온다면 이 환경은 혼자서 일하는 환경과 별반 다를 게 없습니다. 팀 빌딩에 실패한 것이죠. 다양한 사람들이 일할 수 있는 환경도 역시 나를 알아야 만들 수 있습니다.

이 회사가 어떤 가치를 제공하여 어떤 고객에게 어떻게 돈을 벌고 있는지 정의하는 것이 출발점입니다. 이것이 명확하지 않으면 사람들 각자의 역할과 책임을 나눌 수 없기 때문이죠. 역할과 책임을 정하지 못한다면 이익을 극대화하기 위해 출근하고 퇴근할 때까지 어떤 일에 집중해야 하는지 모른다는 뜻입니다. 가령 마케팅 회사의 디자이너는 예쁜 디자인이 아니라 마케팅 잘하는 디자이너가 돼야 합니다. 이렇게 각자의 역할이 비즈니스 모델에 맞게 재구성되면 그 다음엔 투명한 의사소통, 정보 공유를 위해 노력해야 합니다. 투명한 의사소통, 정보 공유가 안 되면 자신의 역량을 정확하게 파악하기가 어렵기 때문입니다.

연봉 협상 때 형평성 문제가 제기되는 이유는 본질적으로 이 이유 때문입니다. 조직의 모두가 서로의 실력을 알고 있다면 실력이 부족한 사람이 누구를 스승으로 섬겨야 하는지, 실력이 뛰어난 사람이 누구를 제자로 받아야 하는지 명확해집니다.

조직이 어떻게 성장하는지 모두가 알고 있다면 리더가 일 하라는 잔소리, 일의 당위를 설명하는 동기 부여에 시간을 극단적으로 줄일 수 있습니다. 100명의 직원에게 100번 잔소리하는 리더가 있는 반면, 잔소리 없어도 알아서 일하는 조직이 있습니다. 후자의 조직을 만들려면 재차 강조하지만 투명한 의사소통, 정보 공유가 필수입니다. 물론 이 문화가 안정적으로 기능하려면 성과가 무엇인지 정의하고 성과에 따른 보상 체계 역시 갖춰져야 하겠죠. 조직 문화는 그것을 작동하게 하는 조직 구조가 없으면 실체가 없는 뜬구름과 같습니다.

저는 회사에 다니는 직장인이나 회사를 경영하는 대표님도 자기를 이렇게 경영해야 한다고 생각합니다. 개인이 성장하기 위해서는 다양한 생각을 수용할 수 있어야 합니다. 조직을 성장시키는 방법도 이와 원리가 똑같습니다. 회사의 생산성이 증가하려면 다양한 생각, 이론, 사상을 받아들이는 것이 필수적입니다. 혼자 일한다고 혼자 할 수 있는 일만 하는 사람이 있는가 하면 새로운 일에 도전하면서 배우며 성장하는 사람도 있습니다. 전자의 사람은 1인분밖에 못하지만 후자의 사람은 도전하는 횟수만큼 N인분을 할 수 있게 됩니다.

가령 자신이 디자이너인데 디자인만 하려는 디자이너와 기획도 할 수 있는 디자이너는 시장에서 평가받는 가치도 다르고 성장 속도도 다릅니다. 사업도 마찬가지입니다. 디자인이 품질인 회사는 더 좋은 디자인을 하기 위해 결국 기획력이 뒷받침돼야 합니다. 인접 영역으로 새로운 도전을 하지 않는다면 곧 경쟁에서 뒤처지게 되겠죠.

이뿐만 아니라 생산성 증가는 창의력과도 밀접하게 연결됩니다. 창의성은 다양한 생각의 융합에서 비롯됩니다. 얼마나 다양한 관점을 받아들일 수 있느냐가 개인의 생산성 관리의 핵심인 것처럼 회사에선 얼마나 다양한 사람을 받아들일 수 있느냐가 그 회사의 실력이 됩니다. 1가지 직업에 대한 전문성, 1가지 인격에 대한 획일성을 고집하는 사람은 다양한 인격 스펙트럼을 갖고 있는 사람에 비해 고집스럽고 폐쇄적일 수밖에 없습니다. 그 인격, 그 직업의 마지막 수호자가 된 것처럼 부자연스럽고 순리에 적응하지 못하게 됩니다. 리더와 비슷한 사람만 고집하는 회사도 마찬가지로 고집스럽고 폐쇄적인 집단이 됩니다.

나의 현재 위치를 아는
3가지 요소

이제 여러분은 생산성 관리가 단순한 시간 관리나 시간 계획이 아님을 분명히 아셨을 거라 믿습니다. 생산성 관리를 시간 관리로 생각하면 언제나 할 수 있는 업무의 양만 실행하겠죠. 눈에 띄는 성장은 없습니다. 생산성 관리를 시간 계획으로 정의하면 초등학생의 방학 생활 계획표처럼 비현실적인 계획표를 짜고 현실에 반영되지 않아 받지 않아도 될 스트레스를 받으실 겁니다. 생산성 관리를 통해 현재 자신의 위치를 파악하기 위해선 먼저 3가지 요소가 분명하게 정해져야 합니다.

- 명확한 목적
- 목적에 종속되는 목표
- 목표를 달성하기 위한 실행

명확한 목적

목적이 불분명하면 목표를 달성할 때마다 여러분은 길을 잃을 것입니다. '이 다음은 뭐지?'를 늘 고민해야 한다면 목표를 달성하지 못했을 때 곧바로 '이 길은 아닌 것 같다'는 생각에 빠지기 쉽습니다.

이 책의 마음가짐 편이 중요한 이유입니다. 지금 자신의 목적이 불분명하다면 방향성을 상실한 채 일하고 계신 겁니다. 사업을 지속하기 어려우니 이 책의 마음가짐 편을 읽고 질문에 대한 답변을 꼭 채우시길 바랍니다.

목적에 종속되는 목표

목적 없는 목표는 달성할 때마다 성취감이 아니라 불안감을 키웁니다. '내가 언제까지 이 목표를 달성할 있을까?'라는 불안감은 이내 '이 사업은 언젠가 망하겠구나'라는 생각으로 이어지기 쉽습니다. 몇 번 목표 달성에 실패했다고 아직 가능성이 많은 사업체를 정리하는 사장님을 많이 봤습니다. '죽을 때까지 이 목표를 달성하면서 살지 못할 것 같다'는 불안은 '언젠가는 반드시 망할 운명'이라는 자기 확언이 됩니다. 아직 할 수 있는 도전이 많은데도 성장이 정체되면 '어차피 이렇게 될 운명이었다'는 식으로 포기하고 마는 것이죠. 자신이 왜 그 사업을 하는지, 왜 자신이어야 하는지 고민이 없었기 때문에 발생하는 일입니다.

지금이라도 자신이 사업을 하는 목적을 반드시 생각하시길 바랍니다. 어떤 사장님은 '자신과 가족의 안전한 경제적 기반'을 목적으로 최소 얼마 이상을 벌어야 하는지를 목표로 잡았습니다. 과정에서 '자신과 가족의 안전함뿐만 아니라 직원들이 평생 다닐 수 있는 직장을 만들고 싶다'는 목적으로 점점 더 자세하게 방향성이 생기게 됐고 지금은 직원들의 안정적인 경제력을 목표로 회사를 키워 나가고 계십니다. 이처럼 목적이 구체적이면 목표는 자연스럽게 생겨납니다. 자신이 만든 이 기준을 나침반 삼아 사업을 지속하세요. 그래야 끝까지 갈 수 있습니다.

목표를 달성하기 위한 실행

목적이 분명하고 목표가 자연스럽게 정해진다면 그다음은 간단합니다. 하루 중 몇 시간을 목표 달성을 위해 사용할지 결정하면 되기 때문입니다. 매일의 시간이 쌓여 그 목표가 달성됩니다. 그저 꾸준하게 하루 특정 시간을 사용하시면 됩니다. 지금까지 자신을 만든 행동만 반복하면서 구체적인 목표만 갖고 있는 건 아닌지 성찰해 보시길 바랍니다. 변화는 목표가 구체적이어서 생기는 것이 아닙니다. 목표 달성을 위해 실제 시간을 사용해야 변화가 생깁니다.

사업가는 당연히 매출과 연결되는 업무의 양을 늘려야 매출이 늘어납니다. 그리고 서비스의 품질 개선에 일정량의 시간을 계속 사용해야 품질이 개선되겠죠. 그 시간을 정확하게 측정해서 매일 반복하는 것이 중요합니다.

고객 관리와 품질 상승이 아니라 판매에만 힘을 쓰면 하루 대부분의 시간을 신규 고객 유입에만 쓰게 됩니다. 신규 고객이 유입되는 마케팅 배너를 기획하고 제작하고 배너 광고 피로도가 쌓이면 다시 배너를 기획하고 제작하는 악순환에 빠집니다. 그 와중에 유입된 신규 고객을 충성 고객으로 전환할 시간은 없기 때문에 가장 중요한 이 일이 뒷전이 됩니다. 신규 고객 유입을 위한 마케팅을 하지 않으면 지금 매출을 유지할 수 없다는 공포 때문에 밑 빠진 독에 물을 붓는 행동을 멈추지 못하는 것이죠.

이런 악순환에 빠지지 않기 위해서 급하게 가면 안 됩니다. 속도에 매몰되면 안 된다고 말씀드렸죠? 처음 서비스를 이용한 고객이 다음에는 스스로 찾아와 서비스를 다시 이용하고 싶게 품질을 극대화하려는 노력을 하셔야 합니다. 브랜드의 인지도는 기존 고객이 얼마나 다른 사람들에게 자신의 경험을 이야기하는지에 달려 있으니까요. 신규 고객이 다시 찾는 브랜드가 되면 판매에 들이는 시간 대신 품질을 극대화하기 위한 시간을 늘릴 수 있습니다. 이렇게 선순환을 만들어야 합니다.

사업가의 생산성 관리 1단계: 시작점과 끝점 관리

생산성 관리 1단계가 생산성 관리에서 가장 중요한 단계입니다. 그러니 반드시 실행해 체화해 보시길 바랍니다. 지금부터 알려드리는 내용은 여러분이 하지 않았던 행동을 하라고 권하기 때문에 새로운 일이 늘어난다고 생각하실 수 있습니다.

수영을 배우지 않은 사람이 물에 빠졌을 때를 생각해 보세요. 물 위에 뜨기 위해 전신에 모든 힘을 허우적대는데 사용하다 금방 지치고 말 것입니다. 하지만 물 위에 뜨기 위해 순서대로 수영을 배우다 보면 최소한의 힘으로 물 위에 뜰 수 있게 되고 나중엔 지금까지 배운 형식을 모두 잊고 물 위나 땅 위나 별반 차이 없이 자신의 체력을 잘 관리할 수 있게 됩니다.

생산성 관리도 이와 똑같습니다. 지금 알려드리는 형식은 생산성 관리가 안 되는 초보자를 위해 고안한 순서입니다. 이것들을 반복 연습하면 결국 형식은 사라집니다. 10년 넘게 생산성 관리를 하고 있는 저는 생산성 관리에 별도의 시간을 쓰지 않습니다. 저에게 생산성 관리법을 배운 동료들도 마찬가지입니다. 직장 생활 10년 동안 많은 시행착오를 거치며 만들어진 검증된 방법론이니 꼭 실행해 보시길 바랍니다.

계획하는 습관을 버려라

생산성 관리 1단계에서 현재 자신의 위치를 파악하는 방법은 매우 쉽습니다. 일단 계획하는 습관을 버리세요. 이게 갑자기 무슨 소리인가 싶죠? 이유는 자명합니다. 생산성 관리가 안 되는 분들의 계획은 대부분 실현되지 않기 때문입니다. 아마도 출근하고 세운 계획이 퇴근 전에 완전히 달라져 고통받고 계실 테니까요. 우선은 그날 해야 하는 가장 중요한 일만 생각하고 그 일에만 집중해 보세요. 다음 순서의 일은 자연스럽게 파생됩니다. 이때 시작점과 끝점을 기록하면 되는데요. 사용 툴은 무엇이든 상관없습니다. 회사에서 사용 중인 업무용 메신저로 기록을 남기세요. 여기서는 가장 대중적인 카카오톡을 예시로 설명하겠습니다.

카카오톡에서 자신의 프로필 사진을 터치하면 '나와의 채팅' 메뉴가 보일 텐데요. 우린 이 나와의 채팅 기능을 활용하여 시작점과 끝점을 관리할 겁니다. 나와의 채팅 기능은 웬만한 협업 툴, 메신저에 다 있는 기능이니 각자 편한 툴로 이 과정을 따라 해 보세요.

나와 대화하기 창을 연 후 회사 출근하자마자 가장 먼저 시작하는 업무부터 기록하기 시작합니다. 예를 들어 커피를 마시고 하루 일과를 시작하는 분은 커피 마시기 "시작"을 남기고 커피를 다 마신 후 "끝"이라고 남겨 두면 됩니다. 대부분 메신저가 기록한 시간을 몇 시 몇 분 난위까지 기록하기 때문에 퇴근하기 10분 전에 전체 일과를 취합해서 실제 걸린 시간과 예상한 시간을 가늠해 보시면 됩니다.

'나와의 대화'를 이용한 시작점과 끝점 기록

'대화 내용 내보내기' 기능을 사용하시면 편리합니다. 맥에서는 스프레드 시트로 바로 내보내기가 가능하고 윈도 PC에서는 메모장으로 내보내지니 참고해 주세요. 추천하는 건 엑셀 시트로 관리하는 것입니다. 수식을 걸면 업무 사이 실제 걸린 시간을 계산하는 건 자동화할 수 있으니까요.

주의하셔야 할 점은 업무가 끝날 때마다 실제 걸린 시간을 확인하면 안 된다는 점입니다. 가령 "커피 마시기 시작", "끝"으로 1가지 업무가 종결됐다면 그 업무에 걸린 시간이 몇 분인지 즉시 확인하고 싶으실 겁니다. 당연하죠. 하지만 이 작업은 본인이 인지한 시간과 실제 걸린 시간 사이에 얼마큼 간극이 있는지 확인하기 위해 하는 것입니다. 실제 걸린 시간을 업무가 끝날 때마다 분 단위로 확인하기 시작하면 자신이 예상하는 시간이 어느 정도인지 짐작하지 못하게 됩니다. 게다가 이 행위는 스스로를 채찍질 하여 업무를 빨리하라고 독촉하는 것과 같기 때문에 갈수록 생산성 관리를 지속하기 어려워집니다.

이 과정을 통해 확실하게 목표를 삼으셔야 하는 건 시간 단축이나 시간 관리가 아니라 현재 자신의 역량이 정확하게 어떤지 확인하는 것입니다. 업무를 적기 시작한다고 평소와 다른 행동을 하면 안된다는 뜻입니다. 모든 인지한 업무를 적고 퇴근 전에 돌아보면 본인이 예상한 업무와 실제 걸린 시간과의 차이를 보면서 어떤 업무는 내가 쉽게 생각했는데 시간이 더 필요했고 어떤 업무는 어렵게 생각했는데 생각보다 빨리 끝났다는 사실을 알게 되실 겁니다. 우선 이렇게 하나씩 기록하고 회고하는 것을 통해 자신의 역량을 확인하는 것을 목표로 삼으세요.

이렇게 하다 보면 보통 2가지 패턴으로 생산성 관리에서 문제가 생깁니다. 시작점이 연속해서 적히거나 기록을 까먹는 경우인데요. 먼저 시작점이 연속해서 적히는 경우는 보통 1시간 이상 소요되는 업무일 겁니다. 이런 업무는 최소 30분 단위로 업무의 순서를 쪼갤 수 있어야 합니다. 경쟁사 분석에 1시간 이상 걸린다면 '경쟁사 분석 시작'이라고 적지 말고 자신이 경쟁사 분석을 할 때 가장 먼저 하는 일로 쪼개서 기록해야 된다는 의미입니다.

가령 자신이 경쟁사 분석을 하기 전에 어떤 기준으로 경쟁사를 고를지 정하는 것부터 시작한다면 '경쟁사의 기준 세우기 시작'으로 업무명이 적혀야 합니다. 이렇게 입무의 순서를 쪼개기 시작하면 업무의 시간 단축될 뿐만 아니라 결과물의 품질도 관리할 수 있습니다. 과정 중 무엇이 잘못됐는지 파악하기가 쉬우니까요.

이렇게 쪼개진 업무의 순서를 워크플로(Workflow)라고 부르겠습니다. 기본적으로 회사는 워크플로를 만들 수 있어야 사람을 채용할 수 있습니다. 업무를 분장하고 결과를 갖고 컨펌만 하면 절대 신입 사원에게 전문성을 키워 줄 수 없습니다. 그렇다고 초기 사업에서 경력자가 쉽게 구해질까요? 사업의 핵심 업무는 워크플로를 만들어서 신입 사원을 교육할 수 있는 역량을 갖추셔야 합니다. 스타트업의 고질병인 인력난은 가르칠 능력이 없어 처음부터 능력을 갖춘 사람을 원하는 회사한테서만 발생합니다. 가르칠 수 있는 능력이 생기면 채용할 때 기준이 바뀌고 채용할 수 있는 사람의 특성이 넓어집니다.

업무의 시작점과 끝점 기록을 자꾸 까먹는 경우는 1가지 일을 마무리하고 다른 일로 전환하는 것이 아니라 업무를 하다가 막히면 다른 업무로 전환하는 습관을 가진 사람일 가능성이 높습니다. 이 경우 기록하는 것을 깜빡했을 때 지금 하고 있는 일을 기록하는 것보다 중요한 건 '휴식 시작'을 기록하고 쉬는 것입니다. 1가지 일을 확실하게 끝내고 다음 일을 시작하는 사람은 업무의 시작점과 끝점을 적기만 해도 중간 중간 휴식할 타이밍이 생기게 되는데요. 업무를 왔다 갔다 하는 사람들은 업무가 끊임없이 이어지기 때문에 금방 지치게 됩니다.

그러니까 기록을 놓치면 일단 잠시 멈춰서 쉬세요. 사람은 집중해서 일할 때와 멍 때릴 때를 구분하지 못합니다. 일에 몰입할 때는 시간이 흐른 뒤 확실한 결과물이 생산되는데, 멍 때릴 때도 몰입할 때 감각과 똑같이 무아지경이 됩니다. 하지만 시간이 흘러도 결과물은 없죠. 생산성 관리를 한다고 해서 갑자기 평소에 안 하던 행동을 하면 생산성 관리를 지속할 수 없습니다. 모든 것을 기록해야 한다는 강박에서 벗어나세요. 생산성 관리 1단계는 현재 자신의 위치를 확인하는 것이지 자신이 성장하는 것이 목표가 아닙니다.

독서로 비유하면 1시간에 몇 페이지의 책을 읽을 수 있는지 모르는 사람은 독서의 생산성 관리가 안 되는 것입니다. 1시간에 10쪽을 읽을 수 있다는 사실을 아는 것이 생산성 관리의 1단계입니다. 2시간을 쓰면 20쪽을 읽을 수 있고 3시간을 쓰면 30쪽을 읽을 수 있으니까요. 생산성의 향상은 1시간에 10쪽에서 20쪽, 20쪽에서 30쪽을 읽게 되는 것을 의미합니다. 이건 1시간에 10쪽씩 읽는 행동을 반복해야 할 수 있는 일이겠죠? 그러니까 우선 생산성 향상이 아닌 관리에 초점을 맞추세요.

시작점과 끝점을 관리하면 바뀌는 5가지

이렇게 생산성 관리 1단계만 충실히 수행하셔도 바로 개선되는 것들이 생깁니다.

첫 번째, 업무 시간이 단축되기 시작합니다.

생산성 관리가 안 되는 대부분의 사람은 자신이 업무의 순서를 잘 안다고 생각하지만 사실은 잘 모르고 있는 경우가 많습니다. 여러분도 직접 해 보시면 알게 되실 텐데요. 자신이 하는 일의 첫 단계를 적는 것이 생각보다 쉽지 않습니다. 머릿속으로 순서를 정리해서 일한다고 생각하지만 실제로는 그렇게 하지 못하고 있는 것이죠. 상황이 이렇더라도 포기하지 마시고 업무의 시작점을 기록해야 합니다. 끝점을 기록해야 한다는 목표 의식이 생기면서 일의 몰입감이 올라가기 때문입니다.

정말 속는 셈 치고 한 번만 적어 보세요. 머리로 정리했다고 생각한 업무의 순서는 사실 정리된 생각이 아니라는 사실을 금방 깨달으실 겁니다. 아침에 출근하고 적는 투두 리스트가 실효성이 없는 것은 계획하는 역량이 부족하기 때문입니다.

여러분 명심하세요. 계획은 실행 전에 세우는 게 아니라 실행해야 세울 수 있습니다. 반복적으로 관찰되는 패턴을 우리는 일의 순서, 계획이라고 부릅니다. 업무를 기록해야 계획할 수 있습니다. 이외에는 계획이 아니라 대부분 상상, 시뮬레이션이죠. 자신이 계획과 시뮬레이션을 착각하고 계시다면 실행량을 늘려야 합니다. 패턴을 발견할 수 있을 때까지 같은 업무를 반복 작업해야 한다는 소리입니다.

두 번째, 업무를 퇴근할 때까지 수행하는 하나의 추상적인 덩어리가 아니라 시간별로 수행하는 여러 개의 조각으로 쪼갤 수 있습니다.

자신의 업무를 시각화하면 업무의 순서가 더 잘게 쪼개집니다. 예를 들어 상세 페이지 기획에 9시간이 걸리는 사람은 하루에 상세 페이지 기획 업무 1가지만 하는 걸까요? 아닙니다. 상세 페이지를 기획하기 위해 시장 조사와 경쟁사 분석을 할 것이고 우리 제품의 어떤 강점을 노출할지 정하겠죠. '상세 페이지 기획 시작', '상세 페이지 기획 끝'으로 업무를 적는 게 아니라 '시장 조사 시작', '시장 조사 끝'으로 업무를 쪼개서 인식할 수 있게 됩니다.

여러분 이게 어떤 의미인지 아시나요? 업무를 더 잘게 쪼개면 쪼갤수록 전문가라는 의미입니다. 초보자들은 업무를 하나의 추상적인 덩어리로 인식하기 때문에 일의 품질이 들쑥날쑥한 것입니다.

세 번째, 휴식 시간을 계획적으로 편성하여 쉴 수 있습니다.

일할 때 제대로 쉬고 계신가요? 업무를 하나의 추상적인 덩어리로 인식하면 중간 중간 휴식을 취할 수 없습니다. 회사에서 유일하게 쉬는 시간이 점심시간이라면 그 사람은 높은 성과를 낼 수 없습니다. 시간이 지날수록 생산성이 떨어질게 분명하니까요. 사람이 한번에 집중할 수 있는 시간은 정해져 있습니다. 쉬지 않고 일한다는 것은 착각입니다. 집중력을 모두 소진하면 업무의 생산성이 눈에 띠

게 줄어듭니다.

일을 잘하는 사람은 업무를 시간별로 수행하는 여러 개의 조각으로 나누고 그 조각이 완료될 때마다 쉬는 시간을 편성합니다. '시장 조사 시작', '끝' / '휴식 시작', '끝' / '경쟁사 분석 시작', '끝' 이런 식으로 중간 중간 사용한 집중력을 충전하는 시간을 가진다는 의미입니다.

네 번째, 업무를 중간부터 다시 시작할 수 있습니다.

업무를 쪼갤 수 있으면 비로소 협업이 가능해집니다. 기획같이 시간이 많이 필요한 업무를 하다 보면 중간에 협업 요청을 받게 되는데요. 협업이 끝나고 다시 돌아왔을 때 일을 처음부터 다시 하게 되죠? 업무를 하나의 추상적인 덩어리로 인식해서 발생하는 문제입니다. 전체 기획 업무를 30분에서 60분 단위의 세부 업무로 쪼갤 수 있다면 중간에 다른 업무가 치고 들어와도 다음 순서로 바로 이어서 작업할 수 있습니다.

가령 30분짜리 세부 업무를 하고 있던 중간에 급한 업무 요청을 받으면,

"A님, 제가 지금 하고 있는 일이 10분 정도면 끝나는데 마치고 도와드릴게요."

이렇게 협업하면 됩니다. 상세 페이지를 기획 중이었다면 시장 조사를 먼저 끝낸 후 급하게 요청 온 업무를 처리하고 이후 상세 페이

지 기획의 다음 단계인 경쟁사 분석을 진행하면 된다는 소리입니다.

다섯 번째, 실무를 빠르게 배울 수 있습니다.

대부분 초보자가 많이 저지르는 실수가 있습니다. 질문을 가장한 '해 주세요' 요청이 많은 것입니다.

"팀장님 어떻게 해야 마케팅을 잘할 수 있을까요?"

"어떻게 해야 기획을 잘할 수 있을까요?"

이런 유형의 질문은 질문 받은 사람이 엄청나게 많은 생각을 하게 만듭니다. 자신이 마케팅, 기획을 처음부터 끝까지 어떻게 하고 있는지 생각해야 한다면 그 과정은 실무를 하는 것과 비슷한 집중력을 요합니다. 이건 질문이 아니죠. 하지만 질문하는 사람 입장도 충분히 이해가 갑니다. 무엇이 부족한지 알면 이미 초보자가 아니겠죠. 자신이 채용한 사람이 모두 신입 사원이라면 지금부터 이렇게 알려 주세요. 자신의 업무 순서를 시각화할 수 있는 범위까지 적어서 각 과정별로 업무의 진행 상황을 보고하라고 알려 주는 겁니다.

"저는 이 순서로 업무를 진행하는데 우선 첫 번째 순서 확인이 끝나면 다음 순서로 넘어가겠습니다. 혹시 중간에 빠진 순서가 있다면 말씀해 주세요."

이렇게 각자가 워크플로의 초안을 만들게 한 후 일을 잘하는 사람의 워크플로와 비교해서 빠진 순서를 채우게 하면 빠르게 일을 가르칠 수 있습니다.

사람은 언제 채용해야 하는가

1인 창업으로 사업을 시작한 분들이 가장 많이 하는 질문이 있습니다.

"사람은 언제 뽑아요?"

많은 사업가가 원하는 채용은 다음과 같습니다.

이익×사람 수

하지만 실제로는 이런 경우가 많습니다.

$$\frac{\text{이익}}{\text{사람 수}}$$

이유는 단순합니다. 생산성 관리 1단계가 되지 않기 때문입니다. 사람을 채용할 때 가장 중요한 관점은 이것입니다.

'채용한 사람에게 위임할 업무의 양이 충분한가?'

지금 자신이 하고 있는 덜기 위해 사람을 채용하면 실제로 생산성은 향상되는 것이 아니라 1명에서 하는 일을 2명에서 나누게 됩니다. 생산성 관리 1단계를 통해 자신이 쓰는 시간 중 어떤 일이 이익으로 전환되는지, 그 일에 몇 시간을 사용하는지를 따져 봐야 합니다. 새로 들어올 사람에게 최소 절반 이상의 업무를 위임하고도 추가로 발생하는 업무가 있거나 추가 영업이 돼야 합니다. 그래야 채용 후 회사의 이익이 커지는 결과로 이어집니다. 하지만 생산성 관리가 안 되는 사장님들은 대체로 감에 의존해 사람을 채용합니다.

　"더 이상 혼자서 감당하기 어려워요."
　"일단 채용하면 시킬 일이 생기지 않을까요?"
　"책에서 봤는데 인재를 채용하면 스스로 일하면서 사업을 키워 준대요."

　혼자서 감당하기 어렵다고 생각하는 사장님들은 대부분 워크플로가 없어서 일을 그때그때 되는 대로 처리하는 경우가 많았고, 채용한 뒤 시킬 일을 고민하는 사장님들은 자신보다 더 할 일이 없는 직원을 보며 이러지도 저러지도 못하는 경우가 많습니다. 책에서 나온 인재는 우리 회사에 지원하지 않는다고 불평하는 사장님들은 말할 것도 없죠.

　그러니까 생산성 관리 1단계를 체화하고 2단계로 넘어가는 시점에 사람을 채용하세요. 회사에서 반복되는 일들이 많아진다면 바로 그 일들 때문에 회사가 돈을 벌고 있다는 뜻입니다. 그 일들을 지금 얼마나 늘릴 수 있을지 마케팅 전략을 점검해 보세요. 영업 능력, 판매 능력을 고려해서 지금보다 매출에 영향을 주는 반복 업무들을 충분히 늘릴 수 있을 때 사람을 채용하시면 됩니다.

사업가의 생산성 관리 2단계: 이익 활동 구분하기

생산성 관리 1단계를 성실하게 수행하면 결과적으로 자연스럽게 2단계로 상승 이동 하게 되는데요. 2단계는 매일 하는 일과 가끔 하는 일이 구분되기 시작하는 단계입니다. 당연히 매일 하는 업무는 회사에서 수익과 연결되는 일이어야 하고 매일 하지 않는 일들은 상대적으로 우선순위가 낮은 일들이겠죠?

매일 하는 일들의 비중이 커질수록 회사는 성장합니다. 1단계를 열심히 하다가 이렇게 업무들이 구분되기 시작하면 매일 반복해야 하는 업무들이 무엇인지 살펴보고 이 일들의 양을 늘리기 위해 무엇을 해야 할지 고민해 보세요. 고민의 결과 업무의 양이 늘어나기 시작하면 회사의 매출이 커지게 됩니다.

초기 스타트업일수록 출근하고 퇴근할 때까지 일들이 불규칙하고 루틴을 만들기가 어려운데요. 이유는 아직 어떤 활동이 매출로 연결되는지 잘 모르기 때문입니다. 그래서 하루하루 가설을 세우고 가설을 검증하는 일들의 연속인데요. 이럴 때일수록 매일 하는 활동을 생산성 관리 1단계의 방법으로 기록하셔야 합니다. 그 활동들이 실제 이익에 얼마나 기여하는지를 기록하며 데이터를 쌓아 두지 않으면 어떤 활동이 매출에 기여하는지 불분명해져 결국 엄청나게 많은 종류의 일을 하게 됩니다. 매출이 아니라 자신의 불안함을 상쇄하기 위해서 말이죠.

특히 생산성 관리가 잘 되지 않아서 저를 찾아오는 분들 중에 거의 대부분이 다음과 같은 문제가 있었는데요. 매출을 올리는 것이 목표라면서 정작 마케팅이나 영업 활동에 시간을 쓰는 일이 거의 없다거나 팀 빌딩이 목표라면서 정작 채용한 팀원들과 보내는 시간이 거의 없는 것이죠. 생산성 관리가 전혀 안 되는 분들은 생산성 관리 1단계에서 대부분 이런 문제를 발견하게 됩니다. 그러니 반드시 실행하셔야 합니다. 그렇지 않으면 자신이 하지 않아서 결과가 나오지 않은 일을 상황 탓, 사람 탓하며 허송세월하실 수도 있습니다.

사업이 일정 궤도에 올라가면 지금까지 해 왔던 방식이 아니라 안 해 본 일, 새로운 도전을 해야 더 성장할 수 있습니다. 지금까지 해온 방식만 관성대로 반복하면서 누구를 탓할 수 있을까요? 개인도 사업도 마찬가지입니다. 지금의 자신을 만들어 준 활동만 반복해서는 더 성장할 수 없습니다. 자신이 되고 싶은 목표가 있다면 목표를 달성하기 위해 새로운 시간을 편성하고 실행하셔야 합니다. 이 방법 외에 다른 방법은 존재하지 않습니다.

불안을 덜고 이익을 늘리는 2가지 목표

모두의 사수 역시 이렇게 성장했습니다. 새벽 5시 30분부터 밤 10시 30분까지 정말 많은 테스트를 했습니다. 그중 인스타그램 채널 운영으로 유입되는 고객이 가장 많았기 때문에 다른 활동을 모두 접고 인스타그램 콘텐츠 기획에만 집중했습니다. 제가 중단한 일들을 나열해 보면 이렇습니다.

퍼포먼스 마케팅, 홈페이지 UX/UI 변경, 상세 페이지 기획 및 디자인

제가 어떤 활동이 이익으로 전환되는지 추적하지 않았다면 불안함 때문에 이 일들을 지금까지 꾸역꾸역 잡고 있었을 것이 분명합니다. 초기 사업가들은 거의 대부분 경험하는 일입니다. 기대와 달리 일할 거리가 없으면 그 시간은 여유 시간이 아니라 지옥이 됩니다. 그걸 버티기 위해 뭐라도 할 일을 만드는 분들도 계시는데요. 이제는 모두 생산성 관리를 합시다. 그럼 문제가 해결됩니다.

만약 여러분 중 이제 막 창업해 매출이 어떻게 발생하는지 모르는 상태에서 무조건 열심히 시간을 채우며 사는 데만 열중인 분이 계시다면 먼저 이렇게 생산성을 관리해 보세요.

첫 번째 목표, 이익이 나는 일을 루틴으로 만드셔야 합니다.

불안해서 아무 일이나 막 하지 마시고요. 우리 브랜드의 고객을 정

확하게 파악할 수 있을 때까지 가설을 만들고 검증하는 일들을 반복하셔야 합니다. 이 반복 작업 끝에 이익이 생기면 그 일을 반복하세요. 그럼 더 많은 이익이 생길 테니까요. 반면 이렇게 업무를 하지 않고 매일매일 새로운 일을 벌이기만 하시면 절대 이익을 낼 수 없습니다.

두 번째 목표, 매일매일 시작점과 끝점을 기록하고 하루를 회고하는 것입니다.

특히 초창기 사업에서 가장 큰 고민은 '오늘은 뭐하지?'입니다. 기록과 회고가 없으면 이 질문에 대한 답이 일관성 있게 나오지 않습니다. 불안감 때문에 이 일 조금, 저 일 조금 하다 마는 경우가 많습니다. '1111 법칙'을 기억하세요. 무슨 일이든 1개 활동씩 실행하세요. 1달 동안 도전해서 성과가 없으면 1개 업무를 정리하고 다시 새로운 1개 업무를 도전하는 겁니다. 1달 동안 1개씩 테스트하고 새로운 1개를 더 하고 싶으면 1개를 포기하세요. 이게 요령입니다.

여기까지 읽고 실행하셨다면 이제야 비로소 투두 리스트에 의미가 생깁니다. 매일 하는 일은 내일도 하고 내일 모레도 할 테니 목록으로 정리해서 관리하면 되겠죠? 매일 하지 않는 일은 시작점과 끝점을 꾸준히 적으며 관리하시고요. 매일 하지 않는 일들도 지속적으로 관리해야 하는 이유는 매일 하지 않는 일 중엔 중요하지 않은 일들도 있지만 이익을 내기 위한 시도들도 포함돼 있기 때문입니다.

그때그때 결과를 기록하고 회고하지 않으면 어떤 활동이 효과적인지 파악하기 어렵습니다.

사업가의 생산성 관리 3단계: 중요도와 난이도 변화 추적하기

그리고 드디어 생산성 관리 3단계에서 중요도와 난이도를 기준으로 업무를 정리할 수 있게 됩니다. 매일 하는 업무가 정해지면 그 일들에 중요도와 난이도로 점수를 매길 수 있는데요. 이 3단계가 저는 생산성 관리의 꽃이라고 생각합니다. 모든 업무를 다 중요하게 여기거나, 중요한 업무가 점심시간 이후에 편성돼 계속 다음 날로 밀리거나, 출근하고 점심시간 사이 가장 집중이 잘되는 골든타임에 가장 중요하지 않은 일들을 하며 시간을 보내거나 어려운 일이 개선되지 않거나 등등의 문제를 모두 해결할 수 있기 때문입니다.

하지만 2단계를 체화하지 못하면 3단계에서 중요도와 난이도를 확인해도 아무런 의미가 없습니다. 먼저 매일 하는 일과 매일 하는 일이 구분되지 않으면 중요도와 난이도에 점수를 매기기 위해 하루를 계획으로 시작하는데요. 이 계획은 매일 하는 일로 짜인 계획이 아니기 때문에 갑자기 발생하는 일들과 뒤섞입니다. 2단계를 제대로 하지 않으신 분들은 업무 일지를 쓰듯이 업무의 시작점과 끝점을 퇴근 전에 몰아서 작성하는 상황이 발생하게 되실 겁니다. 이건 아무런 도움도 되지 않습니다. 일을 위한 일일 뿐이죠.

그러니까 반드시 2단계를 지나서 3단계로 오셔야 합니다. 이 과정을 모두 지나와야 비로소 중요도와 난이도를 점검할 수 있습니다. 이 중요도와 난이도는 회사 이익에 기여해 매일 하는 업무가 된 업무들을 점검하기 위해서 필요한 지표입니다. 2단계를 지나 투두 리스트를 확실하게 작성할 수 있게 됐을 때 그 투두 리스트에 중요도와 난이도 점수를 매길 수 있게 됩니다. 그런데 왜 중요도와 난이도에 점수를 매겨야 할까요?

중요도는 일하는 사람의 정신적인 면에 영향을 미치고 난이도는 실무 능력에 영향을 미칩니다. 하나씩 살펴보죠. 모든 일을 중요하게 다루는 사람은 자존감이 지속적으로 떨어질 수밖에 없습니다. 특히 생산성 관리가 되지 않는 상황이라면 자존감이 떨어지는 속도가 더 빨라집니다. 자신은 하루에 9시간을 일할 수 있는 사람인데 11시간짜리 계획을 세워 오늘 일이 내일로 밀리거나 야근을 한다고 생각해 보세요. 1인 창업가가 아니라 직원들이 있다면 문제는 더 심화됩니다. 함께 일하는 동료는 시간 안에 끝내는 일을 자신은 시간 안에 못 끝낼 때 사람은 누구나 상대적 박탈감을 느끼게 됩니다. 사실은 자신이 무능한 것이 아니라 모든 일을 중요하게 여기는 생각이 문제입니다.

그러니까 지금부터 '235의 법칙'을 기억하고 업무를 시작하기 전에 꼭 이렇게 정리를 하고 시작해 보세요.

일 잘하는 사람의 235 법칙과 워크플로

· 235 법칙

중요도 상:중:하=2:3:5

방법은 간단합니다. 오늘 하루 자신이 처리해야 할 업무가 10가지라면 그중 가장 중요한 일은 2개 이하입니다. 아무리 많아도 2개를 넘기기 어렵습니다. 회사에서 가장 중요한 일이 이익을 내는 일과 품질 개선이기 때문입니다. 이 종류의 일들만 해도 벌써 2개죠? 나머지 업무는 오늘 안에만 끝내면 되는 일입니다.

10개 중 3개의 업무는 오늘 안에만 끝나면 되는 업무들입니다. 남은 5개의 업무는 보통 커뮤니케이션 업무인 경우가 많습니다. 그리고 커뮤니케이션 업무는 자연적으로 소멸되기도 합니다. 가령 '영진 님, 어제 교육 자료는 어디서 찾을 수 있나요?'라는 메시지를 받으면 바로 답장하지 않으셔도 됩니다. 아마 다음 메시지가 이런 식으로 와 있을 테니까요. '영진 님! 교육 자료 찾았습니다!' 이렇게 자연 소멸하지 않더라도 편하게 할 수 있는 단순 업무는 퇴근 전까지 미뤄두는 게 좋습니다.

대부분 사람들은 업무를 정확히 이 순서와 반대로 합니다. 빠르게 해결할 수 있는 일들을 출근하자마자 하고 점심시간 이후 중요한 일들을 처리하기 시작하는데요. 집중력도 관리해야 할 자원이라는 사실을 잊지 마세요. 중요하고 어려운 일이 점심시간 이후에 편성되면 아무리 시간이 남아돌아도 집중력을 전부 사용해서 일들이 다음 날로 밀리거나 야근을 하게 되면서 중요한 업무의 품질이 떨어집니다.

집중력은 중간 중간 끊어서 사용할 수 있는 것이 아니고 자리에 앉아 무언가에 집중하기 시작하면 바로 사용되기 시작합니다. 이 때문에 가장 중요한 시간이 출근한 직후 아침 시간부터 점심시간 직전까지입니다. 보통 이 시간은 3시간으로 편성돼 있는데요. 9시에 출근하면 12시가 점심시간이고 10시에 출근하면 1시에 점심시간인 경우가 대부분이죠? 이유는 사람이 한 번에 집중할 수 있는 시간이 3시간을 넘기기가 어렵기 때문입니다. 그러니까 우리는 이 3시간에 그날 해야 할 일 중 가장 중요한 1~2개의 업무를 편성해서 실행해야 합니다.

점심시간 동안 체력이 모두 회복될 때까지 충분하게 휴식하기 어렵기 때문에 어렵고 중요한 일들이 점심시간 이후에 몰려 있으면 근로 의욕이 떨어질 수밖에 없습니다.

사람인 이상 당연한 결과죠. 일 잘하는 사장님, 일 잘하는 직장인들은 대부분 오전 시간에 그날 중요한 일들을 모두 끝내 놓고 오후 업무는 커뮤니케이션이나 협업에 집중합니다. 특히 커뮤니케이션 업무도 몰아서 처리해야 의사 결정의 질이 올라갑니다. 일 좀 하려면 회의하고 일 좀 하려면 전화 받고…. 모두 이런 상황 정말 싫어하잖아요?

난이도는 자신의 실무 능력의 변화를 측정하기 위해 필요한 지표입니다. 아무리 어려운 일도 시간이 지날수록 난이도 점수가 떨어지는 추세여야 하는데 계속 점수가 높게 유지된다면 도움을 받아야 한다는 신호입니다. 1인 창업가라면 문제를 정의한 후 서점에 가시거나 세미나에 참석해 다른 사람의 가르침을 받아야 하고 직원이 그런 상황이라면 워크플로를 점검하고 재교육이 필요한 상황입니다.

같은 업무가 계속 어려운 이유는 아직 워크플로가 덜 쪼개져서 생략된 중간 과정이 많기 때문입니다. 가령 시장 조사가 어렵게 느껴진다면 업무의 순서를 몰라서 어떻게 해야 하는지 막막한 상황이란 뜻입니다. 시장 조사를 할 때 제일 처음 무엇부터 해야 하는 순서대로 알게 되면 업무의 난도도 떨어지고 업무의 시간도 단축되고 업무의 품질도 좋아지겠죠? 혼자 일하는 사람은 자신의 워크플로를 점검하고 여럿이 일하는 사람은 무리 중 일을 가장 잘하는 사람의 워크플로와 자신의 워크플로를 비교해 보세요. 그게 가장 빠르게 업무를 최적화하는 방법입니다.

일과 일 사이의 휴식 관리

정말 중요한데 많은 분이 챙기지 않는 활동이 있습니다. 바로 휴식인데요. 생산성 관리 1단계부터 3단계까지 진행되는 동안 제대로 쉬는 습관을 기르지 못하면 사업가의 하루가 점점 망가집니다. 저의 경우 출근하면 3시간을 연속해서 집중하고 1시간의 점심시간을 가진 후 1시간 일하고 20분 쉬는 루틴을 유지하고 있습니다. 퇴근 시간이 6시인데 10분 정도 남은 업무가 있으면 저녁을 먹고 충분히 휴식

한 후 7시 10분에 업무를 마무리하고 퇴근합니다.

이유는 퇴근이 하루의 끝이 아니기 때문입니다. 퇴근 시간이 다가오면 사람은 무언의 압력을 받습니다. 퇴근 시간 전에 업무를 끝내야 한다는 압력인데요. 그렇게 고강도의 집중력을 퇴근 시간 직전에 모두 사용해 버리면 퇴근 후 시간이 아무리 남아도 다른 일을 할 수 있는 체력이 없어 아무 일도 못하게 됩니다. 그러므로 쉬는 시간까지 포함해 일에 필요한 시간을 알고 계셔야 합니다. 7시에 퇴근하고 집에 가면 그대로 뻗어 버리는 사업가와 8시에 퇴근하고 집에 가서 다른 활동을 할 수 있는 사업가, 둘 중 어떤 사람이 더 사업에 시간을 많이 투자할 수 있을까요?

휴식은 정말 중요하기 때문에 제가 시행착오 끝에 발견한 저의 휴식 루틴을 공유해드리겠습니다. 똑같이 휴식하란 의미가 아닙니다. 이걸 기준으로 자신만의 휴식 루틴을 꼭 만드시길 바랍니다.

먼저 휴식 이전과 휴식 이후는 확실하게 달라져야 합니다. 다음 3가지 휴식 방법을 따라 해 보시고 자신에게 맞는다면 습관으로 만들어 보세요. 이 방법이 자신에게 잘 적용되지 않는다면 다시 맥락을 잘 이해해 보고 자신에게 맞는 방법을 찾아보시면 됩니다.

1단계: 휴식 시간을 인지하라

가끔 그런 날 있죠? 진짜 말도 안 되게 업무량이 많은 날이요. 직장인의 삶이나 사업가의 삶이나 이런 일들은 언제나 예고 없이 찾아와 속을 썩입니다. 이럴 때일수록 집중력 관리가 정말 중요한데요. 휴식의 시작점과 끝점을 적고 뇌가 인지할 수 있게 휴식 시간을 확보해도 눈에 보이는 풍경이 똑같으면 휴식의 효과가 반감됩니다.

예를 들어 모니터 화면을 바라보면서 시장 조사를 하고 업무가 종료되어 휴식 시작을 적고 모니터 화면을 시장 조사 창에서 쇼핑몰 창으로 바꾸기면 한다면 휴식이 제대로 이뤄질까요? 이때 중간에 1가지 동작만 추가해 주면 휴식의 효과를 극대화할 수 있으니 지금부터 쏙 적용해 보세요.

바로 자리에서 일어났다가 앉는 것입니다. 매우 쉽죠? 그냥 일어났다가 앉지 마시고 일어났을 때 시야를 모니터에서 사무실 전경으로 확장한 후 앉아야 합니다. 좌우를 살펴도 좋고 사무실 끝의 벽까지 시야를 확장한 후에 앉아도 좋습니다. 해 보시면 압니다. 이건 일어나서 하는 목 스트레칭과 동작이 매우 흡사합니다. 목의 뻐근함에 집중하는 것이 아니라 시야에 집중하는 것이 큰 차이죠. 꼭 해 보세요. 이렇게 5분, 10분만 쉬어도 업무의 몰입감이 달라집니다.

모든 휴식에서 가장 중요한 건 휴식 시간을 인지하는 것입니다. 10분 동안 잠깐 자고 다시 일한다면 10분이 어느 정도 시간인지 전혀 인지하지 못합니다. 눈 감고 10분 뒤 울리는 타이머 소리를 듣고 다시 일을 시작한다면 휴식이 제대로 이뤄질까요? 마찬가지로 10분간 쇼츠를 보거나 게임을 하게 되면 휴식이 되지 않습니다. 스마트폰을 잠시 내려 두시고 10분이 어느 정도 길이인지 느끼면서 푹 쉬세요. 생각보다 10분은 긴 시간입니다.

2단계: 앉은 자리에서 쉬지 마라

아무리 바빠도 우리 화장실은 갔다 올 수 있잖아요? 바쁜 게 좀 지나갔거나 숨 돌릴 틈이 있다면 무조건 화장실에 다녀오세요. 휴식 시작, 휴식 끝을 적고 주변 환경을 아예 바꾸는 것이 좋습니다. 밖에 잠깐 나갔다 오셔도 좋고 사무실 이곳저곳을 걷거나 한 바퀴 돌고 오셔도 좋습니다.

나갔다 들어오기가 지나치게 번거로울 수도 있죠? 사무실이 높은 층에 입주해 있거나 왔다 갔다 할 때마다 출입증 카드가 필요할 수도 있고요. 그럴 때는 화장실에 가서 찬물로 손을 씻거나 세수를 하는 게 정말 효과가 좋습니다. 세수하기가 어려운 분들은 꼭 흐르는 물에 손을 대고 있어 보세요. 그것만으로도 자리에서 취하는 휴식보다 휴식의 효과가 배가 됩니다.

3단계: 야근한다면 이렇게 쉬어라

아침 9시에 출근해서 새벽 1시에 퇴근하는 날이 일상일 때가 있었습니다. 저는 이때 하루에 1시간은 반드시 산책을 했습니다. 점심시간, 저녁 시간에 바깥에 맑은 공기를 쐬러 30분에서 60분을 꼭 걷다가 들어왔는데요. 회사의 점심시간이 출근하고 3시간 뒤인 이유가 리프레시 때문이라면 강도 높은 야근이 예상되는 날 저녁 시간은 그 무엇보다 중요합니다.

점심 식사 이후로 내리 5시간을 일했는데 저녁 시간이 아까워 밥도 안 먹고 야근하는 분들을 많이 봤는데요. 제 시간에 끝내고 집에 가는 걸 본 적이 없습니다. 꼭 저녁 챙기시고요. 남는 시간은 꼭 밤공기를 쐬며 산책하세요. 산책의 장점을 적으면 그것만 책 한 권 분량이 될 것 같아 제가 경험한 가장 강력한 1가지 효능만 적어 볼게요.

복잡한 생각이 정리됩니다. 걷다 보면 어느새 자신이 걷고 있다는 사실을 잊고 머릿속 생각에 깊게 몰두하게 되는데요. 정말 복잡하다고 생각한 문제가 정리되기도 하고 새로운 아이디어가 떠오르기도 합니다. 이 몰입의 순산을 놓지지 마세요.

사업가의 생산성 관리 4단계: 동료들을 자발적으로 참여시키기

회사는 단어만 있고 실체가 없습니다. 이게 무슨 말이냐면 회사 안에서 개인들이 일을 하지만 회사라는 사람은 없다는 의미입니다. 그러니까 회사를 키워야 한다고 생각하지 마세요. 개인들이 커야 회사라는 전체 집합이 성장한다고 생각하는 게 올바른 사고방식입니다.

이 관점으로 생산성 관리를 구성원들과 어떻게 할지 생각해 보세요. 어떤 리더는 생산성 관리를 감시의 도구로 사용하기도 하는데요. 이렇게 시도하면 100% 실패합니다. 개인이 성장하기 위해서 생산성 관리를 반드시 배워야 하는 도구라고 구성원들을 설득하고 자발적으로 참여할 수 있도록 도와주셔야 합니다. 아무리 좋은 도구도 스스로 배우지 않고 누가 시켜서 시작하면 타성에 젖게 되기 때문입니다. 스스로가 원해서 할 수 있어야 합니다.

그러므로 직원들에게도 1단계부터 차근차근 가르쳐 주세요. 먼저 개인적으로 해 보길 권하면 좋습니다. 하면서 생기는 변화에 대해 이야기를 나누시고요. 이렇게 1명씩 스스로 생산성 관리 1단계를 시작하면 됩니다. 그리고 점차 단톡방에서 함께 투명하게 공유하면 더욱 좋겠죠. 이 전체 과정에서 리더의 리더십과 팀원들의 팔로워십이 자연스럽게 형성됩니다.

팀원이 리더를 따르게 하는 방법은 솔선수범뿐

이 상황을 만들고 싶으면 반드시 자신이 먼저 생산성 관리 1단계를 실행해 보세요. 리더십의 가장 강력한 기술은 '솔선수범'입니다. 리더도 하지 않는 일을 팀원들이 할 리 없습니다.

팀원이 생산성 관리 1단계를 하면서 끝점 적는 것을 놓칠 수도 있고 시작점이 연속으로 적힐 수도 있습니다. 이 상황을 나무라지 말고 자신도 똑같은 경험을 했음을 밝혀 유대 관계를 형성하세요. 그리고 자신은 이 상황을 어떻게 개선했는지 알려 주세요.

시작점을 연속으로 적었다면 업무를 너무 추상적인 덩어리로 인식하는 것이니 30분 단위로 업무를 쪼개는 연습을 시키면 됩니다. 상세 페이지 기획 업무를 맡겼는데 '상세 페이지 기획 시작'으로 업무 명을 적고 있다면 먼저 경쟁사 분석부터 하라고 가이드라인을 줄 수도 있겠죠. 업무를 시작한 지 한참 지나서야 시작점 적는 것을 까먹은 것을 인지한 팀원에게는 그 사실을 인지한 순간부터 휴식 시작과 끝을 적고 일정 시간 쉬게 하면 좋습니다.

이 모든 상호작용에서 리더십과 팔로워십이 생깁니다. 자신이 생산성 관리를 하면서 겪던 시행착오는 팀원들도 모두 비슷하게 겪을 테니 인내심을 갖고 지켜봐 주세요. 그리고 해결 방법을 알려 주세요.

생산성 관리를 하는 이유가 틈새 시간 없이 사람을 부려먹기 위함이 아니라 현재 자신의 역량을 파악하기 위함이라는 것은 말보다 직접 해 보면 확실하게 알게 됩니다. 처음부터 전체를 참여시키면 피드백하는 것이 어려울 수 있습니다. 먼저 1:1로 관리하시고 점차 단톡방에서 피드백해 주시면 됩니다.

지금부터 해야 할 일 vs 지금부터 하지 말아야 할 일

많은 회사가 수익을 내는 일보다 그렇지 않은 일에 시간을 많이 쏟습니다. 사업 초기에는 빈 시간을 채우지 않으면 불안해지기 때문입니다. 이 때문에 생산성을 관리해 주기적으로 무엇을 뺄지 고민하셔야 합니다. 불안을 해소하기 위해 채웠던 업무는 사업이 궤도에 오르면서부터는 방해만 되니까요. 혼자 일하든 함께 일하든 사람들이 1가지 일에 집중하기 시작해야 더 빠르게 성장할 수 있습니다.

그리고 매일 어떤 일이 효율적인지 토론하고 논증할 시간에 1개씩 빠르게 실행하고 결과를 보는 게 좋습니다. 모든 효율은 비효율에서 시작합니다. 처음부터 효율을 찾느라 실행이 늦어지느니 비효율적이더라도 빨리 실행하는 게 훨씬 나은 의사 결정입니다.

'1111 법칙' 잊지 않으셨죠? 동시에 여러 가지 일을 테스트하면 어떤 일이 효과적인지 알아내기 어렵습니다. 어떤 일이든 1개 활동씩 실행해서 결과를 지켜보세요. 걱정하는 것처럼 결과가 애매모호하게 나오지 않습니다. 테스트 후 데이터가 '이 일을 지속해야겠다'는 생각이 저절로 들 만큼 확실하게 나옵니다. 애매하게 '이게 맞나' 싶으면 다른 테스트를 해 보세요.

참고로 환경미화원 태병석 님도 2가지 릴스를 제작해서 고객들이 무엇에 반응하는지 테스트해 봤습니다. 1개 릴스는 조회 수가 10만 뷰 정도 나왔고 다른 1개의 릴스는 조회 수가 262만 뷰가 나왔습니다. 나를 알고 적을 알면 소재를 기획할 때 무수히 많은 아이디어가 나오는 것이 아니라 무수히 많은 아이디어 중 몇 가지로 좁혀집니다. 처음부터 잘 기획한 콘텐츠는 이렇게 확실하게 눈에 띄는 차이를 만들어 내니 탁상공론을 멈추고 실행량을 늘리세요.

헤매지 않고 메시지 하나에 집중하는 법

이 과정을 전문 용어로 A/B 테스트라고 부르는데요. 제가 'A/B 테스트 하세요'라고 설명하지 않고 저렇게 풀어서 설명한 이유는 많은 분이 A/B 테스트가 아니라 A/A' 테스트를 하기 때문입니다. A/B 테스트는 확실하게 차이가 분명한 메시지를 테스트하는 것이 중요합니다.

가령 A안은 무게가 가벼운 점을 강조하고 B안은 내구성이 튼튼한 것을 강조하는 것이죠. 그런데 많은 사람이 A안을 무게가 가벼운 것을 저울에 재는 것으로 표현하고 B안은 무게가 가벼운 것을 한 손가락으로 드는 모습으로 표현하는 식의 A/A' 테스트를 합니다. 가벼운 것에 이끌리는지 내구성이 튼튼한 것에 이끌리는지 비교가 돼야 비로소 1가지 주제를 다양하게 표현해 보는 A/A' 테스트로 전환하는 것입니다. 처음부터 가벼운 것을 여러 방식으로 표현해 봤다가 성과가 나오지 않으면 포기하시는 분들이 많이 계신데 실험 설계가 잘못된 것입니다.

A/B 테스트를 먼저 하고 그중 남는 걸 A/A' 테스트로 바꿔서 진행하세요. 이상형 월드컵을 생각하면 쉽습니다. 가령 판매하는 제품의 장점이 가격과 품질 2가지라면 저는 이렇게 테스트를 설계합니다.

• A/B 테스트

A안: 가격이 싸요.

B안: 퀄리티가 좋아요.

C안: 가격이 싼데 퀄리티가 좋아요.

흰색 바탕에 텍스트만 올리고 최소 금액으로 광고를 집행해 봅니다. 이때 사람들이 가장 많이 반응한 소재가 A안이라면 A안을 더 매력적으로 표현할 표현 방식을 고민합니다.

A/A' 테스트로 전환합니다.

- A/A' 테스트

A안: 할인율을 가장 크게 표현

A'안: 할인 금액을 상품권으로 표현

A"안: 할인하는 이유를 설명

이렇게 어떤 광고 메시지에 반응할지 알아보기 위해 표현 방식을 테스트해야 합니다. 이 과정을 통해서 우리는 어떤 메시지에 집중해야 하는지 알게 됩니다. 이때 발견한 메시지를 온라인 광고로만 활용하지 말고 목표 고객이 모여 있는 곳이라면 온라인이든 오프라인이든 가리지 말고 찾아가서 활용하세요. 할인 행사를 알려도 좋고 세미나를 열어서 사람들을 초대해도 좋습니다.

장사가 아니라 사업을 해야 할 때

많은 사람이 장사와 사업을 이렇게 정의합니다.

내가 아파서 일하지 못하면 회사도 멈춘다. → 장사
내가 아파서 쉬어도 회사는 아무 탈이 없다. → 사업

그런데 놀라운 사실은 50명 미만의 회사에서도 사업이 아니라 장사에 머물러 있는 회사를 심심찮게 볼 수 있다는 점입니다. 사장님이 1명씩 해야 할 일을 정해 주지 않으면 스스로 찾아서 하는 사람이 없다거나, 사장님이 지켜보지 않으면 바로 일을 놔 버리는 것이죠.

보통 이런 상황에서 흔히 하는 문제 정의는 '사람을 잘못 뽑았다'입니다. 물론 표면적으로 말할 때는 '제가 부족한 탓입니다'이지만 이야기를 조금만 나눠 보면 마음에 직원들에 대한 원망과 불신이 생긴 것을 누구라도 금방 알아차릴 수 있습니다. 과연 이 모든 문제가 사람을 잘못 뽑은 탓일까요?

개인이 성장해야 회사가 성장한다

장사의 영역에서 사업의 영역으로 전환되지 못한 회사의 고질적 문제는 '워크플로의 부재'입니다. 워크플로를 만들기 위해선 2가지 조건을 반드시 충족해야 하는데요.

첫 번째, 회사에서 매일 이익이 발생하는 업무가 무엇인지 알고 있어야 합니다.

두 번째, 그 일을 꾸준히 반복할 수 있게 업무의 양이 충분해야 합니다.

첫 번째 조건이 충족되지 못한 상태에서의 채용은 대게 이런 식으로 진행됩니다.

'지금 매출이 나지 않으니 이 문제를 해결해 줄 사람을 뽑아야겠다.'

사업이 일정 수준 이상 성장했을 때 브랜드의 인지도도 높아지고 회사에 들어오고 싶은 사람들이 많아지면 가능한 일이지만 사업의 극초반에 이익도 나지 않는 회사에 누가 들어오고 싶나요? 만약 이 문제를 해결할 수 있는 사람이 있다면 자신이 직접 사업을 하지 않을까요?

사업 초반에 자신의 계획과는 달리 하루하루 남는 시간이 많아지면 불안감이 커져 이성적인 판단이 어려워집니다. 사업을 전체로 놓고 봤을 때 가장 처음 지나야 할 관문이 '이익을 내는 것'입니다. 자신이 쏟는 시간 대비 이익이 없으면 그건 사업도 장사도 아닙니다. 사업의 진짜 어려움은 이익을 실현하고 나서부터 시작됩니다. 첫 단계를 해결하지 못했다면 일단 이것부터 해결하세요.

두 번째 조건이 충족되지 못한 상태에서 채용은 대개 이런 식으로 진행됩니다.

'매출이 계속 성장할 것 같은데 미리 대비해야겠다.'

이 판단이 맞는지 확인하려면 먼저 사장님 개인의 투입 시간 대비 매출의 최대치를 알아야 합니다. 지금 설렁설렁 일해도 직장인 월급보다 더 많은 돈을 번다고 직원을 덥석 채용하면 안 됩니다. 혼자서 가장 바쁘게 일했을 때 낼 수 있는 매출의 최대치가 얼마인지 확인하셔야 합니다. 극성수기 때의 업무량, 극성수기 때의 일하는 방식, 극성수기 때의 워크플로가 기준이 돼야지 일이 없는 비수기가 기준이 되면 성수기 때 일이 조금만 많아져도 직원들이 일하는 사람이 부족하다고 생각하게 될 것입니다. 더 심각한 문제는 일의 절대량이 부족하면 직원들이 경력이 경쟁력이 없어집니다. 경쟁 회사에서 보낸 1년과 우리 회사에서 보낸 3년의 가치가 같다면 회사의 경쟁력도 없어지는 것이죠.

회사의 성장은 개인의 성장으로 비롯됩니다. 함께 일하는 동료들의 업무량, 업무에 임하는 태도, 업무할 때 긴장감 등등이 회사를 키우는 것입니다. 업무의 양이 부족해서 업무에 임하는 태도도 느슨해지고 긴장감이 사라진다면 회사가 과연 성장할 수 있을까요?

그러니까 워크플로가 없으면 사업이 되지 않는다는 말의 진의는 워크플로만 만들면 사업이 성장한다는 뜻이 아니라 워크플로를 만들기 위한 2가지 조건이 충족돼야 사업이 성장하고 시스템을 만들 수 있다는 뜻입니다. 인과 관계 중 결과에 매몰된 사고방식은 정말 주의해야겠죠?

싱글 플레이어에서 멀티 플레이어로

워크플로를 만들 수 있는 조건이 충족됐다면 어떤 사람이 필요한지도 분명해지고, 그 사람이 출근하자마자 어떤 일을 시킬지도 명확해지고, 그 사람을 채용했을 때 회사가 얼마큼의 이익을 더 낼 수 있을지 계산도 할 수 있게 됐을 겁니다. 자기 자신의 현재 업무 성과에 50%만 새로 들어올 직원이 내 줄 수 있어도 매출이 150% 상승할 테니까요. 늘어난 매출 50%를 직원의 인건비와 비교했을 때 매출을 더 내야 할지 이대로 충분한지 가늠해 보고 회사가 생존하기 위해 필요한 최소 매출 목표도 잡을 수 있게 됩니다. 이렇게 되면 지금 몇 사람을 채용해야 하는지 계산도 할 수 있겠죠? (50% 상승을 목표로 하라는 의미가 아니니 맥락으로 이해하시길 바랍니다.)

워크플로를 만들 때는 먼저 이익에 직접 기여하는 업무와 그렇지 않은 업무를 구분하는 것부터 시작하세요. 자신의 회사가 온라인 커머스라면 MD, 마케팅, 상세 페이지 기획과 디자인, 고객 관리 업무는 이익에 직접 기여하는 업무고 총무, 회계, HR은 그 일들을 보조하는 업무입니다. 자신의 회사가 마케팅 대행사라면 AE, 디자이너, 개발자가 이익에 직접 기여하는 팀이겠죠? 우선 사업의 핵심 역할을 하는 업무부터 워크플로를 만들어야 합니다.

각 업무의 최대량과 최소량의 기준도 알고 있어야겠죠? 결과물이 며칠을 주기로 생산되는지 파악하는 것도 중요합니다. 가령 상세 페이지 기획과 디자인을 하는데 일주일이 걸리고 그렇게 했을 때 회사의 이익이 한 달 동안 1,000만 원이 발생한다면 월급 1,000만 원으로 사람을 채용할 땐 적어도 일주일에 1개의 상세 페이지 제작 물량이 추가로 있어야 한다는 뜻입니다.

'사장님이 만든 상세 페이지로 1,000만 원의 매출+새로 들어온 직

원의 상세 페이지로 1,000만 원의 매출'

　이런 식의 단순한 사고방식이 아니라, 고객이 줄 서 있어서 사람이 새로 들어와도 업무의 양이 부족하지 않게 서비스의 품질을 잘 관리해야 한다는 뜻입니다. 이렇게 사람을 채용하면 당연히 처음엔 혼자 일할 때보다 더 힘들고 안 하던 야근도 하게 되실 겁니다. 교육과 실무를 병행해야 하니 당연한 일입니다. 마음을 내려놓으시고 직원과 함께 야근하세요.

　5인 미만의 조직에서는 지원 부서에 사람을 채용하는 것보다는 아웃소싱하시는 것을 추천합니다. 가령 매출 대비 내야 하는 세금, 달마다 나가는 직원들 월급 등등 회사의 현금 흐름은 중요하게 들여다봐야 하지만 이 일들을 대신할 직원을 고용하는 것이 아니라 세무법인에 대행을 맡기시는 것이 낫습니다.

　그러나 여기서 절대 아웃소싱하면 안 되는 업무가 하나 있는데요. 바로 HR입니다. 인사 업무는 회사가 성장해 구색을 갖추더라도 조직의 모든 중간 관리자가 배우고 알아야 하는 일입니다. 사람을 채용할 때 기준과 방법, 사람을 해고할 때 기준과 방법, 채용한 사람을 교육시키는 프로세스 등등 모두 회사의 자체 역량으로 길러야 하는 일입니다. 마케팅 회사에서 HR 담당자는 마케터 중에 나와야 하고 디자인 회사에서 HR 담당자는 디자이너 중에 나와야 합니다. 뒤늦게 HR이 필요하다고 생각해 외부에서 경력자를 채용해 성공한 사례를 거의 보지 못했습니다.

워크플로를 만들 때 초기 사업에서는 직업별로 세분화하는 것은 경계하셔야 합니다. 초기 사업에서 구성원들의 역할과 책임은 사업의 목적과 목표에 종속되기 때문입니다. 무슨 뜻이냐면 디자이너가 해야 하는 역할, 기획자가 해야 하는 역할, 마케터가 해야 하는 역할이 따로 있는 것이 아니라 매출을 내기 위해 필요한 모든 활동을 모든 사람이 테스트해야 합니다. 지금 회사의 구조가 온라인 커머스라면 마케터, 디자이너, 기획자, CS 담당자 등 모든 구성원이 더 많은 제품 판매를 위해 자신의 역할을 재정의해야 합니다.

CS 담당자는 댓글 관리자가 아니라 고객의 의견을 세분화해 제품 개발, 제품 개선, 고객 관리에 필요한 정보를 동료들에게 제공하는 일을 해야 하고 디자이너, 기획자, 마케터는 판매를 극대화해 회사의 이익을 실현하는 일을 해야 합니다. 예쁜 디자인을 하는 것이 중요하지 않고 마케팅 예산을 많이 쓰는 게 중요하지 않습니다.

같은 맥락에서 회사가 패션 잡지를 발행하는 출판사라면 그 회사의 개발자라도 편집 디자이너와 비슷한 수준의 심미성이 있어야 합니다. 결국 개발자가 구현한 홈페이지나 앱이 고객의 취향에 부합해야 하기 때문입니다.

게다가 직업으로 역할과 책임을 칼같이 나누는 건 조직 차원에서도 개인 차원에서도 별로 좋지 않습니다. 기획자가 있어야 디자인할 수 있는 디자이너보다는 기획과 디자인을 같이 하려는 사람이 언제나 시장에서 더 인정받습니다. 회사뿐만 아니라 개인에게 훨씬 유익한 직무 경험입니다.

많은 직장인이 자신의 몸값을 올리기 위해 다양한 도구를 익힙니다. 예를 들어 포토샵을 쓰는 디자이너가 피그마도 배우는 식이죠. 그러나 시장에서 포토샵을 쓰는 디자이너나 피그마를 쓰는 디자이너의 몸값은 비슷합니다. 사용할 수 있는 도구가 늘면 직장을 더 오래 다닐 수 있게 만들어 주지만 몸값이 올라가는 데 끼치는 영향은 미미합니다. 실제 자신의 가치가 상승하려면 디자인만 하는 게 아니라 기획노 할 수 있어야 하고 마케팅만 하는 게 아니라 디자인도 할 수 있어야 합니다. 이런 사람은 어떤 회사에서도 인정받을 수 있습니다. 인접 영역으로 업무의 범위가 넓어져야 몸값이 올라갑니다. 마찬가지로 이런 방식으로 일을 배운 초창기 직원들이 결국 회사의 중간 관리자로 성장합니다.

같은 일만 반복하지 말고
새로운 일에 도전해야 한다

생산성 관리는 시간 관리가 아닙니다. 자신이 할 수 있는 일을 시간 안에 하는 것이 시간 관리라면, 생산성 관리는 자신이 할 수 있는 일의 양을 늘리고 품질을 개선해서 경쟁력을 만드는 방법입니다. 이 과정은 생태계에서 생명체가 생존하고 진화한 방법과 본질적으로 같습니다. 한 번의 가뭄, 한 번의 홍수로 망할 수 있는 초기 인류에게 전쟁은 생존을 건 플랜 B였습니다. 인류 역사상 전쟁은 단 한 번도 위력을 과시하기 위한 세리머니였던 적이 없습니다. 집단의 생존을 위한 경제 활동이었습니다.

한 번 일어난 전쟁은 적당한 타협점을 찾지 못하고 한쪽이 완전히 파괴될 때까지 지속됩니다. 이 무한 폭력은 승자와 패자 모두 피폐하게 만듭니다. 사람이 죽고 없어졌는데 영토가 2배가 되면 뭐하나요? 일의 양만 몇 배로 늘어날 뿐입니다.

시장 경제 시스템은 인류에게 반드시 다가올 미래였습니다. 성실하게 일해서 수확한 자원으로 자체 생존하고 남은 여유 자원을 타국과 거래하는 것이 훨씬 안전하고 생존에 유리했기 때문입니다. 이 과정 전체가 생산성 관리이며 사업의 생존 방법입니다.

사업을 하는 사업가뿐만 아니라 직장 생활을 하는 직장인도 생산성 관리는 필수입니다. 현재의 나를 만든 활동으로 시간을 동일하게 반복하는 것으로는 자신이 되고 싶은 새로운 모습이 되는 것은 불가능합니다. 국가가 자력갱생하기 위해 영토 안에서 할 수 있는 일들에 최선을 다하고 언제나 전쟁이 아닌 새로운 플랜 B를 연구 개발해야 하듯 개인도 주체적인 삶을 위해 자신 안에서 할 수 있는 일들에 최선을 다하고 언제나 새로운 것을 배워야 합니다.

성공한 사람들의 삶의 방식이 대중에게 많이 알려지면서 사람들은 그 어느 때보다 강하게 성공에 대한 자극을 받고 있습니다. 하지만 명심해야 합니다. 생존 없는 성공은 없습니다. 생산성 관리가 되지 않는 상태에서 구체적인 목표와 롤 모델은 개인의 자존감을 떨어트리기만 할 뿐입니다.

해 왔던 일만 반복해서 변화는 만들 수 없습니다. 지금까지 나를 만들어 왔던 일이 아니라 앞으로의 나를 만들 새로운 일을 반드시 병행해야 합니다.

'나는 왜 저렇게 되지 못하지.'

생산성 관리가 안 되는 사람이 자기혐오가 생기는 건 어찌 보면 당연한 일입니다. 혹시 매일 같은 일만 하면서 새로워지길 기대하는 건 아니신지요? 여러분이 지금부터 최우선으로 시작해야 하는 건 생산성 관리입니다.

6장

성공은 운으로 얻는 것이 아니다

사업의 본보기 - 케이스 스터디

전쟁이란 나라의 중대한 일이다.
죽음과 삶의 문제이며,
존립과 패망의 길이니 살피지 않을 수 없다.

《손자병법》

사업을 성공하는 유일한 방법은
자주 많이 실패하는 것이다

사람은 언제나 현재에 머무르기 위해 온갖 합리화의 명분을 찾는 동물입니다. 이 책을 여기까지 읽었는데 실행으로 나아가지 못하시는 분들을 위해 케이스 스터디 장을 추가했습니다. 모두의 사수와 마이빗자루 사례를 통해 사업 초기에 어떤 마음가짐으로 실행했는지 자세하게 담았습니다. 모두의 사수 편을 읽고 '그건 당신이라서 가능한 거 아니야?'라는 이의 제기를 하실 것 같아 태병석 님에게 양해를 구하고 '마이빗자루' 편도 실었습니다.

이 장을 읽고 여러분이 더 많은 시행착오를 기꺼이 해 보시길 바랍니다. 성공은 여러 실패 경험 끝에 얻는 것입니다. 여러분이 이 실패의 과정을 생략하려 할수록 성공까지의 길은 멀어집니다.

사업을 하다 보면 지금 진행 중인 프로젝트의 끝이 보일 때가 있습니다. 그리고 대부분 그 끝은 '실패'입니다. 피니시 라인에 우리를 기다리는 건 '성공을 축하합니다'가 아니라 '아쉽지만 실패하셨습니다'가 더 많습니다. 그리고 성공하는 사람과 실패하는 사람이 여기서 갈리는데요. 언제나 실패하는 사람은 피니시 라인의 '아쉽지만 실패하셨습니다'를 보고 왔던 길을 돌아갑니다. 성공하는 사람들은 그 반대입니다. 지금까지 고생에 의미가 생기려면 실패할 것을 알고도 피니시 라인을 지나야 한다는 사실을 알고 있습니다.

'아쉽지만 실패하셨습니다'를 넘어야 비로소 '축하합니다. 성공하셨습니다'가 적힌 피니시 라인이 우릴 기다립니다. 사업 성공에 우회로나 지름길은 없습니다. 여러분이 이 장을 보면서 저와 병석 님이 경험한 것들 중 시행착오에 집중하신다면 이보다 훨씬 큰 성공을 할 수 있을 것이라 확신합니다. 과정을 모방해야 결과를 만들 수 있습니다. 언제나 인과 관계 중 원인에 집중하시길 바랍니다.

모두의 사수: 신규 고객 유치를 위한 마케팅 전략이 없어요

오래전부터 하고 싶은 일이 있었습니다. 사회적으로 저평가받는 사람들을 인정받게 도와주고 싶은 일이 바로 그것입니다. 직업 특성상 참 많은 창업가를 만났습니다. 물론 성공한 사람은 소수입니다.

하지만 성공할 수도 있었던 사람이 터무니없는 이유로 실패하는 것을 보면서 그런 분들을 돕고 싶다는 생각을 했습니다. 사업 계획서가 정말 좋았지만 발표가 매끄럽지 못했다는 이유로 투자 심사에서 떨어지는 것도 보고, 반대로 '저게 대체 무슨 사업이지?' 도통 이해하기 어려운 사업이 발표가 좋았다는 이유로 투자를 유치하는 것도 봤습니다. 모두의 사수는 이 경험들이 켜켜이 쌓여 만들어진 서비스입니다.

'왜 저 사람은 실력에 비해 인정받지 못하는 걸까?'

끝도 없는 질문을 이어 나간 덕에 저는 문제를 '회사 생활'에서 찾았습니다. 실패한 사업가들은 대부분 자신의 직장 생활을 혐오했습니다. 짜인 형식대로 일하고 위계에 종속되는 삶을 혐오했습니다. 하지만 그들이 그토록 혐오했던 형식과 위계는 조직화를 위해 빠질 수 없는 부분입니다. 많은 사장님이 직장 생활에서 생겨난 잘못된 선입견 때문에 팀 빌딩에 실패하거나 사업에 실패하고 맙니다. 그리고 '사람은 원래 다 그래, 세상은 원래 다 그래'라는 생각이 이들의 인식을 지배합니다.

모두의 사수는 회사원들이 회사에서 자아실현 할 수 있도록 돕고 싶다는 열망에 탄생했습니다. 자기 확신을 가진 회사원들이 회사의 성장을 돕고 나아가 자신의 사업을 하게 됐을 때 고용주와 노동자의 이분법적인 대립이 아니라 진정 이 사회의 구성원으로서 일체감을 만들 수 있다고 생각했습니다. 무엇보다 회사원이나 사장님이 내적으로 겪는 양가감정, 윤리적인 갈등을 해소할 수 있다는 점에서 모두에게 윈윈인 꼭 필요한 서비스라고 생각합니다.

5년 동안 끊임없이 묻고 대답했습니다. 31살부터 회사 생활이냐, 사업이냐를 놓고 35살까지 고민한 셈입니다. 이 책에서 소개한 1달에 한 번씩 월급받는 날마다 직원한테 해 줘야 할 6가지 질문은 이 시기에 제가 고안한 질문입니다. 마흔 살 이후의 삶이 그려지지 않아 불안했을 때 이 질문에 대한 답이 제 인생의 나침반이 돼 줬습니다. 실제 31살의 저는 '35살에 알려진 회사의 임원이 되거나 그렇지 못하게 됐을 때 내 사업을 해야겠다'는 목표를 갖게 됐고 35살엔 알려진 회사의 임원이, 36살엔 모두의 사수를 창업했습니다.

모두의 사수는 5년 동안 질문한 끝에 찾은 대답입니다. 이 대답은 모두의 사수를 운영하면서 지금까지 여러 형태의 결과물로 나타났습니다. 처음엔 독서 모임으로, 나중엔 강의로, 그다음엔 기업 컨설팅, 그다음엔 개인 멘토링…. 앞으로도 모두의 사수는 계속 성장할 것입니다.

제가 모두의 사수를 처음 론칭했을 때, 첫 번째 단계에서 제가 한 일은요. 지금까지 다녔던 회사 생활을 회고하면서 글을 쓰는 것부터 시작했습니다. 회사마다 인상에 남은 기억들을 중심으로 의사 결정의 순간마다 어떤 기준으로 선택했는지, 선택한 결과는 어땠고 그 순간 감정은 어땠는지, 실패했다는 불안감이 엄습해 올 때는 주로 언제고, 또 성과가 없었던 프로젝트는 이유가 무엇이었는지 등을 기록했습니다.

저는 과거를 회고할 때 비교적 수월한 편이었습니다. 이 책에 나온 생산성 관리 방법과 1개월에 한 번씩 하는 6가지 질문은 제 미래에 대한 불안감 때문에 제가 만들어 낸 방법론입니다. 저에겐 이미 5~6년의 데이터가 쌓여 있었습니다. 매일 하루를 회고하며 어땠는지 기록했고 내일 어떻게 살지 정리했습니다. 1달에 한 번씩은 삶의 목적을 묻고 잘 살고 있는지 방향성을 언제나 추적했습니다. 기록이 아니라 기억에 의존했다면 현재에 이르지 못했을 것입니다.

이 기록을 취합해 저의 가장 강점이 무엇인지 정리했습니다. 제가 정의하는 강점은 별다른 노력을 하지 않았는데도 어느새 제 삶 속에서 커진 소양을 의미합니다. 지금은 다른 사람들과 비슷하거나 다른 사람들보다 못 미치는 부분이 있어도 결국에는 저만의 철학과 방법을 만들어 낼 수 있는 분야가 있을 것이라고 생각했습니다. 제가 현재 한 분야에서 탁월한 능력을 갖췄어도 저의 철학과 방법으로 갖춘 것이 아니라면 경쟁력은 점점 사라질 것이라고 생각했습니다. 어떤 일을 하던 시작할 때 모방은 어느 정도 효과적일 수 있지만 가진 것이 모방뿐이라면 경쟁력을 만들 수 없다고 생각했습니다.

시장에서 언제나 경쟁이 치열한 곳은 80%의 생태계입니다. 모두 똑같은 방식으로 경쟁하기 때문입니다. 다른 사람을 모방하기만 한다면 80%의 생태계에서 위태롭게 생존하게 될 것이 분명했습니다. 그래서 20%의 생태계를 조사했습니다. 20%의 생태계는 경쟁에서 누가 어떤 방법으로 우위를 점하고 있는지 쉽게 비교하기 어렵습니다. 진짜 실력은 눈에 잘 보이지 않습니다.

저의 강점은 '관점'입니다. 저는 《빨간 머리 앤》을 읽고 '앤이 마케터가 된다면 어떤 마케터가 될까?'라고 질문하는 사람입니다. 그리고 언제나 이런 질문에 대해 답해 왔습니다. 이렇게 산지 10년째입니다. 저만의 관점을 만들기 위해 의식적인 노력을 하지 않아도 숨쉬는 것처럼 자연스럽게 이 생활을 지속할 수 있었습니다. 그래서 저는 사람들에게 저의 관점을 판매하고 싶었습니다. 저만의 독자적인 영역을 만들 수 있을 거란 확신이 있었으니까요.

첫 번째 시행착오, 저 좀 사 주세요

지금부터 첫 번째 시행착오에 대해 설명 드릴게요. 저는 처음에 자기소개서나 경력 기술서, 사업 계획서 등을 무료로 컨설팅하는 일부터 시작했습니다. 무료로 진행한다는 점을 특장점으로 내세워서 마케팅했는데요. 지금까지 저의 커리어와 그때 당시의 사회적 지위를 배경으로 충분히 매력적인 소구점이라고 생각했어요. 하지만 이 판단은 오산이었습니다. 첫술에 배부를 리 없다고 생각했지만 제 예상과 너무 동떨어진 반응 때문에 시작도 전에 '접을까?'라는 생각을 했거든요.

이 단계에서 저는 페이스북과 인스타그램 광고를 동시에 진행했고, 직접 그린 그림으로 광고 배너를 제작했고, 하루에 1만 원 정도 광고비를 써서 사람을 모아 봤습니다. 그 결과 1명의 성공적인 이직을 도왔고, 1명의 사업 계획서를 발전시켜서 투자 유치까지 이끌어 냈습니다. 하지만 이보다 훨씬 많은 사람으로부터 '당신이 도대체 뭔데 이런 일을 공짜로 해 주냐'는 질문에 해명해야 했습니다.

"당신이 그 회사 COO면 나는 애플의 스티브 잡스다."

"월급 인증하세요."

"지금까지 다녔던 회사가 모두 진짜인지 건강 보험료나 원천 징수 세액으로 증빙해 보세요."

제 얼굴과 실명을 모두 공개한 상태에서 일을 진행했기 때문에 지금 이 도전을 회피하면 다니는 회사에 피해를 끼치는 것은 물론 앞으로 무엇을 하든지 이때 일로 고통받을까 봐 퇴근하면 사람들이 인증하라는 서류를 떼서 인증하고 해명하는 데 거의 모든 시간을 썼습니다.

이 시기에 저는 본업이 따로 있었습니다. 새벽 5시 30분부터 오후 6시까지 정말 다양하고 새로운 일들을 끊임없이 만들어 실행했고, 결과는 이와 같았습니다. 하지만 저는 여기에서 멈추지 않았습니다. 어떤 고객들이 저의 어떤 점에 반응할지 전혀 모르는 상황이었기 때문에 처음부터 사람들의 열성적인 반응을 이끌어 내기 어렵다는 사실을 알고 있었습니다. 그래서 사람들이 제가 만든 광고 소재를 보고 사람들이 의심하는 상황을 냉정하고 객관적으로 분석했습니다.

제가 첫 번째 단계에서 한 실수는 제 자신을 너무 과대평가한 것이었습니다. 제가 아무리 사회적으로 탄탄한 커리어를 쌓아 왔더라도 저를 모르는 대다수에게 저의 말은 믿음을 줄 수 없었습니다. 저는 저를 상품으로 하는 서비스를 사람들에게 광고하면서 제가 어떤 사람인지를 설명하는 것을 생략하고 처음 보는 사람에게 대뜸 "저 좀 사 주세요"로 소통한 것과 다름없었습니다.

두 번째 시행착오, 사람들이 언젠가는 알아주겠지

그 점을 정확하게 인지하고 두 번째 단계로 넘어갔습니다. 모두의 사수는 사람들과 신뢰 관계 형성을 목표로 장시간 소통해야 한다는 점을 절실하게 깨달았습니다. 그래서 인스타그램 채널을 만들었습니다. 유튜브가 아니라 인스타그램 채널을 만든 이유는 예전부터 꾸준히 써 오던 독서 노트가 있었기 때문입니다. 책을 읽다가 도움이 된 문장들을 제 관점으로 재해석해서 공유하고 질문하는 콘텐츠로 시작했습니다. 이미 이런 방식으로 독서 노트를 다년간 써 왔기 때문에 콘텐츠가 부족하지 않았습니다.

가령 칼릴 지브란의 《예언자》라는 책을 읽고 영감을 받은 문장을 독서 노트에 기록해 뒀는데요. 이걸 휴대폰 기본 메모장에 타이핑하고 캡처해서 올리는 식으로 콘텐츠를 만들었습니다. 밑에는 저의 관점으로 내용과 연결되는 질문을 남겼고요. 1단계에서 이미 많은 시간, 많은 노력을 들여서 실패했기 때문에 이번 단계에서는 시간과 노력을 최소화해서 테스트해 보기로 했습니다. 스마트폰 기본 메모장에 독서 노트 내용을 옮겨 적고, 그 화면을 캡처해서 콘텐츠로 만들었어요.

지금부터 두 번째 시행착오에 대해 말씀드릴게요. 저는 수동적으로 사람들이 제 글에 반응해 줄 때까지 한참을 '그냥' 보냈습니다. 인스타그램 콘텐츠를 매일 올리면 언젠가 사람들이 알아주리라 생각한 것인데요. 제가 인스타그램에 이런 형식의 콘텐츠를 올렸을 때 사람들은 전혀 반응하지 않았습니다. 어느 정도로 반응하지 않았냐면 처음 올린 콘텐츠는 1개월 내내 좋아요를 1개도 못 받았고요. 그 뒤로 올린 콘텐츠들도 반응이 너무 없으니 아내가 1개씩 눌러 준 좋아요가 제 채널의 유일한 성과였습니다. 그러다가 1~2명씩 좋아요를 눌러 주시는 분들이 생기더라고요. 그때 깨달았습니다.

'아! 모르는 사람이 내 글을 읽고 좋아요나 댓글을 달아 주길 바라는 마음은 감나무 밑에서 감이 떨어질 때까지 기다리고 있는 것과 똑같은 태도였구나….'

저는 즉시 좋아요를 눌러 준 분들의 계정에 가서 그분들이 자신의 계정에 올린 콘텐츠를 처음부터 끝까지 정독했습니다. 제 글에 좋아요를 눌러 준 사람들은 주로 어떤 해시태그를 사용해 콘텐츠를 올리는지, 주로 어떤 시간대에 콘텐츠를 올리는지, 직업은 무엇인지 등을 분석하니 몇 가지 의미 있는 인사이트가 생겼습니다. 개인 계정을 운영하는 사람들은 해시태그를 더 많은 사람에게 노출하는 용도가 아니라 자신의 욕망을 투영하는 용도로 사용하고 있더라고요.

가령 '책 좋아하는 사람'으로 보이고 싶은 사람은 퇴근 후 #독서스타그램 #북스타그램 #책읽는남자 #책읽는여자 같은 해시태그와 함께 카페 테이블에 음료와 책표지를 함께 찍어 콘텐츠를 올리고 있었고 '책에 진심'인 것을 보이고 싶은 사람은 만년필과 다이어리에 필사를 해서 사진을 찍고 #필사스타그램 해시태그와 함께 콘텐츠를 올리고 있었습니다. 좋아요가 1개씩 늘 때마다 지금까지 설명 드린 분석을 빠짐없이 했습니다.

그랬더니 제 콘텐츠를 좋아해 주시는 분들의 상이 대략 잡히기 시작했어요. 주로 퇴근 후 자기 계발에 관심이 많은 직장인들이 제 콘텐츠를 흥미롭게 읽어 주시더라고요. 그래서 #자기계발 #독서스타그램 #필사스타그램에 콘텐츠를 더 많이 노출하기 위해 콘텐츠의 기획 방향을 정했습니다. 특히 '#독서스타그램'보다 '#필사스타그램'에 더 집중하기로 결심했는데요. 마케팅에 조금만 관심이 있어도 제 결정에 의아하실 겁니다. 딱 봐도 #독서스타그램의 게시물 수가 #필사스타그램보다 훨씬 많고 접근성이 훨씬 좋을 것 같은데 왜 #필사스타그램을 선택했는지 궁금하지 않으세요?

저의 목표는 인플루언서가 아니라 사업을 하는 것이었기 때문에 #필사스타그램 해시태그에 더 집중했습니다. #독서스타그램은 훨씬 많은 사람에게 제 콘텐츠를 노출시킬 기회가 있었지만 그만큼 관심만 끌고 말 가능성이 높다고 생각했고, #필사스타그램은 훨씬 적은 사람에게 제 콘텐츠를 노출시키겠지만 콘텐츠를 읽고 제가 원하는 실행을 할 가능성이 훨씬 높다고 판단했습니다.

　그리고 제 예상은 적중했습니다. 저는 줄 노트 서식을 디자인해서 메모장에 캡처해서 올리던 콘텐츠를 직접 손 글씨를 써서 올리기 시작했는데요. 이 시기에 팔로워가 300명~500명 정도가 생겼고 이때 모두의 사수에서 첫 매출이 생기기 시작했습니다. "사수 님은 책을 어떻게 읽으세요?", "사수 님은 요즘 무슨 책 읽으세요?" 등의 질문들에 답변해 주다 보니 "사수 님이 운영하는 독서 모임에 참여하고 싶어요" 요청이 많아지더라고요.

　당시에 저는 본업이 있었기 때문에 독서 모임을 운영할 여력이 없었어요. 부담스럽기도 했고요. 그럼에도 사람들의 지속적인 요청으로 독서 모임을 시작하기로 했습니다. 사실은 그것도 15명이 모이지 않으면 실행하지 않으려고 했습니다. 하지만 이 얘기를 제가 사람들에게 전하니까 어느새 15명이 넘는 사람들이 제 독서 모임에 참여하려고 줄을 서셨더라고요. 제가 운영하는 독서 모임에 꼭 참여하고 싶었던 몇몇 분들이 사람을 모아 주신 덕분입니다.

　독서 모임의 비용이 5만 원이었는데요. 사람들이 어디에서 결제해야 되는지 방법을 묻기 시작해서 그때 부랴부랴 만든 게 지금 현재 여러분이 보고 계시는 카페 24의 기본 디자인 포맷을 활용한 무료 자사 몰입니다. 그때는 상세 페이지도 없었고요. 5만 원짜리 결제 창구만 열어 놓은 정말 허접한 홈페이지였습니다. 저는 이렇게 제품의 상세 페이지도 없이, 명확한 커리큘럼도 없이 15명의 고객을 먼저 모으고 모두의 사수 독서 모임 1기를 진행했습니다.

이 지점도 사람들이 많이 헷갈려 하는 부분인 것 같아요. 상품을 먼저 출시하고 고객들을 모아야 된다고 생각하시는데요. 저는 그 생각이 반은 맞고 반은 틀리다고 생각합니다. 특히나 눈에 보이지 않는 무형의 서비스를 상품화할 때는 고객들과 직접 소통하면서 상품을 고도화하는 과정이 반드시 필요합니다. 내 기준, 내 관점의 완벽한 상품을 구성하려는 노력보다 고객들이 원하는 상품이 무엇인지를 기준으로 서비스를 고도화하는 것이 매우 중요합니다.

또 많은 분이 헷갈려 하시는 부분이 콘텐츠 기획력인데요. 저는 감각이나 재능을 믿지 않습니다. 저는 무작정 '이렇게 콘텐츠를 기획하면 사람들이 더 좋아해 주겠지?'라고 생각한 게 아닙니다. 이미 필사를 하고 있는 많은 사람이 있었고, 그냥 책을 읽는 사람보다는 독서에 진심인 사람들이 제 서비스에 참여할 가능성이 높았기 때문에 데이터를 기준으로 콘텐츠의 방향을 잡은 것입니다.

저는 제가 만든 세계에 사람들이 와 주길 바라지 않았습니다. 어떤 사람들이 오는지 알게 되자마자 그 사람들이 많이 모여 있는, 이미 만들어진 세계로 제가 적극적으로 이동했습니다. 물론 누군가는 이렇게 말할 수도 있습니다.

"근데 #독서스타그램에서 떴으면 훨씬 더 잘됐을걸?"

사실 이 질문에 대해 저는 뭐라 반박할 수 없습니다. 어떤 선택지가 더 나은지 비교하려면 완벽하게 똑같은 인생을 두 번 연속 살아야지만 비교할 수 있기 때문입니다. 그러니까 어떤 선택이 더 좋은 선택지인가를 논할 시간에 자신이 한 선택에 최선을 다하는 것이 집중하세요.

사업을 이제 막 시작하신 분들은 열심히 달리기를 한 끝에 피니시 라인에 '성공을 축하합니다'라는 문구가 적혀 있길 바라시겠지만 사업이 일정 수준 궤도에 오르면 첫 번째 달리기에서 성공하는 경우는 정말 거의 없습니다. 여러분은 '죄송하지만 실패하셨습니다'라는 피니시 라인을 보고 달리기를 하셔야 합니다.

이 때문에 많은 초보 사장님이 피니시 라인을 통과하기 전에 제자리로 돌아갑니다. 과정에서 아무것도 배우지 못하고 매번 처음부터 다시 시작하시는 것이죠. 자기 확신을 갖고 '죄송하지만 실패하셨습니다'라고 적힌 피니시 라인을 끝까지 완주하셔야 합니다. 완주했을 때야 비로소 다음 피니시 라인에서 '성공을 축하합니다'라는 문구를 볼 수 있을 테니까요.

세 번째 시행착오, 콘텐츠의 부족한 퀄리티

모두의 사수는 저의 관점과 해석이 담긴 회사 생활을 주제로 콘텐츠의 방향을 확실하게 잡아 나갔어요. 이유는 제 계정을 팔로우해 주시는 분들의 관심과 반응이 업무와 사업에 쏠리고 있었기 때문입니다. 이 역시 새로 유입된 사람들의 계정을 지속적으로 분석했기 때문에 알게 된 사실입니다.

이 시기에 저는 제 타깃이 누구인지 바로 제 앞에 있는 것처럼 묘사할 수 있게 됐습니다. 다수는 직장인이고, 남자와 여자의 성비는 반반이었고, 자기 계발에 관심이 많고, 주로 대중 매체에서 다룬 책들을 읽는 사람이고, 주로 어떤 유튜브 채널을 구독하는지 등 구구절절 작성한 타깃에 대한 분석은 A4 용지 1장을 거뜬히 넘을 정도였습니다.

이 시기부터 제가 미리 작성한 독서 노트 내용을 옮겨 적는 콘텐츠가 아니라 사람들이 원하는 콘텐츠를 기획해서 발행하기 시작했습니다. 생산성 관리, 리더십, 마케팅은 제가 가장 자신 있는 저의 '관점'을 보여 주기 좋은 주제였고, 제 타깃들은 그런 콘텐츠를 보길 원했습니다.

이 과정에서 제 타깃에게 새로운 패턴이 발견되기 시작했는데요. #그림그리기 해시태그를 사용하는 사람들이 갑자기 많이 보이더라고요. 그때 당시에 아이패드 프로가 출시되면서 많은 직장인이 아이패드 프로를 구매했는데요. 아이패드 프로는 전문가용으로 만들어진 제품인데 비전문가가 아이패드 프로를 훨씬 더 많이 구매했습니다. 그리고 그 장비를 사용해서 무엇을 배울지 고민을 뒤이어 시작했습니다. 그때 많은 분이 애플 펜슬의 사용성을 체험하기 위해서 디지털 기초 드로잉을 많이 배웠습니다. 제 팔로워분들도 본인들이 직접 그린 드로잉 작품들을 피드에 올리기 시작했고요. 이건 저한테 명확한 신호였습니다.

"너도 따라 그려!"

네, 그래서 따라 그렸습니다. 제가 원래 만들어 쓰던 노트 양식 위에 제가 따라 그린 일러스트를 얹어서 콘텐츠를 만들었습니다. 제 채널의 팔로워 수는 이때 1,000명이 조금 넘었는데요. 평균적으로 눌리는 '좋아요' 수가 450개에서 550개 사이였습니다. 이미 독서 모임은 강의 형태로 전환돼 있었는데요. 이유는 간단합니다. 사람들이 책을 읽고 토론하는 것이 아니라 어느 순간부터 제 입만 바라보고 있더라고요. 처음에 모였던 15명 중 80%가 6개월 동안 독서 모임을 재구매하셨습니다. 그들이 원하는 모임의 수준이 높아질수록 가격도 같이 올라갔고요. 그 가격은 제가 정한 게 아니라 고객들이 제시한 가격입니다.

처음 모임을 시작했을 때 5만 원으로 시작한 독서 모임이 지금은 1:1 교육 서비스, 기업 교육 서비스, 일대일 멘토링 서비스, 오프라인 세미나로 다각화됐습니다. 2024년 1월을 기준으로 팀 빌딩도 끝났습니다. 직장인의 자아실현을 위해 의미 있는 상품과 서비스 출시도 곧 앞두고 있습니다.

지금부터 세 번째 시행착오에 대해 말씀드리겠습니다. 3단계에서 모두의 사수 홈페이지에 진열한 주력 상품은 마케팅의 본질, 생산성 관리, 리더십 총 3가지로 좁혀졌습니다. 이 제품들이 잘 팔릴 것 같아서 기획하고 테스트를 거친 결과가 아니라 사람들이 실제로 원하는 3가지 카테고리를 서비스로 구체화했습니다. 인스타그램 채널에서 사람들이 원하는 것이 무엇인지 누적된 데이터가 있었기 때문에 서비스를 구체화하는 것은 어렵지 않았습니다. 실제 서비스가 출시

됐을 때 고객을 모으는 것도 어렵지 않았습니다. 처음 론칭했을 때 이미 다음 달 예약이 다 찰 정도로 대기 줄이 있었습니다.

사람들은 제가 생산성, 리더십, 마케팅 관련 콘텐츠를 올리면 인스타그램 다이렉트 메시지로 홈페이지에 진열한 서비스 중 무엇을 신청해야 하는지를 문의했습니다. 저 역시 다이렉트 메시지로 안내하면 고객이 결제하는 식이었는데요. 그렇기 때문에 콘텐츠의 좋아요 수, 댓글 반응, 공유하기 수, 서장하기 수가 사업을 운영하는 데 내우 중요한 지표였습니다. 잘 작성된 콘텐츠 하나가 다음 달, 그다음 달 고객까지 확보하게 만들어 줬으니까 당연히 여기에 집중할 수밖에 없었습니다.

그런데 어느 순간부터 채널의 전반적인 지표가 계속 줄어들었고, 저는 원인을 찾지 못했습니다. '이게 그 말로만 듣던 해시태그 밴인가?', '인스타그램 알고리즘 때문인가?' 등의 생각을 했고 처음으로 인스타그램 채널 운영에 대해 다른 사람들은 어떻게 운영하는지 관심을 기울이기 시작했습니다. 그리고 문제를 발견했습니다. 해시태그를 잘못 써서, 인스타그램 알고리즘의 선택을 받지 못해서 등 전문가의 조언은 별로 의미가 없었습니다. 제가 발견한 문제의 원인은 그보다 훨씬 단순했습니다. 그냥 제 콘텐츠가 더 많은 사람에게 노출됐을 때 콘텐츠의 품질이 부족했던 것입니다.

저에게 중요한 지표는 눈에 보이는 좋아요 수가 아니라 눈에 보이지 않는 저장하기 수와 공유하기 수였는데요. 이 지표들이 계속 줄어들었기 때문에 자연스럽게 사람들이 제가 쓴 글을 읽는 것인지 그

림에 반응하는 것인지 알 수 없게 돼 버렸습니다. 생각해 보면 #그림
그리기 해시태그는 #필사스타그램과 관여도가 적은 서브 해시태그
였습니다. #그림그리기의 유행이 사그라들면서 점점 관여도가 떨어
지는 사람들이 제 글을 보게 된 것이 문제의 원인이었습니다.

지금부터는 사람들의 반응에 따라 콘텐츠의 방향이 달라져선 안
되고, 제가 사람을 이끌어야겠다고 생각했습니다. 이때 콘텐츠를 전
체적으로 개편했습니다. 눈에 보이는 좋아요 수는 줄어들겠지만 저
장하기 수와 공유하기 수가 증가하는 방향으로 콘텐츠를 바꿔야 한
다고 생각했는데요. 그림 없이 오로지 글로만 승부하자는 것이 제가
정한 채널 운영의 방향성입니다. '인스타그램에서 이미지가 아니라
글로?'라는 생각이 들었지만 이것으로 팔로워들을 리드하지 못하면
인스타그램이 아니라 블로그나 유트브로 채널을 바꿔야겠다는 생각
까지 했기 때문에 바로 실행에 옮겼습니다.

그리고 이 시기에 1만 명의 구독자가 생겼습니다. 저는 해 왔던 일
의 관성에서 벗어날 필요가 있었습니다. 처음 인스타그램 채널을 운
영하기로 한 목표가 어느 순간 변질되고 있었는데도 그것을 포착하
지 못했습니다. 제 채널은 저의 관점이 남다름을 보여 주기 위해 운
영한 채널입니다. '신기하고 예쁜 일러스트'를 보여 주는 채널이 아
니었습니다. '예쁜 손 글씨'를 보여 주는 채널도 아니었습니다.

저는 계속 저의 '남다른 관점'을 보여 줘야 했습니다. 그것이 어느
사이 변질된 것이 문제의 본질이었고, 문제를 옳게 정의하자 채널이
더 성장했습니다. 현재 제 채널은 눈에 보이지 않는 공유하기 수와

저장하기 수가 언제나 눈에 보이는 좋아요 수보다 훨씬 높습니다. 사람들이 제 글을 읽고 있다는 명확한 신호입니다.

회사의 인사 담당자들이 제 글을 많이 봤습니다. 기업 강연과 컨설팅 문의도 많아졌고요. 출판 제안도 많이 받았습니다. 어떤 활동에 집중해야 하는지가 점점 명확해지기 시작하니 사람들에게 서비스를 알리는 데 들이는 시간이 점점 줄어들기 시작했습니다. 저는 양질의 인스타그램 콘텐츠를 업로드하는 일과 서비스 결제 후 강의에서 최선을 다하는 일 그리고 남는 시간에 강의의 품질을 올리는 일에 하루 전체 시간을 사용했습니다. 그 외의 다른 일은 하지 않았습니다. 활동이 좁혀지면서 서비스를 론칭한 지 8개월이 지난 후 순이익이 4,500% 상승했습니다.

여러분이 보신 것처럼 콘텐츠의 방향도 여러 번 바뀌었고 서비스의 형태도 여러 번 바뀌었습니다. 이 변화를 못 견디고 사업을 그만두시는 분들이 많습니다. 이 시기에는 가족이나 지인들도 사업에 참견을 합니다.

"그렇게 하니까 안 되는 거야."
"이렇게 바꿔라."

나에 대한 확신이 부족하니 귀가 얇아지고, 주변 사람들의 온갖 훈수들을 하나씩 시도해 보다가 아무런 성과를 내지 못해서 피니시 라인 끝까지 가 보지 못하고 다시 스타트 라인으로 돌아오기를 계속 반복하는 것이죠.

현실은 실패의 연속입니다. 실패는 성공으로 가는 과정이라는 말은 진부한 표현이지만 사실입니다. 이 시기에 모두의 사수는 다시 한번 폭발적인 성장을 경험했는데요. 기업 컨설팅 의뢰를 받기 시작하면서 일하는 시간 대비 매출액이 비약적으로 상승하게 된 시점이 이즈음입니다.

네 번째 시행착오, 배우기만 하고 실행하지 않는 고객

4단계에서 모두의 사수는 기업의 문제를 직접 해결하는 컨설팅 의뢰를 받기 시작했습니다.

"사수 님이 무슨 말을 하는지는 잘 알겠습니다. 그런데 제가 그것을 실행하는 것이 너무 어려워요. 그러니까 직접 와서 도움을 주셨으면 좋겠습니다."

이때부터 본격적으로 회사의 문제를 직접 해결하는 컨설팅과 업무 대행 서비스를 같이 운영했습니다. 말이 어렵지만 간단히 말해 초단기 계약직 임원으로 고객사의 일정 기간 실제 근무하면서 업무 환경을 개선하는 것으로 성과를 냈다는 뜻입니다. 서비스의 비용도 비쌌습니다. 우선 제가 직접 일을 했고 확실하게 고객사의 재무적인 성과에 기여했습니다. 기여한 만큼 비용을 청구하면 고객사는 그것을 거절하지 않았습니다. 이유는 제가 곧 떠나도 그 상황이 유지되리라는 믿음이 있었기 때문입니다. 저 역시 그것을 자신했기 때문에 비용을 청구하는 데 망설임이 없었습니다.

지금부터 네 번째 시행착오에 대해 말씀드리겠습니다. 심각한 문제가 발생하고 있었습니다. 고객사의 직원들이 저를 보는 비언어적 신호가 기대감에서 혐오와 회피로 바뀌고 있었습니다. 처음에는 '저분에게 제대로 배워 보자'라고 생각했던 직원들이 '저 사람 또 왔네', '언제까지 할 생각이지?'라는 생각으로 바뀌고 있었다는 의미입니다. 실제로 표정이 밝은 건 이 일을 의뢰한 사장님밖에 없었습니다. 그때 위기를 감지했습니다.

'아, 이런 식이라면 내가 낸 성과는 지속할 수 없겠다.'

고객사의 직원들은 모두의 사수 계약이 종료되기만을 바랐습니다. 당연한 일이죠. 먹살을 잡혀 질질 끌려가듯 일하는 건 과정에서 주체성이 생길 리도 없고 그렇기 때문에 발전할 수도 없으니까요. 사태를 인지한 저는 그때 바로 컨설팅 서비스를 정리했습니다. 고객사 사장님에게 제 생각을 밝혔고 그다음 날 즉시 컨설팅 사업의 매출은 0원이 됐습니다. 도망치듯 모든 것을 포기한 건 절대 아닙니다. 모두의 사수 교육 프로그램의 주인공은 고객사의 사장님이 아니라 참여하는 직원이 돼야 한다는 점을 분명하게 인지한 후 제가 일을 대신하는 형태가 아니라 직원들을 교육해서 직원들이 직접 실행해 성과를 내는 구조로 컨설팅, 대행업을 단체 교육 서비스로 전환했습니다.

그간 컨설팅을 진행하며 실제 성과로 증명했던 터라 사장님들의 생각을 바꾸는 건 어렵지 않았습니다. 진짜 문제는 '교육으로 이것이 가능한 일인 것인가?'였죠. 다행히 저는 이미 답을 갖고 있었습니다. 1:1로 개인 고객들을 가르친 경험이 크게 도움이 됐습니다. 처음 이 서비스를 론칭했을 때도 사람들이 배우기만 하고 실행하지 않아 고민이 컸습니다. 그래서 수업 이후 무엇을 실행해야 하는지 분명하게 알려드리고, 실행한 내용을 중심으로 피드백하는 것을 수업의 방향으로 잡은 지 이미 오래였습니다. 이것을 일대일이 아니라 일대다로 하면 될 일이었죠.

교육에 참여한 직원들이 교육 이후 회사에 얼마큼 성과를 내는지 함께 추적하고 멘토링 해 주고 과정에서 직원의 강점을 발견하고 지속적인 성장을 위해 커리어 로드맵을 만들어 주고….

여러분, 실제 모두의 사수는 직장인들의 자아실현을 돕고 있습니다. 지금 여러분이 보고 계신 모두의 사수는 이 도전적인 과제들을 하나씩 해결해 온 결과물입니다.

사업이란 집중해야 하는 1가지를 발견하는 것

지금 저는 모두의 사수를 운영하면서 수익을 만들기 위해 딱 1가지 일에만 집중합니다. 독자들이 관심 있게 읽어 주시는 주제인 마케팅, 생산성 관리, 팀 빌딩, 사업에 대한 내용으로만 콘텐츠를 만들고 있고요. 이 행동만 수익을 창출하더라고요.

이외 시간은 모두 강의와 강의의 품질 개선에만 사용합니다. 자사몰의 UX와 UI를 개선하고, 상세 페이지를 리뉴얼하고, 페이스북이나 인스타그램 광고를 기획하고 실행하는 이런 행동들은 작은 수익을 내는 데는 기여를 했지만, 인스타그램 콘텐츠를 기획해서 올리는 행동에 비해서 그 영향력이 미미했기 때문에 과감히 포기했습니다. 제가 제공하는 서비스의 품질을 높이는 데 시간을 사용하는 것이 중요했습니다. 판매를 더 잘하기 위해 판매 기술에 매몰되면 품질 개선이 등한시될 수밖에 없습니다.

이 포기한 일들은 제가 사업을 하기 전에 가장 자신 있었던 직무 영역들이었습니다. 인스타그램 콘텐츠 기획과 발행은 한 번도 해 보지 않았던 일이었고요. 이 단계에서 제가 여러분들에게 말씀드리고 싶은 점은 사업을 하다 보면 막히는 구간에서 자기가 해 왔던 방식으로만 그 구간을 돌파하려는 고집이 생기는데요. 해 왔던 방식으로 그 문제가 해결되지 않으면 새로운 일을 배워서 그 문제를 해결하려고 노력해 보시면 좋겠습니다.

저는 막히는 구간이 생길 때마다 기존의 방식을 버리고 새로운 방식을 배워서 그 관문을 통과했습니다. 이런 방식으로 일하니까 제가 일하는 시간은 계속해서 줄어들었고, 순이익은 계속 증가하기 시작했어요. 개인에게만 제공하던 교육은 기업들이 참여하면서 점점 더 많은 매출을 만들어 냈고요. 영업이나 마케팅 활동에 들어가는 시간이 점점 줄어드니까 모든 시간이 서비스의 품질 개선에 재투자될 수 있었습니다.

지금 저는 이 매출을 지속적으로 만들기 위해서 다시 1가지 일에만 집중하고 있어요. 제 실제 경험을 바탕으로 어디에서도 알려 주지 않는 마케팅의 본질, 팀 빌딩의 본질, 생산성 관리의 본질에 대해서 콘텐츠를 만들고 있고요. 앞서 단계적으로 한 경험 덕분에 제가 깨달은 인사이트는 '사업이란 결국 수익을 만들기 위해 출근해서 퇴근할 때까지 집중해야 하는 단 1가지 행동을 발견하는 과정'인 것 같더라고요.

이것만 찾으면 다른 건 저절로 채워집니다. 어떤 사람을 채용해야 하고, 제품과 서비스는 어떤 방식으로 발전시켜야 하는지도 자연스럽게 알게 됩니다. 1가지 일만 잘하면 된다는 생각이 그 일에 더욱더 잘 집중할 수 있게 해 주고 정서적으로도 안정감이 생기는 것 같아요. 저는 이 과정으로 사업도 설명하고, 마케팅도 설명하고, 경영도 설명하고, 리더십도 설명합니다. 본질에 가까울수록 실행은 단순해집니다.

마이빗자루: 의미 있는 사업을 하고 싶어요

"영진 님, 안녕하세요. 12월에 모두의 사수 지원에 예약할 수 있을까요?"

2022년 11월 15일에 불쑥 카톡이 1개 왔습니다. 2021년 9월 18일 이후로 오랜만에 태병석 님에게 온 연락이라 반가운 마음에 카톡을 확인해 봤는데 모두의 사수에서 초보 사장님을 대상으로 운영하는 교육 프로그램에 지원하고 싶다는 카톡이었습니다.

병석 님과 알게 된 건 꽤 오래전 일입니다. 모두의 사수 초창기 때 운영했던 독서 모임 참가자였거든요. 동네 친구를 꼬셔서 함께 독서 모임에 참여했었는데 결국 끝까지 수업에 참여하신 건 병석 님뿐이라 기억하고 있었습니다.

당시에는 독서를 촉매로 현실 문제를 해결하는 것이 서비스의 방향성이었는데요. 병석 님은 성장 욕심이 있는 사람들과 교류하는 그 자체가 '목적'인 것처럼 특별한 '목표' 없이 수업에 참여해서 더 인상이 깊었습니다. 참여하신 대부분의 사람들은 운영 중인 사업체가 있었습니다. 그래서 자연스럽게 회사명과 사업의 구조를 알게 됐는데요. 병석 님만은 문제 해결이 아니라 참여에 더 의미를 뒀기에 다니는 회사가 어디인지, 앞으로 무엇을 하고 싶은지 구체적인 대화를 할 기회가 없었습니다. 그렇게 계속 호기심을 갖고 프로그램을 운영하다가 병석 님과 긴 시간 1:1로 대화할 수 있는 기회가 생겨서 조심스럽게 질문했습니다.

"병석 님은 이 프로그램에 왜 신청하신 건가요? 향후 계획이 있으신가요?"

첫 번째 질문에 대한 대답은 짐작한 대로 모임 자체가 목적이자 목표였습니다. 주변 사람들 중에 자기 계발과 성장에 관심 있는 사람이 적어서 모임에 참여하게 됐다고 하셨는데요. 두 번째 질문에 대한 대답은 조금 의외였습니다. 사업을 하고 싶다고 했거든요. 이 대답이 왜 의외였냐면 워라밸이 보장된 공기업에 다니고 계셨기 때문입니다. 그래서 이분에게는 사업이 일종의 로망인가 보다 하고 가볍게 넘겼던 것 같아요. 한창 스마트 스토어 같은 온라인 창업과 각종 부업으로 직장 생활 외 현금 흐름을 만드는 유행이 막 시작된 시기이기도 했고요.

그러나 저한테 그리 가볍게 말한 것이 아니었다는 사실을 1년이지나 알게 됐습니다. 이후 본인이 스스로 더 공부를 해서 사업을 한다는 확실한 목표를 갖고 모두의 사수를 찾아오셨으니까요.

왜 사업을 하려고 하세요?

"제가 외부 강연 중인데요. 예약하시기 전에 지금 상황을 조금 더 자세하게 설명해 주세요. 최대한 구구절절 남겨 주시면 오늘이나 내일 피드백 드릴게요."

저는 실제 외부 강연 중이기도 했지만 한편으로 이런 마음도 있었습니다.

'왜 굳이 힘든 길을 선택하려고 하시는 걸까? 책임감 있게 이 문제

에 대해 생각해 보시긴 한 걸까?'

　제가 이런 생각을 한 이유는 사업에 도전하신 분들이 대부분 돈을 벌 때의 성취감과 돈을 쓸 때의 만족감만을 생각하고 창업을 결정하기 때문입니다. 현실에선 사업 초반에 현금 흐름이 들쑥날쑥하기 때문에 돈을 벌어도 마음 편히 쓰기가 어렵습니다. 펑펑 쓰다가 갑자기 세금 폭탄을 맞기도 하고 심지어는 이 때문에 망하기도 하니까요. 사업에서 밝은 면만 보고 있다면 이미 확증 편향에 사로잡혀 있을 가능성이 높습니다. 이런 생각을 하면서 강연을 마치고 카톡을 확인했습니다.

　큰 기대를 하지 않았기 때문에 3,700여 자 분량의 정리된 글을 카톡으로 받았을 때 좀 놀랐습니다. 1년 전 제 수업에 참여했을 때부터 지금까지 줄곧 사업을 하기 위해 자신의 생각을 정리하고 다듬은 흔적들이 문장 곳곳에서 느껴졌기 때문입니다.

　제가 운영하는 '일잘알의 마케팅'은 누구나 참여할 수 있는 프로그램이 아닙니다. 이 책에서 썼듯이 스스로를 분석한 내용을 A4 용지 규격으로 최소 9쪽 이상 작성하지 못하면 수업에 참여시키지 않습니다. 이 정도 분량도 못 채우면 사업을 하다가 필요한 여러 콘텐츠를 지속적으로 생산하지 못할 것이 분명하기 때문입니다.

　병석 님은 이런 점에서 자신의 인생에 대해 책임감을 가진 사람이라는 것이 느껴졌습니다. 시간을 들여 자신에 대해 생각하지 않았다면 갑작스럽게 이렇게 긴 생각을 정리하지 못했을 테니까요.

나를 아는 것부터 시작해야 한다

병석 님이 해결하고 싶은 문제는 명확했습니다. 환경미화원들이 사용하는 빗자루를 개선하는 것이었습니다. 대부분의 환경미화원이 빗자루를 개조해서 사용한다고 합니다. 그 이유는 환경미화원 분들에게 보급되는 야외 빗자루가 너무 크고 무거워서 빗자루의 무게중심이 길가에 쓰레기를 쓸어 담는 데 부적합하기 때문입니다. 병석 님은 그래서 많은 분이 어깨와 무릎 등 근골격계 질환으로 고생한다고 했습니다. 하루에 1만 보, 2만 보씩 걸으면서 수천 회 비질을 해야 하는 상황이 고려되지 않은 것이죠.

병석 님은 바로 이 문제를 해결하고 싶어 했습니다. 환경미화원 업무에 최적화된 빗자루를 개발하고 싶었던 것이죠. 그래서 빗자루의 대와 비를 디자인했고 제품 양산 전에 저를 찾아오신 겁니다. 처음부터 많은 질문이 있었습니다.

"가격은 어떻게 설정하면 좋을까요?"
"판매 루트는 어떻게 계획해야 좋을까요?"
"포장 디자인은 어떻게 해야 좋을까요?"
"제품 상세 페이지는 어떻게 만드는 것이 좋을까요?"
"온라인 마케팅은 어떻게 하는 것이 좋을까요?"
"가격을 정하기 위해 인터넷에 검색 해 보면 너무 천차만별이고 판매 루트도 어떤 곳은 온라인과 오프라인을 다 하고 어떤 곳은 오프라인만, 어떤 곳은 온라인만 합니다. 포장 디자인은 거의 다 비슷해서 참고하면 될 것 같아요. 상세 페이지도 다 비슷하더라고요."

사업을 처음 시작하는 사람들은 대부분 병석 님과 같은 고민을 합니다. 같은 제품을 판매하는 다른 브랜드들은 가격을 어떻게 책정했는지 대략 보고 무의식 중에 가격들 중 중간 지점을 소비자 가격으로 책정합니다. 오프라인은 진입 장벽이 높다고 생각해서 온라인 먼저 하려고 하고 포장 디자인은 다른 업체 디자인을 그대로 모방합니다. 제품 상세 페이지도 괜찮아 보이는 업체의 디자인을 그대로 모방하려고 하고요.

모두 결과에 매몰된 사고방식입니다. 가격을 제대로 설정하기 위해서는 먼저 자신의 서비스의 품질이 어느 정도인지 파악해야 합니다. 경쟁사의 제품을 모두 구매해 보고 결제까지의 경험, 제품을 받을 때까지 경험, 제품을 받고 나서의 경험을 자신이 만든 서비스의 경험과 비교해서 현재 어느 위치인지 알아야 가격을 정할 수 있습니다. 판매 루트도 마찬가지입니다. 자신에게 유리한 전쟁터를 정해야 하는데 그곳이 어디인지 모르니 다른 사람이 어디에서 판매하고 있는지 조사를 하더라도 자신과 비교해 더 나은 점은 무엇인지, 부족한 점은 무엇인지 비교할 수 없는 것입니다.

특히 많이 빠지는 함정이 서비스의 디자인을 그대로 베끼는 것인데요. '남들이 다 저렇게 하는 데는 나름의 이유가 있겠지'라고 합리화하는 것이죠. 이 모든 문제는 '나'를 잘 모르기 때문에 발생합니다. 병석 님은 '사업을 하고 싶다'는 생각을 실제 실행으로 옮길 만큼 큰 열정과 용기와 실행력이 있었지만 '나'라는 기준점 없이 '경쟁자'부터 찾으려고 했기 때문에 길을 잃어버린 것입니다.

이 책에 소개한 것처럼 스스로에 대해 묻고 답하는 일부터 시작했습니다. 아침 일찍 출근해서 일하고 집에 돌아와서는 육아에 전념하고 늦은 밤과 새벽에 과제를 하시고 일주일 중 늦게 출근할 수 있는 날 하루를 제 수업을 듣는 데 투자하셨습니다.

참고로 병석 님이 일주일 동안 자신에 대해 묻고 답하며 작성한 분량은 A4 용지 기준 글자 크기 10포인트로 20쪽이 넘었습니다. 대체로 자신의 삶에 대해 충분히 고민하고, 지금 이 일을 왜 하는지 구체적인 목적과 목표가 있으면 대부분 이 분량은 쉽게 채우십니다. 그리고 대부분 1~2개월 안에 큰 성과를 내시는데요. 병석 님도 그랬습니다.

콘텐츠 단 3개가 폭발적인 반응을 얻은 이유

작성한 내용에서 블로그 게시글 1개, 인스타그램 릴스 2개를 만들었습니다. 여러분이 일반적으로 보시는 잘 꾸며진 블로그 콘텐츠가 아니었습니다. 굉장히 구구절절 적힌 콘텐츠였고 눈으로 훑어보는 데만 시간이 2분 20초 정도가 걸렸습니다. 실제 인스타그램 릴스 2개로 블로그에 유입을 만들었을 때 블로그의 평균 체류 시간은 2분 20초가 넘었습니다.

반응은 폭발적이었습니다. 시제품만으로 예약 구매를 신청한 분이 300명이 넘었고, 인스타그램 릴스 2개의 반응은 더 뜨거웠습니다. 이게 과연 운으로만 가능한 일이었을까요?

저는 그렇지 않다고 생각합니다. 진짜 운이 작용한 건 이 릴스와 예약 구매자가 생긴 뒤에 찾아왔거든요. 이 책에서 설명한 '나'를 알기 위해 사전에 준비한 내용에서 사람들이 강하게 반응할 스토리와 개발한 빗자루의 특장점을 뽑아내는 것은 그리 어려운 일이 아니었습니다. 전략은 무수히 많은 아이디어 중 성공할 수밖에 없는 아이디어를 추려 주니까요. 하고 싶은 건 많았지만 할 수 있는 건 몇 가지가 없었습니다. 특히 초창기 사업에선 더 그렇죠.

빗자루의 특장점은 명확했습니다. 바로 '압도적인 가벼움'이었는데요. 가볍다는 사실만을 소구했다면 이렇게까지 뜨거운 반응을 이끌어 내진 못했을 겁니다. 빗자루를 만들게 된 계기와 자신이 환경미화원이라는 사실, 그래서 환경미화원을 위하는 진심, 왜 이렇게까지 노력했는지에 대해서 궁금해 할 분들을 위해 가족을 위하는 가장으로서의 책임감과 마음까지 모두 다 녹아 있는 블로그 콘텐츠가 있었기 때문에 가능한 일입니다. 그리고 이때부터 진짜 운이 따라오기 시작했는데요. 병석 님은 인스타그램 릴스를 본 MBC 엠빅 뉴스팀에서 출연 제의를 받았고, 출연까지 했습니다. 이 영상이 또 조회 수 111만 회를 기록했습니다. 병석 님이 제품을 판매하기 위해 노력한 건 사실 이게 다입니다. 나머지 모든 시간은 제품의 품질을 개선하는 데 투자했습니다.

실제 양산된 빗자루의 비 부분이 휘어 있어 집에 있는 욕조에 뜨거운 물을 받아 놓고 비 부분을 1개씩 담갔다가 빼면서 모양을 다시 잡고 주문하신 고객 분들에게 배송하셨습니다. 고객에게 대량 문자로 한 번에 소통하는 대신 1명 씩 진심을 다해 소통하셨고요. 사용하면서 개선점이 생기거나 고객에게 개선 사항에 대해 피드백을 받으면 즉시 대응해서 지금까지 구매한 고객들에게 사실을 공유하고 더 편하게 빗자루를 사용할 수 있게 늘 최선을 다했습니다.

많은 사업가가 많이 파는 것에만 집중해서 사업의 본질을 놓치곤 합니다. 고객의 문제를 해결하는 것이 언제나 사업가가 놓치면 안 되는 본질입니다. 자신이 운영하는 회사가 마케팅 회사가 아니고서야 마케팅 기술에 집중하는 것이 어떤 의미가 있을까요? 빵을 파는 회사는 빵에, 옷을 파는 회사는 옷에, 빗자루를 파는 회사는 빗자루에 집중하는 것이 당연한 일입니다.

태병석 님 '마이빗자루' 블로그 게시글

사업의 공략집을 찾는 분들에게

이 책은 여러분의 시행착오를 줄이기 위한 목적으로 쓰지 않았습니다. 효율적으로 사업을 하는 방법에 대한 이야기는 더더욱 아닙니다. 모든 효율은 비효율 뒤에 따라오는 결과입니다. 끊임없이 노력하는 사람이 결과적으로 얻는 보상이 효율입니다. 저는 처음부터 효율을 찾는 사람이 효율적으로 일하는 것을 본 적 없습니다. 효율적인 사업 운영을 배우느라 실행이 뒷전이 된다면 비효율적으로 실행하는 것이 훨씬 낫습니다. 대체로 효율을 공략집이라고 생각하시는 사장님들이 이런 실수를 많이 저지릅니다. 이 사고방식은 실패 없이 성공하는 지름길이 있을 거라는 착각을 만들고, 실전 경험을 등한시하게 만들고, 요령만 찾는 이론가로 사람을 내몹니다. 이 마음의 빈틈을 노리는 사기꾼들이 많으니 주의해야 합니다. 모든 교육은 학생들의 자립을 목표로 해야 합니다. 여러분을 자립시키는 것이 아니라 자신의 품 안에서 벗어나지 못하게 만드는 사람도 주의하세요.

걷는 방법을 백날 배워 봐야 실제 걸어 보는 것만 못합니다. 많이 넘어질수록 효율적으로 걸을 수 있습니다. 시행착오를 거치지 않고 사업을 하려는 생각은 한 번도 혼자 힘으로 서 본 적 없는 아이가 혼자 자유롭게 걷는 것을 목표로 하는 것만큼 터무니 없는 생각입니다. 많이 넘어져 봐야 합니다. 여러분이 시행착오를 두려워 할수록 타인에게 의존하게 됩니다. 그 누구보다 자기 자신을 믿으셔야 합니다. 실패를 두려워 하지 말고 끝까지 나아가세요. 실패는 성공하기 위해 반드시 거쳐 가야 하는 관문입니다. 피니시 라인에 '실패'라고 적혀 있어도 자신을 믿고 완주해 보세요. 이 길의 끝에 우릴 기다리는 것이 실패라면 그것을 받아들이는 순간 그 실패는 결과가 아니라 과정이 됩니다. 그다음 피니시 라인에 비로소 '성공'이라고 적혀 있을 테니까요.

살아온 날을 돌이켜보니 제가 이렇게 성장하기까지 12년이라는 시간이 걸렸습니다. 12년이란 시간은 저에게 이런 의미입니다. 제가 1살에 이 책에 나온 사실을 깨달았다면 저는 12살에 지금의 모습이 됐을 것입니다. 제가 10살에 이 사실을 배웠다면 22살에, 제가 30살에 이 사실을 알았다면 42살에, 제가 40살에 이 사실을 배웠다면 52살에 지금 이 모습이 됐을 것입니다.

성장엔 충분한 시간이 필요합니다. 이 말은 지금부터 여러분이 아무리 노력해도 12년은 고생할 것이라는 뜻이 아닙니다. 시간은 누구에게나 주어지지만 누구나 시간을 의미 있게 사용하는 것은 아니니까요. 이 책을 읽은 어떤 분은 10년 만에 목표를 달성하실 수도 있고

5년 만에 목표를 달성하실 수도 있습니다. 제가 했던 노력보다 더 많은 노력을 하신다면 가능한 일입니다. 하지만 성실함, 꾸준함, 끈기, 노력을 경시하고 시행착오를 줄이려는 생각과 완벽한 공략집을 기대하고 이 책을 읽는다면 제가 12년 걸려 만든 결과를 100년의 시간이 주어져도 절대 따라잡지 못하실 것입니다.

이 책은 연봉 1,800만 원 받고 회사 생활하던 평범한 직장인이 12년 동안 깨지고 부딪히며 배운 성상에 대한 기록입니다. 도피성으로 창업하지 마세요. 사업은 회사 생활의 구원이 될 수 없습니다. 고객들은 자신을 회사 생활을 대신할 돈벌이 수단으로 생각하는 사업가에게 돈을 지불하지 않습니다. 지금 직장인이라면 우선 회사 생활을 주체적으로 하셔야 합니다. 저는 주체적인 직장인과 주체적인 사업가가 되는 방법이 틀리지 않다고 생각합니다. 이 관점에서 책을 썼기 때문에 이 책의 마음가짐 편과 각 장이 직장인에게도 도움이 되리라 확신합니다. 현재 사업을 시작하신 분들은 이 책을 읽고 스스로의 데이터를 쌓아 가시면 좋겠습니다. 다른 사람은 어떻게 했는지가 아니라 과거의 나는 어떻게 결정했는지를 나침반 삼아 실행하시면 좋겠습니다. 어떤 데이터를 쌓아야 하는지는 이 책의 마음가짐 편과 생산성 관리 편에서 자세하게 다뤘습니다. 각자의 방식대로 기록과 회고를 멈추지 마세요.

'이건 영진 님이니까 가능한 거죠.'

진짜 마지막으로, 여기까지 읽었지만 이 생각에서 벗어나지 못하신 분들께 드릴 말씀이 있습니다. 인과 관계 중 결과에 매몰되지 마세요. 생각이 태도가 되고 태도가 결과를 만듭니다. 안 될 이유를 찾는 건 언제나 쉽습니다. 될 이유를 찾는 건 언제나 그보다 어렵죠. 그 어려운 걸 해낸 사람은 언제나 소수입니다. 생각을 먼저 바꾸세요. 실행까지 이어지지 않는 분들은 자신의 생각부터 점검해 보셔야 합니다. 무엇이든 실행하려는 태도가 생기면 결과는 만들어질 수밖에 없습니다. 마음을 다잡고 실행에 집중하세요. 사업은 그저 하루하루 묵묵히 할 일들을 반복하는 것입니다. 마음을 다잡고 먼저 실행하세요. 충분한 양의 실행이 있으면 결과는 만들어질 수밖에 없습니다.

저는 이 책을 한쪽에 치우친 편협한 논리로 쓰지 않았습니다. 저에겐 직장생활 경험도 소중하고 사업을 하면서 배우는 경험도 똑같이 소중하니까요. 이 생각에 동의하는 사람들이 회사에 합류할수록 좋은 회사가 되고 동의하지 않는 사람들이 모일수록 망할 확률이 높아집니다. 당연합니다. 회사 생활을 등한시하면서 회사 다니는 직원이 어떻게 좋은 회사를 만들 수 있을까요? 직원들의 성장을 등한시하면서 사람을 물건처럼 다루는 사장님이 어떻게 좋은 사람을 모을 수 있을까요?

그러니까 이 책의 내용을 자신의 상황에 맞게 적용하려면 어떻게 해야 할지 스스로에게 질문하고 대답해보세요. 질문없는 성장은 없습니다.

지금까지 긴 글 읽어 주셔서 감사합니다.

모두의 사업
1인 기업에서 100인 기업까지

ⓒ 김영진 2024

인쇄일 2024년 1월 29일
발행일 2024년 2월 5일

지은이 김영진
펴낸이 유경민 노종한
책임편집 이현정
기획편집 유노북스 이현정 함초원 조혜진 **유노라이프** 박지혜 구혜진 **유노책주** 김세민 이지윤
기획마케팅 1팀 우현권 이상운 **2팀** 정세림 유현재 정혜윤 김승혜
디자인 남다희 홍진기 허정수
기획관리 차은영
펴낸곳 유노콘텐츠그룹 주식회사
법인등록번호 110111-8138128
주소 서울시 마포구 월드컵로20길 5, 4층
전화 02-323-7763 **팩스** 02-323-7764 **이메일** info@uknowbooks.com

ISBN 979-11-7183-007-7 (03320)